基础性、拓展性通识课程系列教材

顾问 ◎ 刘沛林　总主编 ◎ 张登玉　副总主编 ◎ 罗　文　刘余香

大学语文教程

主　编 ◎ 雷振华　任美衡

副主编 ◎ 阳建雄　陈国质　伍光辉　倪美玲

华东师范大学出版社
·上海·

图书在版编目(CIP)数据

大学语文教程/雷振华,任美衡主编. —上海:华东师范大学出版社,2017
ISBN 978-7-5675-7210-2

Ⅰ.大… Ⅱ.①雷…②任… Ⅲ.①大学语文课-高等学校-教材 Ⅳ.①H193.9

中国版本图书馆 CIP 数据核字(2017)第 278518 号

大学语文教程

主　　编　雷振华　任美衡
项目编辑　袁子微
特约审读　王佳悦　苏　贤
责任校对　周跃新
装帧设计　俞　越

出版发行　华东师范大学出版社
社　　址　上海市中山北路 3663 号　邮编 200062
网　　址　www.ecnupress.com.cn
电　　话　021-60821666　行政传真 021-62572105
客服电话　021-62865537　门市(邮购)电话 021-62869887
地　　址　上海市中山北路 3663 号华东师范大学校内先锋路口
网　　店　http://hdsdcbs.tmall.com

印 刷 者　常熟市大宏印刷有限公司
开　　本　787×1092　16 开
印　　张　21
字　　数　472 千字
版　　次　2018 年 1 月第 2 版
印　　次　2022 年 8 月第 6 次
书　　号　ISBN 978-7-5675-7210-2/I·1837
定　　价　43.00 元

出 版 人　王　焰

目　录

第一单元　诗歌

第二单元　小说

第三单元　散文

第四单元　戏剧

第一单元　诗歌

一、伯　　兮

《诗　经》

伯兮朅兮①，邦之桀兮②。伯也执殳③，为王前驱④。
自伯之东，首如飞蓬⑤。岂无膏沐⑥？谁适为容⑦！
其雨其雨，杲杲出日⑧。愿言思伯⑨，甘心首疾⑩。
焉得谖草⑪？言树之背⑫。愿言思伯，使我心痗⑬。

阅读提示

《诗经》是中国文学史上第一部诗歌总集，共有305篇，按音乐分为风、雅、颂三类。其中，《国风》又称十五国风，收集的是十五个地区的民歌，广泛、全面、真实、深刻地反映了当时社会生产和生活的方方面面，运用赋比兴的艺术表现手法，对后代诗歌发展有深远的影响，成为古典文学现实主义传统的源头。

《伯兮》出自十五国风中的《卫风》。写的是思妇思念自己征战在外的丈夫。全诗以思妇的口吻来叙事抒情。第一章开篇四句，思妇并无怨思之言，而是兴高采烈地夸赞丈夫人才杰出，是国之栋梁。第二章，诗的笔锋和情调突然调转，变成了对思妇的思念之情的抒写。第三章则进一步描述思妇对征夫的思念之情；第四章，承上两章而来，描写思妇一而再、再而三地倾诉对丈夫的深切思念。全诗紧扣一个"思"字，思妇先由夸夫引起思夫，又由思夫而无心梳妆到头痛，进而由头痛到患心病，呈现出一种抑扬顿挫的跌宕之势。此诗描述细致，感情层层加深，或直抒胸臆，或借物抒情，富有强烈的艺术感染力。

---

① 伯：兄弟姐妹中年长者称伯。女子也可以叫她的丈夫为伯。朅(qiè)：威武的样子。　② 桀(jié)：本义是特立貌，引申为英杰。　③ 殳(shū)：兵器名，杖类，长一丈二尺，用竹制成。　④ 前驱：先锋。　⑤ 蓬：草名。蓬草一干分枝以数十记，枝上生稚枝，密排细叶。枝干往往在近根处折断，遇风就被卷起飞旋，所以叫"飞蓬"。这句是以飞蓬比喻头发散乱。　⑥ 膏沐：指面膏、发油之类的东西。　⑦ 适：悦。此句意为，修饰容貌为了取悦谁呢？　⑧ 杲杲(gǎo)：日出明亮的样子。以上两句意为，盼望下雨时心想：下雨吧！下雨吧！而太阳偏又出现。比喻盼望丈夫回家而丈夫偏不回来。　⑨ 愿言：犹"愿然"，愿意。　⑩ 疾：犹"痛"。甘心首疾：言虽头痛也是心甘情愿的。　⑪ 谖(xuān)草：忘忧草。古人认为谖草能使人忘忧，便称谖草为忘忧草。　⑫ 树：动词，种植。背：古文和"北"同字，这里指北堂，或称后庭。以上二句是说世上哪有谖草让我种在北堂呢？也就是说，要想忘了心上的事是不可能的。　⑬ 痗(mèi)：病，忧伤心痛而病。

二、移居（其一）

陶渊明

昔欲居南村，非为卜其宅①。闻多素心人，乐与数晨夕②。
怀此颇有年，今日从兹役③。敝庐何必广，取足蔽床席④。
邻曲时时来，抗言谈在昔⑤。奇文共欣赏，疑义相与析⑥。

阅读提示

陶渊明（365？—427），名潜，字元亮，东晋诗人、辞赋家、散文家，私谥“靖节”，世称靖节先生，浔阳柴桑（今江西九江）人。早年曾任江州祭酒、镇军参军、彭泽县令等，后因厌恶官场的污浊，去职归隐，绝意仕途。其长于诗文辞赋。归隐以后，接近底层农民，参加一些农活，写出了很多描写农村日常生活的诗歌，着力描写田园美好风光，表现自己闲适的生活和心情，隐寓对污浊官场的厌恶和不愿同流合污的精神，以及对太平社会的向往。内容真切，感情深厚。其诗风格平淡且朴实自然，形象真实生动；语言质朴自然又颇为精练，具有独特风格。有《陶渊明集》收集诗歌一百二十多首，文十余篇。

《移居》共二首，写于晋安帝义熙六年（410）。义熙元年（405），陶渊明弃彭泽令返回柴桑，住上京里老家。义熙四年（408）六月，陶渊明隐居的上京旧宅失火，暂时以船为家。两年后移居浔阳南里（今江西九江城外）的南村村舍。《移居》当是移居后不久所作。其一写与南村邻人交往过从之乐。诉说新居虽然破旧低矮，但南村多有性情淡泊之人，因此能以和他们共度晨夕、谈古论今为乐，表现了诗人安贫乐道、不为五斗米折腰的精神。整篇作品充溢着温暖与欢欣的气氛。

---

① 南村：今江西省九江市西南。卜宅：占卜问宅之吉凶。 ② 素心人：心地朴素的人。数（shuò）：屡。晨夕：朝夕。 ③ 从兹役：顺从心愿做成这个事情，指移居南村之事。 ④ 敝庐：破旧的房屋。蔽床席：遮蔽床和席子。 ⑤ 邻曲：邻居，即前所谓“索心人”。抗：同亢，高的意思。 ⑥ 析：剖析文义。

三、春江花月夜

张若虚

春江潮水连海平，海上明月共潮生。滟滟随波千万里①，何处春江无月明！
江流宛转绕芳甸②，月照花林皆似霰③。空里流霜不觉飞，汀上白沙看不见。
江天一色无纤尘，皎皎空中孤月轮。江畔何人初见月？江月何年初照人？
人生代代无穷已，江月年年只相似。不知江月待何人，但见长江送流水。
白云一片去悠悠，青枫浦上不胜愁④。谁家今夜扁舟子？何处相思明月楼？
可怜楼上月徘徊，应照离人妆镜台。玉户帘中卷不去，捣衣砧上拂还来⑤。
此时相望不相闻，愿逐月华流照君。鸿雁长飞光不度，鱼龙潜跃水成文⑥。
昨夜闲潭梦落花，可怜春半不还家。江水流春去欲尽，江潭落月复西斜。
斜月沉沉藏海雾，碣石潇湘无限路⑦。不知乘月几人归，落月摇情满江树。

阅读提示

张若虚(647？—730？)，唐代扬州(今属江苏)人，曾任兖州兵曹。字号不详。事迹略见于《旧唐书·贺知章传》。与贺知章、张旭、包融并称“吴中四士”。张若虚的诗作大多散佚，仅存二首于《全唐诗》中，即《春江花月夜》和《代答闺梦还》。其中《春江花月夜》乃千古绝唱，是一篇脍炙人口的名作，有“以孤篇压倒全唐”之誉。

《春江花月夜》是乐府旧题，属《清商曲辞·吴声歌》。张若虚这首是沿用乐府旧题所作的歌行体诗歌。“歌行”是我国古代诗歌的一种体式，因为以七言为主，所以又称为七言歌行，始于南朝，起于初唐，盛于盛唐，是唐诗的一种重要体式。张若虚的这首《春江花月夜》是一篇描写游子思妇相思离别之作。它从月升写到月落，从春潮着笔而以情溢于海作结，时空跳跃，空灵飞动，展现出一派鲜丽华美而又澄澈空明的美景。借描写景物抒发主人公真挚动人的离情别绪和富有哲理意味的人生感慨。语言清新优美，韵律宛转悠扬，洗去了宫体诗的浓脂艳粉，给人以澄澈空明、清丽自然的感觉。闻一多先生赞誉其为“诗中之诗，顶峰上的顶峰”。

---

① 滟滟：波光闪烁的样子。 ② 芳甸：杂花飘香的原野。 ③ 霰(xiàn)：小冰粒，俗称雪子，这里用以形容洁白月光照射下的花朵。 ④ 青枫浦：一名“双枫浦”，在湖南省浏阳县浏水中。这里指遥远荒僻的水边。浦，水边。 ⑤ 捣衣砧：捣衣石。洗衣服时用棍棒捶击衣服，称之为捣衣。 ⑥ “鸿雁”二句：意为鸿雁擅长飞翔，却不能将此处的月光带到远方；鱼儿擅长在水中活动，也只能徒然激起层层水纹，难以将此处的水推送到他乡。取鱼雁传书之意。 ⑦ 碣石：山名，在今河北昌黎。潇湘：二水名，均在今湖南境内。此以碣石潇湘泛指地北天南，路途遥远。

四、终南山

王 维

太乙近天都①，连山到海隅②。白云回望合③，青霭入看无④。

分野中峰变，阴晴众壑殊。⑤ 欲投人处宿⑥，隔水问樵夫。

阅读提示

王维(701？—761)，字摩诘，别称诗佛，晚年居于蓝田辋川别墅。王维在诗歌上的成就是多方面的，无论边塞诗、山水诗，律诗还是绝句等都有脍炙人口的佳篇。终南山在长安南五十里，为秦岭主峰之一。秦岭绵延八百余里，是渭水和汉水的分水岭。由于终南山靠近帝都长安，因此达官显贵、风流雅士，凡在长安住过一段时间者无不游览终南山，又无不诗兴大发，吟咏这瑰丽无比的风光。王维倾慕终南山美景，后来索性在蓝田辋峪购置了别业。开元二十九年(741)，王维回到京城后，曾隐居终南山，该诗当作于这一时期。这首诗意在咏叹终南山的宏伟壮大。首联写远景，以夸张的艺术手法，极言山之高远。颔联从近处落笔，写身在山中之所见，铺叙云气变幻，移步换景。颈联进一步写出山之南北辽阔和千岩万壑的形态。尾联写为了入山穷胜，想投宿山中人家。全诗写景、写人、写物，动如脱兔，静若淑女，有声有色，意境清新，宛若一幅山水画。苏轼曾在《书摩诘蓝田烟雨诗》中说："味摩诘之诗，诗中有画；观摩诘之画，画中有诗。"这首《终南山》就是王维诗画一体的代表作。

---

① 太乙：秦岭主峰，唐人称其为终南山，一名太一。天都：天帝所居，这里指帝都长安。 ② 海隅：海边。终南山并不到海，此为夸张之词。 ③ 回望合：四望如一。 ④ 青霭：青色的云气。入看无：一切都消失在雾气中。 ⑤ "分野"两句：言终南山高大，分隔山南山北两种景象，各山谷间的阴晴变化也有所不同。古称二十八星宿区分的地上区域为分野。 ⑥ 人处：人家、村子，指有人烟处。

五、宣州谢朓楼饯别校书叔云①

李　白

弃我去者，昨日之日不可留；乱我心者，今日之日多烦忧。
长风万里送秋雁②，对此可以酣高楼③。蓬莱文章建安骨④，中间小谢又清发⑤。
俱怀逸兴壮思飞⑥，欲上青天览明月⑦。抽刀断水水更流，举杯消愁愁更愁。
人生在世不称意⑧，明朝散发弄扁舟⑨。

阅读提示

李白(701—762)，字太白，号青莲居士，祖籍陇西成纪(今甘肃秦安县)。隋末，其先祖因罪流徙于西域碎叶城(唐时属安西都护府，今吉尔吉斯斯坦境内)，李白就诞生在这里。约五岁时，李白随父迁居绵州昌隆(今四川江油县)青莲乡。青年时期，李白在这里读书、漫游、交友，吟诗作赋，受儒道佛多种思想影响。二十五岁时，李白“仗剑去国，辞亲远游”，足迹遍及全国各地。天宝初年，李白应诏进京，但仅供奉翰林，未被重用。李白大失所望，三年后自请还山，离开长安，再一次漫游各地。安史之乱中，因加入永王李璘幕府，以“附逆”之罪流放夜郎，途中遇赦放还。六十一岁时请缨杀敌，因病折回，次年病死于当涂。李白是中国继屈原之后又一伟大的浪漫主义诗人，饱学多才，恃才傲物。他的作品，大胆揭露政治的黑暗，强烈抨击权贵，蔑视礼法，追求自由，同情人民所受苦难，歌颂祖国河山，内容丰富。艺术上，他继承古代浪漫主义的优秀传统，运用丰富的想象、大胆的夸张、清新自然的语言，创造出许多色彩瑰丽、气势奔放的杰作，风格豪放飘逸，对后世诗歌产生了深远的影响。现存诗歌近千首，有《李太白集》。

这首诗是李白在天宝末年流寓安徽宣城期间为饯别族叔李云而作。一般来说，饯别诗以抒写主客双方分别之际的离愁别绪、劝慰勉励等内容为主，而李白这首诗，题目是饯别，内容却主要是抒写自己登楼引发的无穷烦忧。全诗感情波澜起伏，诗情跳跃跌宕，很能体现李白诗歌豪放飘逸的特征。

---

① 此诗又题作《陪侍御叔华登楼歌》。宣州：今安徽宣城一带。谢朓楼，又名北楼、谢公楼，在陵阳山上，为谢朓任宣城太守时所建，后改名为叠嶂楼。饯别：以酒食送行。校(jiào)书：官名，即校书郎，掌管朝廷的图书整理工作。叔云：李白的叔叔李云。　② 长风：远风，大风。　③ 酣(hān)高楼：畅饮于高楼。　④ 蓬莱：此指东汉时藏书之东观。建安骨：“建安”为东汉末年汉献帝年号，“三曹”和“七子”等作家所作之诗风骨遒劲，后人称之为“建安风骨”。　⑤ 小谢：指谢朓，字玄晖，南朝齐诗人。后人将他和谢灵运并举，称为大小谢。清发(fā)：指清新秀发的诗风。发：秀发，诗文俊逸。　⑥ 逸兴(xìng)：飘逸豪放的兴致。壮思：雄心壮志。　⑦ 览：通“揽”，摘取。　⑧ 称(chèn)意：称心如意。　⑨ 明朝(zhāo)：明天。散发(fà)：不束冠，意谓不做官，这里是形容狂放不羁。古人均束发戴冠，散发表示闲适自在。弄扁(piān)舟：乘小舟归隐江湖。扁舟：小船。

六、月夜

杜甫

今夜鄜州月[①]，闺中只独看。遥怜小儿女，未解忆长安[②]。
香雾云鬟湿，清辉玉臂寒[③]。何时倚虚幌，双照泪痕干[④]。

阅读提示

杜甫(712—770)，字子美，祖籍湖北襄阳，自称少陵野老，又因担任过左拾遗、工部员外郎等官职，后世又称他杜拾遗、杜工部。是我国唐代伟大的现实主义诗人，人称“诗圣”。现存诗歌一千四百多首。其诗歌多反映安史之乱前后动荡的社会现实和人民的苦难，表现诗人忧国忧民的情怀。

天宝十五年(756)春，安禄山由洛阳攻潼关。五月，杜甫从奉先移家至潼关以北白水(今陕西白水县)的舅父处。六月，长安陷落，玄宗逃蜀，叛军入白水，杜甫携家眷逃往鄜州羌村。七月，肃宗在灵武(今宁夏灵武县)即位，杜甫获悉，即从鄜州只身奔向灵武，不料途中被安史叛军所俘，押回长安。这首诗即是困居长安时所作，表达了对离乱中的妻子家小的深切挂念。情深意真，明白如话，丝毫不见为律诗束缚的痕迹。诗的构思采用从对方设想的方式，正如浦起龙在《读杜心解》中所说：“心已驰神到彼，诗从对面飞来，悲婉微至，精丽绝伦，又妙在无一字不从月色照出也。”词旨婉切，章法紧密。正如前人所说：“五律至此，无忝诗圣矣！”

① 鄜(fū)州：今陕西省富县。当时杜甫的家眷在鄜州的羌村，杜甫在长安。 ② 怜：爱。未解：尚不懂得。 ③ 云鬟：古代妇女的环形发饰。 ④ 虚幌：透明的窗帷。双照：与上面的“独看”对应，表示对未来团聚的期望。

七、长恨歌

白居易

汉皇重色思倾国①，御宇多年求不得②。杨家有女初长成，养在深闺人未识。
天生丽质难自弃，一朝选在君王侧③。回眸一笑百媚生，六宫粉黛无颜色④。
春寒赐浴华清池⑤，温泉水滑洗凝脂⑥。侍儿扶起娇无力⑦，始是新承恩泽时⑧。
云鬓花颜金步摇⑨，芙蓉帐暖度春宵。春宵苦短日高起，从此君王不早朝。
承欢侍宴无闲暇，春从春游夜专夜。后宫佳丽三千人，三千宠爱在一身。
金屋妆成娇侍夜⑩，玉楼宴罢醉和春。姊妹弟兄皆列土⑪，可怜光彩生门户⑫。
遂令天下父母心，不重生男重生女⑬。骊宫高处入青云⑭，仙乐风飘处处闻。
缓歌慢舞凝丝竹⑮，尽日君王看不足。渔阳鼙鼓动地来⑯，惊破霓裳羽衣曲⑰。
九重城阙烟尘生⑱，千乘万骑西南行。翠华摇摇行复止，西出都门百余里⑲。
六军不发无奈何，宛转蛾眉马前死⑳。花钿委地无人收㉑，翠翘金雀玉搔头㉒。

---

① 汉皇：原指汉武帝，此处借指唐玄宗李隆基。唐人进行文学创作时常以汉称唐。倾国：绝色女子。汉代李延年诗："北方有佳人，遗世而独立。一顾倾人城，再顾倾人国。"后来，"倾国倾城"就成为美女的代称。 ② 御宇：驾御宇内，即统治天下。 ③ "杨家"四句：蜀州司户杨玄琰，有女杨玉环，自幼由叔父杨玄珪抚养，17岁被册封为唐玄宗之子寿王李瑁之妃，后被唐玄宗看中。22岁时，玄宗命其出宫为道士，道号太真。27岁时被唐玄宗册封为贵妃。白居易此谓"养在深闺人未识"，是作者有意为帝王避讳的说法。 ④ 六宫粉黛：指宫中所有嫔妃。古代皇帝设六宫，正寝（日常处理政务之地）一，燕寝（休息之地）五，合称六宫。无颜色：意谓相形之下，都失去了美色。 ⑤ 华清池：即华清池温泉，在今陕西省临潼县南的骊山下。此地有温泉，唐玄宗每年冬、春季都到此居住。 ⑥ 凝脂：形容皮肤白嫩滋润，犹如凝固的脂肪。 ⑦ 侍儿：宫女。 ⑧ 新承恩泽：刚得到皇帝的宠幸。 ⑨ 金步摇：一种金首饰，用金银丝盘成花的形状，上面缀着垂珠之类的装饰，插于发鬓，走路时随步伐摇曳。 ⑩ 金屋：据《太真外传》，杨玉环在华清宫的住所名为端正楼。此言金屋，系用汉武帝"金屋藏娇"典故。 ⑪ 姊妹句：杨玉环被册封贵妃后，家族沾光受宠。她的大姐封韩国夫人，三姐封为虢国夫人，八姐封为秦国夫人，堂兄杨钊赐名国忠，官右丞相。列：通"裂"，代指封官晋爵。 ⑫ 可怜：值得羡慕。 ⑬ 不重生男重生女：陈鸿《长恨歌传》云，当时民谣有"生女勿悲酸，生男勿喜欢"，"男不封侯女作妃，看女却为门上楣"等。 ⑭ 骊宫：即华清宫，因在骊山下，故称此名。 ⑮ 凝丝竹：指弦乐器和管乐器伴奏出舒缓的旋律。 ⑯ 渔阳：郡名，今北京市平谷县和天津市的蓟县等地，当时属于平卢、范阳、河东三镇节度史安禄山的辖区。天宝十四年（755）冬，安禄山在范阳起兵叛乱。鼙（pí）鼓：古代骑兵用的小鼓，此借指战争。 ⑰ 霓裳羽衣曲：西域乐舞，本名《婆罗门》，据说经唐玄宗润色并制作歌辞，改用此名。天宝后曲调失传。 ⑱ 九重城阙：九重门的京城，此指长安。烟尘生：指发生战事。 ⑲ 翠华：用翠鸟羽毛装饰的旗帜，皇帝仪仗队用。百余里：指到了距长安一百多里的马嵬坡。 ⑳ 六军：泛指禁卫军。李隆基西奔至距长安百余里的马嵬驿（今陕西兴平县），扈从禁卫军发难，不再前行，请诛杨国忠、杨玉环兄妹以平民怨。唐玄宗为保自身，只得照办。蛾眉：古代美女的代称，此指杨贵妃。 ㉑ 花钿（diàn）：用金翠珠宝等制成的花朵形首饰。委地：丢弃在地上。 ㉒ 翠翘：像翠鸟长尾一样的头饰。金雀：雀形金钗。玉搔头：玉簪。

君王掩面救不得，回看血泪相和流。黄埃散漫风萧索，云栈萦纡登剑阁①。
峨嵋山下少人行②，旌旗无光日色薄③。蜀江水碧蜀山青，圣主朝朝暮暮情。
行宫见月伤心色，夜雨闻铃肠断声④。天旋地转回龙驭⑤，到此踌躇不能去。
马嵬坡下泥土中，不见玉颜空死处⑥。君臣相顾尽沾衣，东望都门信马归⑦。
归来池苑皆依旧，太液芙蓉未央柳⑧。芙蓉如面柳如眉，对此如何不泪垂。
春风桃李花开日，秋雨梧桐叶落时。西宫南苑多秋草⑨，落叶满阶红不扫。
梨园弟子白发新⑩，椒房阿监青娥老⑪。夕殿萤飞思悄然，孤灯挑尽未成眠⑫。
迟迟钟鼓初长夜，耿耿星河欲曙天⑬。鸳鸯瓦冷霜华重⑭，翡翠衾寒谁与共⑮。
悠悠生死别经年，魂魄不曾来入梦。临邛道士鸿都客⑯，能以精诚致魂魄。
为感君王辗转思，遂教方士殷勤觅。排空驭气奔如电，升天入地求之遍。
上穷碧落下黄泉⑰，两处茫茫皆不见。忽闻海上有仙山，山在虚无缥缈间。
楼阁玲珑五云起⑱，其中绰约多仙子⑲。中有一人字太真，雪肤花貌参差是⑳。
金阙西厢叩玉扃㉑，转教小玉报双成㉒。闻道汉家天子使，九华帐里梦魂惊㉓。
揽衣推枕起徘徊，珠箔银屏迤逦开㉔。云鬓半偏新睡觉㉕，花冠不整下堂来。
风吹仙袂飘飖举，犹似霓裳羽衣舞。玉容寂寞泪阑干㉖，梨花一枝春带雨。
含情凝睇谢君王，一别音容两渺茫。昭阳殿里恩爱绝㉗，蓬莱宫中日月长㉘。
回头下望人寰处，不见长安见尘雾。惟将旧物表深情㉙，钿合金钗寄将去。
钗留一股合一扇，钗擘黄金合分钿㉚。但令心似金钿坚，天上人间会相见。

---

① 云栈：高入云宵的栈道。萦纡：萦回盘绕。剑阁：又称剑门关，今四川剑阁县北，为由秦入蜀的要道。此地群山如剑，峭壁中断处，两山对峙如门。诸葛亮任蜀相时，凿石搭建凌空栈道以通行。 ② 峨嵋山：在今四川峨眉县。玄宗奔蜀途中，并未经过峨嵋山，这里泛指蜀中高山。 ③ 日色薄：日光暗淡无色。 ④ 夜雨闻铃肠断声：郑处诲《明皇杂录·补遗》有言："明皇既幸蜀，西南行。初入斜谷，霖雨涉旬，于栈道雨中闻铃音与山相应。上既悼念贵妃，採其声为《雨霖铃曲》以寄恨焉。"这里暗咏此事。 ⑤ 天旋日转：指时局好转。肃宗至德二年(757)，郭子仪军收复长安。回龙驭(yù)：皇帝的车驾归来。 ⑥ 不见玉颜空死处：不见杨贵妃，只见到她死去的地方。 ⑦ 信马归：无心鞭马，任马前行。 ⑧ 太液：汉宫中有太液池。未央：汉宫名。此皆借汉代的"太液""未央"指唐长安宫廷池苑。 ⑨ 西宫南苑：皇宫之内称为大内。西宫：太极宫。南苑：兴庆宫。唐玄宗返京后，初居南苑，后迁往西宫。 ⑩ 梨园弟子：指唐玄宗当年训练的乐工舞女。 ⑪ 椒房：后妃居住之所，因以花椒和泥抹墙，故称此名。阿监：宫中的侍从女官。青娥：年轻的宫女。 ⑫ 孤灯挑尽：古时用油灯照明，为使灯火明亮，过一段时间就要把浸在油中的灯草往前挑一点。挑尽：说明夜已深。唐时宫廷夜间燃烛而不点油灯，此处旨在形容玄宗晚年生活环境的凄苦。 ⑬ 耿耿：微明的样子。欲曙天：长夜将晓之时。
⑭ 鸳鸯瓦：屋顶上俯仰相对，合在一起的瓦。霜华：霜花。 ⑮ 翡翠衾(qīn)：布面绣有翡翠鸟的被子。
⑯ 临邛(qióng)道士鸿都客：有个临邛的道士来长安做客。临邛：今四川邛崃县。鸿都：东汉都城洛阳的宫门名，这里借指长安。 ⑰ 穷：穷尽，找遍。碧落：天上。黄泉：指地下。 ⑱ "玲珑"句：华美精巧的楼阁耸立在五彩云霞之中。 ⑲ 绰约：体态轻盈柔美。 ⑳ 参差：仿佛，差不多。 ㉑ "金阙"句：金碧辉煌的神仙宫阙。叩：叩击。玉扃(jiōng)：玉石做的门环。 ㉒ 转教小玉报双成：指仙府庭院重重，须经辗转通报。小玉：吴王夫差女。双成：传说中西王母的侍女。小玉和双成都是神话中的女子，这里皆借指杨贵妃所在仙山的侍女。 ㉓ 九华帐：绣饰华美的帐子。九华：重重花饰的图案。 ㉔ 珠箔(bó)：珠帘。银屏：饰银的屏风。迤(yǐ)逦(lǐ)：接连不断地。 ㉕ 新睡觉(jué)：刚睡醒。觉：醒。 ㉖ 玉容寂寞：此指神色黯淡凄楚。阑干：纵横交错的样子，这里形容泪痕满面。 ㉗ 昭阳殿：汉成帝宠妃赵飞燕的寝宫，此借指杨贵妃住过的宫殿。
㉘ 蓬莱宫：传说中的海上仙山，这里指杨贵妃在仙山的居所。 ㉙ 旧物：指生前与唐玄宗定情的信物。
㉚ "钗留"二句：把金钗、钿盒分成两半，自留一半。擘(bò)：分开。

临别殷勤重寄词，词中有誓两心知。七月七日长生殿①，夜半无人私语时。

在天愿作比翼鸟②，在地愿为连理枝③。天长地久有时尽，此恨绵绵无绝期④。

阅读提示

白居易(772—846)，字乐天，号香山居士，曾任翰林学士、左拾遗及左赞善大夫，元和十年(815)贬江州司马，后移忠州刺史。唐穆宗时，由中书舍人出任杭州刺史、苏州刺史。晚年以太子宾客及太子少傅分司东都。人称“诗魔”，积极倡导新乐府运动，主张“文章合为时而著，歌诗合为事而作”，写下了不少感叹时世、反映人民疾苦的诗篇，是我国文学史上相当重要的诗人，对外国也有一定影响。以长篇叙事抒情诗《长恨歌》《琵琶行》等艺术成就最高。白居易的诗歌通俗易懂，流传广泛。著有《白氏长庆集》七十一卷。

《长恨歌》是白居易的名篇，作于唐宪宗元和元年(806)，时任周至县尉。关于这首诗的写作缘起，据白居易的朋友陈鸿说，他与白居易、王质夫三人于元和元年十月到仙游寺游玩。偶然间谈到了唐明皇与杨贵妃的这段悲剧故事，大家都很感叹。王质夫鼓励白居易：“乐天深于诗，多于情者也，试为歌之何如?”于是，白居易写下了这首长诗。陈鸿同时写了一篇传奇。二者相辅相成，以传后世。因为长诗的最后两句是“天长地久有时尽，此恨绵绵无绝期”，所以他们就称这首诗叫《长恨歌》，称陈鸿的传叫《长恨歌传》。当时长安妓女以“我诵得白学士《长恨歌》”而自夸，并因此身价倍增。全诗形象地叙述了唐玄宗与杨贵妃的爱情悲剧。诗人借历史人物和传说，创造了一个优美婉转的动人故事，并通过艺术形象的塑造，再现了现实生活的真实，感动了千百年来的读者。

---

① 长生殿：在骊山华清宫内，天宝元年造。“七月七日长生殿”以下六句为作者虚拟之词。陈寅恪在《元白诗笺证稿·长恨歌》中云：“长生殿七夕私誓之为后来增饰之物语，并非当时真确之事实……玄宗临幸温汤必在冬季、春初寒冷之时节。今详检两唐书玄宗纪，无一次于夏日炎暑时幸骊山。”而所谓长生殿者，亦非华清宫之长生殿，而是长安皇宫寝殿之习称。如果真有这样的事，应发生在“飞霜殿”，但此殿不符合爱情的长久与火热，故当改为长生殿。这里指杨贵妃所居之寝宫。 ② 比翼鸟：出自《山海经》，传说中的鸟名，据说只有一目一翼，雌雄并在一起才能飞。 ③ 连理枝：两棵树的枝干连在一起，叫连理。古人常用此物比喻情侣相爱、永不分离。 ④ 恨：遗憾。绵绵：连绵不断。

八、节妇吟

张 籍

君知妾有夫，赠妾双明珠。
感君缠绵意①，系在红罗襦②。
妾家高楼连苑起③，良人持戟明光里④。
知君用心如日月⑤，事夫誓拟同生死。
还君明珠双泪垂，恨不相逢未嫁时。

阅读提示

张籍(767？—830？)，字文昌，和州乌江(今安徽和县)人。贞元十五年(799)进士，历太常寺太祝、国子监助教、秘书郎、国子博士、水部员外郎、主客郎中等职，仕终国子司业。世称“张水部”“张司业”。与韩愈、白居易、孟郊、王建交厚。他是中唐时期新乐府运动的积极支持者和推动者。张籍乐府诗艺术成就很高，其体裁多为“即事名篇”的新乐府，有时沿用旧题也能创出新意。其诗多为反映当时社会现实之作，表现了对人民的同情。其诗的特点是善于概括事物对立面，在数篇或一篇之中形成强烈对比；又善用素描手法，细致真实地刻画各种人物的形象；语言凝练而平易自然，通俗浅近而又精练含蓄，常以口语入诗。他还着意提炼结语，达到意在言外的批判和讽刺效果。《张籍诗集》八卷，共收诗四百八十多首。

此诗又名《节妇吟寄东平李司空师道》，因为此诗一本题下注云：“寄东平李司空师道。”李师道是当时藩镇之一的平卢淄青节度使，又冠以检校司空，同中书门下平章事的头衔，其势如日中天。中唐以后，藩镇割据，用各种手段，勾结、拉拢文人和中央官吏。而一些不得意的文人和官吏往往也去依附他们，韩愈曾作《送董邵南序》一文婉转地加以劝阻。张籍是韩门大弟子，他主张统一、反对藩镇分裂的立场一如其师。这首诗便是一首为拒绝李师道而写的名作。此诗具有双层面的内涵，在文字层面上，它描写了一位忠于丈夫的妻子，经过思想斗争后拒绝了一位多情男子的追求，守住了妇节；在喻义层面上，它表达了作者忠于朝廷，不被藩镇高官拉拢、收买的决心。题为《节妇吟》，即用以明志。全诗以比兴手法委婉地表明态度，语言上极富民歌风味，对人物刻画细腻传神。全诗跌宕起伏，节妇之节，跃然纸上。尤其是最后一句，缱绻细腻，令人把玩嗟叹不已。是为唐诗中的佳作。

---

① 缠绵意：婉曲深厚的情谊。 ② 襦：短袄。 ③ 高楼连苑起：连苑都耸立着高楼，形容宅邸之壮丽。苑，园囿。 ④ 良人：古代妇女称丈夫为良人。明光：汉宫殿名，在未央宫之西，这里指丈夫供职于朝廷。 ⑤ 用心如日月：光明磊落，并没有不可告人的目的。

九、寒地百姓吟

孟　郊

无火炙地眠①，半夜皆立号②。冷箭何处来，棘针风骚骚③。
霜吹破四壁④，苦痛不可逃。高堂搥钟饮⑤，到晓闻烹炮⑥。
寒者愿为蛾，烧死彼华膏⑦。华膏隔仙罗，虚绕千万遭⑧。
到头落地死⑨，踏地为游遨⑩。游遨者是谁，君子为郁陶⑪。

阅读提示

孟郊(751—814)，字东野，湖州武康(今浙江德清)人。早年生活贫困，曾周游中原和江南。后结识韩愈，得到韩愈的推崇。46岁始登进士第。其后做过一些小官，一生困顿，性情耿介，诗多描写民间疾苦和世态炎凉，主旋律是中下层文士对穷愁困苦的怨怼情绪。人们曾把孟郊与韩愈并称“韩孟诗派”，主要是因为他们都尚古好奇，多写古体诗；用语雕琢，力戒平庸，追求瘦硬奇僻的风格，刻意求工，精思苦吟，一扫大历以来的靡弱诗风。孟郊又与贾岛齐名，人称“郊寒岛瘦”。有《孟东野诗集》十卷行世。

此诗题下自注云：“为郑相其年居河南，畿内百姓，大蒙矜恤。”郑相，指郑余庆。唐宪宗元和三年(808)为检校兵部尚书，兼东都留守。李翱荐孟郊于郑余庆，辟为宾佐，后余庆镇兴元，又奏为从事。可见此诗当为元和年间中作于洛阳，当时作者任河南水陆转运判官。

在中国文学史上，如此深刻地揭露社会的作品并不多见。这首五言古诗，真实地揭露了中唐时代残酷的社会现实。诗中采用了十分贴切的比喻和夸张的手法，在强烈对比中揭露贫富的对立，歌颂贫寒者顽强不屈的意志，鞭挞富人灭绝人性的逸乐生活。

---

① 无火炙地眠：指贫苦百姓没有炉火取暖，只能用柴草烘热地面睡觉。炙地：烧地。　② 半夜皆立号：穷苦百姓冻得无法睡，只能站着挨冻，呼号不已。号，叫、哭。　③“冷箭”二句：皆喻指刺骨的寒风。棘：有刺草木的通称。骚骚：风声。　④ 霜吹：冷风。　⑤ 高堂：高大的堂屋，指富贵人家。搥钟饮：古代富贵人家饮宴时要鸣钟奏乐。　⑥ 到晓闻烹炮(páo)：烹烧食物，香气满屋，天亮不散。以上两句与前面寒地百姓寒冷难耐、痛苦立号的情况形成强烈对比。　⑦ 华膏：指富贵人家饰有华彩的灯烛。　⑧ 仙罗：指罗幔。遭：遍。这里借飞蛾比喻寒夜百姓求生不能、求死不得的悲惨境况。　⑨ 到头：倒头，此“到”字即“倒”字。　⑩ 踏地为游遨：意思是说飞蛾在地上被游乐者践踏，暗示统治阶级对穷苦老百姓的死生毫不关心。为：被。游遨：指整天吃喝游乐的富贵者。　⑪ 君子：指正直的人们。郁陶：这里指悲愤郁积的意思。为：为此。

十、戏答元珍

欧阳修

春风疑不到天涯[1]，二月山城未见花[2]。残雪压枝犹有橘，冻雷惊笋欲抽芽[3]。
夜闻归雁生乡思[4]，病入新年感物华[5]。曾是洛阳花下客[6]，野芳虽晚不须嗟。

阅读提示

欧阳修(1007—1072)，字永叔，号醉翁、六一居士，吉州永丰(今江西省吉安市永丰县)人，北宋著名政治家、文学家，诗词文均擅。官至翰林学士、枢密副使、参知政事，谥号文忠，世称欧阳文忠公。欧阳修是在宋代文学史上最早开创一代文风的文坛领袖。领导了北宋诗文革新运动，继承并发展了韩愈的古文理论。后人又将其与韩愈、柳宗元和苏轼合称"千古文章四大家"。与韩愈、柳宗元、苏轼、苏洵、苏辙、王安石、曾巩并称"唐宋散文八大家"。宋仁宗景佑三年(1036)，欧阳修因事左迁峡州夷陵(今湖北宜昌)县令，与峡州军事判官丁宝臣(字元珍)交好。丁宝臣曾有诗赠欧阳修，欧阳修乃于此年作诗以答。题目冠以"戏"字，是声明此篇不过是游戏之作，其实正是他受贬后政治上失意的掩饰之辞。

诗歌先是描写荒远山城的早春景色，接着抒发自己谪迁山乡的寂寞情怀及眷眷乡思，最后则自作宽慰之言，看似超脱，实是悲凉，表现出作者平静表面下更深沉的痛苦。欧阳修对政治上遭受的打击心潮难平，故在诗中流露出迷惘寂寞的情绪，但他并未因此丧失自信，仍对前途充满信心。诗歌更多地表现了面对打击绝不屈服的抗争精神，道出了作者哲理性的人生思考。正是在这一点上，欧阳修的这首诗体现了宋诗注重理趣的革新特征。全诗以浅近自然的语言写景抒情，但琢磨细致，意脉完足，有一种亲切流畅的风格。全诗的结构，也是一联紧接一联，意脉含蓄而绵细。唐人律诗多用平列的意象，断续或跳跃地衔接，欧阳修则力图将八句诗组合成流动而连贯的节奏，这无疑是唐诗之后的一条新路。

---

① 天涯：极边远的地方。当时欧阳修被贬官至夷陵(今湖北宜昌市)，距京城已远。 ② 山城：亦指夷陵。 ③ 冻雷：春天的雷声。 ④ 归雁：春季雁向北飞。隋薛道衡《人日思归》中有言："人归落雁后，思发在花前。"乡思：思乡之情。 ⑤ 感物华：为物华所感染。物华：美好的景物。 ⑥ 曾是洛阳花下客：宋仁宗天圣八年(1030)至景佑元年(1034)，欧阳修曾任西京(洛阳)留守推官。洛阳以牡丹花著称，作者《洛阳牡丹记·风俗记》："洛阳之俗，大抵好花。春时，城中无贵贱皆插花，虽负担者亦然。花开时，士庶竞为游遨。"

十一、明妃曲

王安石

明妃初出汉宫时[①]，泪湿春风鬓脚垂[②]。低徊顾影无颜色[③]，尚得君王不自持[④]。
归来却怪丹青手[⑤]，入眼平生未曾有。意态由来画不成[⑥]，当时枉杀毛延寿。
一去心知更不归，可怜着尽汉宫衣[⑦]。寄声欲问塞南事[⑧]，只有年年鸿雁飞。
家人万里传消息，好在毡城莫相忆[⑨]。君不见咫尺长门闭阿娇[⑩]，人生失意无南北！

阅读提示

王安石（1021—1086），字介甫，号半山，谥“文”，封荆国公，世人又称王荆公，北宋著名政治家、思想家、文学家、改革家，属于唐宋散文八大家之一。其诗文各体兼擅，传世文集有《王临川集》《临川集拾遗》等。

王安石《明妃曲》二首，此为其一，是咏王昭君出塞的诗。王昭君出塞和亲，是喜是悲，历史上向来就有两种不同的意见。在历代文人笔下，王昭君大抵是一位深可哀矜的悲剧人物，汉元帝是一个事先受蒙蔽、事后又情意缠绵的多情皇帝，毛延寿则是酿成昭君悲剧的祸首。王安石这首诗却独出机杼，于传统见解中翻出新意，即正是由于专制帝王对嫔妃只有玩弄之意而并无真情实意，才导致昭君宁愿含恨离汉。因此，酿成王昭君悲剧的元凶是汉元帝。这首诗命题新颖，招致议论纷纷，在文学史上产生过广泛影响。诗歌前半部只写昭君的美，但不是从形象上写，而是从故事上写。昭君出塞，泪湿鬓角，自顾“无颜色”，但汉元帝见了，竟不能自持。原来昭君美不在容貌，而在精神，即“意态”。而画师又是个画肉不画骨的，所以“意态由来画不成，当时枉杀毛延寿”二句成为千古绝唱。后半部写昭君在蒙古仍然关心祖国，但是，“家人万里传消息，好在毡城莫相忆”，就是说，安慰来自家人，而非宫廷。宫廷呢？“君不见咫尺长门闭阿娇，人生失意无南北”。这才是诗的主题。玩弄、遗弃女子，历代帝王皆如此，古今中外，概莫能外。这首诗虽然是翻案诗，但王安石也是借事抒情，把自己的情感融入其中，用王昭君的经历表现自己的怀才不遇，在政坛上没有知音。

---

① 明妃：即王昭君，汉元帝宫女，容貌美丽。晋人避司马昭讳，改昭为明，后人沿用。 ② 春风：比喻面容之美。杜甫《咏怀古迹五首》中，咏昭君一首有“画图省识春风面”之句。这里的春风即春风面的简称。 ③ 低徊：徘徊不前，顾影自怜。 ④ 不自持：不能控制自己的感情。 ⑤ 丹青手：指画师毛延寿。 ⑥ 意态：精神。 ⑦ 着尽汉宫衣：指昭君仍全身穿着汉服。 ⑧ 塞南：指汉王朝。 ⑨ 毡城：此指匈奴王宫。游牧民族以毡为帐篷（现名蒙古包）。 ⑩ 长门闭阿娇：汉武帝曾将陈皇后幽禁长门宫。长门：汉宫名。阿娇：陈皇后小名。

《明妃曲》在艺术上颇堪注意之处，是对王昭君形象的刻画。第一部分描绘王昭君的美貌，不在其面容、体态上穷尽笔力，而是着重写昭君的风度、情态之美，以及这种美的感染力，并从中宣泄她内心悲苦之情。这样就写出了呼吸可闻、音容毕现的古代美女形象。第二部分，着重写王昭君的内心情感。前人于此，往往以抒写昭君的哀情、怨情，以及渲染悲剧气氛为重点，而此诗除描写其身世可悲之外，还揭示出她对故国、亲人的挚爱之情和推己及人的善良心肠。这样的王昭君，就不仅可悲，而且可敬了。

十二、青玉案·凌波不过横塘路

贺　铸

凌波不过横塘路①，但目送、芳尘去②。锦瑟华年谁与度③？月桥花院④，琐窗朱户⑤，只有春知处。

飞云冉冉蘅皋暮⑥，彩笔新题断肠句⑦。试问闲愁都几许⑧？一川烟草⑨，满城风絮，梅子黄时雨。

阅读提示

贺铸(1052—1125)，字方回，又名贺三愁，自号庆湖遗老，祖籍山阴(今浙江绍兴)，生长于卫州(今河南汲县)。晚年退居苏州，杜门校书，不附权贵，喜论天下事，能诗文，尤长于词。其词内容、风格较为丰富多样，兼有豪放、婉约二派之长，长于锤炼语言，并善融化前人成句。用韵严格，富有节奏感和音乐美。部分描绘春花秋月之作，意境高旷，语言浓丽哀婉，与秦观、晏几道风格相近。其爱国忧时之作，悲壮激昂，又近苏轼。南宋爱国词人辛弃疾等对其词多有续作，足见其影响。现存词二百八十余首。

《青玉案·凌波不过横塘路》是一首构思新巧、颇具浪漫色彩的小词，也是贺铸的代表作品之一。写他与一个女子离别后所感到的苦闷，以比喻的新巧和贴切著名于世。首先通过对暮春景色的描写，抒发作者的“闲愁”。上阙写路遇佳人而不知所往的怅惘情怀，也含蓄地流露其沉沦下僚、怀才不遇的感慨；下阙写因思慕而引起的无限愁思。全词虚写相思之情，实抒郁郁不得志的“闲愁”。立意新奇，能引起人们的无限想象，为当时传诵的名篇。贺铸的美称“贺梅子”就是由这首词的末句得来的。据周紫芝《竹坡诗话》载：“贺方回尝作《青玉案》词，有‘梅子黄时雨’之句，人皆服其工，士大夫谓之贺梅子。”可见这首词的影响之大。

---

① 凌波：形容女子步态轻盈。曹植《洛神赋》有“凌波微步，罗袜生尘”之句。　② 芳尘：指美人行踪。③ 锦瑟华年：指美好的青春时期。锦瑟：饰有彩纹的瑟。李商隐《锦瑟》有“锦瑟无端五十弦，一弦一柱思华年”之句。　④ 月桥：赏月的平台。花院：花木环绕的房子。　⑤ 琐窗：雕刻或彩绘有连环花纹的窗子。朱户：朱红的大门。　⑥ 蘅皋：长着香草的水边高地。　⑦ 彩笔：传说南朝作家江淹有五色笔，诗文多佳句，后来梦见郭璞向他索要彩笔，从此文思枯竭，写不出好诗文，人谓“江郎才尽”。比喻有写作的才华。　⑧ 都几许：有多少。试问：一说“若问”。闲愁：一说“闲情”。　⑨ 一川：遍地。

十三、鹧鸪天[①]·暗淡轻黄体性柔

李清照

暗淡轻黄体性柔，情疏迹远只香留。何须浅碧深红色，自是花中第一流。

梅定妒，菊应羞，画栏开处冠中秋[②]。骚人可煞无情思，何事当年不见收[③]。

阅读提示

李清照(1084—1155)，号易安居士，齐州章丘(今山东章丘)人。宋代女词人，婉约词派代表作家，有“千古第一才女”之称。其出生于书香门第，早期生活优越，其父李格非藏书甚富，其幼时就在良好的家庭环境中打下了坚实的文学基础。出嫁后与夫赵明诚共同致力于书画金石的搜集整理。金兵入据中原时，她流寓南方，境遇孤苦。所作词，前期多写其悠闲生活，后期多悲叹身世，情调感伤。形式上善用白描手法，语言清丽。论词强调协律，崇尚典雅，提出词“别是一家”之说。能诗，留存不多，部分篇章感时咏史，情辞慷慨，与其词风格不同。有《易安居士文集》和《易安词》，已散佚。后人有《漱玉词》辑本，今有《李清照集校注》。

这首《鹧鸪天》是一篇盛赞桂花的作品。在李清照词中，咏花之作很多，但推崇某花为第一流者仅此一篇。它与《摊破浣溪沙》同为作者与丈夫居住青州时的作品。风格独特，颇得宋诗之风，即以议论入词，托物抒怀。就全篇来说，这首词的笔法十分巧妙。全词自始至终都像是为桂花鸣不平，而实际上是在抒发自己的幽怨之情。词中正面描写桂花的，只有开头两句。仅此两句便把桂花的颜色、光泽、性格、韵味都写尽了，为后面替桂花“鸣冤”“正名”作好了铺垫。作者既为桂花“正名”，又抒发了自己的一怀幽情。实际上，那“暗淡轻黄体性柔，情疏迹远只香留”的桂花，正是作者傲视尘俗、乱世挺拔的正直性格的写照。

---

① 鹧鸪天：词牌名。 ② “画栏”句：化用李贺《金铜仙人辞汉歌》的“画栏桂树悬秋香”之句意，谓桂花为中秋时节首屈一指的花木。 ③ “骚人”二句：取意于陈与义《清平乐·木犀》的“楚人未识孤妍，《离骚》遗恨千年”之句意。“骚人”“楚人”均指屈原。可煞：疑问词，即犹可是。情思：情意。何事：为何。此二句意谓《离骚》多载花木名称而未及桂花。

十四、沈园(二首)

陆　游

其　一

城上斜阳画角哀①,沈园非复旧池台②。伤心桥下春波绿,曾是惊鸿照影来③。

其　二

梦断香消四十年④,沈园柳老不吹绵⑤。此身行作稽山土⑥,犹吊遗踪一泫然⑦。

阅读提示

陆游(1125—1210),宋代爱国诗人、词人,字务观,号放翁,越州山阴(今浙江绍兴)人。他具有多方面的文学才能,尤以诗的成就为最,在生前即有"小李白"之称,不仅成为南宋一代诗坛领袖,而且在中国文学史上享有崇高地位,存诗九千三百多首,是文学史上存诗最多的诗人。其诗在思想上、艺术上取得了卓越成就。其词作数量不如诗篇巨大,但和诗一样贯穿了气吞残虏的爱国主义精神。有《剑南诗稿》《渭南文集》《南唐书》《老学庵笔记》《放翁词》《渭南词》等数十个文集传世。

陆游一生最大的个人不幸就是与结发妻子唐琬的爱情悲剧。据《齐东野语》等书记载,以及近人考证:高宗绍兴十四年(1144),二十岁的陆游与母舅之女唐琬结琴瑟之好,婚后"伉俪相得",但陆母并不喜欢儿媳,最终迫使两人于婚后三年左右离异。后唐氏改嫁赵士程,陆游亦另娶王氏。绍兴二十五年(1155)春,陆游三十一岁,偶然与唐琬夫妇"相遇于禹迹寺南之沈氏园。唐以语赵,遣致酒肴。陆怅然久之,为赋《钗头凤》一词题壁间"。唐氏见后亦奉和一首,从此郁郁寡欢,不久便抱恨而死。陆游自此更加重了心灵的创伤,悲悼之情始终郁积于怀,五十余年间,陆续写了多首悼亡诗,《沈园》二首即是其中最脍炙人口的

---

① 斜阳:偏西的太阳。画角:涂有色彩的军乐器,发声凄厉哀怨。　② 沈园:故址在今浙江绍兴禹迹寺南。　③ 惊鸿:语出三国魏曹植《洛神赋》中"翩若惊鸿",以喻美人体态之轻盈,这里指唐琬。　④"梦断"句:作者在禹迹寺遇到唐琬是在高宗绍兴二十五年(1155),其后不久,唐琬郁郁而死。作此诗时距那次会面四十四年,这里的"四十"是举其成数。香消:指唐琬亡故。　⑤ 不吹绵:柳絮不飞。　⑥ 行:即将。稽山:会稽山,今浙江绍兴东南。　⑦ 吊:凭吊。泫然:流泪的样子。

两首。

《沈园》二首是宋代诗人陆游的组诗作品。这是作者在75岁时创作的两首悼亡诗。此时距沈园邂逅唐氏已四十余年，但缱绻之情丝毫未减，反而随岁月之增而加深。第一首诗回忆沈园相逢之事，悲伤之情充溢笔墨之间。第二首诗写诗人情感的专一，也用反衬手法，以草木无情反衬人物的深情，表现诗人对爱情的坚贞不渝。全诗体现了诗人忠实、笃厚、纯洁、坚贞的品格。这组诗写得深沉哀婉，含蓄蕴藉。

十五、摸鱼儿·更能消几番风雨

辛弃疾

淳熙己亥，自湖北漕移湖南，同官王正之置酒小山亭①，为赋。

更能消②、几番风雨，匆匆春又归去。惜春长怕花开早，何况落红无数③。春且住！见说道、天涯芳草无归路。怨春不语。算只有殷勤④，画檐蛛网，尽日惹飞絮。

长门事⑤，准拟佳期又误。蛾眉曾有人妒。千金纵买相如赋，脉脉此情谁诉⑥？君莫舞⑦！君不见、玉环飞燕皆尘土⑧！闲愁最苦。休去倚危栏⑨，斜阳正在、烟柳断肠处。

阅读提示

辛弃疾(1140—1207)，南宋词人，原字坦夫，改字幼安，别号稼轩，山东历城(今山东济南)人。出生时，中原已为金兵所占。21岁参加抗金义军，不久归南宋。历任湖北、江西、湖南、福建、浙东安抚使等职。一生力主抗金。曾上书《美芹十论》与《九议》，条陈战守之策，显示其卓越军事才能与爱国热情。其词抒写力图恢复统一国家的爱国情怀，倾诉壮志难酬的悲愤，对当时执政者的屈辱求和颇多谴责，也有不少吟咏祖国河山的作品。其词题材广阔又善化用前人典故，风格沉雄豪迈又不乏细腻柔媚之处。作品集有《稼轩长短句》。辛弃疾在文学上与苏轼齐名，号称“苏辛”，与李清照并称“济南二安”。辛弃疾存词六百多首。强烈的爱国主义思想和战斗精神是辛词的基本思想内容。他是中国历史上伟大的豪放派词人、爱国者、军事家和政治家。

淳熙六年(1179)，辛弃疾由湖北路转运使调任湖南路转运副使，当时辛弃疾四十岁，南归至此已有十七年之久了。在这漫长的岁月中，作者满以为扶危救亡的壮志能得到施展，收复失地的策略将被采纳，然而，事与愿违，作者反而因此遭致排挤打击，不得重用，这次的调转，并非奔赴他日夜向往的国防前线，而是去担任主管钱粮的小官。现实与他收复失地的志愿愈来愈遥远了。临行前，他的同事王正之在小山亭为他设宴饯行，他感慨万千，写下了这首词，抒写了他长期积郁于胸的苦闷之情。这首词表面上写的是失宠女人的苦闷，实

---

① 同官王正之：据楼钥《攻媿集》卷九十九《王正之墓志铭》记载，王正之淳熙六年任湖北转运判官，故称“同官”。 ② 消：经受。 ③ 落红：落花。 ④ 算只有殷勤：想来只有檐下蛛网还殷勤地沾惹飞絮，留住春色。 ⑤ 长门：汉代宫殿名，武帝皇后失宠后被幽闭于此。司马相如《长门赋序》有言：“孝武皇帝陈皇后，时得幸，颇妒。别在长门宫，愁闷悲思。闻蜀郡成都司马相如天下工为文，奉黄金百万，为相如、文君取酒，因以悲愁之辞，而相如为文以悟主上，陈皇后复得亲幸。” ⑥ 脉脉：绵长深厚。 ⑦ 君：指善妒之人。 ⑧ 玉环飞燕：玉环指唐玄宗宠妃杨玉环，宠极一时，后在马嵬驿被赐死。飞燕指汉成帝皇后赵飞燕，宠冠后宫，后被迫自杀。 ⑨ 危栏：高楼上的栏杆。

际上却抒发了作者对国事的忧虑和屡遭排挤打击的郁闷心情，表达了对南宋小朝廷的昏庸腐朽、投降派的得意猖獗的强烈不满。

这首词在艺术上有着鲜明的特点：一是通过比兴手法，创造具有象征性的形象来表现作者对祖国的热爱和对时局的关切，拟人化的手法与典故的运用也都恰到好处；第二是继承屈原《离骚》的优良传统，用男女之情来反映现实的政治斗争；第三是缠绵曲折，沉郁顿挫，呈现出别具一格的词风。表面看，这首词写得“婉约”，实际上却极哀怨，极沉痛，沉郁悲壮，曲折尽致。这首词委婉曲折，一改辛词常见的豪放风格，反映出辛弃疾艺术风格的多样化。

十六、鹧鸪天·肥水东流无尽期

姜　夔

肥水东流无尽期①，当初不合种相思②。梦中未比丹青见③，暗里忽惊山鸟啼。

春未绿④，鬓先丝，人间别久不成悲。谁教岁岁红莲夜⑤，两处沉吟各自知。

阅读提示

姜夔(1155—1221)，字尧章，号白石道人，饶州鄱阳(今江西鄱阳)人。在他所处的时代，南宋王朝和金朝南北对峙，民族矛盾和阶级矛盾都十分尖锐复杂。战争的灾难和人民的痛苦使姜夔感到痛心，但他出于幕僚清客生涯的局限，较少发出激昂的呼声，而凄凉的心情却表现在一生的文学和音乐创作里。他多才多艺，精通音律，能自度曲。其词格律严密，作品素以空灵含蓄著称。有《白石道人歌曲》传世。

这是一首情词，与姜夔青年时代的“合肥情事”有关，词中怀念和思恋的是合肥的旧日情人。作者曾几度客游合肥，并与一歌妓相爱。当时的欢聚，竟成为他一生难以忘怀的往事。在记忆中，她的形象十分鲜明。然而伊人远去，后会无期。虽往事已矣，但时间的流逝和空间的转换，加上人事变幻的沧桑，并没有改变白石对她的深深眷恋，所以在长期浪迹江湖的过程中，他写下一系列深切怀念对方的词篇。宋宁宗庆元三年(1197)，元夕之夜，他因思成梦，梦中又见到了旧日的情人，梦醒后写了这首缠绵悱恻的情词。这一年，距初遇情人时已经过了二十多年。回首往事，令人思念不已，感慨万千。梦中相见，又被山鸟惊醒。愁思绵绵，犹如肥水东流，茫无尽期。词中所流露的伤感与愁思，即是为此而发。全词深情缱绻，缠绵哀婉。

---

① 肥水：源出安徽合肥西南紫蓬山，东流经合肥入巢湖。　② 种相思：种下相思之情。　③ 丹青：泛指画像。　④ 春未绿：本词作于正月，这时气候很冷，草未发芽，所以说春未绿。　⑤ 红莲：指灯笼。

十七、水仙子·寻梅

乔　吉

冬前冬后几村庄，溪北溪南两履霜①，树头树底孤山上②。

冷风来何处香？忽相逢缟袂绡裳③。酒醒寒惊梦④，笛凄春断肠⑤，淡月昏黄⑥。

阅读提示

乔吉(1280？—1345)，元代杂剧家、散曲作家，一称乔吉甫。他的杂剧作品，见于《元曲选》《古名家杂剧》《柳枝集》等集中。散曲作品据《全元散曲》所辑，存小令200余首，套曲11首。

这首散曲是元代曲坛后期的代表作品。这支散曲采取了寓情于景的写作手法，表面上是写梅花，实际上却处处体现着作者的心境及所要表达的思想内涵。乔吉一生不曾显达，甚至可以说是穷困潦倒，其作品内容也因此表现出一种消极厌世的情绪和对现实的不满。结合这些背景分析，这支曲子中的梅花可以理解为作者心目中高洁品性的化身。全曲风格清丽而质朴，雅俗兼备。

① 两履霜：双脚踏冰霜，一双鞋沾满了白霜。　② 孤山：此指杭州西湖之孤山，位处里外二湖之间，旧时多梅，是号称"梅妻鹤子"的北宋诗人林逋的隐居处。　③ 缟袂(gǎo mèi)：白绢做的衣袖。缟：白色的绢。绡(xiāo)裳(cháng)：生丝薄绸做的下衣。绡：生丝织成的薄绸。裳：下衣，裤子，裙子等为裳。此处言"缟袂绡裳"，是将梅花拟人化，将其比作缟衣素裙的美女，圣洁而飘逸比喻梅花的冰清玉洁。　④ "酒醒"句：是说醉卧梅下，因寒气侵袭而惊醒。　⑤ "笛凄"句：闻笛声引起惆怅感伤。笛曲中有《梅花落》，故云。　⑥ 淡月昏黄：月色朦胧，空气中浮动着梅花的幽香。这是对宋代诗人林逋《山园小梅》诗句"疏影横斜水清浅，暗香浮动月黄昏"的化用。

十八、浣溪沙

纳兰性德

谁念西风独自凉①，萧萧黄叶闭疏窗②，沉思往事立残阳。

被酒莫惊春睡重③，赌书消得泼茶香④，当时只道是寻常。

阅读提示

纳兰性德(1655—1685)，字容若，号楞伽山人，清初著名大词人。自幼聪颖好学，又善骑射，是个文武全才。尤好填词，与朱彝尊、陈维崧并称“清词三大家”。康熙二十四年患急病去世，年仅三十一岁。纳兰性德虽然生命短暂，但著作颇丰，有《通志堂集》二十卷和《词林正略》；辑《大易集义粹言》八十卷、《陈氏礼记说补正》三十八卷；编选《近词初集》《名家绝句钞》《全唐诗选》等书，现存词三百四十八首。纳兰性德的词风格清新隽秀，不事雕琢，颇多伤感情调，有南唐后主遗风。

纳兰性德妻子卢氏多才多艺，和他有着共同的兴趣爱好。他对这位妻子有着深厚的感情，可惜的是“成婚三年后，妻子亡故”。这首词就是纳兰性德为悼念亡妻卢氏所作。词中道出了今日的酸苦，即那些寻常的往事不能再现，亡妻不可复生，心灵之伤痛也永无平复之日。其中有怀恋，有追悔，有悲哀，有惆怅，蕴藏了复杂的感情。

---

① 谁：此处指亡妻。　② 萧萧：风吹叶落发出的声音。疏窗：刻有花纹的窗户。　③ 被酒：中酒、酒醉。春睡：醉困沉睡，脸上如春色。　④ 赌书：此处为李清照和赵明诚的典故。李清照《金石录后序》云：“余性偶强记，每饭罢，坐归来堂，烹茶，指堆积书史，言某事在某书某卷第几页第几行，以中否角胜负，为饮茶先后。中即举杯大笑，至茶倾覆怀中，反不得饮而起，甘心老是乡矣！故虽处忧患困穷而志不屈。”此句以此典为喻，说明往日与亡妻有着像李清照夫妻一样的美满生活。消得：消受，享受。

十九、金缕曲(二首)

顾贞观

寄吴汉槎宁古塔①,以词代书,丙辰冬②,寓京师千佛寺,冰雪中作。

季子平安否③?便归来,平生万事,那堪回首!行路悠悠谁慰藉④,母老家贫子幼。记不起,从前杯酒⑤。魑魅搏人应见惯⑥,总输他覆雨翻云手⑦。冰与雪,周旋久。

泪痕莫滴牛衣透⑧,数天涯,依然骨肉⑨,几家能够?比似红颜多命薄,更不如今还有。只绝塞,苦寒难受。廿载包胥承一诺⑩,盼乌头马角终相救⑪。置此札⑫,君怀袖。

我亦飘零久⑬!十年来⑭,深恩负尽,死生师友。宿昔齐名非忝窃⑮,只看杜陵消瘦⑯,曾不减,夜郎僝僽⑰,薄命长辞知己别⑱,问人生到此凄凉否?千万恨,为君剖。

兄生辛未吾丁丑⑲,共此时,冰霜摧折,早衰蒲柳⑳。诗赋从今须少作,留取心魂相守㉑。但愿得,河清人寿㉒!归日急翻行戍稿㉓,把空名料理传身后。言不尽,观顿首。

阅读提示

顾贞观(1637—1714),清代文学家,原名华文,字远平、华峰,亦作华封,号梁汾,江苏无

---

① 吴汉槎(chá):名兆骞,江苏吴江人。工诗文,以科场事为人所陷,于顺治十六年(1659)谪戍宁古塔(今黑龙江省宁安市)。 ② 丙辰:清康熙十五年(1676)。 ③ 季子:指春秋时吴王寿梦的儿子季札,号延陵季子,素有贤名,后常称姓吴的人为“季子”,这里代指吴汉槎。 ④ 行路:过路人。悠悠:关系很远,不相关。慰藉:安慰之意。 ⑤ 杯酒:即杯酒言欢的缩语。 ⑥ 魑(chī)魅搏人:魑魅,传说里的山林妖怪。搏人,打人,抓人。据吴兆骞之子吴振臣在《秋笳集》的跋中说,吴兆骞“为仇家所中,遂遣戍宁古。” ⑦ 覆雨翻云手:指翻手为云,覆手为雨,比喻陷害好人的阴毒小人玩弄手段。 ⑧ 牛衣:乱麻编制的给牛保暖的披盖物。借王章事,劝吴汉槎不要因为困厄边荒而伤心落泪。 ⑨ 数天涯,依然骨肉:指吴兆骞被遣戍边,其妻至戍所相陪十余年,生有一子四女。 ⑩ 廿载:二十年。从1659年吴兆骞被遣戍宁古塔,到作者1676年写这首词,相隔十七年,此取整数。包胥承一诺:据《史记·伍子胥列传》载,春秋时,楚国大夫包胥立誓要保全楚国,后果然如愿。 ⑪ 盼乌头马角终相救:《燕子丹》卷上有言:“丹求归,秦王曰:‘乌头白,马生角,乃许耳。’”丹乃仰天叹,果然乌头即白,马亦生角。 ⑫ 札:信札,书信。 ⑬ 飘零:漂泊。作者康熙五年(1666)中举,掌国史馆典籍,五年后因父病告归,康熙十五年(1676)又入京在纳兰性德家教书,两度客居京师,故有飘零异乡之感。 ⑭ 十年来:从康熙五年(1666)作者中举,到康熙十五(1676)年写这首词,正好十年。 ⑮ 宿昔:过去。非忝窃:不是名不副实。 ⑯ 杜陵消瘦:杜甫在《丽人行》中自称“杜陵野老”“杜陵布衣”;李白《戏赠杜甫》中有“借问别来太瘦生,总为从前作诗苦”之句。 ⑰ 夜郎僝僽:李白曾被流放夜郎(今贵州省西部),受到摧残。这里以杜甫和李白比喻作者和吴兆骞。 ⑱ 薄命长辞知己别:指作者夫人去世和与吴兆骞分别。 ⑲ 兄生辛未吾丁丑:吴兆骞生于辛未年,即明崇祯四年(1631)。作者生于丁丑年,即明崇祯十年(1637)。 ⑳ 蒲柳:即水杨,是凋零最早的树木。 ㉑ “诗赋”二句:古人认为创作诗文损伤人的心魂。桓谭在《新论》里说,他和扬雄都因作赋,“用精思大剧而得病”。 ㉒ 河清人寿:黄河水浊,古时认为黄河清就天下太平。古人云:“俟河之清,人寿几何。”认为黄河千年一清,而人寿有限。这里是希望一切好转,吴兆骞能归来的意思。河:指黄河。 ㉓ 行戍稿:在戍边时所写的稿子。

锡人。明末东林党人顾宪成四世孙。曾馆纳兰相国家，与相国子纳兰性德交契，康熙二十三年(1684)致仕，读书终老。贞观工诗文，词名尤著，著有《弹指词》《积书岩集》等。顾贞观与陈维嵩、朱彝尊并称明末清初“词家三绝”，同时又与纳兰性德、曹贞吉共享“京华三绝”之誉。

吴兆骞为著名江南才子，少有隽才亦傲岸自负，受科考案牵连下狱，被流放宁古塔。身为朋友的顾贞观，在他被充军时，曾承诺必定全力营救，然而二十多年过去了，一切努力始终无用。顾贞观自己也是郁郁不得志，在太傅纳兰明珠家当幕客，想起好友在寒冷偏塞之地受苦，于是向纳兰性德求救，但性德与吴兆骞并无交情，一时未允。康熙十五年(1675)冬，作者离居北京千佛寺，于冰雪中感念良友的惨苦无告，为之作《金缕曲》二首寄之以代书信。纳兰性德读过这两首词，泪下数行，说：“河梁生别之诗，山阳死友之传，得此而三!”当即担保援救吴兆骞。后经纳兰父子的营救，吴兆骞终于在五年之后获赎还乡。

二十、岁暮到家

蒋士铨

爱子心无尽，归家喜及辰①。寒衣针线密②，家信墨痕新。

见面怜清瘦，呼儿问苦辛。低回愧人子③，不敢叹风尘。

阅读提示

蒋士铨(1725—1784)，字心馀、苕生，号藏园，又号清容居士，晚号定甫。清代戏曲家，文学家。江西铅山(今属江西)人。精通戏曲，工诗擅文，与袁枚、赵翼合称“乾隆三大家”。蒋士铨所著《忠雅堂诗集》存诗2569首，其戏曲创作存《红雪楼九种曲》等四十九种。

《岁暮到家》是一首表现骨肉亲情的诗作，描绘了一幅久别的游子与母亲相见时的感人情景。表达了诗人对没有对母亲尽孝的惭愧心情，以及不敢诉说自己远行艰辛劳顿，让母亲更加担忧心疼的复杂心情。这首诗用朴素的语言，细腻地刻画了久别回家后，母子相见时真挚而复杂的感情。神情话语，如见如闻。全诗语言质朴无华，没有一点矫饰，却能引起读者的共鸣和回味。

---

① 及辰：及时，指在年底前赶到家。　② 寒衣：御寒之衣。此句化用唐代诗人孟郊《游子吟》的诗意，其诗云：“慈母手中线，游子身上衣。临行密密缝，意恐迟迟归。”　③ 低回：迟疑徘徊。

二十一、我不知道风——

徐志摩

我不知道风
是在哪一个方向吹——
我是在梦中，
在梦的轻波里依洄。

我不知道风
是在哪一个方向吹——
我是在梦中，
她的温存，我的迷醉。

我不知道风
是在哪一个方向吹——
我是在梦中，
甜美是梦里的光辉。

我不知道风
是在哪一个方向吹——
我是在梦中，
她的负心，我的伤悲。

我不知道风
是在哪一个方向吹——
我是在梦中，
在梦的悲哀里心碎！

我不知道风
是在哪一个方向吹——
我是在梦中，
黯淡是梦里的光辉。

阅读提示

徐志摩(1897—1931),现代诗人、散文家,原名章垿,笔名南湖、云中鹤等,浙江海宁人。1915年毕业于杭州一中,先后就读于上海沪江大学、天津北洋大学和北京大学。1918年赴美国学习银行学。1921年赴英国留学,人伦敦剑桥大学当特别生,研究政治经济学。在剑桥的两年深受西方教育的熏陶,以及欧美浪漫主义和唯美派诗人的影响。1921年开始创作新诗。1922年回国后在报刊上发表大量诗文。

《我不知道风》这首诗,可以说是徐志摩的“标签”之作。诗作问世后,文坛上只要听到这一声诵号,便知是“公子驾到”了。全诗共6节,每节的前3句相同,辗转反复,余音袅袅。这种刻意经营的旋律组合,渲染了诗中“梦”的氛围,也给吟唱者更添上几分“梦”态。这首诗写于1928年3月,可以说较为突出地表现了诗人其时彷徨、苦闷和迷惘的情绪。这首诗在反复喟叹“我不知道风是在那一个方向吹”,并在连续描写的梦境中,似乎述说了一个爱情故事。一个迷失方向无所适从的男子,只好“在梦的轻波里依洄”。在梦中,他曾被他钟爱的女子的“温存”所“迷醉”,沉浸在她“甜美”的“光辉”里。然而不知什么原因,“她”却“负心”而去,一切都化作了“伤悲”,从此,“悲哀”的生活使人“心碎”,“黯然”代替了梦里的“光辉”。尽管诗的结尾对当初梦里的“光辉”表示了无限的怀恋,而心灵深处的“黯然”却是无法排遣的。眼下所谓“梦里的光辉”,正处在“黯淡”的阴影笼罩之下,诗人最终还是徘徊在“我不知道风是在哪一个方向吹”的迷境之中,仍然找不到拨解迷途的正确答案。1927年以后,面对社会的风云变化,徐志摩满腹惆怅,不知所措,感情极度矛盾。他在与这首诗同时期的《新月的态度》中提出“我们先不问风是在那一个方向吹”。可是,在这首诗中,他还是反复咏唱了“我不知道风是在那一个方向吹”。可见这首诗正是他心的袒露、灵的呼唤,正是恍然如梦的人生困境的写照。

二十二、寻梦者

戴望舒

梦会开出花来的，
梦会开出娇妍①的花来的：
去求无价的珍宝吧。

在青色的大海里，
在青色的大海的底里，
深藏着金色的贝一枚。

你去攀九年的冰山吧，
你去航九年的旱海②吧，
然后你逢到那金色的贝。

它有天上的云雨声，
它有海上的风涛声，
它会使你的心沉醉。

把它在海水里养九年，
把它在天水里养九年，
然后，它在一个暗夜里开绽③了。

当你鬓发④斑斑了的时候，
当你眼睛朦胧了的时候，
金色的贝吐出桃色的珠。

把桃色的珠放在你怀里，
把桃色的珠放在你枕边，

---

① 娇妍(jiāo yán)：柔美，艳丽。　② 旱海：宋代自今甘肃环县北至宁夏灵武一带，干旱多沙，俗称“旱海”。　③ 开绽(kāi zhàn)：开放。　④ 鬓发(bìn fà)：垂在耳朵前面的一绺头发或一簇卷发。

于是一个梦静静地升上来了。

你的梦开出花来了，
你的梦开出娇妍的花来了，
在你已衰老了的时候。

阅读提示

戴望舒(1905—1950)，原名戴梦鸥，戴望舒为其笔名，浙江杭州人。其笔名出自屈原《离骚》中“前望舒使先驱兮，后飞廉使奔属”之句。意思是说屈原上天入地漫游求索，坐着龙马拉来的车子，前面由月神望舒开路，后面由风神飞廉作跟班。望舒就是神话传说中替月亮驾车的天神，美丽温柔，纯洁幽雅。戴望舒中学毕业就开始文学创作，最早的创作是小说，1924 年 4 月第一本诗集《我的记忆》出版，其中《雨巷》成为传诵一时的名作，他因此被称为“雨巷诗人”。

《寻梦者》发表在 1932 年 11 月出版的《现代杂志》第二卷第一期上。当时正是中国社会剧烈动荡的时期，面对黑暗的现实，作为被科学与民主的洪流震醒的知识分子，美好的理想与黑暗的现实之间的矛盾，一直笼罩着他敏感的心灵。诗题“寻梦者”是作者的自喻。这首诗歌告诉了我们一个人生的真谛：任何美好理想的实现，任何事业的成功，必须以一生追求为代价。

全诗每节三行，节奏大体整饬。每节一二句或重复，或排比，甚至各句大都重复。读起来，不仅有意象纷至沓来的美感，也有和谐而富于音乐美的视听满足。开篇写梦的美丽、珍贵，用了“开出花来”，“开出娇妍的花来”这样的句子；结尾再次重申，写梦实现时的绚丽多姿。美丽的句子回环往复，久久萦绕在人的心里，成为人们心中一个五彩斑斓的结。“开出花来”，“开出妖妍的花来”，“在青色的大海里”，“在青色的大海的底里”仿佛画一幅妍丽的画，泼洒色彩时一层层的涂抹上去，色彩便一层层地浓烈起来，给人一种纵深感，复沓反复形成波浪状的层次感，让人心情跌宕起伏。

二十三、雪落在中国的土地上

艾 青

雪落在中国的土地上，
寒冷在封锁着中国呀……

风，
像一个太悲哀了的老妇，
紧紧地跟随着
伸出寒冷的指爪
拉扯着行人的衣襟，
用着像土地一样古老的话
一刻也不停地絮聒[①]着……

那从林间出现的，
赶着马车的
你中国的农夫
戴着皮帽
冒着大雪
你要到哪儿去呢？

告诉你
我也是农人的后裔[②]——
由于你们的
刻满了痛苦的皱纹的脸
我能如此深深地
知道了
生活在草原上的人们的
岁月的艰辛。

---

① 絮聒(guō)：唠叨不休，使人厌烦。　② 后裔(hòu yì)：后代子孙。

而我
也并不比你们快乐啊
——躺在时间的河流上
苦难的浪涛
曾经几次把我吞没而又卷起——
流浪与监禁
已失去了我的青春的
最可贵的日子，
我的生命
也像你们的生命
一样的憔悴呀

雪落在中国的土地上，
寒冷在封锁着中国呀……

沿着雪夜的河流，
一盏小油灯在徐缓地移行，
那破烂的乌篷船里
映着灯光，垂着头
坐着的是谁呀？

——啊，你
蓬发垢面[①]的少妇，
是不是
你的家
——那幸福与温暖的巢穴——
已被暴戾[②]的敌人
烧毁了么？
是不是
也像这样的夜间，
失去了男人的保护，
在死亡的恐怖里
你已经受尽敌人刺刀的戏弄？

① 蓬(péng)发垢(gòu)面：头发散乱，面孔很脏。 ② 暴戾(lì)：性情残暴凶狠；粗暴乖张。

咳，就在如此寒冷的今夜，
无数的
我们的年老的母亲，
都蜷伏[①]在不是自己的家里，
就像异邦人
不知明天的车轮
要滚上怎样的路程……
——而且
中国的路
是如此的崎岖
是如此的泥泞呀。

雪落在中国的土地上，
寒冷在封锁着中国呀……

透过雪夜的草原
那些被烽火所啮啃[②]着的地域，
无数的，土地的垦殖者
失去了他们所饲养的家畜
失去了他们肥沃的田地
拥挤在
生活的绝望的污巷里：
饥馑[③]的大地
朝向阴暗的天
伸出乞援的
颤抖[④]着的两臂。

中国的苦痛与灾难
像这雪夜一样广阔而又漫长呀！

雪落在中国的土地上，
寒冷在封锁着中国呀……

中国，

① 蜷(quán)伏：身体弯曲着、首脚相连地趴在地上。 ② 啮啃(niè kěn)：破坏，折磨。 ③ 饥馑(jǐn)：灾荒之年，庄稼没有收成。 ④ 颤(chàn)抖：指颤动，哆嗦，形容身体某个部位发抖。

我的在没有灯光的晚上
所写的无力的诗句
能给你些许的温暖么？

阅读提示

艾青(1910—1996)，原名蒋海澄，浙江金华人，七月派代表诗人。“七月派”是中国现代文学史上历时甚长，富有探索精神，而又具有沉重的悲剧命运的进步文学流派。艾青诗歌的代表作有《大堰河——我的保姆》《雪落在中国的土地上》《我爱这土地》，著有诗集《大堰河》《北方》《向太阳》《归来的歌》等，论文集有《诗论》《艾青谈诗》等。

艾青诗歌的中心意象是土地和太阳，核心感情是忧郁。艾青认为忧郁给人一种深沉的力量，“把忧郁与悲哀看成一种力”。《雪落在中国的土地上》写于抗战爆发后不久。艾青以忧郁的笔调，描绘了处于战乱中的国土和人民，抒发了忧国忧民的感情。诗歌展现了一幅寒夜风雪图。“雪落在中国的土地上，寒冷在封锁着中国呀”这诗句，从开头起，在诗中反复间隔出现，给全诗涂上了一层黯淡的底色，然后，在这底色上，着重勾勒了有代表性的两个形象：北方的赶着马车的农夫和南方的坐着乌篷船的少妇。艾青还在这两个形象周围，点染了更多的流离颠沛的身影。这幅寒夜风雪图，是受难的国土和受难的人民的生动写照。诗人的抒情主人公的形象，也进入所描绘的画面之中，尤其在结尾处抒写了他愿与祖国和人民共命运的心意，使诗的意境凄冷而不凝固，悲哀而不消沉，透着一股与苦难搏斗的精神。

二十四、我们听着狂风里的暴雨

冯　至

我们听着狂风里的暴雨，
我们在灯光下这样孤单，
我们在这小小的茅屋里
就是和我们用具的中间

也有了千里万里的距离：
铜炉在向往深山的矿苗
瓷壶在向往江边的陶泥，
它们都像风雨中的飞鸟

各自东西。我们紧紧抱住，
好像自身也都不能自主。
狂风把一切都吹入高空，

暴雨把一切又淋入泥土，
只剩下这点微弱的灯红
在证实我们生命的暂住。

阅读提示

冯至(1905—1993)原名冯承植，字君培，河北省涿县(今涿州市)人。上世纪20年代起开始创作诗歌，被鲁迅誉为“中国最为杰出的抒情诗人”。著有《昨日之歌》《北游及其他》《十四行集》《西郊集》《十年诗抄》。其中，《十四行集》以深沉的情丝、精湛的诗艺，获得了诗坛的赞誉，被推许为具备了深度品质的“沉思的诗”，被认为是中国新诗进入成熟境界的标志。

《十四行集》的创作是诗人庄重的生活态度和创作态度的结晶。《我们听着狂风里的暴雨》是《十四行诗》27首中的第21首，强调了空间上的距离。即使是近在身边的一切也都难免“各自东西”，对此，好像我们“自身也都不能自主”。“铜炉在向往深山的矿苗”“瓷壶在向往江边的陶泥”，是表现一种对藩篱的挣脱？一种对本原的回归？又或者是风雨中飞鸟渴望的归巢？器物有寻找自己归属的愿望，诗人进而联想到自己的漂泊和孤独。在颠沛流离的战争背景下，这种飞鸟的感觉也许更加强烈。面对无言的大宇宙，面对“生命的暂住”，在距离昆明城7.5公里的林场茅屋中，沉思生命的意义，和宇宙对话，与介入社会政治或加入全民族的大合唱之中不可同日而语，或许冯至心中并不是没有矛盾和犹豫，毕竟孤独地完成自我和承担共同的人间苦难不是同一件事情。

二十五、神 女 峰

舒 婷

在向你挥舞的各色花帕中
是谁的手突然收回
紧紧捂住自己的眼睛
当人们四散离去，谁
还站在船尾
衣裙漫飞，如翻涌不息的云
江涛
　　高一声
　　　　低一声

美丽的梦留下美丽的忧伤
人间天上，代代相传
但是，心
真能变成石头吗

沿着江岸
金光菊和女贞子的洪流
正煽动新的背叛
　　与其在悬崖上展览千年
　　不如在爱人肩头痛哭一晚

阅读提示

舒婷，女，原名龚佩瑜，福建厦门人。中国当代女诗人，朦胧诗派的代表人物。诗集有《双桅船》《会唱歌的鸢尾花》《始祖鸟》《舒婷的诗》，散文集有《心烟》《柏林》《露珠里的“诗想”》。

诗歌一开始就展现的意向是，船行至神女峰前，游客们向石像挥舞起各色手帕，对这一偶像狂热的崇敬，表现出在传统道德的强大磁场中，人们思维习惯和感情趋向的顽固惯性，然而觉悟者还是有的，她收回挥舞的手臂，捂住眼睛擦拭泪水——她分明觉察了神女偶像的可悲性。人们离去后，她继续苦苦思索，那么多女人总是通过苦守贞洁来追求一种道德价值的实现，她们热衷于把美丽的梦想安排在一条可怕道路的尽头。“金光菊”和“女贞子”是巫峡中的常见植物，它们聚凑成迎船而来的“洪流”。它们生机蓬勃，自由活泼，体现着“生命属于自己，应由自己支配”的哲理，启发人们抛弃那为“规范”而生活的旧的伦理枷锁。最后两句，指出“神女”们为了一种道德虚荣，在寂寞痛苦中挣扎，甘做一个毫无意义的展览品，实在不值得，不如步入世俗生活，向心爱的人倾诉心声，宣泄委屈，这才是幸福。诗人吟咏至此，已把贞节观这座压抑妇女几千年的沉重枷锁彻底掀翻、打碎，产生铲除梦魇、大快人心的效果。

二十六、麦　地

海　子

吃麦子长大的
在月亮下端着大碗
碗内的月亮
和麦子
一直没有声响

和你俩不一样
在歌颂麦地时
我要歌颂月亮

月亮下
连夜种麦的父亲
身上像流动金子

月亮下
有十二只鸟
飞过麦田
有的衔起一颗麦粒
有的则迎风起舞，矢口否认

看麦子时我睡在地里
月亮照我如照一口井
家乡的风
家乡的云
收聚翅膀
睡在我的双肩

麦浪——
天堂的桌子

摆在田野上
一块麦地

收割季节
麦浪和月光
洗着快镰刀

月亮知道我
有时比泥土还要累
而羞涩的情人
眼前晃动着
麦秸

我们是麦地的心上人
收麦这天我和仇人
握手言和
我们一起干完活
合上眼睛，命中注定的一切
此刻我们心满意足地接受

妻子们兴奋地
不停用白围裙
擦手

这时正当月光普照大地。
我们各自领着
尼罗河，巴比伦或黄河
的孩子　在河流两岸
在群蜂飞舞的岛屿或平原
洗了手
准备吃饭

就让我这样把你们包括进来吧
让我这样说
月亮并不忧伤
月亮下
一共有两个人

穷人和富人
纽约和耶路撒冷
还有我
我们三个人
一同梦到了城市外面的麦地
白杨树围住的
健康的麦地
健康的麦子
养我性命的麦子！

阅读提示

海子，原名查海生。1964年5月出生于安徽省安庆市怀宁县高河镇查湾村。1979年考入北京大学法律系，1982年开始诗歌创作，1983年大学毕业后在中国人民大学政治系哲学教研室任教。先后自印诗集《河流》《传说》《麦地之翁》（与西川合印）《太阳，断头篇》《太阳，天堂选幕》，另有长诗《土地》（已由春风文艺出版社出版），1988年写出诗剧三部曲之一《刹》。1989年3月26日，在河北省山海关卧轨自杀。

《麦地》是海子比较著名的作品之一，向我们展示了一个十分和谐的乡村世界。看似是对自己的童年生活的回忆，恰是对现实生活的不满。他热烈地爱着生养他性命的麦地，被称为“麦子诗人”。他在虔敬歌颂“麦子”的同时，深情地描述着辛苦劳作的“父亲”，折射的是中国千千万万的农民的形象，朴实无华。全诗歌颂劳动人民创造的巨大财富，表达对劳动人民的敬仰，也显示了诗人自己的博爱精神。

二十七、等你，在雨中

余光中

等你，在雨中，在造虹的雨中
蝉声沉落，蛙声升起
一池的红莲如火焰，在雨中

你来不来都一样，竟感觉
每朵莲都像你
尤其隔着黄昏，隔着这样的细雨

永恒，刹那，刹那，永恒
等你，在时间之外，在时间之内，等你
在刹那，在永恒
如果你的手在我的手里，此刻
如果你的清芬
在我的鼻孔，我会说，小情人

诺，这只手应该采莲，在吴宫①
这只手应该
摇一柄桂桨，在木兰舟中

一颗星悬在科学馆的飞檐
耳坠子一般地悬着
瑞士表说都七点钟了。忽然你走来

步雨后的红莲，翩翩，你走来
像一首小令

---

① 吴宫：指春秋末年吴王夫差的王宫。王维有诗曰：“艳色天下重，西施宁久微。朝为越溪女，暮作吴宫妃。”作者将情意飞驰到2400多年前的吴宫，把“情人眼里出西施”这句话做了戏剧性地演示。另外，三国时吴王孙权的夫人有一双巧手，有三项技艺被称为“吴宫三绝”：机绝（织棉）、针绝（刺绣）、丝绝（以发织幔）。故作者很自然地将情人的手和采莲、弄舟的玉手以及吴宫联系起来。

从一则爱情的典故里你走来
从姜白石①的词里，有韵地，你走来

阅读提示

余光中(1928—)，男，1928年出生于南京。1952年毕业于台湾大学外文系。1959年获美国爱荷华大学艺术硕士学位。先后任教台湾东吴大学、台湾师范大学、台湾大学、台湾政治大学。余光中的诗作情通古今，意贯中西。源远流长的中国诗歌传统，时时滋润着他年轻的诗心。在传统与现代的交汇中，余光中的诗歌有着更博杂的兼容性。《等你，在雨中》语言清丽，声韵柔婉，具有东方古典美的空灵境界。同时，从诗句的排列上，也充分体现出诗人对现代格律诗建筑美的刻意追求。

《等你，在雨中》可称余光中爱情诗歌的代表作。诗作名曰“等你”，但全诗只字未提“等你”的焦急和无奈，而是别出心裁地状写“等你”的幻觉和美感。黄昏将至，细雨蒙蒙，彩虹飞架，红莲如火，“蝉声沉落，蛙声升起”。正因为“你”在“我”心中深埋，所以让人伤感的黄昏才显得如诗如画。“我”情不自禁地喃喃自语:“你来不来都一样，竟感觉/每朵莲都像你”。莲象征美丽与圣洁，诗中的莲既是具象的实物，又是美与理想的综合。因此，诗人把约会的地点安排在黄昏的莲池边。等待中的美人从红莲中幻化而出，“摇一柄桂桨，在木兰舟中”，妩媚动人，艳若天仙。莲花与情人的清芬之气，使“我”如痴如醉，物我两忘。如果不是瑞士表悄悄地告诉“我”七点已到，真不知会沉迷至何时！情人在时钟指向七点时翩翩而来，幻觉本应在“我”与情人的拥抱和热吻中化为现实了，然而诗人匠心独运，出其不意，笔锋陡转，却写“我”望着姗姗而来的情人，仿佛看到了一朵红莲，姜白石词中婉约的韵律像叮咚作响的清泉缓缓流进“我”的心中。诗歌至此戛然而止，但又余音袅袅，留给人们无限想象的余地，使读者久久找不到走出诗境的路。

---

① 姜白石：即姜夔，字尧章，号白石道人，饶州鄱阳(今属江西)人，南宋词人，其作品于康熙年间收入《姜白石诗词合集》。其词笔致含蓄，格调高雅，情韵悠远，别具一格。此处提到姜白石，似与其情感有关。据夏承焘先生《姜白石合肥情事考》，姜白石早年曾客居合肥，与一对善弹琵琶的姊妹相遇，从此与其中一位结下不解之缘，但姜白石因生计而不得不游食四方，遂无法厮守终老。据夏承焘先生的研究，白石词与此情有关的有22首之多，占其全部词作的四分之一，足见其萦心不忘。

二十八、窗　　下

洛　夫

当暮色装饰着雨后的窗子
我便从这里探测出远山的深度

在窗玻璃上呵一口气
再用手指画一条长长的小路
以及小路尽头的
一个背影

有人从雨中而去

阅读提示

洛夫，生于1928年5月11日，名莫运端、莫洛夫，湖南衡南县相市乡燕子山人。1943年进入成章中学初中部，以“野叟”笔名在《力报》副刊发表第一篇散文《秋日的庭院》。1946年转入岳云中学，开始新诗创作，以处女诗作《秋风》展露才情。1949年7月去台湾，后毕业于淡江大学英文系，1996年从台湾迁居加拿大温哥华。洛夫是台湾现代诗坛最杰出和最具震撼力的诗人，为中国诗坛超现实主义的代表人物，由于其表现手法近乎魔幻，因此被诗坛誉为“诗魔”。与余光中一起被世界华文诗坛誉为双子星，洛夫的《边界望乡》和余光中的《乡愁》一样脍炙人口。

《窗下》是一首初读不似情诗的情诗。诗境如烟雨般迷离，诗意也很朦胧。全诗虽短短七句，却令人回味无穷。雨后，暮色降临，窗外能望到远处的青山，“从这里探测出远山的深度”。探测，用的是眼睛，更是心灵。仅仅是远山是没有如此魅力的，能让“我”久久不动凝视窗外的是远山深处住着的令“我”魂牵梦绕之人。诗人不由童心大发，“在窗玻璃上呵一口气，再用手指画一条长长的小路……”这是虚境更是实境。“我”终于无法克制心中强烈的思念之情，越窗而出，望着“小路尽头的一个背影”——“心上人”踏上窗外那“长长的小路”，冒雨进山去追寻了。

此诗还可作另一解，即那人已“从雨中而去”，只在“长长的小路”尽头留下了“一个背影”。但“我”仍伫立窗下，直到暮色降临，雨珠不飞。每一个窗下都上演着不同的故事，但曾发生在这个窗下的故事，我们终究无从知晓，这是一个永远解不开的谜。显然，无论作何解，都丝毫无损于此诗的魅力，相反，正是这种多义性和不定性丰富了它的内涵，从而给读者以更广阔的想象天地。

二十九、西 风 颂

雪 莱

1

哦，狂暴的西风，秋之生命的呼吸！
你无形，但枯死的落叶被你横扫，
有如鬼魅碰到了巫师，纷纷逃避：
黄的，黑的，灰的，红得像患肺痨，
呵，重染疫疠的一群：西风呵，是你
以车驾把有翼的种子催送到
黑暗的冬床上，它们就躺在那里，
像是墓中的死穴，冰冷，深藏，低贱，
直等到春天，你碧空的姊妹吹起
她的喇叭，在沉睡的大地上响遍，
（唤出嫩芽，像羊群一样，觅食空中）
将色和香充满了山峰和平原。
不羁的精灵呵，你无处不远行；
破坏者兼保护者：听吧，你且聆听！

2

没入你的急流，当高空一片混乱，
流云像大地的枯叶一样被撕扯
脱离天空和海洋的纠缠的枝干。
成为雨和电的使者：它们飘落
在你的磅礴之气的蔚蓝的波面，
有如狂女的飘扬的头发在闪烁，
从天穹的最遥远而模糊的边沿
直抵九霄的中天，到处都在摇曳
欲来雷雨的卷发，对濒死的一年

你唱出了葬歌，而这密集的黑夜
将成为它广大墓陵的一座圆顶，
里面正有你的万钧之力的凝结；
那是你的浑然之气，从它会迸涌
黑色的雨，冰雹和火焰：哦，你听！

3

是你，你将蓝色的地中海唤醒，
而它曾经昏睡了一整个夏天，
被澄澈水流的回旋催眠入梦，
就在巴亚海湾的一个浮石岛边，
它梦见了古老的宫殿和楼阁
在水天辉映的波影里抖颤，
而且都生满青苔、开满花朵，
那芬芳真迷人欲醉！呵，为了给你
让一条路，大西洋的汹涌的浪波
把自己向两边劈开，而深在渊底
那海洋中的花草和泥污的森林
虽然枝叶扶疏，却没有精力；
听到你的声音，它们已吓得发青：
一边颤栗，一边自动萎缩：哦，你听！

4

哎，假如我是一片枯叶被你浮起，
假如我是能和你飞跑的云雾，
是一个波浪，和你的威力同喘息，
假如我分有你的脉搏，仅仅不如
你那么自由，哦，无法约束的生命！
假如我能像在少年时，凌风而舞
便成了你的伴侣，悠游天空
（因为呵，那时候，要想追你上云霄，
似乎并非梦幻），我就不致像如今
这样焦躁地要和你争相祈祷。
哦，举起我吧，当我是水波、树叶、浮云！
我跌在生活底荆棘上，我流血了！

这被岁月的重轭所制服的生命
原是和你一样：骄傲、轻捷而不驯。

5

把我当作你的竖琴吧，有如树林：
尽管我的叶落了，那有什么关系！
你巨大的合奏所振起的音乐
将染有树林和我的深邃的秋意：
虽忧伤而甜蜜。呵，但愿你给予我
狂暴的精神！奋勇者呵，让我们合一！
请把我枯死的思想向世界吹落，
让它像枯叶一样促成新的生命！
哦，请听从这一篇符咒似的诗歌，
就把我的话语，像是灰烬和火星
从还未熄灭的炉火向人间播散！
让预言的喇叭通过我的嘴唇
把昏睡的大地唤醒吧！西风呵，
如果冬天来了，春天还会远吗？

（查良铮　译）

阅读提示

波西·比希·雪莱(1792—1822)是19世纪前期与拜伦齐名的英国浪漫主义诗人。出身于一个古老的贵族家庭，祖父是男爵，父亲是国会议员，思想保守。雪莱自幼聪颖，8岁能诗，20岁入牛津大学，21岁因写反宗教的哲学论文被学校开除，又见罪于父亲，只好离家独居。投身社会后，又因写诗歌鼓动英国人民革命和支持爱尔兰民族民主运动，而被迫于1818年迁居意大利。在意大利，他仍积极支持意大利人民的民族解放斗争，1822年渡海遇风暴不幸船沉溺死。雪莱的作品热情而富有哲理性思辨，诗风自由不羁，常任天上地下、时间空间、神怪精灵往来而变幻驰骋，又惯用梦幻象征手法和远古神话题材。

《西风颂》是雪莱的代表作之一。在诗中，诗人把西风当作革命力量的象征，它横扫败叶、席卷残云、震荡大海，是无所不及、无处不在的“不羁的精灵”。同时，西风对新生事物起了保护和促进作用，是“破坏者兼保护者”。诗人愿意化作一把预言的号角，告知人们：如果冬天已经来了，春天还会遥远吗？这有名的诗句一百多年来鼓舞了无数革命者。《西风颂》全诗气势豪放，想象奇丽，意境雄浑，思想深沉，感情强烈，在艺术上达到了辉煌的境界。

三十、致大海

普希金

再见吧，自由的元素！
最后一次了，在我眼前
你的蓝色的浪头翻滚起伏，
你的骄傲的美闪烁壮观。

仿佛友人的忧郁的絮语，
仿佛他别离一刻的招呼，
最后一次了，我听着你的
喧声呼唤，你的沉郁的吐诉。

我全心渴望的国度啊，大海！
多么常常地，在你的岸上
我静静地，迷惘地徘徊，
苦思着我那珍爱的愿望。

啊，我多么爱听你的回声，
那喑哑的声音，那深渊之歌，
我爱听你黄昏时分的幽静，
和你任性的脾气的发作！

渔人的渺小的帆凭着
你的喜怒无常的保护
在两齿之间大胆地滑过，
但你若汹涌起来，无法克服，
成群的渔船就会覆没。

直到现在，我还不能离开
这令我厌烦的凝固的石岸，
我还没有热烈地拥抱你，大海！

也没有让我的诗情的波澜
随着你的山脊跑开！

你在期待，呼唤……我却被缚住，
我的心徒然想要挣脱开，
是更强烈的感情把我迷住，
于是我在岸边留下来……

有什么可顾惜的？而今哪里
能使我奔上坦荡的途径？
在你的荒凉中，只有一件东西
也许还激动我的心灵。

一面峭壁，一座光荣的坟墓……
那里，种种伟大的回忆
已在寒冷的梦里沉没，
啊，是拿破仑熄灭在那里。

他已经在苦恼里长眠。
紧随着他，另一个天才
像风暴之间驰过我们面前，
啊，我们心灵的另一个主宰。

他去了，使自由在悲泣中！
他把自己的桂冠留给世上。
喧腾吧，为险恶的天时而汹涌，
噢，大海！他曾经为你歌唱。

他是由你的精气塑成的，
海啊，他是你的形象的反映；
他像你似的深沉、有力、阴郁，
他也倔强得和你一样。

世界空虚了……哦，海洋，
现在你还能把我带到哪里？
到处，人们的命运都是一样：

哪里有幸福，必有教育
或暴君看守得非常严密。

再见吧，大海！你壮观的美色
将永远不会被我遗忘；
我将久久地，久久地听着
你在黄昏时分的轰响。

心里充满了你，我将要把
你的山岩，你的海湾，
你的光和影，你的浪花的喋喋，
带到森林，带到寂静的荒原。

1824 年

（查良铮　译）

阅读提示

亚历山大·谢尔盖耶维奇·普希金(1799—1837)是 19 世纪俄国浪漫主义文学的主要代表，同时也是现实主义文学的奠基人。他的作品曾在俄国解放运动中起过重要作用，在俄国文学史上有着光辉的地位，被高尔基誉为“俄国文学之父”“伟大的俄国人民诗人”。

普希金在青年时代就深受十二月党人的影响，写下了许多歌颂自由民主的政治抒情诗。1820 年，普希金年仅 21 岁就被沙皇放逐到俄国南部。1824 年夏天，他与奥德萨总督发生冲突，又被军警押送到米哈伊洛夫斯克村，被囚禁在那里长达两年之久。他在奥德萨长期与大海为伴，把奔腾的大海看作是自由的象征。普希金在奥德萨开始写作《致大海》，到米哈伊洛夫斯克后完成了这首诗。《致大海》是一首反抗暴政，反对独裁，追求光明，讴歌自由的政治抒情诗。诗人以大海为知音，以自由为旨归，以倾诉为形式，多角度、多侧面描绘自己追求自由的心路历程。感情凝重深沉而富于变化，格调雄浑奔放而激动人心。

三十一、亲爱的，让我们并肩坐下

叶赛宁

亲爱的，让我们并肩坐下，
彼此瞧一眼对方的目光，
在短暂的一瞥中，我想要
听见那感情澎湃的喧响。

这华美的秋天的金黄色，
这小小一绺淡淡的白发，
一切都表明了一个浪子
已放弃不守本分的生涯。

我早已离开了我的故乡，
那里鲜花盛开，草木茂盛，
在城市里痛苦的荣誉中，
我想像死人般度尽一生。

我想让心灵更加深深地
怀念美好的夏季和园林，
那里，倾听着蛙鸣的乐曲，
我使自己成了一个诗人。

那里的秋天啊依然如故……
枝叶纷披的枫树和菩提
把手掌伸进房屋的窗户，
寻找着它们的种种回忆。

在人间，它们已荡然无存。
明月在常见的乡村坟场
把清辉投射到十字架上，
好让我们也去那里造访，

好让我们在饱经忧患后，
终于能覆盖它们的阴影。
一切崎岖的道路都只会
把欢乐倾注给活着的人。

亲爱的，让我们并肩坐下，
彼此瞧一眼对方的目光，
在短暂的一瞥中，我想要
听见那感情澎湃的喧响。

1923 年

（郑铮　译）

阅读提示

叶赛宁(1895—1925)，俄罗斯著名抒情诗人。早期诗作洋溢着大自然的浓郁气息。十月革命时曾向往革命，在部分诗中试图反映新的革命生活。他的优秀抒情诗一般都有起伏的情节，内容真切丰富，具有民歌特点，许多后来都被谱成了歌曲。出版的诗集有《亡灵节》、抒情组诗《波斯情歌》、长诗《安娜·斯涅金娜》等。

《亲爱的，让我们并肩坐下》是世界爱情诗宝库里的一颗明珠，在诗歌中，叶赛宁通过描绘乡村的优美风光来表达他对城市中追名逐利的生活的厌倦，把游子对故乡的热爱与对恋人的爱情完美地结合起来，形成他独特的风格。

三十二、当你老了

叶　芝

当你老了，头发白了，睡意昏沉，
炉火旁打盹，请取下这部诗歌，
慢慢读，回想你过去眼神的柔和，
回想它们昔日浓重的阴影；
多少人爱你青春欢畅的时辰，
爱慕你的美丽，假意或真心，
只有一个人爱你那朝圣者的灵魂，
爱你衰老了的脸上痛苦的皱纹；
垂下头来，在红光闪耀的炉子旁，
凄然地轻轻诉说那爱情的消逝，
在头顶的山上它缓缓踱着步子，
在一群星星中间隐藏着脸庞。

（袁可嘉　译）

阅读提示

威廉·巴特勒·叶芝(1865—1939)，爱尔兰诗人、剧作家，著名的神秘主义者，1865 年 6 月 13 日出生于都柏林。曾在都柏林大都会美术学院学习绘画，1887 年开始专门从事诗歌创作，被诗人艾略特誉为“当代最伟大的诗人”。

《当你老了》是叶芝于 1893 年创作的献给女友毛特·冈妮热烈而真挚的爱情诗篇。诗歌语言简明，但情感丰富真切。诗人采用了多种艺术表现手法，如假设想象、对比反衬、意象强调、象征升华，再现了诗人对女友忠贞不渝的爱恋之情。同时，揭示了现实中的爱情和理想中的爱情之间不可弥合的距离。

第二单元　小说

三十三、三 王 墓

楚干将莫邪为楚王作剑①，三年乃成。王怒，欲杀之。剑有雌雄。其妻重身当产②。夫语妻曰："吾为王作剑，三年乃成。王怒，往必杀我。汝若生子是男，大③，告之曰：'出户望南山，松生石上，剑在其背。'"于是即将雌剑往见楚王。王大怒，使相之。剑有二，一雄一雌，雌来雄不来。王怒，即杀之。莫邪子名赤，比后壮④，乃问其母曰："吾父所在？"母曰："汝父为楚王作剑，三年乃成。王怒，杀之。去时嘱我：'语汝子，出户望南山，松生石上，剑在其背。'"于是子出户南望，不见有山，但睹堂前松柱下石低之上⑤。即以斧破其背，得剑，日夜思欲报楚王⑥。

王梦见一儿眉间广尺⑦，言欲报仇。王即购之千金⑧。儿闻之亡去⑨，入山行歌⑩。客有逢者，谓："子年少，何哭之甚悲耶？"曰："吾干将莫邪子也，楚王杀吾父，吾欲报之。"客曰："闻王购子头千金。将子头与剑来，为子报之。"儿曰："幸甚！"即自刎，两手捧头及剑奉之，立僵⑪。客曰："不负子也。"于是尸乃仆⑫。

客持头往见楚王，王大喜。客曰："此乃勇士头也，当于汤镬煮之⑬。"王如其言煮头，三日三夕不烂。头踔出汤中⑭，踬目大怒⑮。客曰："此儿头不烂，愿王自往临视之⑯，是必烂也。"王即临之。客以剑拟王⑰，王头随堕汤中，客亦自拟己头，头复坠汤中。三首俱烂，不可识别。乃分其汤肉葬之，故通名三王墓。今在汝南北宜春县界⑱。

阅读提示

本篇亦名《干将莫邪》，选自晋代干宝的志怪小说集《搜神记》。《列士传》《吴越春秋》《列异传》等书中亦有类似记载。诸书记载中，以《搜神记》所记最详，文辞亦最佳。

《搜神记》是魏晋南北朝志怪小说的代表作，一般篇幅短小，叙事简单，不重人物刻画。《三王墓》是《搜神记》中成就较高的作品之一，全文约五百字，虽说篇幅比《搜神记》中的大

---

① 干将莫邪：古代著名的铸剑师，姓干将，名莫邪。一说干将、莫邪是夫妻两人，干将是夫，莫邪是妻。
② 重(chóng)身：双身，即怀孕。　③ 大：长大成人。　④ 比：等到。壮：长大成人。　⑤ 低：疑应作"砥"，柱下基石。"之上"两字疑是衍文。　⑥ 报楚王：向楚王报父仇。　⑦ 眉间广尺：两眉之间有一尺宽的距离。　⑧ 购：悬赏。　⑨ 亡去：逃离。　⑩ 行歌：且走且唱。　⑪ 立僵：谓尸体直立不倒。
⑫ 仆：向前倒下。　⑬ 镬(huò)：形似鼎而无足，秦汉时用作烹人刑具。　⑭ 踔(chuō)：跳跃。　⑮ 踬目：疑应作"瞋目"，睁大眼睛瞪人。　⑯ 自往临视：亲自到镬旁观看。　⑰ 拟：此处意为对准了砍。
⑱ 汝南：汉郡名。北宜春县，今河南省汝南县西南，西汉时名宜春，东汉时改名北宜春。

多数作品长，然而与后来的小说相比，其篇幅仍然短小。尽管篇幅短小，但《三王墓》结构完整，情节曲折，人物形象也刻画得比较生动。

小说叙述了一个完整的复仇故事。楚国的干将莫邪为楚王铸成宝剑后被楚王杀害，其子赤日夜想报杀父之仇。为绝后患，楚王以千金购赤之头。赤为躲过楚王的追捕，只得挟宝剑逃入山中。复仇无望之际，赤巧遇见义勇为的侠客，毅然自刎并将宝剑与自己的头交给侠客。侠客不负赤之托，智杀楚王，同时亦自杀。虽然《三王墓》仍然没能突破六朝志怪小说“粗陈梗概”的窠臼，但赤自刎后僵立不倒、赤头在汤镬中煮三天三夜不烂、赤头“踔出汤中，踬目大怒”等离奇情节的穿插，不仅赋予小说以浪漫主义色彩，而且也加强了小说情节的曲折性。

小说成功地塑造了四个性格比较鲜明的人物形象。干将莫邪深谋远虑，智勇兼具；楚王凶残暴虐，糊涂愚昧；赤不畏强暴，意志坚韧，任人不疑；客豪侠仗义，大智大勇，沉稳干练。其中，尤以客的形象最为出彩。

小说思想内涵丰富。小说通过侠客替赤为父报仇，与楚王同归于尽的故事，反映了阶级社会中两个对立阶级之间的尖锐矛盾，揭露了统治阶级的残暴，赞扬了被压迫人们不屈不挠的反抗精神，同时也歌颂了侠义之士乐于助人的牺牲精神。

三十四、李娃传

白行简

汧国夫人李娃[1]，长安之倡女也[2]。节行瓌奇[3]，有足称者，故监察御史白行简为传述[4]。

天宝中，有常州刺史荥阳公者[5]，略其名氏，不书。时望甚崇[6]，家徒甚殷。知命之年[7]，有一子，始弱冠矣[8]，雋朗有词藻[9]，迥然不群，深为时辈推伏[10]。其父爱而器之，曰："此吾家千里驹也[11]。"应乡赋秀才举[12]，将行，乃盛其服玩车马之饰，计其京师薪储之费[13]，谓之曰："吾观尔之才，当一战而霸。今备二载之用，且丰尔之给，将为其志也。"生亦自负，视上第如指掌[14]。自毗陵发[15]，月余抵长安，居于布政里[16]。

尝游东市还[17]，自平康东门入[18]，将访友于西南。至鸣珂曲[19]，见一宅，门庭不甚广，而室宇严邃。阖一扉，有娃方凭一双鬟青衣立[20]，妖姿要妙[21]，绝代未有。生忽见之，不觉停骖久之，徘徊不能去。乃诈坠鞭于地，候其从者，敕取之[22]。累眄于娃，娃回眸凝睇，情甚相慕。竟不敢措辞而去。

生自尔意若有失，乃密征其友游长安之熟者以讯之。友曰："此狭邪女李氏宅也[23]。"曰："娃可求乎？"对曰："李氏颇赡[24]。前与通之者多贵戚豪族，所得甚广。非累百万，不能动其志也。"生曰："苟患其不谐，虽百万，何惜？"

他日，乃洁其衣服，盛宾从而往[25]。扣其门，俄有侍儿启扃。生曰："此谁之第耶？"侍儿不答，驰走大呼曰："前时遗策郎也[26]！"娃大悦，曰："尔姑止之，吾当整妆易服而出。"生闻之私喜。乃引至萧墙间[27]，见一姥垂白上偻[28]，即娃母也。生跪拜前致词曰："闻兹地有隙院，愿税以居[29]，信乎？"姥曰："惧其浅陋湫隘[30]，不足以辱长者所处，安敢言直耶！"延生于迟宾

---

① 汧(qiān)国夫人：李娃的封号。汧：汧阳，古代郡名，今陕西省陇县。国夫人：《新唐书·百官志一》记载，"文武官一品，国公之母、妻，为国夫人。" ② 倡：通"娼"。 ③ 瓌奇：卓越，美好。瓌：同"瑰"。 ④ 传(chuán)述：辗转述说。 ⑤ 荥阳公：犹言郑公。唐时，郑姓为荥阳(今河南省荥阳市)的望族，故称。 ⑥ 时望甚崇：声望很高。 ⑦ 知命之年：五十岁。语出《论语·为政》中"五十而知天命"。 ⑧ 弱冠：《礼记·曲礼上》："二十曰弱，冠"。后沿用以称二十岁左右的男子。 ⑨ 雋朗：俊秀聪明。雋：同"俊"。 ⑩ 推伏：同"推服"，推许佩服。 ⑪ 千里驹：骏马，用以比喻少年才俊。 ⑫ 应乡赋秀才举：由州郡保举进京参加科举考试。 ⑬ 薪储之费：指生活费用。 ⑭ 上第：考试取得高名次。指掌：比喻事情容易做到。 ⑮ 毗陵：古代郡名，今江苏常州。 ⑯ 布政里：布政坊，长安里(坊)名。 ⑰ 东市：唐时长安有东西二市，为商业荟萃之区。 ⑱ 平康：长安里(坊)名，亦称北里。孙棨《北里志》："平康里，入北门，东回三曲，即诸妓所居之聚也"。 ⑲ 鸣珂曲：长安里(坊)名。 ⑳ 青衣：古时地位低下的人穿青衣，后因以称婢女。 ㉑ 妖姿：艳丽的姿容。要妙：同"要眇"，美好。 ㉒ 敕：命令。 ㉓ 狭邪女：妓女。狭邪：同"狭斜"。古乐府《长安有狭斜行》中有"堂上置樽酒，作使邯郸倡"一句，后因此称妓女居住之所为狭斜。 ㉔ 赡：富有。 ㉕ 盛宾从：随从众多。 ㉖ 遗策郎：掉落马鞭的相公，此指荥阳公之子郑生。 ㉗ 萧墙：照壁，屏风。 ㉘ 垂白：头发渐白。上偻：驼背。 ㉙ 税：租。 ㉚ 湫隘：低下狭小。

之馆[1]，馆宇甚丽。与生偶坐[2]，因曰："某有女娇小，技艺薄劣，欣见宾客，愿将见之。"乃命娃出。明眸皓腕，举步艳冶。生遽惊起，莫敢仰视。与之拜毕，叙寒燠[3]，触类妍媚[4]，目所未睹。复坐，烹茶斟酒，器用甚洁。久之，日暮，鼓声四动。姥访其居远近，生绐之曰[5]："在延平门外数里[6]。"冀其远而见留也。姥曰："鼓已发矣。当速归，无犯禁。"生曰："幸接欢笑，不知日之云夕。道里辽阔，城内又无亲戚，将若之何？"娃曰："不见责僻陋，方将居之，宿何害焉。"生数目姥，姥曰："唯唯。"生乃召其家僮，持双缣[7]，请以备一宵之馔。娃笑而止之曰："宾主之仪，且不然也。今夕之费，愿以贫窭之家，随其粗粝以进之。其余以俟他辰。"固辞，终不许。俄徙坐西堂，帏幙帘榻，焕然夺目；妆奁衾枕，亦皆侈丽。乃张烛进馔，品味甚盛。彻馔[8]，姥起。生、娃谈话方切，诙谐调笑，无所不至。生曰："前偶过卿门，遇卿适在屏间。厥后心常勤念，虽寝与食，未尝或舍。"娃答曰："我心亦如之。"生曰："今之来，非直求居而已，愿偿平生之志。但未知命也若何？"言未终，姥至，询其故，具以告。姥笑曰："男女之际，大欲存焉[9]。情苟相得，虽父母之命，不能制也。女子固陋，曷足以荐君子之枕席[10]！"生遂下阶，拜而谢之曰："愿以己为厮养[11]。"姥遂目之为郎[12]，饮酣而散。

及旦，尽徙其囊橐，因家于李之第。自是生屏迹戢身[13]，不复与亲知相闻。日会倡优侪类，狎戏游宴。囊中尽空，乃鬻骏乘及其家童。岁余，资财仆马荡然。迩来姥意渐怠，娃情弥笃。

他日，娃谓生曰："与郎相知一年，尚无孕嗣。常闻竹林神者，报应如响[14]，将致荐酹求之[15]，可乎？"生不知其计，大喜。乃质衣于肆，以备牢醴[16]，与娃同谒祠宇而祷祝焉[17]。信宿而返[18]，策驴而后，至里北门[19]，娃谓生曰："此东转小曲中，某之姨宅也。将憩而觐之，可乎？"生如其言，前行不逾百步，果见一车门。窥其际，甚弘敞。其青衣自车后止之曰："至矣。"生下，适有一人出访曰："谁？"曰："李娃也。"乃入告。俄有一妪至，年可四十余，与生相迎，曰："吾甥来否？"娃下车，妪迎访之曰[20]："何久疏绝？"相视而笑。娃引生拜之。既见，遂偕入西戟门偏院[21]，中有山亭，竹树葱蒨[22]，池榭幽绝。生谓娃曰："此姨之私第耶？"笑而不答，以他语对。俄献茶果，甚珍奇。食顷，有一人控大宛[23]，汗流驰至，曰："姥遇暴疾颇甚，殆不识人。宜速归。"娃谓姨曰："方寸乱矣。某骑而前去，当令返乘，便与郎偕来。"生拟随之，其姨与侍儿偶语[24]，以手挥之，令生止于户外，曰："姥且殁矣，当与某议丧事以济其急，奈何遽相随而去？"乃止，共计其凶仪斋祭之用[25]。日晚，乘不至。姨言曰："无复命，何也？郎骤

---

① 迟宾之馆：接待宾客的馆舍。迟：接待。 ② 偶坐：相对而坐；同坐。 ③ 寒燠(yù)：指问候起居的应酬话。燠：暖。 ④ 触类妍媚：举止动静，无不美媚。 ⑤ 绐：骗。 ⑥ 延平门：长安城西有三门：北为开远门，中为金光门，南为延平门。 ⑦ 缣：带黄色的细绢，汉以后多以为货币或赠赏之用。 ⑧ 彻：通"撤"。 ⑨ 男女之际，大欲存焉：化用《礼记·礼运》"饮食男女，人之大欲存焉"之句。 ⑩ 荐枕席：侍寝。宋玉《高唐赋》载巫山之女对楚襄王说："闻君游高唐，愿荐枕席。" ⑪ 厮养：奴仆。 ⑫ 目之为郎：妇称夫曰郎，此从其女的称呼。 ⑬ 屏迹戢(jí)身：深居不出。屏、戢：都是隐藏之意。 ⑭ 报应如响：意谓很灵验。如响：如声音之有回响，比喻有求必应。 ⑮ 致荐酹：以酒食祭祀。 ⑯ 牢醴：三牲与酒，这里泛指祭品。牢：祭祀用的牛、羊、豕三牲。醴：甜酒。 ⑰ 祷祝：向神祷告祝愿，求神赐福。 ⑱ 信宿：再宿。 ⑲ 里北门：指平康里北门。 ⑳ 迎访：迎上前去询问。迎：一作"逆"，义同。 ㉑ 戟门：唐制，三品以上官员得立戟于门，因称贵显之家为戟门。 ㉒ 葱蒨(qiàn)：形容草木青翠茂盛。 ㉓ 控大宛：骑骏马。大宛：汉朝西域诸国之一。《汉书·西域传》记载："宛别邑七十余城，多善马。"故称良马为大宛。 ㉔ 偶语：相对私语。 ㉕ 凶仪：丧葬礼仪。斋祭：斋戒祭祀。

往觇之，某当继至。”生遂往，至旧宅，门扃钥甚密，以泥缄之。生大骇，诘其邻人。邻人曰：“李本税而居，约已周矣[①]。第主自收，姥徙居，而且再宿矣。”征徙何处，曰：“不详其所。”生将驰赴宣阳，以诘其姨，日已晚矣，计程不能达[②]。乃弛其装服[③]，质馔而食[④]，赁榻而寝。生恚怒方甚[⑤]，自昏达旦，目不交睫。质明[⑥]，乃策蹇而去[⑦]。既至，连扣其扉，食顷无人应[⑧]。生大呼数四，有宦者徐出。生遽访之：“姨氏在乎？”曰：“无之。”生曰：“昨暮在此，何故匿之？”访其谁氏之第。曰：“此崔尚书宅。昨者有一人税此院，云迟中表之远至者[⑨]。未暮去矣。”

生惶惑发狂，罔知所措，因返访布政旧邸。邸主哀而进膳。生怨懑，绝食三日，遘疾甚笃，旬余愈甚。邸主惧其不起，徙之于凶肆之中[⑩]。绵缀移时[⑪]，合肆之人共伤叹而互饲之。后稍愈，杖而能起。由是凶肆日假之[⑫]，令执穗帷[⑬]，获其直以自给。累月，渐复壮。每听其哀歌，自叹不及逝者，辄呜咽流涕，不能自止。归则效之。生，聪敏者也。无何，曲尽其妙，虽长安无有伦比。

初，二肆之佣凶器者，互争胜负。其东肆车舆皆奇丽，殆不敌，唯哀挽劣焉[⑭]。其东肆长知生妙绝，乃醵钱二万索顾焉[⑮]。其党耆旧[⑯]，共较其所能者，阴教生新声，而相赞和。累旬，人莫知之。其二肆长相谓曰：“我欲各阅所佣之器于天门街[⑰]，以较优劣。不胜者罚直五万，以备酒馔之用，可乎？”二肆许诺。乃邀立符契，署以保证，然后阅之。士女大和会[⑱]，聚至数万。于是里胥告于贼曹[⑲]，贼曹闻于京尹[⑳]。四方之士，尽赴趋焉，巷无居人。自旦阅之，及亭午，历举辇舆威仪之具[㉑]，西肆皆不胜，师有惭色。乃置层榻于南隅[㉒]，有长髯者，拥铎而进[㉓]，翊卫数人[㉔]。于是奋髯扬眉，扼腕顿颡而登[㉕]，乃歌《白马》之词[㉖]。恃其夙胜，顾眄左右，旁若无人。齐声赞扬之，自以为独步一时，不可得而屈也。有顷，东肆长于北隅上设连榻[㉗]，有乌巾少年，左右五六人，秉翣而至[㉘]，即生也。整衣服，俯仰甚徐，申喉发调，容若不胜。乃歌《薤露》之章[㉙]，举声清越，响振林木[㉚]。曲度未终，闻者歔欷掩泣。西肆长为众所诮，益惭耻，密置所输之直于前，乃潜遁焉。四坐愕眙[㉛]，莫之测也。

---

① 约已周矣：租赁房屋的契约已经满期。 ② 日已晚矣，计程不能达：平康、宣阳二里距离其实很近，此处说“计程不能达”，根据俞正燮《癸巳存稿》所言，应是“作《传》者信笔漫书之，非实情也”。 ③ 弛：脱下。 ④ 质：抵押。 ⑤ 恚(huì)怒：愤怒。 ⑥ 质明：天色刚亮的时候。 ⑦ 策蹇：骑驴。蹇：蹇驴，跛脚驴子，一般用作驴的别称。 ⑧ 食顷：大约吃一顿饭所用的时间，形容较短时间。 ⑨ 迟：等候。中表：古代称父之姐妹所生子女为外兄弟姐妹，称母之姐妹所生子女为内兄弟姐妹。外为表，内为中，合而称之“中表”。 ⑩ 凶肆：专售丧事用品并为丧家办理殡仪葬礼的店家。 ⑪ 绵缀：当作“绵惙”，指病情沉重，气息微弱。 ⑫ 假：借用，此处为雇用之意。 ⑬ 穗(suì)帷：灵帐。 ⑭ 哀挽：出丧时所唱的挽歌。当时以唱挽歌为业的人被称为挽歌郎。 ⑮ 醵(jù)钱：凑钱。索顾：要求雇用荥阳生。顾：通“雇”。 ⑯ 其党：指东肆的挽歌郎。耆旧：此指老师傅。 ⑰ 阅：陈列，展览。天门街：即承天门街，也称天街，皇城朱雀门正对的一条南北大街。 ⑱ 大和会：大聚会。《尚书·周书·康诰》：“四方民大和会。”孔安国传中有言：“四方之民大和悦而集会。” ⑲ 里胥：古代乡里之职，等于地保之类。贼曹：州郡掌管治安的佐吏。 ⑳ 京尹：即京兆府尹，京师地区的行政长官。 ㉑ 辇舆威仪：谓丧车仪仗之类。 ㉒ 层榻：高椅子。 ㉓ 铎：此指唱挽歌时用的大铃。 ㉔ 翊(yì)卫：护卫者。 ㉕ 扼腕：握持手腕，表示振奋的情绪。顿颡(sǎng)：叩头。颡：前额。 ㉖《白马》之词：《后汉书·范式传》载张劭死，将葬，“(式)素车白马，号哭而来”。后人因此将“素车白马”作为送葬之词。 ㉗ 连榻：并坐的长椅子。 ㉘ 翣(shà)：形如掌扇的棺饰，出殡时所用。 ㉙《薤(xiè)露》之章：《搜神记》卷一六记载：“挽歌者，丧家之乐，执绋者相和之声也。挽歌辞有《薤露》《蒿里》二章，汉田横门人作。横自杀，门人伤之，悲歌，言人如薤上露，易晞灭；亦谓人死，精魂归于蒿里，故有二章。” ㉚ 响振林木：借用《列子·汤问》“抚节悲歌，声振林木”之句。 ㉛ 愕眙(chì)：因惊讶而发呆。

先是，天子方下诏，俾外方之牧①，岁一至阙下②，谓之入计③。时也适遇生之父在京师，与同列者易服章窃往观焉。有老竖④，即生乳母婿也⑤，见生之举措辞气，将认之而未敢，乃泫然流涕。生父惊而诘之，因告曰："歌者之貌，酷似郎之亡子⑥。"父曰："吾子以多财为盗所害，奚至是耶？"言讫，亦泣。及归，竖间驰往，访于同党曰："向歌者谁，若斯之妙欤？"皆曰："某氏之子。"征其名，且易之矣。竖凛然大惊，徐往，迫而察之。生见竖色动，回翔将匿于众中⑦。竖遂持其袂曰："岂非某乎？"相持而泣，遂载以归。至其室，父责曰："志行若此，污辱吾门。何施面目，复相见也？"乃徒行出，至曲江西杏园东⑧，去其衣服，以马鞭鞭之数百。生不胜其苦而毙。父弃之而去。

其师命相狎昵者阴随之，归告同党，共加伤叹，令二人赍苇席瘗焉⑨。至，则心下微温。举之，良久，气稍通。因共荷而归，以苇筒灌勺饮，经宿乃活。月余，手足不能自举。其楚挞之处皆溃烂，秽甚。同辈患之。一夕，弃于道周⑩。行路咸伤之，往往投其余食，得以充肠。十旬，方杖策而起。被布裘，裘有百结，褴褛如悬鹑⑪。持一破瓯，巡于闾里，以乞食为事。自秋徂冬，夜入于粪壤窟室，昼则周游廛肆⑫。

一旦大雪，生为冻馁所驱，冒雪而出，乞食之声甚苦。闻见者莫不凄恻。时雪方甚，人家外户多不发。至安邑东门，循里垣北转第七八，有一门独启左扉，即娃之第也。生不知之，遂连声疾呼："饥冻之甚！"音响凄切，所不忍听。娃自阁中闻之，谓侍儿曰："此必生也，我辨其音矣。"连步而出⑬，见生枯瘠疥厉⑭，殆非人状。娃意感焉，乃谓曰："岂非某郎也？"生愤懑绝倒，口不能言，颔颐而已⑮。娃前抱其颈，以绣襦拥而归于西厢，失声长恸曰："令子一朝及此，我之罪也！"绝而复苏。姥大骇，奔至，曰："何也？"娃曰："某郎。"姥遽曰："当逐之。奈何令至此？"娃敛容却睇曰⑯："不然。此良家子也。当昔驱高车，持金装，至某之室，不逾期而荡尽。且互设诡计，舍而逐之，殆非人。令其失志，不得齿于人伦。父子之道，天性也。使其情绝，杀而弃之。又困踬若此⑰。天下之人尽知为某也。生亲戚满朝，一旦当权者熟察其本末，祸将及矣。况欺天负人，鬼神不祐，无自贻其殃也。某为姥子，迨今有二十岁矣。计其赀，不啻直千金⑱。今姥年六十余，愿计二十年衣食之用以赎身，当与此子别卜所诣⑲。所诣非遥，晨昏得以温凊⑳。某愿足矣。"姥度其志不可夺，因许之。给姥之余，有百金。北隅四五家税一隙院。乃与生沐浴，易其衣服；为汤粥，通其肠；次以酥乳润其脏。旬余，方荐水陆之馔㉑。头巾履袜，皆取珍异者衣之。未数月，肌肤稍腴。卒岁，平愈如初。

异时，娃谓生曰："体已康矣，志已壮矣。渊思寂虑㉒，默想曩昔之艺业㉓，可温习乎？"生

---

① 外方之牧：指州牧，即刺史。隋、唐时刺史为一州的行政长官。 ② 阙下：京城。 ③ 入计：地方官入朝上计簿，报告人口、钱粮、盗贼等情况。 ④ 老竖：老仆人。 ⑤ 壻：古同"婿"。 ⑥ 郎：奴仆对年轻主人的称呼。 ⑦ 回翔：本指鸟盘旋飞翔，此指躲闪回避。 ⑧ 曲江：即曲江池，在长安城南，以水流曲折得名。其地南有紫云楼、芙蓉苑，西有杏园、慈恩寺，北有乐游原，唐时为都中人士游览的胜地。 ⑨ 瘗（yì）：埋葬。 ⑩ 道周：路旁。 ⑪ 褴褛：破旧的衣服。悬鹑：鹑鸟尾秃，因用以形容衣服的破烂。 ⑫ 廛肆：市场。 ⑬ 连步：一步紧接一步，形容步履匆忙。 ⑭ 枯瘠疥厉：身体憔悴羸瘦，长满疥疮。 ⑮ 颔颐：点头。颔：动。颐：面颊。 ⑯ 却睇：回头斜视。 ⑰ 困踬：穷困潦倒。 ⑱ 不啻(chì)：不只。 ⑲ 别卜所诣：另找住所。 ⑳ 晨昏得以温凊(qìng)：早晚可以侍候问安。《礼记·曲礼上》："凡为人子之礼，冬温而夏凊，昏定而晨省。" ㉑ 荐水陆之馔：把山珍海味给他吃。荐：奉，进。馔：食物。 ㉒ 渊思寂虑：深思默虑。 ㉓ 艺业：指科举文章。

思之，曰："十得二三耳。"娃命车出游，生骑而从。至旗亭南偏门鬻坟典之肆①，令生拣而市之，计费百金，尽载以归。因令生斥弃百虑以志学，俾夜作昼，孜孜矻矻②。娃常偶坐，宵分乃寐③。伺其疲倦，即谕之缀诗赋④。二岁而业大就，海内文籍，莫不该览⑤。生谓娃曰："可策名试艺矣。"娃曰："未也，且令精熟，以俟百战。"更一年，曰："可行矣。"于是遂一上，登甲科⑥，声振礼闱⑦。虽前辈见其文，罔不敛衽敬羡⑧，愿友之而不可得。娃曰："未也。今秀士苟获擢一科第⑨，则自谓可以取中朝之显职⑩，擅天下之美名。子行秽迹鄙，不侔于他士⑪。当砻淬利器⑫，以求再捷，方可以连衡多士⑬，争霸群英。"生由是益自勤苦，声价弥甚。其年，遇大比⑭，诏征四方之隽。生应直言极谏科⑮，策名第一⑯，授成都府参军。三事以降⑰，皆其友也。

将之官，娃谓生曰："今之复子本躯⑱，某不相负也。愿以残年，归养老姥。君当结媛鼎族⑲，以奉蒸尝⑳。中外婚媾，无自黩也㉑。勉思自爱，某从此去矣。"生泣曰："子若弃我，当自刭以就死。"娃固辞不从，生勤请弥恳。娃曰："送子涉江，至于剑门，当令我回。"生许诺。

月余，至剑门。未及发而除书至㉒，生父由常州诏入，拜成都尹，兼剑南采访使㉓。浃辰㉔，父到。生因投刺㉕，谒于邮亭㉖。父不敢认，见其祖父官讳，方大惊，命登阶，抚背恸哭移时，曰："吾与尔父子如初。"因诘其由，具陈其本末。大奇之，诘娃安在。曰："送某至此，当令复还。"父曰："不可。"翌日，命驾与生先之成都，留娃于剑门，筑别馆以处之。明日，命媒氏通二姓之好，备六礼以迎之㉗，遂如秦晋之偶㉘。

娃既备礼，岁时伏腊㉙，妇道甚修，治家严整，极为亲所眷尚。向后数岁，生父母偕殁，持孝甚至。有灵芝产于倚庐㉚，一穗三秀㉛。本道上闻㉜。又有白燕数十㉝，巢其层甍㉞。天子异之，宠锡加等。终制㉟，累迁清显之任㊱。十年间，至数郡。娃封汧国夫人。有四子，皆为大官，其卑者犹为太原尹。弟兄姻媾皆甲门㊲，内外隆盛，莫之与京㊳。

---

① 旗亭：酒楼。鬻坟典之肆：书铺。坟典：指书。古代传说有《三坟》《五典》等古书，实不可靠。 ② 孜孜矻(kū)矻：勤奋不怠。 ③ 宵分：半夜。 ④ 缀诗赋：写诗、赋。缀：联缀辞句。 ⑤ 该览：博览。 ⑥ 甲科：甲等。唐初取士，明经有甲、乙、丙、丁四科，进士有甲、乙二科，成绩优者登甲科。 ⑦ 礼闱：即礼部。考试归礼部掌管。 ⑧ 敛衽(rèn)：整理衣襟，表示敬意。 ⑨ 秀士：应试者的通称。 ⑩ 中朝：朝廷。 ⑪ 不侔：犹言不及。侔：相齐。 ⑫ 砻淬(cuì)：磨炼。 ⑬ 连衡：战国时张仪游说六国连合以事秦，谓之连衡，亦作"连横"，此为结交之意。 ⑭ 大比：《周礼·地官·乡大夫》载周朝考查官吏，"三年则大比，考其德行、道艺，而兴贤者、能者"。后用来代指每三年举行的制举考试。 ⑮ 直言极谏科：唐代制科之一，由吏部主试，考中者即可授官。 ⑯ 策名：科试及第。 ⑰ 三事：即三公。《新唐书·百官志》："太尉、司徒、司空各一人，是为三公，皆正一品。"此指品级最高的官吏。 ⑱ 本躯：本来面目。 ⑲ 鼎族：豪门贵族。 ⑳ 奉蒸尝：主持祭祀，引申为主持家政。古代正妻无子者及妾均不可主祀。蒸尝：古代秋冬祭祀的名称。 ㉑ 中外婚媾，无自黩也：谓当与高贵的门族通婚，不要降低了自己的身份。自黩：糟蹋自己。中外：内外亲戚，此指外戚。按唐朝婚姻极重门第，郑氏为当时望族，亲戚中多为高门通显之家，因此李娃劝郑生"中外婚媾"。 ㉒ 除书：任命、调动官员的文书。 ㉓ 采访使：即采访处置使，掌管监察州县官吏、举善纠恶。 ㉔ 浃辰：谓自子至亥十二辰为一周，即十二日。浃：周匝。 ㉕ 刺：名片。古代下属拜见长官，所投名片须写明履历及祖宗三代的姓名、官职。 ㉖ 邮亭：古代传送文书、迎接官员的驿馆。 ㉗ 六礼：古时婚礼的六道程序，即纳采、问名、纳吉、纳征、请期、亲迎。 ㉘ 秦晋之偶：春秋时代，秦、晋两国君主世代联姻，后世借称两姓联姻。 ㉙ 岁时伏腊：逢年过节。伏日在夏，腊日在冬，都是古代的节日。 ㉚ 倚庐：古时守丧住的草房。 ㉛ 一穗三秀：谓一根穗开三朵花。 ㉜ 本道：成都府属剑南道，故称本道。 ㉝ 白燕：古时认为祥瑞的鸟。 ㉞ 层甍(méng)：高耸的屋脊。 ㉟ 终制：谓三年守制期满。制：指居丧的制度。 ㊱ 清显之任：高贵的官职。 ㊲ 甲门：高门。 ㊳ 莫之与京："莫与之京"的倒文，即没有人可以和他比大小。京：大。

嗟乎，倡荡之姬，节行如是，虽古先烈女，不能逾也。焉得不为之叹息哉！

予伯祖尝牧晋州，转户部，为水陆运使，三任皆与生为代，故谙详其事①。贞元中，予与陇西公佐话妇人操烈之品格，因遂述汧国之事。公佐拊掌竦听②，命予为传。乃握管濡翰③，疏而存之④。时乙亥岁秋八月，太原白行简云。

阅读提示

《李娃传》是白行简根据民间说唱故事《一枝花话》加工创作而成的唐代著名传奇作品，因李娃后来被封为汧国夫人，故本篇又名《汧国夫人传》。

《李娃传》主要写长安娼女李娃与荥阳公子郑生悲欢离合的爱情故事。上京应试的郑生偶遇李娃，为李娃的美色倾倒，于是弃功名于不顾，与李娃相恋。一年之后，郑生资财耗尽，为鸨母所弃，旋即落魄为挽歌郎。郑生之父荥阳公恨郑生辱没家门，几将郑生鞭挞至死。郑生虽得友人相救捡回一命，但因走投无路不得已沦为乞丐。行乞之时，郑生巧遇李娃。在李娃的帮助下，郑生应试登科，策名受官，父子相认。郑、李二人亦终成眷属。小说在故事的曲折推进中，展示了唐代门阀制度对青年男女自由婚姻的百般阻挠与残酷迫害，揭露了名门望族的虚伪，歌颂了李娃、郑生对传统婚姻制度的大胆反抗和对自由婚姻的执着追求。当然，小说最后的大团圆结局也明显暴露出了作者的思想局限。

作为传奇小说的代表作，《李娃传》在艺术上取得了很高的成就。第一，人物形象栩栩如生。李娃是小说中塑造得最成功的人物形象，她一方面有风尘女子的固有缺点，但另一方面又心地善良，感情真挚，头脑清醒。郑生、郑父等人物亦都性格鲜明。第二，情节波澜起伏，引人入胜。第三，描写细腻传神，清人俞正燮赞其“文笔极工”。

---

① 谙详：熟悉。 ② 拊掌：同“抚掌”，拍手，表示非常赞赏。竦听：敬听。 ③ 握管濡翰：执笔、蘸墨。 ④ 疏：详细记述。

三十五、杜十娘怒沉百宝箱

冯梦龙

万历二十年间①,有户部官奏准:目今兵兴之际,粮饷未充,暂开纳粟入监之例②。原来纳粟入监的,有几般便宜:好读书,好科举,好中,结末来又有个小小前程结果。以此宦家公子、富室子弟,到不愿做秀才,都去援例做太学生③。自开了这例,两京太学生各添至千人之外④。

内中有一人,姓李名甲,字干先,浙江绍兴府人氏。父亲李布政⑤,所生三儿,惟甲居长。自幼读书在庠⑥,未得登科,援例入于北雍⑦。因在京坐监⑧,与同乡柳遇春监生同游教坊司院内⑨,与一个名姬相遇。那名姬姓杜名嫩,排行第十,院中都称为杜十娘,生得:

> 浑身雅艳,遍体娇香,两弯眉画远山青,一对眼明秋水润。脸如莲萼,分明卓氏文君;唇似樱桃,何减白家樊素⑩。可怜一片无瑕玉,误落风尘花柳中。

那杜十娘自十三岁破瓜⑪,今一十九岁,七年之内,不知历过了多少公子王孙,一个个情迷意荡,破家荡产而不惜。院中传出四句口号来⑫,道是:

> 坐中若有杜十娘,斗筲之量饮千觞⑬;
> 院中若识杜老嫩,千家粉面都如鬼。

却说李公子风流年少,未逢美色,自遇了杜十娘,喜出望外,把花柳情怀,一担儿挑在他身上。那公子俊俏庞儿,温存性儿,又是撒漫的手儿⑭,帮衬的勤儿⑮,与十娘一双两好,情投意合。十娘因见鸨儿贪财无义,久有从良之志;又见李公子忠厚志诚,甚有心向他。奈李公子惧怕老爷,不敢应承。虽则如此,两下情好愈密,朝欢暮乐,终日相守,如夫妇一般,海

---

① 万历:明神宗朱翊钧的年号(1573—1620)。 ② 纳粟入监:捐纳粟米(或银子)取得进入国子监的权利。监:国子监,当时的最高学府。 ③ 援例:引用惯例或先例。 ④ 两京:指北京与南京。按,明代两京均设国子监。 ⑤ 布政:即布政史,官名。明初将全国分为十三个承宣布政使司,相当于十三个省,每司设一布政使,作为最高的行政长官。 ⑥ 在庠(xiáng):已经进了学。庠:古代称学校。 ⑦ 北雍:明代北京、南京都设有国子监,设在北京的国子监称为"北监"或"北雍"。 ⑧ 坐监:监生在国子监读书。 ⑨ 监生:国子监学员的简称,又称太学生。教坊司:原为古代主管音乐歌舞的机关,唐代设左右教坊,管理俳优杂技。明代的教坊司专管乐舞承应,属于礼部,娼妓亦属教坊司管理。院内:此指妓院。 ⑩ 樊素:唐朝著名诗人白居易的歌姬,与小蛮齐名。白居易曾用"樱桃樊素口"的诗句赞美她。 ⑪ 破瓜:指女子破身。 ⑫ 口号:不起草稿,随口吟成的诗。 ⑬ 斗筲(shāo)之量:喻酒量很小。斗、筲:皆为古代容器,斗容十升,筲容一斗二升,容量都很小。 ⑭ 撒漫:挥霍,用钱阔绰。 ⑮ 帮衬:此处为巴结、献殷勤之意。

誓山盟，各无他志。真个：

恩深似海恩无底，义重如山义更高。

再说杜妈妈，女儿被李公子占住，别的富家巨室，闻名上门，求一见而不可得。初时李公子撒漫用钱，大差大使，妈妈胁肩谄笑[①]，奉承不暇。日往月来，不觉一年有余，李公子囊箧渐渐空虚，手不应心，妈妈也就怠慢了。老布政在家闻知儿子嫖院，几遍写字来唤他回去。他迷恋十娘颜色，终日延捱。后来闻知老爷在家发怒，越不敢回。

古人云："以利相交者，利尽而疏。"那杜十娘与李公子真情相好，见他手头愈短，心头愈热。妈妈也几遍教女儿打发李甲出院，见女儿不统口[②]，又几遍将言语触突李公子，要激怒他起身。公子性本温克[③]，词气愈和。妈妈没奈何，日逐只将十娘叱骂道："我们行户人家[④]，吃客穿客，前门送旧，后门迎新，门庭闹如火，钱帛堆成垛。自从那李甲在此，混帐一年有余[⑤]，莫说新客，连旧主顾都断了。分明接了个钟馗老[⑥]，连小鬼也没得上门。弄得老娘一家人家有气无烟，成什么模样！"

杜十娘被骂，耐性不住，便回答道："那李公子不是空手上门的，也曾费过大钱来。"妈妈道："彼一时，此一时。你只教他今日费些小钱儿，把与老娘办些柴米，养你两口也好。别人家养的女儿便是摇钱树，千生万活；偏我家晦气，养了个退财白虎[⑦]。开了大门七件事，般般都在老身心上。到替你这小贱人白白养着穷汉，教我衣食从何处来？你对那穷汉说，有本事出几两银子与我，到得你跟了他去，我别讨个丫头过活却不好？"

十娘道："妈妈，这话是真是假？"妈妈晓得李甲囊无一钱，衣衫都典尽了，料他没处设法，便应道："老娘从不说谎，当真哩。"十娘道："娘，你要他许多银子？"妈妈道："若是别人，千把银子也讨了。可怜那穷汉出不起，只要他三百两，我自去讨一个粉头代替。只一件，须是三日内交付与我，左手交银，右手交人。若三日没有银时，老身也不管三七二十一，公子不公子，一顿孤拐打那光棍出去[⑧]。那时莫怪老身！"十娘道："公子虽在客边乏钞，谅三百金还措办得来。只是三日忒近，限他十日便好。"妈妈想道："这穷汉一双赤手，便限他一百日，他那里来银子？没有银子，便铁皮包脸，料也无颜上门。那时重整家风，媺儿也没得话讲。"答应道："看你面，便宽到十日。第十日没有银子，不干老娘之事。"十娘道："若十日内无银，料他也无颜再见了。只怕有了三百两银子，妈妈又翻悔起来。"妈妈道："老身年五十一岁了，又奉十斋[⑨]，怎敢说谎？不信时与你拍掌为定。若翻悔时，做猪做狗。"

从来海水斗难量，可笑虔婆意不良；
料定穷儒囊底竭，故将财礼难娇娘。

---

① 胁肩谄笑：耸着肩膀，装出媚笑，此处形容鸨儿巴结人的丑态。 ② 不统口：不答理。 ③ 温克：温和克制。 ④ 行户：与下文行院，都是指妓院。 ⑤ 混帐：搅扰。 ⑥ 钟馗老：即钟馗，传说中捉鬼的神。 ⑦ 退财白虎：指不让钱财上门的凶神。白虎：即白虎星，星宿名，旧时迷信中的凶神。 ⑧ 孤拐：脚踝骨。 ⑨ 十斋：信佛的人于夏历每月初一、初八、十四、十五、十八、廿三、廿四、廿八、廿九、三十日不吃荤腥，称为十斋。

是夜，十娘与公子在枕边，议及终身之事。公子道："我非无此心，但教坊落籍①，其费甚多，非千金不可。我囊空如洗，如之奈何！"十娘道："妾已与妈妈议定，只要三百金，但须十日内措办。郎君游资虽罄，然都中岂无亲友，可以借贷。倘得如数，妾身遂为君之所有，省受虔婆之气②。"公子道："亲友中为我留恋行院，都不相顾。明日只做束装起身，各家告辞，就开口假贷路费，凑聚将来，或可满得此数。"起身梳洗，别了十娘出门。十娘道："用心作速，专听佳音。"公子道："不须分付。"

公子出了院门，来到三亲四友处，假说起身告别，众人到也欢喜。后来叙到路费欠缺，意欲借贷。常言道："说着钱，便无缘。"亲友们就不招架③。他们也见得是，道李公子是风流浪子，迷恋烟花，年许不归，父亲都为他气坏在家。他今日抖然要回④，未知真假。倘或说骗盘缠到手，又去还脂粉钱，父亲知道，将好意翻成恶意，始终只是一怪，不如辞了干净。便回道："目今正值空乏，不能相济，惭愧！惭愧！"人人如此，个个皆然，并没有个慷慨丈夫，肯统口许他一十二十两。

李公子一连奔走了三日，分毫无获，又不敢回决十娘，权且含糊答应。到第四日又没想头，就羞回院中。平日间有了杜家，连下处也没有了，今日就无处投宿，只得往同乡柳监生寓所借歇。柳遇春见公子愁容可掬，问其来历。公子将杜十娘愿嫁之情，备细说了。遇春摇首道："未必，未必。那杜媺曲中第一名姬⑤，要从良时，怕没有十斛明珠，千金聘礼。那鸨儿如何只要三百两？想鸨儿怪你无钱使用，白白占住他的女儿，设计打发你出门。那妇人与你相处已久，又碍却面皮，不好明言。明知你手内空虚，故意将三百两卖个人情，限你十日。若十日没有，你也不好上门。便上门时，他会说你笑你，落得一场亵渎⑥，自然安身不牢，此乃烟花逐客之计。足下三思，休被其惑。据弟愚意，不如早早开交为上⑦。"

公子听说，半晌无言，心中疑惑不定。遇春又道："足下莫要错了主意。你若真个还乡，不多几两盘费，还有人搭救；若是要三百两时，莫说十日，就是十个月也难。如今的世情，那肯顾缓急二字的！那烟花也算定你没处告债，故意设法难你。"公子道："仁兄所见良是。"口里虽如此说，心中割舍不下，依旧又往外边东央西告，只是夜里不进院门了。

公子在柳监生寓中一连住了三日，共是六日了。杜十娘连日不见公子进院，十分着紧，就教小厮四儿街上去寻。四儿寻到大街，恰好遇见公子。四儿叫道："李姐夫，娘在家里望你。"公子自觉无颜，回复道："今日不得功夫，明日来罢。"四儿奉了十娘之命，一把扯住，死也不放。道："娘叫咱寻你。是必同去走一遭。"李公子心上也牵挂着婊子，没奈何，只得随四儿进院。见了十娘，嘿嘿无言⑧。十娘问道："所谋之事如何？"公子眼中流下泪来。十娘道："莫非人情淡薄，不能足三百之数么？"公子含泪而言，道出二句："'不信上山擒虎易，果然开口告人难。'一连奔走六日，并无铢两⑨，一双空手，羞见芳卿，故此这几日不敢进院。今日承命呼唤，忍耻而来。非某不用心，实是世情如此。"十娘道："此言休使虔婆知道。郎君今夜且住，妾别有商议。"

---

① 落籍：古时妓女列名乐籍，若要从良，必须得到主管官吏的允许，将名字从乐籍中除去，称为落籍，此指妓女从良。 ② 虔婆：贼婆子，骂老妇人的话，此指妓院的鸨母。 ③ 招架：应承、答应之意。 ④ 抖然：突然。 ⑤ 曲中：指妓女所居之处。 ⑥ 亵渎：侮辱。 ⑦ 开交：犹言放手、断绝关系。 ⑧ 嘿嘿：同"默默"，闭口不言。 ⑨ 铢两：二十四铢为一两，铢两是说极少的一点银子。

十娘自备酒肴，与公子欢饮。睡至半夜，十娘对公子道："郎君果不能办一钱耶？妾终身之事，当如何也？"公子只是流涕，不能答一语。渐渐五更天晓，十娘道："妾所卧絮褥内藏有碎银一百五十两，此妾私蓄，郎君可持去。三百金，妾任其半，郎君亦谋其半，庶易为力①。限只四日，万勿迟误！"

十娘起身将褥付公子，公子惊喜过望，唤童儿持褥而去。径到柳遇春寓中，又把夜来之情与遇春说了。将褥拆开看时，絮中都裹着零碎银子。取出兑时②，果是一百五十两。遇春大惊道："此妇真有心人也！既系真情，不可相负。吾当代为足下谋之。"公子道："倘得玉成，决不有负。"当下柳遇春留李公子在寓，自出头各处去借贷。两日之内，凑足一百五十两交付公子，道："吾代为足下告债，非为足下，实怜杜十娘之情也。"李甲拿了三百两银子，喜从天降，笑逐颜开，欣欣然来见十娘，刚是第九日，还不足十日。十娘问道："前日分毫难借，今日如何就有一百五十两？"公子将柳监生事情又述了一遍，十娘以手加额道③："使吾二人得遂其愿者，柳君之力也！"两个欢天喜地，又在院中过了一晚。

次日，十娘早起，对李甲道："此银一交，便当随郎君去矣。舟车之类，合当预备。妾昨日于姊妹中借得白银二十两，郎君可收下为行资也。"公子正愁路费无出，但不敢开口，得银甚喜。说犹未了，鸨儿恰来敲门，叫道："媺儿，今日是第十日了。"公子闻叫，启门相延道："承妈妈厚意，正欲相请。"便将银三百两放在桌上。鸨儿不料公子有银，嘿然变色，似有悔意。十娘道："儿在妈妈家中八年，所致金帛不下数千金矣。今日从良美事，又妈妈亲口所订，三百金不欠分毫，又不曾过期。倘若妈妈失信不许，郎君持银去，儿即刻自尽。恐那时人财两失，悔之无及也！"鸨儿无词以对。腹内筹画了半晌，只得取天平兑准了银子，说道："事已如此，料留你不住了。只是你要去时，即今就去。平时穿戴衣饰之类，毫厘休想！"说罢，将公子和十娘推出房门，讨锁来就落了锁。此时九月天气。十娘才下床，尚未梳洗，随身旧衣，就拜了妈妈两拜。李公子也作了一揖。一夫一妇，离了虔婆大门。

鲤鱼脱却金钩去，摆尾摇头再不来。

公子教十娘且住片时："我去唤个小轿抬你，权往柳荣卿寓所去，再作道理。"十娘道："院中诸姊妹平昔相厚，理宜话别。况前日又承他借贷路费，不可不一谢也。"乃同公子到各姊妹处谢别。姊妹中惟谢月朗、徐素素与杜家相近，尤与十娘亲厚。十娘先到谢月朗家。月朗见十娘秃髻旧衫④，惊问其故。十娘备述来因，又引李甲相见。十娘指月朗道："前日路资，是此位姐姐所贷，郎君可致谢。"李甲连连作揖。月朗便教十娘梳洗，一面去请徐素素来家相会。十娘梳洗已毕，谢、徐二美人各出所有，翠钿金钏，瑶簪宝珥，锦袖花裙，鸾带绣履，把杜十娘装扮得焕然一新，备酒作庆贺筵席。月朗让卧房与李甲、杜媺二人过宿。次日，又大排筵席，遍请院中姊妹。凡十娘相厚者，无不毕集，都与他夫妇把盏称喜。吹弹歌舞，各逞其长，务要尽欢。直饮至夜分，十娘向众姊妹一一称谢。众姊妹道："十姊为风流领袖，今

① 庶易为力：大概容易办成。 ② 兑：称。 ③ 以手加额：表示庆贺之意。 ④ 秃髻：发髻上没有首饰。

从郎君去，我等相见无日。何日长行①，姊妹们尚当奉送。”月朗道：“候有定期，小妹当来相报。但阿姊千里间关②，同郎君远去，囊箧萧条，曾无约束③，此乃吾等之事。当相与共谋之，勿令姊有穷途之虑也。”众姊妹各唯唯而散。是晚，公子和十娘仍宿谢家。至五鼓，十娘对公子道：“吾等此去，何处安身？郎君亦曾计议有定着否？”公子道：“老父盛怒之下，若知娶妓而归，必然加以不堪，反致相累。展转寻思，尚未有万全之策。”十娘道：“父子天性，岂能终绝。既然仓卒难犯，不若与郎君于苏、杭胜地，权作浮居④。郎君先回，求亲友于尊大人面前劝解和顺，然后携妾于归⑤，彼此安妥。”公子道：“此言甚当。”次日，二人起身辞了谢月朗，暂往柳监生寓中，整顿行装。杜十娘见了柳遇春，倒身下拜，谢其周全之德：“异日我夫妇必当重报。”遇春慌忙答礼道：“十娘钟情所欢，不以贫窭易心，此乃女中豪杰。仆因风吹火⑥，谅区区何足挂齿！”三人又饮了一日酒。次早，择了出行吉日，雇倩轿马停当⑦。十娘又遣童儿寄信，别谢月朗。临行之际，只见肩舆纷纷而至⑧，乃谢月朗与徐素素拉众姊妹来送行。月朗道：“十姊从郎君千里间关，囊中消索⑨，吾等甚不能忘情。今合具薄赆⑩，十姊可检收，或长途空乏，亦可少助。”说罢，命从人挈一描金文具至前⑪，封锁甚固，正不知什么东西在里面。十娘也不开看，也不推辞，但殷勤作谢而已。须臾，舆马齐集，仆夫催促起身。柳监生三杯别酒，和众美人送出崇文门外，各各垂泪而别。正是：

他日重逢难预必，此时分手最堪怜。

再说李公子同杜十娘行至潞河，舍陆从舟，却好有瓜洲差使船转回之便，讲定船钱，包了舱口。比及下船时，李公子囊中并无分文余剩。

你道杜十娘把二十两银子与公子，如何就没了？公子在院中嫖得衣衫蓝缕，银子到手，未免在解库中取赎几件穿着⑫，又制办了铺盖，剩来只勾轿马之费⑬。

公子正当愁闷，十娘道：“郎君勿忧，众姊妹合赠，必有所济。”乃取钥开箱。公子在傍⑭，自觉惭愧，也不敢窥觑箱中虚实。只见十娘在箱里取出一个红绢袋来，掷于桌上道：“郎君可开看之。”公子提在手中，觉得沉重，启而观之，皆是白银，计数整五十两。十娘仍将箱子下锁，亦不言箱中更有何物，但对公子道：“承众姊妹高情，不惟途路不乏，即他日浮寓吴越间，亦可稍佐吾夫妻山水之费矣。”公子且惊且喜道：“若不遇恩卿，我李甲流落他乡，死无葬身之地矣。此情此德，白头不敢忘也！”自此每谈及往事，公子必感激流涕，十娘亦曲意抚慰。一路无话。

不一日，行至瓜洲，大船停泊岸口，公子别雇了民船，安放行李。约明日侵晨，剪江而渡⑮。其时仲冬中旬，月明如水，公子和十娘坐于舟首。公子道：“自出都门，困守一舱之中，

---

① 长行：远行。 ② 千里间关：意为路途遥远、艰难。间关：形容路途艰险。 ③ 曾无约束：意为物质上全无准备，亦即上句“囊箧萧条”之意。约束：此处为准备的意思。 ④ 浮居：暂住。 ⑤ 于归：古代称女子出嫁为于归，此指归家。 ⑥ 因风吹火：喻顺势帮忙，出力不大。 ⑦ 雇倩：雇请。 ⑧ 肩舆：轿子。 ⑨ 消索：空乏。 ⑩ 赆(jìn)：临别时赠送给远行人的路费、礼物。 ⑪ 描金文具：绘有金彩的梳妆匣子、奁具。 ⑫ 解库：典当铺。 ⑬ 勾：通“够”。 ⑭ 傍：通“旁”。 ⑮ 剪江而渡：横渡长江。

四顾有人，未得畅语。今日独据一舟，更无避忌。且已离塞北，初近江南，宜开怀畅饮，以舒向来抑郁之气，恩卿以为何如？”十娘道：“妾久疏谈笑，亦有此心。郎君言及，足见同志耳。”公子乃携酒具于船首，与十娘铺毡并坐，传杯交盏。饮至半酣，公子执卮对十娘道：“恩卿妙音，六院推首[①]。某相遇之初，每闻绝调，辄不禁神魂之飞动。心事多违，彼此郁郁，鸾鸣凤奏，久矣不闻。今清江明月，深夜无人，肯为我一歌否？”十娘兴亦勃发，遂开喉顿嗓，取扇按拍，呜呜咽咽，歌出元人施君美《拜月亭》杂剧上“状元执盏与婵娟”一曲[②]，名《小桃红》。真个：

声飞霄汉云皆驻，响入深泉鱼出游。

却说他舟有一少年，姓孙名富，字善赉，徽州新安人氏。家资巨万，积祖扬州种盐[③]。年方二十，也是南雍中朋友。生性风流，惯向青楼买笑，红粉追欢，若嘲风弄月，到是个轻薄的头儿。事有偶然，其夜亦泊舟瓜洲渡口，独酌无聊。忽听得歌声嘹亮，凤吟鸾吹不足喻其美。起立船头，伫听半晌，方知声出邻舟。正欲相访，音响倏已寂然。乃遣仆者潜窥踪迹，访于舟人。但晓得是李相公雇的船，并不知歌者来历。孙富想道：“此歌者必非良家，怎生得他一见？”展转寻思，通宵不寐。捱至五更，忽闻江风大作。及晓，彤云密布，狂雪飞舞。怎见得，有诗为证：

千山云树灭，万径人踪绝。
扁舟蓑笠翁，独钓寒江雪[④]。

因这风雪阻渡，舟不得开。孙富命艄公移船，泊于李家舟之傍。孙富貂帽狐裘，推窗假作看雪。值十娘梳洗方毕，纤纤玉手，揭起舟傍短帘，自泼盂中残水，粉容微露，却被孙富窥见了，果是国色天香。魂摇心荡，迎眸注目，等候再见一面，杳不可得。沉思久之，乃倚窗高吟高学士《梅花诗》二句[⑤]，道：

雪满山中高士卧，月明林下美人来。

李甲听得邻舟吟诗，舒头出舱，看是何人。只因这一看，正中了孙富之计。孙富吟诗，正要引李公子出头，他好乘机攀话。当下慌忙举手，就问：“老兄尊姓何讳？”李公子叙了姓名乡贯，少不得也问那孙富。孙富也叙过了。又叙了些太学中的闲话，渐渐亲熟。孙富便道：“风雪阻舟，乃天遣与尊兄相会，实小弟之幸也。舟次无聊[⑥]，欲同尊兄上岸，就酒肆中一

---

① 六院：明初南京的妓院以来宾、重译、轻烟、淡粉、梅妍、柳翠六家最为著名，这里泛指妓院。 ② 施君美：元代戏曲作家。《拜月亭》杂剧：这里实指《拜月亭记》，为元代施惠所作的南戏，演蒋世隆与王瑞兰、陀满兴福与蒋瑞莲的姻缘故事。本文称《拜月亭记》为杂剧，不准确。 ③ 积祖：祖祖辈辈。种盐：制盐，此指做盐商。 ④ 千山云树灭，万径人踪绝。扁舟蓑笠翁，独钓寒江雪：此诗系据唐代柳宗元《江雪》诗改作而成。 ⑤ 高学士：指明代诗人高启。 ⑥ 舟次：航程，指旅途。

酌，少领清诲[①]，万望不拒。”公子道：“萍水相逢，何当厚扰？”孙富道：“说那里话！‘四海之内，皆兄弟也’。”喝教艄公打跳[②]，童儿张伞，迎接公子过船，就于船头作揖，然后让公子先行，自己随后，各各登跳上涯[③]。

行不数步，就有个酒楼。二人上楼，拣一副洁净座头，靠窗而坐。酒保列上酒肴。孙富举杯相劝，二人赏雪饮酒。先说些斯文中套话，渐渐引入花柳之事[④]。二人都是过来之人，志同道合，说得入港[⑤]，一发成相知了。

孙富屏去左右，低低问道：“昨夜尊舟清歌者何人也？”李甲正要卖弄在行，遂实说道：“此乃北京名姬杜十娘也。”孙富道：“既系曲中姊妹，何以归兄？”公子遂将初遇杜十娘，如何相好，后来如何要嫁，如何借银讨他，始末根由，备细述了一遍。孙富道：“兄携丽人而归，固是快事，但不知尊府中能相容否？”公子道：“贱室不足虑。所虑者老父性严，尚费踌躇耳！”孙富将机就机，便问道：“既是尊大人未必相容，兄所携丽人，何处安顿？亦曾通知丽人，共作计较否？”公子攒眉而答道：“此事曾与小妾议之。”孙富欣然问道：“尊宠必有妙策[⑥]。”公子道：“他意欲侨居苏杭，流连山水。使小弟先回，求亲友宛转于家君之前。俟家君回嗔作喜，然后图归。高明以为何如[⑦]？”孙富沉吟半晌，故作愀然之色，道：“小弟乍会之间，交浅言深，诚恐见怪。”公子道：“正赖高明指教，何必谦逊？”孙富道：“尊大人位居方面[⑧]，必严帷薄之嫌[⑨]，平时既怪兄游非礼之地，今日岂容兄娶不节之人。况且贤亲贵友，谁不迎合尊大人之意者？兄枉去求他，必然相拒。就有个不识时务的进言于尊大人之前，见尊大人意思不允，他就转口了。兄进不能和睦家庭，退无词以回复尊宠。即使留连山水，亦非长久之计。万一资斧困竭[⑩]，岂不进退两难！”

公子自知手中只有五十金，此时费去大半，说到资斧困竭，进退两难，不觉点头道是。孙富又道：“小弟还有句心腹之谈，兄肯俯听否？”公子道：“承兄过爱，更求尽言。”孙富道：“疏不间亲，还是莫说罢。”公子道：“但说何妨？”孙富道：“自古道：‘妇人水性无常。’况烟花之辈，少真多假。他既系六院名姝，相识定满天下；或者南边原有旧约，借兄之力，挈带而来，以为他适之地[⑪]。”公子道：“这个恐未必然。”孙富道：“既不然，江南子弟，最工轻薄。兄留丽人独居，难保无逾墙钻穴之事[⑫]。若挈之同归，愈增尊大人之怒。为兄之计，未有善策。况父子天伦，必不可绝。若为妾而触父，因妓而弃家，海内必以兄为浮浪不经之人。异日妻不以为夫，弟不以为兄，同袍不以为友[⑬]，兄何以立于天地之间？兄今日不可不熟思也！”

公子闻言，茫然自失，移席问计[⑭]：“据高明之见，何以教我？”孙富道：“仆有一计，于兄甚便，只恐兄溺枕席之爱，未必能行，使仆空费词说耳！”公子道：“兄诚有良策，使弟再睹家园之乐，乃弟之恩人也，又何惮而不言耶？”孙富道：“兄飘零岁余，严亲怀怒，闺阁离心，设身以

---

① 清诲：敬称他人的教诲。 ② 打跳：把跳板铺好。跳：船上的跳板。 ③ 上涯：上岸。 ④ 花柳之事：嫖妓之事。 ⑤ 入港：指谈话很投机。 ⑥ 尊宠：对别人的妾或外室的客气称呼。 ⑦ 高明：对人的敬称。 ⑧ 方面：独当一面的职务，后称封疆大吏为“方面”。 ⑨ 严帷薄之嫌：意谓严肃地维持男女之间的封建礼防。帷薄：帐幔与帘子，二者均为障隔内外之具。封建时代，女子住内室，不与外界男子接触。贾谊《新书·阶级》：“古者大臣有坐……男女无别者，不谓污修，曰帷薄不修。” ⑩ 资斧：盘缠、旅费。 ⑪ 他适：别寻出路。 ⑫ 逾墙钻穴：指男女偷情。语出《孟子·滕文公下》：“不待父母之命，媒妁之言，钻穴隙相窥，逾墙相从，则父母国人皆贱之。” ⑬ 同袍：语出《诗·秦风·无衣》：“岂曰无衣，与子同袍。王于兴师，修我戈矛，与子同仇。”后军人用以互称，此处指朋友。 ⑭ 移席：移动座位。古人席地而坐，故云。

处兄之地，诚寝食不安之时也。然尊大人所以怒兄者，不过为迷花恋柳，挥金如土，异日必为弃家荡产之人，不堪承继家业耳！兄今日空手而归，正触其怒。兄倘能割衽席之爱[1]，见机而作，仆愿以千金相赠。兄得千金，以报尊大人，只说在京授馆[2]，并不曾浪费分毫，尊大人必然相信。从此家庭和睦，当无间言[3]。须臾之间，转祸为福。兄请三思，仆非贪丽人之色，实为兄效忠于万一也。”

李甲原是没主意的人，本心惧怕老子，被孙富一席话，说透胸中之疑，起身作揖道：“闻兄大教，顿开茅塞。但小妾千里相从，义难顿绝，容归与商之。得其心肯，当奉复耳。”孙富道：“说话之间，宜放婉曲。彼既忠心为兄，必不忍使兄父子分离，定然玉成兄还乡之事矣。”二人饮了一回酒，风停雪止，天色已晚。孙富教家僮算还了酒钱，与公子携手下船。正是：

逢人且说三分话，未可全抛一片心。

却说杜十娘在舟中，摆设酒果，欲与公子小酌，竟日未回，挑灯以待。公子下船，十娘起迎。见公子颜色匆匆，似有不乐之意，乃满斟热酒劝之。公子摇首不饮，一言不发，竟自床上睡了。

十娘心中不悦，乃收拾杯盘，为公子解衣就枕，问道：“今日有何见闻，而怀抱郁郁如此?”公子叹息而已，终不启口。问了三四次，公子已睡去了。十娘委决不下，坐于床头而不能寐。

到夜半，公子醒来，又叹一口气。十娘道：“郎君有何难言之事，频频叹息?”公子拥被而起，欲言不语者几次，扑簌簌掉下泪来。

十娘抱持公子于怀间，软言抚慰道：“妾与郎君情好，已及二载，千辛万苦，历尽艰难，得有今日。然相从数千里，未曾哀戚，今将渡江，方图百年欢笑，如何反起悲伤？必有其故。夫妇之间，死生相共，有事尽可商量，万勿讳也。”

公子再四被逼不过，只得含泪而言道：“仆天涯穷困，蒙恩卿不弃，委曲相从，诚乃莫大之德也。但反覆思之，老父位居方面，拘于礼法，况素性方严，恐添嗔怒，必加黜逐。你我流荡，将何底止[4]？夫妇之欢难保，父子之伦又绝。日间蒙新安孙友邀饮，为我筹及此事，寸心如割!”

十娘大惊道：“郎君意将如何?”公子道：“仆事内之人，当局而迷。孙友为我画一计颇善，但恐恩卿不从耳。”十娘道：“孙友者何人？计如果善，何不可从?”公子道：“孙友名富，新安盐商，少年风流之士也。夜间闻子清歌，因而问及。仆告以来历，并谈及难归之故。渠意欲以千金聘汝。我得千金，可藉口以见吾父母；而恩卿亦得所天[5]。但情不能舍，是以悲泣。”说罢，泪如雨下。

十娘放开两手，冷笑一声道：“为郎君画此计者，此人乃大英雄也！郎君千金之资既得

---

① 衽席之爱：指男女之爱。　② 授馆：当塾师。　③ 间(jiàn)言：挑拨离间之言。　④ 底止：结局，归宿。　⑤ 所天：指丈夫。《仪礼・丧服》：“夫者，妻之天也。”

恢复，而妾归他姓，又不致为行李之累[①]，发乎情，止乎礼，诚两便之策也。那千金在那里？”公子收泪道：“未得恩卿之诺，金尚留彼处，未曾过手。”十娘道：“明早快快应承了他，不可挫过机会。但千金重事，须得兑足。交付郎君之手，妾始过舟，勿为贾竖子所欺[②]。”

时已四鼓，十娘即起身挑灯梳洗道：“今日之妆，乃迎新送旧，非比寻常。”于是脂粉香泽，用意修饰，花钿绣袄，极其华艳，香风拂拂，光采照人。

装束方完，天色已晓。孙富差家僮到船头候信。十娘微窥公子，欣欣似有喜色，乃催公子快去回话，及早兑足银子。公子亲到孙富船中，回复依允。孙富道：“兑银易事，须得丽人妆台为信。”公子又回复了十娘，十娘即指描金文具道：“可便抬去。”孙富喜甚，即将白银一千两，送到公子船中。

十娘亲自检看，足色足数，分毫无爽。乃手把船舷，以手招孙富。孙富一见，魂不附体。十娘启朱唇，开皓齿道：“方才箱子可暂发来，内有李郎路引一纸[③]，可检还之也。”

孙富视十娘已为瓮中之鳖，即命家僮送那描金文具，安放船头之上。十娘取钥开锁，内皆抽替小箱[④]。十娘叫公子抽第一层来看，只见翠羽明珰，瑶簪宝珥，充牣于中[⑤]，约值数百金。十娘遽投之江中。李甲与孙富及两船之人，无不惊诧。又命公子再抽一箱，乃玉箫金管；又抽一箱，尽古玉紫金玩器，约值数千金。十娘尽投之于大江中。岸上之人，观者如堵[⑥]，齐声道：“可惜，可惜！”正不知什么缘故。最后又抽一箱，箱中复有一匣。开匣视之，夜明之珠，约有盈把。其他祖母绿、猫儿眼[⑦]，诸般异宝，目所未睹，莫能定其价之多少。众人齐声喝彩，喧声如雷。十娘又欲投之于江。李甲不觉大悔，抱持十娘恸哭。那孙富也来劝解。

十娘推开公子在一边，向孙富骂道：“我与李郎备尝艰苦，不是容易到此。汝以奸淫之意，巧为谗说[⑧]，一旦破人姻缘，断人恩爱，乃我之仇人。我死而有知，必当诉之神明，尚妄想枕席之欢乎！”又对李甲道：“妾风尘数年，私有所积，本为终身之计。自遇郎君，山盟海誓，白首不渝。前出都之际，假托众姊妹相赠，箱中韫藏百宝，不下万金。将润色郎君之装[⑨]，归见父母，或怜妾有心，收佐中馈[⑩]，得终委托，生死无憾。谁知郎君相信不深，惑于浮议[⑪]，中道见弃，负妾一片真心。今日当众目之前，开箱出视，使郎君知区区千金，未为难事。妾椟中有玉，恨郎眼内无珠。命之不辰[⑫]，风尘困瘁[⑬]，甫得脱离[⑭]，又遭弃捐。今众人各有耳目，共作证明，妾不负郎君，郎君自负妾耳！”

于是众人聚观者，无不流涕，都唾骂李公子负心薄幸。公子又羞又苦，且悔且泣，方欲向十娘谢罪。十娘抱持宝匣，向江心一跳。众人急呼捞救。但见云暗江心，波涛滚滚，杳无踪影。可惜一个如花似玉的名姬，一旦葬于江鱼之腹。

---

① 行李之累：此处指杜十娘成为李甲旅途中的累赘。 ② 贾竖子：对商人的蔑称。 ③ 路引：路条、通行证，此指国子监所发的回籍证。 ④ 抽替：即抽屉。 ⑤ 充牣(rèn)：充满。 ⑥ 观者如堵：观看的人像一堵墙一样，形容观看人数众多。堵：墙壁。 ⑦ 祖母绿、猫儿眼：均为名贵宝石。 ⑧ 谗说：挑拨离间的话。 ⑨ 润色：此为充实、装点的意思。 ⑩ 中馈：进食于尊长叫馈，旧时妇女多在家料理饮食之事，故称妇职为主持中馈，于是中馈便引申为妻子的代称。佐中馈，便是为妾。 ⑪ 浮议：没有根据的话。 ⑫ 命之不辰：指命不好。不辰：生不逢时。 ⑬ 困瘁：困苦、忧患。 ⑭ 甫：刚刚，才。

三魂渺渺归水府，七魄悠悠入冥途。

当时旁观之人皆咬牙切齿，争欲拳殴李甲和那孙富。慌得李、孙二人手足无措，急叫开船，分途遁去。李甲在舟中。看了千金，转忆十娘，终日愧悔，郁成狂疾，终身不痊。孙富自那日受惊，得病卧床月余，终日见杜十娘在傍诟骂，奄奄而逝。人以为江中之报也。

却说柳遇春在京坐监完满①，束装回乡，停舟瓜步②。偶临江净脸，失坠铜盆于水，觅渔人打捞。及至捞起，乃是个小匣儿。遇春启匣观看，内皆明珠异宝，无价之珍。遇春厚赏渔人，留于床头把玩。是夜梦见江中一女子凌波而来③，视之，乃杜十娘也。近前万福，诉以李郎薄幸之事。又道："向承君家慷慨，以一百五十金相助，本意息肩之后④，徐图报答。不意事无终始，然每怀盛情，悒悒未忘。早间曾以小匣托渔人奉致，聊表寸心，从此不复相见矣。"言讫，猛然惊醒，方知十娘已死，叹息累日。

后人评论此事，以为孙富谋夺美色，轻掷千金，固非良士；李甲不识杜十娘一片苦心，碌碌蠢才，无足道者。独谓十娘千古女侠，岂不能觅一佳侣，共跨秦楼之凤⑤，乃错认李公子。明珠美玉，投于盲人，以致恩变为仇，万种恩情，化为流水，深可惜也。

阅读提示

本篇选自冯梦龙"三言"（《喻世明言》《警世通言》《醒世恒言》三部短篇小说集的合称）中的《警世通言》，有删改。

杜十娘的故事发生于明代万历年间，曾轰动一时，明代宋懋澄的文言记实体小说《负情侬传》对之叙述甚详。冯梦龙根据有关资料，将《负情侬传》改编成了拟话本。由于构思独特、情节生动曲折、形象鲜明突出、语言通俗活泼、立意具有强烈的时代感等原因，《杜十娘怒沉百宝箱》成为明代拟话本小说中脍炙人口的佳作。

《杜十娘怒沉百宝箱》以男女爱情婚姻为题材，描述了一个哀婉动人的悲剧故事。身为京城名妓的杜十娘，不甘于被侮辱、被蹂躏的风尘生活，在依靠自身之机智跳出火坑后，却被心爱之人李甲卖给了富商孙富为妾。杜十娘愤极恨绝，当众痛斥李甲，然后抱着苦心积攒的百宝箱跳入滚滚波涛之中。如徐中玉先生所言，杜十娘的悲剧"表面原因是所托非人，甚至是偶然因素（适逢孙富），但深层原因却是她的美好生活愿望与当时社会制度相矛盾，是冷酷的封建礼教对人性的压制甚至扼杀"。小说通过杜十娘的不幸遭遇，揭露了封建伦理道德、门第观念的罪恶，控诉了封建礼教对新生的个性解放思想的残害与虐杀，同时也歌颂了被侮辱与被损害者为保卫自己的人格尊严而进行的不妥协抗争。

小说着力刻画了杜十娘的形象：杜十娘善良、重情。当李甲"手头愈短"时，她"心头愈热"，由此可见她对李甲的爱是出于真情，完全与金钱无关。杜十娘聪敏、机智。她对赎身

---

① 坐监：监生在国子监读书。 ② 瓜步：瓜步镇，今江苏南京市六合区东南瓜步山下。 ③ 凌波：行走在水波之上，形容女性步履飘逸轻盈。 ④ 息肩：放下担子，此处指获得安定的生活。 ⑤ 共跨秦楼之凤：指夫妻恩爱。传说春秋时，萧史善吹箫，秦穆公以女弄玉嫁之，夫妻恩爱异常。一天萧史教弄玉吹箫，招来了赤龙、紫凤，于是萧史乘龙、弄玉跨凤，共同升天。

早有准备，并且在跟鸨母争执时，机敏地抓住鸨母的一时气话使之无反悔余地。杜十娘自尊、刚烈。当李甲为了千金之资将她卖给花花公子孙富时，她宁愿反抗死，也不屈辱生。

此外，小说中的李甲、孙富、柳遇春等，虽着墨不多，但也都具有鲜明的性格，如李甲怯弱、自私，孙富卑劣、阴险、狡诈，柳遇春重情、仗义、乐于助人等。

本篇小说人物形象塑造得如此成功，主要得益于作者个性化的语言描写、细腻的心理描写和生动出色的细节描写等。

三十六、席 方 平

蒲松龄

席方平，东安人[①]。其父名廉，性戆拙[②]。因与里中富室羊姓有郤[③]，羊先死；数年，廉病垂危，谓人曰："羊某今贿嘱冥使搒我矣[④]。"俄而身赤肿，号呼遂死。席惨怛不食[⑤]，曰："我父朴讷[⑥]，今见凌于强鬼；我将赴地下，代伸冤气耳。"自此不复言，时坐时立，状类痴，盖魂已离舍矣。

席觉初出门，莫知所往，但见路有行人，便问城邑。少选[⑦]，入城。其父已收狱中。至狱门，遥见父卧檐下，似甚狼狈。举目见子，潸然流涕。便谓："狱吏悉受赇嘱[⑧]，日夜搒掠，胫股摧残甚矣！"席怒，大骂狱吏："父如有罪，自有王章[⑨]，岂汝等死魅所能操耶！"遂出，抽笔为词[⑩]。值城隍早衙[⑪]，喊冤以投。羊惧，内外贿通，始出质理[⑫]。城隍以所告无据，颇不直席[⑬]。席忿气无所复伸，冥行百余里[⑭]，至郡，以官役私状，告诸郡司。迟之半月[⑮]，始得质理。郡司扑席[⑯]，仍批城隍复案[⑰]。席至邑，备受械梏[⑱]，惨冤不能自舒[⑲]。城隍恐其再讼，遣役押送归家。役至门辞去。席不肯入，遁赴冥府，诉郡邑之酷贪。冥王立拘质对。二官密遣腹心与席关说[⑳]，许以千金。席不听。过数日，逆旅主人告曰："君负气已甚，官府求和而执不从，今闻于王前各有函进，恐事殆矣。"席以道路之口[㉑]，犹未深信。俄有皂衣人唤入。升堂，见冥王有怒色，不容置词，命笞二十。席厉声问："小人何罪？"冥王漠若不闻。席受笞，喊曰："受笞允当[㉒]，谁教我无钱耶！"冥王益怒，命置火床。两鬼捽席下[㉓]，见东墀有铁床，炽火其下，床面通赤。鬼脱席衣，掬置其上[㉔]，反复揉捺之。痛极，骨肉焦黑，苦不得死。约一时许，鬼曰："可矣。"遂扶起，促使下床着衣，犹幸跛而能行。复至堂上，冥王问："敢再讼乎？"席曰："大冤未伸，寸心不死，若言不讼，是欺王也。必讼！"又问："讼何词？"席曰："身所受者，皆言之耳。"冥王又怒，命以锯解其体。二鬼拉去，见立木，高八九尺许，有木板二，仰置其下，上下凝血模糊。方将就缚，忽堂上大呼"席某"，二鬼即复押回。冥王又问："尚敢讼否？"答云："必讼！"冥王命捉去速解。既下，鬼乃以二板夹席，缚木上。锯方下，觉顶脑渐

---

① 东安：县名，今河北省廊坊市安次区。 ② 戆(zhuàng)拙：迂直诚实。 ③ 郤：同"隙"，仇恨。 ④ 冥使：阴间的官吏。搒(péng)：用板子捶打。 ⑤ 惨怛(dá)：悲痛忧伤。 ⑥ 朴讷(nè)：形容为人朴实敦厚，不善言词。 ⑦ 少选：一会儿。 ⑧ 赇(qiú)：贿赂。 ⑨ 王章：王法。 ⑩ 抽笔为词：提笔撰写讼状。词：指讼词。 ⑪ 城隍：守护城邑的神。早衙：亦作朝衙，旧时官府每天两次坐堂治事，早上的一次称为"早衙"。 ⑫ 质理：审问。 ⑬ 不直席：认为席方平投诉无理。 ⑭ 冥行：摸黑走路。 ⑮ 迟：等待。 ⑯ 扑：拷打。 ⑰ 复案：重审。 ⑱ 械梏(gù)：泛指刑具。 ⑲ 不能自舒：冤屈无处可伸。舒：伸。 ⑳ 腹心：心腹，贴身的亲信。关说：通关节，说人情。 ㉑ 道路之口：传闻之辞。 ㉒ 允当：公允适当。此处意为"合该"，为愤激不平之语。 ㉓ 捽(zuó)：揪住头发。 ㉔ 掬(jū)：用两手捧。

辟①，痛不可禁，顾亦忍而不号②。闻鬼曰："壮哉此汉！"锯隆隆然寻至胸下③。又闻一鬼云："此人大孝无辜，锯令稍偏，勿损其心。"遂觉锯锋曲折而下，其痛倍苦。俄顷，半身辟矣。板解，两身俱仆。鬼上堂大声以报。堂上传呼，令合身来见。二鬼即推令复合，曳使行。席觉锯缝一道，痛欲复裂，半步而踣④。一鬼于腰间出丝带一条，授之，曰："赠此以报汝孝。"受而束之，一身顿健，殊无少苦。遂升堂而伏。冥王复问如前，席恐再罹酷毒，便答："不讼矣。"冥王立命送还阳界。隶率出北门，指示归途，反身遂去。席念阴曹之暗昧尤甚于阳间，奈无路可达帝听。世传灌口二郎为帝勋戚⑤，其神聪明正直，诉之当有灵异。窃喜二隶已去，遂转身南向。奔驰间，有二人追至，曰："王疑汝不归，今果然矣。"捽回复见冥王。窃意冥王益怒，祸必更惨；而王殊无厉容⑥，谓席曰："汝志诚孝。但汝父冤，我已为若雪之矣。今已往生富贵家⑦，何用汝鸣呼为⑧。今送汝归，予以千金之产、期颐之寿⑨，于愿足乎？"乃注籍中，嵌以巨印⑩，使亲视之。席谢而下。鬼与俱出，至途，驱而骂曰："奸猾贼！频频翻复，使人奔波欲死！再犯，当捉入大磨中，细细研之⑪！"席张目叱曰："鬼子胡为者！我性耐刀锯，不耐挞楚⑫。请反见王，王如令我自归，亦复何劳相送！"乃返奔。二鬼惧，温语劝回。席故蹇缓⑬，行数步，辄憩路侧。鬼含怒不敢复言。约半日，至一村，一门半辟，鬼引与共坐，席便据门阈⑭。二鬼乘其不备，推入门中。惊定自视，身已生为婴儿。愤啼不乳⑮，三日遂殇。魂摇摇不忘灌口⑯，约奔数十里，忽见羽葆来⑰，幡戟横路⑱。越道避之，因犯卤簿⑲，为前马所执⑳，絷送车前㉑。仰见车中一少年，丰仪瑰玮㉒。问席："何人？"席冤愤正无所出，且意是必巨官，或当能作威福㉓，因缅诉毒痛㉔。车中人命释其缚，使随车行。俄至一处，官府十余员，迎谒道左，车中人各有问讯。已而指席谓一官曰："此下方人，正欲往愬㉕，宜即为之剖决。"席询之从者，始知车中即上帝殿下九王，所嘱即二郎也。席视二郎，修躯多髯㉖，不类世间所传。九王既去，席从二郎至一官廨㉗，则其父与羊姓并衙隶俱在。少顷，槛车中有囚人出㉘，则冥王及郡司、城隍也。当堂对勘㉙，席所言皆不妄。三官战栗，状若伏鼠。二郎援笔立判。顷之，传下判语，令案中人共视之。

判云："勘得冥王者：职膺王爵㉚，身受帝恩。自应贞洁以率臣僚，不当贪墨以速官谤㉛。

---

① 辟：开。　② 顾：但。　③ 隆隆然：雷鸣声，此处形容锯声像雷鸣一般。寻：不久，旋即。　④ 踣(bó)：跌倒。　⑤ 灌口二郎：神名。灌口：今四川省都江堰市。旧时民间迷信，以杨戬为二郎神，并认为他是玉皇大帝的外甥(见《封神演义》)。又有《朱子语录》记载："蜀中灌口二郎，当时是李冰，因开离堆有功，立庙。今来现许多灵怪，乃是他第二儿子。"据此，二郎则为秦将李冰之子。　⑥ 殊无厉容：面色很温和。殊：绝。　⑦ 往生：即投胎。　⑧ 何用汝鸣呼为：哪里用得着你去喊冤。鸣呼：指喊冤。　⑨ 期颐之寿：一百岁。　⑩ 嵌：疑当作"钤"，用印、盖章称钤印，此处意谓盖上。　⑪ 研：磨碎。　⑫ 挞楚：棒打。楚：旧时扑责之具。《礼记·学记》："夏楚二物，收其威也。"　⑬ 故：故意。蹇(jiǎn)缓：步履缓慢。　⑭ 门阈(yù)：门限，门槛。　⑮ 乳：吃奶。　⑯ 摇摇：不安定貌。　⑰ 羽葆：以鸟羽为饰的仪仗。　⑱ 幡戟：旌旗和棨戟，泛指前驱仪仗。横路：遮路。　⑲ 卤簿：古时帝王或贵官出行时的仪仗队。　⑳ 前马：在马前护卫或引导，此指仪仗队的前驱。《国语·越语》中有勾践"亲为夫差前马"之句。　㉑ 絷：囚拘。　㉒ 丰仪：风度仪表。瑰玮：形貌魁梧美好。　㉓ 作威福：指当权者专行赏罚，独揽威权。语出《尚书·洪范》："惟辟作福，惟辟作威。"　㉔ 缅诉：从头诉说。毒痛：指痛楚，苦痛。　㉕ 愬：同"诉"，诉冤。　㉖ 修躯多髯：身材高大，胡须很多。　㉗ 官廨(xiè)：官署，衙门。　㉘ 槛车：囚车。　㉙ 对勘：对质审讯。勘：审问。　㉚ 膺：受。　㉛ 贪墨：同"贪冒"，贪污。以速官谤：以招致人们对他的居官为政进行指责。

而乃繁缨棨戟[1]，徒夸品秩之尊[2]；羊很狼贪[3]，竟玷人臣之节。斧敲斲[4]，斲入木，妇子之皮骨皆空；鲸吞鱼，鱼食虾，蝼蚁之微生可悯。当掬西江之水[5]，为尔湔肠[6]；即烧东壁之床[7]，请君入瓮。城隍、郡司为小民父母之官，司上帝牛羊之牧[8]。虽则职居下列，而尽瘁者不辞折腰[9]；即或势逼大僚[10]，而有志者亦应强项[11]。乃上下其鹰鸷之手[12]，既罔念夫民贫；且飞扬其狙狯之奸[13]，更不嫌乎鬼瘦。惟受赃而枉法，真人面而兽心！是宜剔髓伐毛[14]，暂罚冥死[15]；所当脱皮换革，仍令胎生[16]。隶役者，既在鬼曹，便非人类。只宜公门修行[17]，庶还落蓐之身[18]；何得苦海生波，益造弥天之孽[19]？飞扬跋扈，狗脸生六月之霜[20]；隳突叫号[21]，虎威断九衢之路[22]。肆淫威于冥界，咸知狱吏为尊；助酷虐于昏官，共以屠伯是惧[23]。当于法场之内，剁其四肢；更向汤镬之中[24]，捞其筋骨。羊某，富而不仁，狡而多诈，金光盖地[25]，因使阎摩殿上尽是阴霾[26]；铜臭熏天[27]，遂教枉死城中全无日月[28]。余腥犹能役鬼，大力直可通神[29]。宜籍羊氏之家[30]，以赏席生之孝。即押赴东岳施行[31]。”又谓席廉：“念汝子孝义，汝性良懦，可再赐阳寿三纪[32]。”因使两人送之归里。席乃抄其判词，途中父子共读之。既至家，席先苏，令家人启棺视父，僵尸犹冰。俟之终日，渐温而活。又索抄词，则已无矣。自此，家日益丰，三年间，良沃遍

---

① 繁缨棨戟：皆封建时代诸侯所用的仪仗。繁缨：语出《左传・成公二年》：“（仲叔于奚）请曲县、繁缨以朝”。棨戟：语出《汉书・匈奴传》：“有衣之戟曰棨。”崔豹《古今注》：“棨戟，殳之遗象也……以木为之；后世滋伪，无复典刑，以赤油韬之……亦谓之棨戟。王公以下，通用之以前驱。” ② 品秩：官阶品级。 ③ 羊很狼贪：喻指冥王凶狠与贪婪。语出《史记・项羽本纪》：“（宋义）因下令军中曰：‘猛如虎，很如羊，贪如狼，强不可使者，皆斩之。’”很：通“狠”。 ④ 斲：同“斫”，砍削，此处借作“凿”字。 ⑤ 西江水：谓西来之江水也。语出《庄子・外物》：“周顾视车辙中有鲋鱼焉，……曰：‘我东海之波臣也，君岂有升斗之水而活我哉？’周曰：‘诺，我且南游吴越之王，激西江之水而迎子，可乎？’” ⑥ 湔（jiān）：洗涤。 ⑦ 即烧东壁之床：言二郎处治冥王之刑，即以其治席方平之火床治之。东壁之床：指火床。前文曾提到“见东墀有铁床，炽火其下，床面通赤”。 ⑧ 城隍、郡司为小民父母之官：意谓城隍、郡司的职位，相当于人间的州县长官。父母之官：封建时代称州县官为父母官。司上帝牛羊之牧：代替天帝管理人民之事。牛羊：比喻被统治的人民。 ⑨ 尽瘁：竭尽心力。不辞折腰：做小官不怕受委屈。 ⑩ 势逼大僚：被大官威逼。 ⑪ 强项：不低头，喻刚直不阿。《后汉书・董宣传》记载：东汉董宣为洛阳令，杀湖阳公主恶奴，光武帝大怒，令黄门挟持董宣向公主叩头谢罪。董宣两手据地，终不肯俯首。光武帝称之为“强项令”。 ⑫ 上下其鹰鸷之手：比喻玩弄手段，暗中作弊。上下其手：《左传・襄公二十六年》记载，楚国的穿封戌在攻打郑国时，俘虏了郑国的守将皇颉，王子围欲与之争功，请伯州犁为其裁决。伯州犁有意偏袒王子围，以手高举和向下的动作示意皇颉承认自己为王子围所俘。鹰鸷：鹰和鸷，都是猛禽，比喻凶狠。 ⑬ 飞扬：任意施展。狙（jū）狯之奸：狡猾的奸谋。

⑭ 剔髓伐毛：脱胎换骨，涤除污垢，改恶从善。原为修道者之言，出自《太平广记》卷六引《洞冥记》，此指受酷刑。

⑮ 冥死：受冥间的死刑。 ⑯ 所当脱皮换革，仍令胎生：罚其转世胎生，但不得为人。 ⑰ 公门修行：即旧时俗语“公门里面好修行”。公门：衙门。修行：修身行善。旧时认为官府操人民生杀之权，故任职官署之中，可随时行善救人。 ⑱ 落蓐之身：指人身。 ⑲ 何得苦海生波，益造弥天之孽：怎能在苦深如海的世俗之中兴风作浪，作孽多端。苦海：佛家语，谓人间烦恼苦深如海。弥大之孽：天大的罪孽。 ⑳ 狗脸：指隶役的面孔。六月之霜：《太平御览》引《淮南子》：“邹衍事燕惠王尽忠，左右谮之王。王系之狱，仰天哭，夏五月，天为之下霜。”张说《狱箴》：“匹夫结愤，六月飞霜。”故世多用于指冤狱。此处形容隶役狠毒，翻脸无情，贪赃枉法，造成冤狱。 ㉑ 隳突：破坏奔突，极言骚扰。 ㉒ 九衢：九条交叉大道，通常指京城的道路，此句即前文“无路可达帝听”之意。

㉓ 屠伯：犹称刽子手。语出《汉书・严延年传》：“冬月，传属县囚会论府上，流血数里，河南号曰屠伯”。伯：长。

㉔ 汤镬：汤锅，古代烹囚的刑具。 ㉕ 金光盖地：此处喻钱神的气焰。 ㉖ 阎摩殿：阎王殿。阴霾：昏暗的浊雾。 ㉗ 铜臭熏天：讥刺富者用钱贿买官吏，气势逼人。铜臭：语出《释常谈・铜臭》：“将钱买官，谓之铜臭。”

㉘ 枉死城：指地狱。 ㉙ 余腥犹能役鬼，大力直可通神：小额金钱可以役使鬼吏，而巨额金钱可买通神灵。余腥：钱的余臭。大力：指巨额金钱的威力。张固《幽闲鼓吹》：“唐张延赏将判度支，知大狱颇有冤屈，每甚扼腕。及判，便召狱吏严诫之。明日视事，案上有一帖子曰：‘钱三万贯，乞勿问此狱。’公大怒，更促之。明日，复见一帖子曰：‘钱五万贯。’公益怒，令两日须毕。明日，案上复见一帖子曰：‘钱十万贯。’公遂止不问。弟子乘间侦之。公曰：‘钱至十万贯，可通神矣！无不可回之事。吾恐祸及，不得不止也。’” ㉚ 籍：没收。 ㉛ 东岳：泰山。旧时迷信，东岳泰山之神总管天地人间的生死祸福，并施行赏罚。 ㉜ 纪：古代以十二年为一纪。

野[1]；而羊氏子孙微矣[2]，楼阁田产尽为席有。里人或有买其田者，夜梦神人叱之曰："此席家物，汝乌得有之！"初未深信；既而种作，则终年升斗无所获，于是复鬻归席。席父九十余岁而卒。

异史氏曰："人人言净土[3]，而不知生死隔世，意念都迷，且不知其所以来，又乌知其所以去；而况死而又死，生而复生者乎？忠孝志定，万劫不移，异哉席生，何其伟也！"

阅读提示

本篇选自蒲松龄的文言短篇小说集《聊斋志异》。

蒲松龄在《聊斋自志》中云："才非干宝，雅爱搜神；情类黄州，喜人谈鬼。"与明代拟话本小说描写现实生活中的世态人情不同，《聊斋志异》主要写花妖狐鬼，是一部借谈狐说鬼来寄托作者对现实不满的"孤愤之书"。

《席方平》是《聊斋志异》中的名篇，主要写席方平魂赴地府，历尽曲折，终于为父伸冤的故事，堪称一篇"鬼公案"。毫无疑问，作者的创作动机不是为了"发明神道之不诬"，也不是为了"明应验之实有，以震悚世俗，使生敬仰之心"，而是为了揭露人世间的黑暗、腐朽和公道不彰，同情下层人民的痛苦，歌颂被压迫者的反抗。

本篇小说的最大成就在于成功塑造了反抗者席方平的形象。作者善于将席方平置于激烈的矛盾冲突之中，并紧紧围绕故事情节的逐步展开，相应地为他设置"量身打造"的活动环境，做到了"真实地再现典型环境中的典型人物"。具体地说，本篇小说在人物性格的塑造方面有这样三个特点：以席方平所受压迫的多重性显示其斗争的正义性，从而刻画他不畏强暴的胆略；以席方平所受刑罚的残酷性显示其斗争的艰苦性，从而揭示他刚毅顽强的意志；以席方平反抗道路的曲折性显示其斗争的彻底性，从而表现他毫不妥协的精神。然而由于时代和阶级的局限，作者笔下的席方平形象也存在明显的不足，如在斗争中，席方平只会使用告状的手段，同时把伸冤的希望寄托在正直的二郎神身上，对官府心存幻想。

故事情节，奇幻跌宕，引人入胜，是本篇小说在艺术上的又一重要特色。

---

① 良沃：良田沃土。 ② 微：衰败。 ③ 净土：语出《法苑珠林》："西方常清净自然，无一切杂秽，故名净土。"

三十七、宝玉挨打

曹雪芹

宝玉会过雨村回来，听见金钏儿含羞自尽，心中早已五内摧伤，进来又被王夫人数落教训了一番，也无可回说。见宝钗进来，方得便出来，茫然不知何往，背着手，低头一面感叹，一面慢慢的走着，信步来至厅上。刚转过屏门，不想对面来了一人正往里走，可巧儿撞了个满怀。只听那人喝了一声“站住！”宝玉唬了一跳，抬头一看，不是别人，却是他父亲，不觉的倒抽了一口气，只得垂手一旁站了。贾政道：“好端端的，你垂头丧气嗐些什么①？方才雨村来了要见你，叫你那半天你才出来；既出来了，全无一点慷慨挥洒谈吐，仍是葳葳蕤蕤②。我看你脸上一团思欲愁闷气色，这会子又咳声叹气。你那些还不足，还不自在？无故这样，却是为何？”宝玉素日虽是口角伶俐，只是此时一心总为金钏儿感伤，恨不得此时也身亡命殒，跟了金钏儿去。如今见了他父亲说这些话，究竟不曾听见，只是怔呵呵的站着。

贾政见他惶悚③，应对不似往日，原本无气的，这一来倒生了三分气。方欲说话，忽有回事人来回：“忠顺亲王府里有人来，要见老爷。”贾政听了，心下疑惑，暗暗思忖道：“素日并不和忠顺府来往，为什么今日打发人来？”一面想，一面令“快请”，急走出来看时，却是忠顺府长史官④，忙接进厅上坐了献茶。未及叙谈，那长史官先就说道：“下官此来，并非擅造潭府⑤，皆因奉王命而来，有一件事相求。看王爷面上，敢烦老大人作主，不但王爷知情，且连下官辈亦感谢不尽。”贾政听了这话，抓不住头脑，忙陪笑起身问道：“大人既奉王命而来，不知有何见谕，望大人宣明，学生好遵谕承办。”那长史官便冷笑道：“也不必承办，只用大人一句话就完了。我们府里有一个做小旦的琪官⑥，一向好好在府里，如今竟三五日不见回去，各处去找，又摸不着他的道路⑦，因此各处访察。这一城内，十停人倒有八停人都说⑧，他近日和衔玉的那位令郎相与甚厚。下官辈等听了，尊府不比别家，可以擅入索取，因此启明王爷。王爷亦云：‘若是别的戏子呢，一百个也罢了；只是这琪官随机应答，谨慎老诚，甚合我老人家的心，竟断断少不得此人。’故此求老大人转谕令郎，请将琪官放回，一则可慰王爷谆谆奉恳，二则下官辈也可免操劳求觅之苦。”说毕，忙打一躬。贾政听了这话，又惊又气，即命唤宝玉来。宝玉也不知是何原故，忙赶来时，贾政便问：“该死的奴才！你在家不读书也罢了，怎么又做出这些无法无天的事来！那琪官现是忠顺王爷驾前承奉的人，你是何等草芥，无故引逗他出来，如今祸及于我。”宝玉听了唬了一跳，忙回道：“实在不知此事。究竟连

---

① 嗐(hài)：叹词，表示伤感或惋惜。 ② 葳(wēi)葳蕤(ruí)蕤：疲惫不堪，萎靡不振。 ③ 惶悚：惶恐。

④ 长史官：总管王府内事务的官吏。 ⑤ 潭府：深宅大院，常用作对他人住宅的尊称。潭：深邃的样子。

⑥ 做小旦的：演青年女角色的优伶。琪官：蒋玉菡的艺名。 ⑦ 道路：行踪，去向。 ⑧ 停：总数分成几份，其中一份叫一停。

‘琪官’两个字不知为何物，岂更又加‘引逗’二字！”说着便哭了。贾政未及开言，只见那长史官冷笑道：“公子也不必掩饰。或隐藏在家，或知其下落，早说了出来，我们也少受些辛苦，岂不念公子之德?”宝玉连说不知，“恐是讹传，也未见得”。那长史官冷笑道：“现有据证，何必还赖？必定当着老大人说了出来，公子岂不吃亏？既云不知此人，那红汗巾子怎么到了公子腰里①?”宝玉听了这话，不觉轰去魂魄，目瞪口呆，心下自思：“这话他如何得知！他既连这样机密事都知道了，大约别的瞒他不过，不如打发他去了，免的再说出别的事来。”因说道：“大人既知他的底细，如何连他置买房舍这样大事倒不晓得了？听得说他如今在东郊离城二十里有个什么紫檀堡，他在那里置了几亩田地几间房舍。想是在那里也未可知。”那长史官听了，笑道：“这样说，一定是在那里。我且去找一回，若有了便罢，若没有，还要来请教。”说着，便忙忙的走了。

贾政此时气的目瞪口歪，一面送那长史官，一面回头命宝玉“不许动！回来有话问你！”一直送那官员去了。才回身，忽见贾环带着几个小厮一阵乱跑。贾政喝令小厮“快打，快打！”贾环见了他父亲，唬的骨软筋酥，忙低头站住。贾政便问：“你跑什么？带着你的那些人都不管你，不知往那里逛去，由你野马一般！”喝令叫跟上学的人来。贾环见他父亲盛怒，便乘机说道：“方才原不曾跑，只因从那井边一过，那井里淹死了一个丫头，我看见人头这样大，身子这样粗，泡的实在可怕，所以才赶着跑了过来。”贾政听了惊疑，问道：“好端端的，谁去跳井？我家从无这样事情，自祖宗以来，皆是宽柔以待下人。——大约我近年于家务疏懒，自然执事人操克夺之权②，致使生出这暴殄轻生的祸患③。若外人知道，祖宗颜面何在！”喝令快叫贾琏、赖大、来兴。小厮们答应了一声，方欲叫去，贾环忙上前拉住贾政的袍襟，贴膝跪下道：“父亲不用生气。此事除太太房里的人，别人一点也不知道。我听见我母亲说……”说到这里，便回头四顾一看。贾政知意，将眼一看众小厮，小厮们明白，都往两边后面退去。贾环便悄悄说道：“我母亲告诉我说，宝玉哥哥前日在太太屋里，拉着太太的丫头金钏儿强奸不遂，打了一顿。那金钏儿便赌气投井死了。”话未说完，把个贾政气的面如金纸，大喝“快拿宝玉来！”一面说，一面便往里边书房里去，喝令“今日再有人劝我，我把这冠带家私一应交与他与宝玉去④！我免不得做个罪人，把这几根烦恼鬓毛剃去⑤，寻个干净去处自了⑥，也免得上辱先人下生逆子之罪。”众门客仆从见贾政这个形景，便知又是为宝玉了，一个个都是啖指咬舌，连忙退出。那贾政喘吁吁直挺挺坐在椅子上，满面泪痕，一叠声“拿宝玉！拿大棍！拿索子捆上！把各门都关上！有人传信往里头去，立刻打死！”众小厮们只得齐声答应，有几个来找宝玉。

那宝玉听见贾政吩咐他“不许动”，早知多凶少吉，那里承望贾环又添了许多的话。正在厅上干转，怎得个人来往里头去捎信，偏生没个人，连焙茗也不知在那里。正盼望时，只

---

① 红汗巾子：见第28回“蒋玉菡情赠茜香罗，薛宝钗羞笼红麝串”。红汗巾原是北静王给蒋玉菡的礼物，后蒋玉菡又将之转送宝玉。 ② 执事人：具体操办某件事务的人。克夺之权：生杀予夺之权。 ③ 暴殄（tiǎn）轻生的祸患：指金钏儿突然投井自杀丢掉性命。暴殄：恣意糟蹋。轻生：不爱惜生命。 ④ 冠带家私：指官爵与家业。冠带：帽子和束带，是官服的代称，这里代指官爵。家私：财产，代指家业。 ⑤ 烦恼鬓毛：头发，佛家称为“烦恼丝”。 ⑥ 寻个干净去处：指出家当和尚。干净：佛家认为人世污浊不净，唯有佛门是清净世界，即所谓净土。

见一个老姆姆出来。宝玉如得了珍宝，便赶上来拉他，说道："快进去告诉：老爷要打我呢！快去，快去！要紧，要紧！"宝玉一则急了，说话不明白；二则老婆子偏生又聋，竟不曾听见是什么话，把"要紧"二字只听作"跳井"二字，便笑道："跳井让他跳去，二爷怕什么？"宝玉见是个聋子，便着急道："你出去叫我的小厮来罢。"那婆子道："有什么不了的事？老早的完了。太太又赏了衣服，又赏了银子，怎么不了事的！"

宝玉急的跺脚，正没抓寻处，只见贾政的小厮走来，逼着他出去了。贾政一见，眼都红紫了，也不暇问他在外流荡优伶[①]，表赠私物[②]，在家荒疏学业，淫辱母婢等语，只喝令"堵起嘴来，着实打死！"小厮们不敢违拗，只得将宝玉按在凳上，举起大板打了十来下。贾政犹嫌打轻了，一脚踢开掌板的，自己夺过来，咬着牙狠命盖了三四十下。众门客见打的不祥了[③]，忙上前夺劝。贾政那里肯听，说道："你们问问他干的勾当可饶不可饶！素日皆是你们这些人把他酿坏了[④]，到这步田地还来解劝。明日酿到他弑君杀父，你们才不劝不成！"

众人听这话不好听，知道气急了，忙又退出，只得觅人进去给信。王夫人不敢先回贾母，只得忙穿衣出来，也不顾有人没人，忙忙赶往书房中来，慌的众门客小厮等避之不及。王夫人一进房来，贾政更如火上浇油一般，那板子越发下去的又狠又快。按宝玉的两个小厮忙松了手走开，宝玉早已动弹不得了。贾政还欲打时，早被王夫人抱住板子。贾政道："罢了，罢了！今日必定要气死我才罢！"王夫人哭道："宝玉虽然该打，老爷也要自重。况且炎天暑日的，老太太身上也不大好，打死宝玉事小，倘或老太太一时不自在了，岂不事大！"贾政冷笑道："倒休提这话。我养了这不肖的孽障，已不孝；教训他一番，又有众人护持；不如趁今日一发勒死了，以绝将来之患！"说着，便要绳索来勒死。王夫人连忙抱住哭道："老爷虽然应当管教儿子，也要看夫妻分上。我如今已将五十岁的人，只有这个孽障，必定苦苦的以他为法，我也不敢深劝。今日越发要他死，岂不是有意绝我。既要勒死他，快拿绳子来先勒死我，再勒死他。我们娘儿们不敢含怨，到底在阴司里得个依靠。"说毕，爬在宝玉身上大哭起来。贾政听了此话，不觉长叹一声，向椅上坐了，泪如雨下。王夫人抱着宝玉，只见他面白气弱，底下穿着一条绿纱小衣皆是血渍，禁不住解下汗巾看，由臀至胫，或青或紫，或整或破，竟无一点好处，不觉失声大哭起来，"苦命的儿吓！"因哭出"苦命儿"来，忽又想起贾珠来，便叫着贾珠哭道："若有你活着，便死一百个我也不管了。"此时里面的人闻得王夫人出来，那李宫裁王熙凤与迎春姊妹早已出来了。王夫人哭着贾珠的名字，别人还可，惟有宫裁禁不住也放声哭了。贾政听了，那泪珠更似滚瓜一般滚了下来。

正没开交处，忽听丫鬟来说："老太太来了。"一句话未了，只听窗外颤巍巍的声气说道："先打死我，再打死他，岂不干净了！"贾政见他母亲来了，又急又痛，连忙迎接出来，只见贾母扶着丫头，喘吁吁的走来。贾政上前躬身陪笑道："大暑热天，母亲有何生气亲自走来？有话只该叫了儿子进去吩咐。"贾母听说，便止住步喘息一回，厉声说道："你原来是和我说话！我倒有话吩咐，只是可怜我一生没养个好儿子，却教我和谁说去！"贾政听这话不像，忙跪下含泪说道："为儿的教训儿子，也为的是光宗耀祖。母亲这话，我做儿的如何禁得起？"

---

① 流荡优伶：指贾宝玉荒唐地与蒋玉菡来往。　② 表赠私物：指蒋玉菡赠贾宝玉体己汗巾。　③ 不祥：很危险的样子。　④ 酿：纵容。

贾母听说，便啐了一口，说道："我说一句话，你就禁不起，你那样下死手的板子，难道宝玉就禁得起了？你说教训儿子是光宗耀祖，当初你父亲怎么教训你来！"说着，不觉就滚下泪来。贾政又陪笑道："母亲也不必伤感，皆是作儿的一时性起，从此以后再不打他了。"贾母便冷笑道："你也不必和我使性子赌气的。你的儿子，我也不该管你打不打。我猜着你也厌烦我们娘儿们。不如我们赶早儿离了你，大家干净！"说着便令人去看轿马①，"我和你太太宝玉立刻回南京去！"家下人只得干答应着。贾母又叫王夫人道："你也不必哭了。如今宝玉年纪小，你疼他，他将来长大成人，为官作宰的，也未必想着你是他母亲了。你如今倒不要疼他，只怕将来还少生一口气呢。"贾政听说，忙叩头哭道："母亲如此说，贾政无立足之地。"贾母冷笑道："你分明使我无立足之地，你反说起你来！只是我们回去了，你心里干净，看有谁来许你打。"一面说，一面只令快打点行李车轿回去。贾政苦苦叩求认罪。

贾母一面说话，一面又记挂宝玉，忙进来看时，只见今日这顿打不比往日，又是心疼，又是生气，也抱着哭个不了。王夫人与凤姐等解劝了一会，方渐渐的止住。早有丫鬟媳妇等上来，要搀宝玉，凤姐便骂道："糊涂东西，也不睁开眼瞧瞧！打的这么个样儿，还要搀着走！还不快进去把那藤屉子春凳抬出来呢②。"众人听说连忙进去，果然抬出春凳来，将宝玉抬放凳上，随着贾母王夫人等进去，送至贾母房中。

彼时贾政见贾母气未全消，不敢自便，也跟了进去。看看宝玉，果然打重了。再看看王夫人，"儿"一声，"肉"一声，"你替珠儿早死了，留着珠儿，免你父亲生气，我也不白操这半世的心了。这会子你倘或有个好歹，丢下我，叫我靠那一个！"数落一场，又哭"不争气的儿"。贾政听了，也就灰心，自悔不该下毒手打到如此地步。先劝贾母，贾母含泪说道："你不出去，还在这里做什么！难道于心不足，还要眼看着他死了才去不成！"贾政听说，方退了出来。

此时薛姨妈同宝钗、香菱、袭人、史湘云也都在这里。袭人满心委屈，只不好十分使出来，见众人围着，灌水的灌水，打扇的打扇，自己插不下手去，便越性走出来到二门前，令小厮们找了焙茗来细问："方才好端端的，为什么打起来？你也不早来透个信儿！"焙茗急的说："偏生我没在跟前，打到半中间我才听见了。忙打听原故，却是为琪官金钏姐姐的事。"袭人道："老爷怎么得知道的？"焙茗道："那琪官的事，多半是薛大爷素日吃醋，没法儿出气，不知在外头唆挑了谁来，在老爷跟前下的火。那金钏儿的事是三爷说的，我也是听见老爷的人说的。"袭人听了这两件事都对景③，心中也就信了八九分。然后回来，只见众人都替宝玉疗治。调停完备，贾母令"好生抬到他房内去"。众人答应，七手八脚，忙把宝玉送入怡红院内自己床上卧好。

又乱了半日，众人渐渐散去，袭人方走来宝玉身边坐下，含泪问他："怎么就打到这步田地？"宝玉叹气说道："不过为那些事，问他做什么！只是下半截疼的很，你瞧瞧打坏了那里。"袭人听说，便轻轻的伸手进去，将中衣褪下④。宝玉略动一动，便咬着牙叫"嗳哟"，袭人连忙停住手，如此三四次才褪了下来。袭人看时，只见腿上半段青紫，都有四指宽的僵痕高

---

① 看：料理，备办。 ② 藤屉子春凳：用藤皮编成的一种可坐可卧的长凳。 ③ 对景：对得上号，情况符合。 ④ 中衣：内衣。

了起来。袭人咬着牙说道："我的娘，怎么下这般的狠手！你但凡听我一句话，也不得到这步地位。幸而没动筋骨，倘或打出个残疾来，可叫人怎么样呢！"

正说着，只听丫鬟们说："宝姑娘来了。"袭人听见，知道穿不及中衣，便拿了一床袷纱被替宝玉盖了[①]。只见宝钗手里托着一丸药走进来，向袭人说道："晚上把这药用酒研开，替他敷上，把那淤血的热毒散开，可以就好了。"说毕，递与袭人，又问道："这会子可好些？"宝玉一面道谢说："好了。"又让坐。宝钗见他睁开眼说话，不像先时，心中也宽慰了好些，便点头叹道："早听人一句话，也不至今日。别说老太太、太太心疼，就是我们看着，心里也疼。"刚说了半句又忙咽住，自悔说的话急了，不觉的就红了脸，低下头来。宝玉听得这话如此亲切稠密，大有深意，忽见他又咽住不往下说，红了脸，低下头只管弄衣带，那一种娇羞怯怯，非可形容得出者，不觉心中大畅，将疼痛早丢在九霄云外，心中自思："我不过挨了几下打，他们一个个就有这些怜惜悲感之态露出，令人可玩可观，可怜可敬。假若我一时竟遭殃横死，他们还不知是何等悲感呢！既是他们这样，我便一时死了，得他们如此，一生事业纵然尽付东流，亦无足叹惜，冥冥之中若不怡然自得，亦可谓糊涂鬼祟矣。"想着，只听宝钗问袭人道："怎么好好的动了气，就打起来了？"袭人便把焙茗的话说了出来。宝玉原来还不知道贾环的话，见袭人说出方才知道。因又拉上薛蟠，惟恐宝钗沉心[②]，忙又止住袭人道："薛大哥哥从来不这样的，你们不可混猜度。"宝钗听说，便知道是怕他多心，用话相拦袭人，因心中暗暗想道："打的这个形象，疼还顾不过来，还是这样细心，怕得罪了人，可见在我们身上也算是用心了。你既这样用心，何不在外头大事上做工夫，老爷也欢喜了，也不能吃这样亏。但你固然怕我沉心，所以拦袭人的话，难道我就不知我的哥哥素日恣心纵欲，毫无防范的那种心性。当日为一个秦钟，还闹的天翻地覆，自然如今比先又更利害了。"想毕，因笑道："你们也不必怨这个，怨那个。据我想，到底宝兄弟素日不正，肯和那些人来往，老爷才生气。就是我哥哥说话不防头[③]，一时说出宝兄弟来，也不是有心调唆：一则也是本来的实话，二则他原不理论这些防嫌小事。袭姑娘从小儿只见宝兄弟这么样细心的人，你何尝见过天不怕地不怕、心里有什么口里就说什么的人。"袭人因说出薛蟠来，见宝玉拦他的话，早已明白自己说造次了，恐宝钗没意思，听宝钗如此说，更觉羞愧无言。宝玉又听宝钗这番话，一半是堂皇正大，一半是去己疑心，更觉比先畅快了。方欲说话时，只见宝钗起身说道："明儿再来看你，你好生养着罢。方才我拿了药来交给袭人，晚上敷上管就好了。"说着便走出门去。袭人赶着送出院外，说："姑娘倒费心了。改日宝二爷好了，亲自来谢。"宝钗回头笑道："有什么谢处。你只劝他好生静养，别胡思乱想的就好了。不必惊动老太太、太太众人，倘或吹到老爷耳朵里，虽然彼时不怎么样，将来对景，终是要吃亏的。"说着，一面去了。

袭人抽身回来，心内着实感激宝钗。进来见宝玉沉思默默似睡非睡的模样，因而退出房外，自去栉沐[④]。宝玉默默的躺在床上，无奈臀上作痛，如针挑刀挖一般，更又热如火炙，略展转时，禁不住"嗳哟"之声。那时天色将晚，因见袭人去了，却有两三个丫鬟伺候，此时并无呼唤之事，因说道："你们且去梳洗，等我叫时再来。"众人听了，也都退出。

---

① 袷(jiá)纱被：表里两层的纱被。袷：同"夹"。 ② 沉心：多指言者无意而听者有心，陡生不快，也叫"吃心"或"嗔心"。 ③ 不防头：不留神，不经意。 ④ 栉沐：梳洗。

这里宝玉昏昏默默，只见蒋玉菡走了进来，诉说忠顺府拿他之事；又见金钏儿进来哭说为他投井之情。宝玉半梦半醒，都不在意。忽又觉有人推他，恍恍忽忽听得有人悲戚之声。宝玉从梦中惊醒，睁眼一看，不是别人，却是林黛玉。宝玉犹恐是梦，忙又将身子欠起来，向脸上细细一认，只见两个眼睛肿的桃儿一般，满面泪光，不是黛玉，却是那个？宝玉还欲看时，怎奈下半截疼痛难忍，支持不住，便"嗳哟"一声，仍就倒下，叹了一声，说道："你又做什么跑来！虽说太阳落下去，那地上的余热未散，走两趟又要受了暑。我虽然捱了打，并不觉疼痛。我这个样儿，只装出来哄他们，好在外头布散与老爷听，其实是假的。你不可认真。"此时林黛玉虽不是嚎啕大哭，然越是这等无声之泣，气噎喉堵，更觉得利害。听了宝玉这番话，心中虽然有万句言词，只是不能说得，半日，方抽抽噎噎的说道："你从此可都改了罢！"宝玉听说，便长叹一声，道："你放心，别说这样话。就便为这些人死了，也是情愿的！"一句话未了，只见院外人说："二奶奶来了。"林黛玉便知是凤姐来了，连忙立起身说道："我从后院子去罢，回来再来。"宝玉一把拉住道："这可奇了，好好的怎么怕起他来。"林黛玉急的跺脚，悄悄的说道："你瞧瞧我的眼睛，又该他取笑开心呢。"宝玉听说赶忙的放手。黛玉三步两步转过床后，出后院而去。

阅读提示

本篇节选自《红楼梦》第三十三、三十四回，题目为编者所加。

《红楼梦》原名《石头记》，是我国古典小说中最优秀的作品。小说以贾宝玉、林黛玉的爱情悲剧为主要线索，通过以贾府为代表的封建贵族家庭的兴衰变化，深刻揭露了封建社会末期的黑暗、腐朽以及不可克服的内部矛盾，形象地揭示出了封建社会必然走向灭亡的历史趋势，同时也流露出了作者的悲观主义和虚无主义思想。

"宝玉挨打"是《红楼梦》中最精彩的片断之一。荣国府的封建家长将延荣续贵的希望寄托在贾宝玉身上，千方百计地诱导、逼迫他攻读《四书》《五经》，走科举之途，然而宝玉却厌恶仕途经济，为此双方不断发生摩擦与冲突。本片断从表面上看，是在写荣国府贾政与其儿子贾宝玉之间的矛盾，但其本质是封建社会末期新旧两种思想的尖锐冲突。作者热情地歌颂了宝玉的叛逆思想和叛逆行为，深刻地揭露了封建卫道士凶残、虚伪与虚弱的本质。

全文分为三部分。第一部分(1—5 自然段)写宝玉挨打的原因。宝玉挨打的表层原因是：陪客时葳葳蕤蕤，私下交往忠顺王府的琪官，被贾环进谗中伤；根本原因是宝玉不走仕途经济的老路。第二部分(6—10 自然段)正面描写宝玉挨打的情景。第三部分(11—17 自然段)写宝钗、黛玉探望宝玉。

本篇之艺术成就主要体现在如下两个方面：第一，围绕宝玉挨打这个事件，通过语言、行动、心理等描写，生动地表现了各个人物的不同思想与性格，如贾宝玉的叛逆、单纯，贾政的顽固、凶残，王夫人的自私、虚伪，薛宝钗的沉稳、圆滑，林黛玉的真诚等；第二，叙事有条不紊，情节起伏跌宕，行文张弛有致，语言生动传神。

三十八、伤　　逝

——涓生的手记

鲁　迅

如果我能够，我要写下我的悔恨和悲哀，为子君，为自己。

会馆里的被遗忘在偏僻里的破屋是这样的寂静和空虚。时光过得真快，我爱子君，仗着她逃出这寂静和空虚，已经满一年了。事情又这么不凑巧，我重来时，偏偏空着的又只有这一间屋。依然是这样的破窗，这样的窗外的半枯的槐树和老紫藤，这样的窗前的方桌，这样的败壁，这样的靠壁的板床。深夜中独自躺在床上，就如我未曾和子君同居以前一般，过去一年中的时光全被消灭，全未有过，我并没有曾经从这破屋子搬出，在吉兆胡同创立了满怀希望的小小的家庭。

不但如此，在一年之前，这寂静和空虚是并不这样的，常常含着期待，期待子君的到来。在久待的焦躁中，一听到皮鞋的高底尖触着砖路的清响，是怎样地使我骤然生动起来呵！于是就看见带着笑窝的苍白的圆脸，苍白的瘦的臂膊，布的有条纹的衫子，玄色的裙。她又带了窗外的半枯的槐树的新叶来，使我看见，还有挂在铁似的老干上的一房一房的紫白的藤花。

然而现在呢，只有寂静和空虚依旧，子君却决不再来了，而且永远，永远地！……

子君不在我这破屋里时，我什么也看不见。在百无聊赖中，顺手抓过一本书来，科学也好，文学也好，横竖什么都一样；看下去，看下去，忽而自己觉得，已经翻了十多页了，但是毫不记得书上所说的事。只是耳朵却分外地灵，仿佛听到大门外一切往来的履声，从中便有子君的，而且橐橐地逐渐临近，——但是，往往又逐渐渺茫，终于消失在别的步声的杂沓中了。我憎恶那不像子君鞋声的穿布底鞋的长班①的儿子，我憎恶那太像子君鞋声的常常穿着新皮鞋的邻院的搽雪花膏的小东西！

莫非她翻了车么？莫非她被电车撞伤了么？……

我便要取了帽子去看她，然而她的胞叔就曾经当面骂过我。

蓦然，她的鞋声近来了，一步响于一步，迎出去时，却已经走过紫藤棚下，脸上带着微笑的酒窝。她在她叔子的家里大约并未受气。我的心宁帖②了，默默地相视片时之后，破屋里便渐渐充满了我的语声，谈家庭专制，谈打破旧习惯，谈男女平等，谈伊孛生，谈泰戈尔，谈雪莱……。她总是微笑点头，两眼里弥漫着稚气的好奇的光泽。壁上就钉着一张铜板的雪莱半身像，是从杂志上裁下来的，是他的最美的一张像。当我指给她看时，她却只草草一

① 长(cháng)班：也叫“长随”，明清时官员随身使唤的仆人。　② 宁帖：(心境)宁静，安稳。

看，便低了头，似乎不好意思了。这些地方，子君就大概还未脱尽旧思想的束缚，——我后来也想，倒不如换一张雪莱淹死在海里的记念像或是伊孛生的罢；但也终于没有换，现在是连这一张也不知那里去了。

"我是我自己的，他们谁也没有干涉我的权利！"

这是我们交际了半年，又谈起她在这里的胞叔和在家的父亲时，她默想了一会之后，分明地，坚决地，沉静地说了出来的话。当时是我已经说尽了我的意见，我的身世，我的缺点，很少隐瞒，她也完全了解的了。这几句话很震动了我的灵魂，此后许多天还在耳中发响，而且说不出的狂喜，知道中国女性，并不如厌世家所说的那样的无法可施，在不远的将来，便要看见辉煌的曙色。

送她出门，照例是相离十多步远；照例是那鲇鱼须的老东西的脸又紧贴在脏的窗玻璃上了，连鼻尖都挤成一个小平面；到外院，照例又是明晃晃的玻璃窗里的那小东西的脸，加厚的雪花膏。她目不斜视地骄傲地走了，没有看见。我骄傲地回来。

"我是我自己的，他们谁也没有干涉我的权利！"这彻底的思想就在她的脑里，比我还透澈，坚强得多。半瓶雪花膏和鼻尖的小平面，于她能算什么东西呢？

我已经记不清那时怎样地将我的纯真热烈的爱表示给她。岂但现在，那时的事后便已模糊，夜间回想，早只剩了一些断片了；同居以后一两月，便连这些断片也化作无可追踪的梦影。我只记得那时以前的十几天，曾经很仔细地研究过表示的态度，排列过措辞的先后，以及倘或遭了拒绝以后的情形。可是临时似乎都无用，在慌张中，身不由己地竟用了在电影上见过的方法了。后来一想到，就使我很愧恧①，但在记忆上却偏只有这一点永远留遗，至今还如暗室的孤灯一般，照见我含泪握着她的手，一条腿跪了下去……。

不但我自己的，便是子君的言语举动，我那时就没有看得分明，仅知道她已经允许我了。但也还仿佛记得她脸色变成青白，后来又渐渐转作绯红，——没有见过，也没有再见的绯红；孩子似的眼里射出悲喜，但是夹着惊疑的光，虽然力避我的视线，张皇②地似乎要破窗飞去。然而我知道她已经允许我了，没有知道她怎样说或是没有说。

她却是什么都记得：我的言辞，竟至于读熟了的一般，能够滔滔背诵；我的举动，就如有一张我所看不见的影片挂在眼下，叙述得如生，很细微，自然连那使我不愿再想的浅薄的电影的一闪。夜阑人静，是相对温习的时候了，我常是被质问，被考验，并且被命复述当时的言语，然而常须由她补足，由她纠正，像一个丁等的学生。

这温习后来也渐渐稀疏起来。但我只要看见她两眼注视空中，出神似的凝想着，于是神色越加柔和，笑窝也深下去，便知道她又在自修旧课了，只是我很怕她看到我那可笑的电影的一闪。但我又知道，她一定要看见，而且也非看不可的。

然而她并不觉得可笑。即使我自己以为可笑，甚而至于可鄙，她也毫不以为可笑。这事我知道得很清楚，因为她爱我，是这样地热烈，这样地纯真。

---

① 恧(nǜ)：惭愧　② 张皇：惊惶，慌张。

去年的暮春是最为幸福，也是最为忙碌的时光。我的心平静下去了，但又有别一部分和身体一同忙碌起来。我们这时才在路上同行，也到过几回公园，最多的是寻住所。我觉得在路上时时遇到探索、讥笑、猥亵和轻蔑的眼光，一不小心，便使我的全身有些瑟缩，只得即刻提起我的骄傲和反抗来支持。她却是大无畏的，对于这些全不关心，只是镇静地缓缓前行，坦然如入无人之境。

寻住所实在不是容易事，大半是被托辞拒绝，小半是我们以为不相宜。起先我们选择得很苛酷，——也非苛酷，因为看去大抵不像是我们的安身之所；后来，便只要他们能相容了。看了二十多处，这才得到可以暂且敷衍的处所，是吉兆胡同一所小屋里的两间南屋；主人是一个小官，然而倒是明白人，自住着正屋和厢房。他只有夫人和一个不到周岁的女孩子，雇一个乡下的女工，只要孩子不啼哭，是极其安闲幽静的。

我们的家具很简单，但已经用去了我筹来的款子的大半，子君还卖掉了她唯一的金戒指和耳环。我拦阻她，还是定要卖，我也就不再坚持下去了；我知道不给她加入一点股分去，她是住不舒服的。

和她的叔子，她早经闹开，至于使他气愤到不再认她做侄女；我也陆续和几个自以为忠告，其实是替我胆怯，或者竟是嫉妒的朋友绝了交。然而这倒很清静。每日办公散后，虽然已近黄昏，车夫又一定走得这样慢，但究竟还有二人相对的时候。我们先是沉默的相视，接着是放怀而亲密的交谈，后来又是沉默。大家低头沉思着，却并未想着什么事。我也渐渐清醒地读遍了她的身体，她的灵魂，不过三星期，我似乎于她已经更加了解，揭去许多先前以为了解而现在看来却是隔膜，即所谓真的隔膜了。

子君也逐日活泼起来。但她并不爱花，我在庙会时买来的两盆小草花，四天不浇，枯死在壁角了，我又没有照顾一切的闲暇。然而她爱动物，也许是从官太太那里传染的罢，不一月，我们的眷属便骤然加得很多，四只小油鸡，在小院子里和房主人的十多只在一同走。但她们却认识鸡的相貌，各知道那一只是自家的。还有一只花白的叭儿狗，从庙会买来，记得似乎原有名字，子君却给它另起了一个，叫作阿随。我就叫它阿随，但我不喜欢这名字。

这是真的，爱情必须时时更新，生长，创造。我和子君说起这，她也领会地点点头。

唉唉，那是怎样的宁静而幸福的夜呵！

安宁和幸福是要凝固的，永久是这样的安宁和幸福。我们在会馆里时，还偶有议论的冲突和意思的误会，自从到吉兆胡同以来，连这一点也没有了；我们只在灯下对坐的怀旧谭[①]中，回味那时冲突以后的和解的重生一般的乐趣。

子君竟胖了起来，脸色也红活了，可惜的是忙。管了家务便连谈天的工夫也没有，何况读书和散步。我们常说，我们总还得雇一个女工。

这就使我也一样地不快活，傍晚回来，常见她包藏着不快活的颜色，尤其使我不乐的是她要装作勉强的笑容。幸而探听出来了，也还是和那小官太太的暗斗，导火线便是两家的小油鸡。但又何必硬不告诉我呢？人总该有一个独立的家庭。这样的处所，是不能居住的。

---

① 谭：同“谈”。

我的路也铸定了，每星期中的六天，是由家到局，又由局到家。在局里便坐在办公桌前钞，钞，钞些公文和信件；在家里是和她相对或帮她生白炉子，煮饭，蒸馒头。我学会了煮饭，就在这时候。

但我的食品却比在会馆里时好得多了。做菜虽不是子君的特长，然而她于此却倾注着全力；对于她的日夜的操心，使我也不能不一同操心，来算作分甘共苦。况且她又这样地终日汗流满面，短发都粘在脑额上，两只手又只是这样地粗糙起来。

况且还要饲阿随，饲油鸡，……都是非她不可的工作。

我曾经忠告她：我不吃，倒也罢了，却万不可这样地操劳。她只看了我一眼，不开口，神色却似乎有点凄然，我也只好不开口。然而她还是这样地操劳。

我所预期的打击果然到来。双十节的前一晚，我呆坐着，她在洗碗。听到打门声，我去开门时，是局里的信差，交给我一张油印的纸条。我就有些料到了，到灯下去一看，果然，印着的就是：

> 奉
> 局长谕史涓生着[1]毋庸到局办事
> 秘书处启　十月九号

这在会馆里时，我就早已料到了；那雪花膏便是局长的儿子的赌友，一定要去添些谣言，设法报告的。到现在才发生效验，已经要算是很晚的了。其实这在我不能算是一个打击，因为我早就决定，可以给别人去钞写，或者教读，或者虽然费力，也还可以译点书，况且《自由之友》的总编辑便是见过几次的熟人，两月前还通过信。但我的心却跳跃着。那么一个无畏的子君也变了色，尤其使我痛心。她近来似乎也较为怯弱了。

“那算什么。哼，我们干新的。我们……”她说。

她的话没有说完，不知怎地，那声音在我听去却只是浮浮的，灯光也觉得格外黯淡。人们真是可笑的动物，一点极微末的小事情，便会造成很深的影响。我们先是默默地相视，逐渐商量起来，终于决定将现有的钱竭力节省，一面登“小广告”去寻求钞写和教读，一面写信给《自由之友》的总编辑，说明我目下的遭遇，请他收用我的译本，给我帮一点艰辛时候的忙。

“说做，就做罢！来开一条新的路！”

我立刻转身向了书案，推开盛香油的瓶子和醋碟，子君便送过那黯淡的灯来。

我先拟广告；其次是选定可译的书，迁移以来未曾翻阅过，每本的头上都满漫着灰尘了；最后才写信。

我很费踌躇，不知道怎样措辞好，当停笔凝思的时候，转眼去一瞥她的脸，在昏暗的灯光下，又很见得凄然。我真不料这样微细的小事情，竟会给坚决的、无畏的子君以这么显著

---

① 着(zhuó)：公文用语，表示命令的语气。

的变化。她近来实在变得很怯弱了，但也并不是今夜才开始的。我的心因此更缭乱，忽然有安宁的生活的影像——会馆里的破屋的寂静，在眼前一闪，刚刚想定睛凝视，却又看见了昏暗的灯光。

许久之后，信也写成了，是一封颇长的信；很觉得疲劳，仿佛近来自己也较为怯弱了。于是我们决定，广告和发信，就在明日一同实行。大家不约而同地伸直了腰肢，在无言中，似乎又都感到彼此的坚忍倔强的精神，还看见重新萌芽起来的将来的希望。

外来的打击其实倒是振作了我们的新精神。局里的生活，原如鸟贩子手里的禽鸟一般，仅有一点小米维系残生，决不会肥胖；日子一久，只落得麻痹了翅子，即使放出笼外，早已不能奋飞。现在总算脱出这牢笼了，我从此要在新的开阔的天空中翱翔，趁我还未忘却了我的翅子的扇动。

小广告是一时自然不会发生效力的；但译书也不是容易事，先前看过，以为已经懂得的，一动手，却疑难百出了，进行得很慢。然而我决计努力地做，一本半新的字典，不到半月，边上便有了一大片乌黑的指痕，这就证明着我的工作的切实。《自由之友》的总编辑曾经说过，他的刊物是决不会埋没好稿子的。

可惜的是我没有一间静室，子君又没有先前那么幽静，善于体贴了，屋子里总是散乱着碗碟，弥漫着煤烟，使人不能安心做事，但是这自然还只能怨我自己无力置一间书斋。然而又加以阿随，加以油鸡们。加以油鸡们又大起来了，更容易成为两家争吵的引线。

加以每日的“川流不息”的吃饭；子君的功业，仿佛就完全建立在这吃饭中。吃了筹钱，筹来吃饭，还要喂阿随，饲油鸡；她似乎将先前所知道的全都忘掉了，也不想到我的构思就常常为了这催促吃饭而打断。即使在坐中给看一点怒色，她总是不改变，仍然毫无感触似的大嚼起来。

使她明白了我的作工不能受规定的吃饭的束缚，就费去五星期。她明白之后，大约很不高兴罢，可是没有说。我的工作果然从此较为迅速地进行，不久就共译了五万言，只要润色一回，便可以和做好的两篇小品，一同寄给《自由之友》去。

只是吃饭却依然给我苦恼。菜冷，是无妨的，然而竟不够，有时连饭也不够，虽然我因为终日坐在家里用脑，饭量已经比先前要减少得多。这是先去喂了阿随了，有时还并那近来连自己也轻易不吃的羊肉。她说，阿随实在瘦得太可怜，房东太太还因此嗤笑我们了，她受不住这样的奚落。

于是吃我残饭的便只有油鸡们。这是我积久才看出来的，但同时也如赫胥黎的论定“人类在宇宙间的位置”一般，自觉了我在这里的位置：不过是叭儿狗和油鸡之间。

后来，经多次的抗争和催逼，油鸡们也逐渐成为肴馔，我们和阿随都享用了十多日的鲜肥。可是其实都很瘦，因为它们早已每日只能得到几粒高粱了。从此便清静得多。只有子君很颓唐，似乎常觉得凄苦和无聊，至于不大愿意开口。我想，人是多么容易改变呵！

但是阿随也将留不住了。我们已经不能再希望从什么地方会有来信，子君也早没有一点食物可以引它打拱或直立起来。冬季又逼近得这么快，火炉就要成为很大的问题；它的食量，在我们其实早是一个极易觉得的很重的负担。于是连它也留不住了。

倘使插了草标到庙市去出卖，也许能得几文钱罢，然而我们都不能，也不愿这样做。终于是用包袱蒙着头，由我带到西郊去放掉了，还要追上来，便推在一个并不很深的土坑里。

我一回寓，觉得又清静得多多了，但子君的凄惨的神色，却使我很吃惊。那是没有见过的神色，自然是为阿随。但又何至于此呢？我还没有说起推在土坑里的事。

到夜间，在她的凄惨的神色中，加上冰冷的分子了。

"奇怪。子君，你怎么今天这样儿了？"我忍不住问。

"什么？"她连看也不看我。

"你的脸色……"

"没有什么，什么也没有。"

我终于从她言动上看出，她大概已经认定我是一个狠心的人。其实，我一个人，是容易生活的，虽然因为骄傲，向来不与世交来往，迁居以后，也疏远了所有旧识的人，然而只要能远走高飞，生路还宽广得很。现在忍受着这生活压迫的苦痛，大半倒是为她，便是放掉阿随，也何尝不如此。但子君的识见却似乎是浅薄起来，竟至于连这一点也想不到了。

我拣了一个机会，将这些道理暗示她，她领会似的点头。然而看她后来的情形，她是没有懂，或者是并不相信的。

天气的冷和神情的冷，逼迫我不能在家庭中安身。但是，往那里去呢？大道上，公园里，虽然没有冰冷的神情，冷风究竟也刺得人皮肤欲裂。我终于在通俗图书馆里觅得了我的天堂。

那里无须买票，阅书室里又装着两个铁火炉。纵使不过是烧着不死不活的煤的火炉，但单是看见装着它，精神上也就总觉得有些温暖。书却无可看，旧的陈腐，新的是几乎没有的。

好在我到那里去也并非为看书。另外时常还有几个人，多则十余人，都是单薄衣裳，正如我，各人看各人的书，作为取暖的口实。这于我尤为合式。道路上容易遇见熟人，得到轻蔑的一瞥，但此地却决无那样的横祸，因为他们是永远围在别的铁炉旁，或者靠在自家的白炉边的。

那里虽然没有书给我看，却还有安闲容得我想。待到孤身枯坐，回忆从前，这才觉得大半年来，只为了爱，——盲目的爱，——而将别的人生的要义全盘疏忽了。第一，便是生活。人必生活着，爱才有所附丽①。世界上并非没有为了奋斗者而开的活路；我也还未忘却翅子的扇动，虽然比先前已经颓唐得多……

屋子和读者渐渐消失了，我看见怒涛中的渔夫，战壕中的兵士，摩托车中的贵人，洋场上的投机家，深山密林中的豪杰，讲台上的教授，昏夜的运动者和深夜的偷儿……子君，——不在近旁。她的勇气都失掉了，只为着阿随悲愤，为着做饭出神，然而奇怪的是倒也并不怎样瘦损……

冷了起来，火炉里的不死不活的几片硬煤，也终于烧尽了，已是闭馆的时候。又须回到

---

① 附丽：依附，附着。

吉兆胡同,领略冰冷的颜色去了。近来也间或遇到温暖的神情,但这却反而增加我的苦痛。记得有一夜,子君的眼里忽而又发出久已不见的稚气的光来,笑着和我谈到还在会馆时候的情形,时时又很带些恐怖的神色。我知道我近来的超过她的冷漠,已经引起她的忧疑来,只得也勉力谈笑,想给她一点慰藉。然而我的笑貌一上脸,我的话一出口,却即刻变为空虚,这空虚又即刻发生反响,回向我的耳目里,给我一个难堪的恶毒的冷嘲。子君似乎也觉得的,从此便失掉了她往常的麻木似的镇静,虽然竭力掩饰,总还是时时露出忧疑的神色来,但对我却温和得多了。

我要明告她,但我还没有敢,当决心要说的时候,看见她孩子一般的眼色,就使我只得暂且改作勉强的欢容。但是这又即刻来冷嘲我,并使我失却那冷漠的镇静。

她从此又开始了往事的温习和新的考验,逼我做出许多虚伪的温存的答案来,将温存示给她,虚伪的草稿便写在自己的心上。我的心渐被这些草稿填满了,常觉得难于呼吸。我在苦恼中常常想,说真实自然须有极大的勇气的,假如没有这勇气,而苟安于虚伪,那也便是不能开辟新的生路的人。不独不是这个,连这人也未尝有!

子君有怨色,在早晨,极冷的早晨,这是从未见过的,但也许是从我看来的怨色。我那时冷冷地气愤和暗笑了。她所磨练的思想和豁达无畏的言论,到底也还是一个空虚,而对于这空虚却并未自觉。她早已什么书也不看,已不知道人的生活的第一着是求生,向着这求生的道路,是必须携手同行,或奋身孤往的了,倘使只知道捶着一个人的衣角,那便是虽战士也难于战斗,只得一同灭亡。

我觉得新的希望就只在我们的分离,她应该决然舍去,——我也突然想到她的死,然而立刻自责,忏悔了。幸而是早晨,时间正多,我可以说我的真实。我们的新的道路的开辟,便在这一遭。

我和她闲谈,故意地引起我们的往事,提到文艺,于是涉及外国的文人,文人的作品:《诺拉》,《海的女人》。称扬诺拉的果决……。也还是去年在会馆的破屋里讲过的那些话,但现在已经变成空虚,从我的嘴传入自己的耳中,时时疑心有一个隐形的坏孩子,在背后恶意地刻毒地学舌。

她还是点头答应着倾听,后来沉默了。我也就断续地说完了我的话,连余音都消失在虚空中了。

"是的。"她又沉默了一会,说,"但是,……涓生,我觉得你近来很两样了。可是的?你,——你老实告诉我。"

我觉得这似乎给了我当头一击,但也立即定了神,说出我的意见和主张来:新的路的开辟,新的生活的再造,为的是免得一同灭亡。

临末,我用了十分的决心,加上这几句话:

"……况且你已经可以无须顾虑,勇往直前了。你要我老实说,是的,人是不该虚伪的。我老实说罢,因为,因为我已经不爱你了!但这于你倒好得多,因为你更可以毫无挂念地做事……"

我同时预期着大的变故的到来,然而只有沉默。她脸色陡然变成灰黄,死了似的,瞬间便又苏生，眼里也发了稚气的闪闪的光泽。这眼光射向四处，正如孩子在饥渴中寻求着慈爱的母亲，但只在空中寻求，恐怖地回避着我的眼。

我不能看下去了，幸而是早晨，我冒着寒风径奔通俗图书馆。

在那里看见《自由之友》，我的小品文都登出了。这使我一惊，仿佛得了一点生气。我想，生活的路还很多，——但是，现在这样也还是不行的。

我开始去访问久已不相闻问的熟人，但这也不过一两次；他们的屋子自然是暖和的，我在骨髓中却觉得寒冽。夜间，便蜷伏在比冰还冷的冷屋中。

冰的针刺着我的灵魂，使我永远苦于麻木的疼痛。生活的路还很多，我也还没有忘却翅子的扇动，我想。——我突然想到她的死，然而立刻自责，忏悔了。

在通俗图书馆里往往瞥见一闪的光明，新的生路横在前面。她勇猛地觉悟了，毅然走出这冰冷的家，而且，——毫无怨恨的神色。我便轻如行云，漂浮空际，上有蔚蓝的天，下是深山大海，广厦高楼，战场，摩托车，洋场，公馆，晴明的闹市，黑暗的夜……。

而且，真的，我预感到这新生路便要来到了。

我们总算度过了极难忍受的冬天，这北京的冬天；就如蜻蜓落在恶作剧的坏孩子的手里一般，被系着细线，尽情玩弄，虐待，虽然幸而没有送掉性命，结果也还是躺在地上，只争着一个迟早之间。

写给《自由之友》的总编辑已经有三封信，这才得到回信，信封里只有两张书券：两角的和三角的。我却单是催，就用了九分的邮票，一天的饥饿，又都白挨给于己一无所得的空虚了。

然而觉得要来的事，却终于来到了。

这是冬春之交的事，风已没有这么冷，我也更久地在外面徘徊，待到回家，大概已经昏黑。就在这样一个昏黑的晚上，我照常没精打采地回来，一看见寓所的门，也照常更加丧气，使脚步放得更缓。但终于走进自己的屋子里了，没有灯火；摸火柴点起来时，是异样的寂寞和空虚！

正在错愕中，官太太便到窗外来叫我出去。

“今天子君的父亲来到这里，将她接回去了。”她很简单地说。

这似乎又不是意料中的事，我便如脑后受了一击，无言地站着。

“她去了么？”过了些时，我只问出这样一句话。

“她去了。”

“她，——她可说什么？”

“没说什么。单是托我见你回来时告诉你，说她去了。”

我不信，但是屋子里是异样的寂寞和空虚。我遍看各处，寻觅子君；只见几件破旧而黯淡的家具，都显得极其清疏，在证明着它们毫无隐匿一人一物的能力。我转念寻信或她留下的字迹，也没有；只是盐和干辣椒，面粉，半株白菜，却聚集在一处了，旁边还有几十枚铜元。这是我们两人生活材料的全副，现在她就郑重地将这留给我一个人，在不言中，教我借此去维持较久的生活。

我似乎被周围所排挤，奔到院子中间，有昏黑在我的周围；正屋的纸窗上映出明亮的灯光，他们正在逗着孩子玩笑。我的心也沉静下来，觉得在沉重的迫压中，渐渐隐约地现出脱走的路径：深山大泽，洋场，电灯下的盛筵；壕沟，最黑最黑的深夜，利刃的一击，毫无声响的脚步……

心底有些轻松，舒展了，想到旅费，并且嘘一口气。

躺着，在合着的眼前经过的预想的前途，不到半夜已经现尽；暗中忽然仿佛看见一堆食物，这之后，便浮出一个子君的灰黄的脸来，睁了孩子气的眼睛，恳托似地看着我。我一定神，什么也没有了。

但我的心却又觉得沉重。我为什么偏不忍耐几天，要这样急急地告诉她真话的呢？现在她知道，她以后所有的只是她父亲——儿女的债主——的烈日一般的严威和旁人的赛过冰霜的冷眼。此外便是虚空。负着虚空的重担，在严威和冷眼中走着所谓人生的路，这是怎样可怕的事呵！何况这路的尽头，又不过是——连墓碑也没有的坟墓。

我不应该将真实说给子君，我们相爱过，我应该永久奉献她我的说谎。如果真实可以宝贵，这在子君就不该是一个沉重的空虚。谎语当然也是一个空虚，然而临末，至多也不过这样地沉重。

我以为将真实说给子君，她便可以毫无顾虑，坚决地毅然前行，一如我们将要同居时那样。但这恐怕是我错误了。她当时的勇敢和无畏是因为爱。

我没有负着虚伪的重担的勇气，却将真实的重担卸给她了。她爱我之后，就要负了这重担，在严威和冷眼中走着所谓人生的路。

我想到她的死……我看见我是一个卑怯者，应该被摈于强有力的人们，无论是真实者，虚伪者。然而她却自始至终，还希望我维持较久的生活……

我要离开吉兆胡同，在这里是异样的空虚和寂寞。我想，只要离开这里，子君便如还在我的身边；至少，也如还在城中，有一天，将要出乎意表地访我，像住在会馆时候似的。

然而一切请托和书信，都是一无反响；我不得已，只好访问一个久不问候的世交去了。他是我伯父的幼年的同窗，以正经出名的拔贡，寓京很久，交游也广阔的。

大概因为衣服的破旧罢，一登门便很遭门房的白眼。好容易才相见，也还相识，但是很冷落。我们的往事，他全都知道了。

“自然，你也不能在这里了，”他听了我托他在别处觅事之后，冷冷地说，“但那里去呢？很难。——你那，什么呢，你的朋友罢，子君，你可知道，她死了。”

我惊得没有话。

“真的？”我终于不自觉地问。

“哈哈。自然真的。我家的王升的家，就和她家同村。”

“但是，——不知道是怎么死的？”

“谁知道呢。总之是死了就是了。”

我已经忘却了怎样辞别他，回到自己的寓所。我知道他是不说谎话的。子君总不会再来的了，像去年那样。她虽是想在严威和冷眼中负着虚空的重担来走所谓人生的路，也已经不能。她的命运，已经决定她在我所给予的真实——无爱的人间死灭了！

自然，我不能在这里了；但是，“那里去呢?”

四围是广大的空虚，还有死的寂静。死于无爱的人们的眼前的黑暗，我仿佛一一看见，还听得一切苦闷和绝望的挣扎的声音。

我还期待着新的东西到来，无名的，意外的。但一天一天，无非是死的寂静。

我比先前已经不大出门，只坐卧在广大的空虚里，一任这死的寂静侵蚀着我的灵魂。死的寂静有时也自己战栗，自己退藏，于是在这绝续之交，便闪出无名的，意外的，新的期待。

一天是阴沉的上午，太阳还不能从云里面挣扎出来，连空气都疲乏着。耳中听到细碎的步声和咻咻的鼻息，使我睁开眼。大致一看，屋子里还是空虚；但偶然看到地面，却盘旋着一匹小小的动物，瘦弱的，半死的，满身灰土的……

我一细看，我的心就一停，接着便直跳起来。

那是阿随。它回来了。

我离开吉兆胡同，也不单是为了房主人们和他家女工的冷眼，大半就为着这阿随。但是，“那里去呢?”新的生路自然还很多，我约略知道，也间或依稀看见，觉得就在我面前，然而我还没有知道跨进那里去的第一步的方法。

经过许多回的思量和比较，也还只有会馆是还能相容的地方。依然是这样的破屋，这样的板床，这样的半枯的槐树和紫藤，但那时使我希望，欢欣，爱，生活的，却全都逝去了，只有一个虚空，我用真实去换来的虚空存在。

新的生路还很多，我必须跨进去，因为我还活着。但我还不知道怎样跨出那第一步。有时，仿佛看见那生路就像一条灰白的长蛇，自己蜿蜒地向我奔来，我等着，等着，看看临近，但忽然便消失在黑暗里了。

初春的夜，还是那么长。长久的枯坐中记起上午在街头所见的葬式，前面是纸人纸马，后面是唱歌一般的哭声。我现在已经知道他们的聪明了，这是多么轻松简截的事。

然而子君的葬式却又在我的眼前，是独自负着虚空的重担，在灰白的长路上前行，而又即刻消失在周围的严威和冷眼里了。

我愿意真有所谓鬼魂，真有所谓地狱，那么，即使在孽风怒吼之中，我也将寻觅子君，当面说出我的悔恨和悲哀，祈求她的饶恕；否则，地狱的毒焰将围绕我，猛烈地烧尽我的悔恨和悲哀。我将在孽风和毒焰中拥抱子君，乞她宽容，或者使她快意……

但是，这却更虚空于新的生路；现在所有的只是初春的夜，竟还是那么长。

我活着，我总得向着新的生路跨出去，那第一步，——却不过是写下我的悔恨和悲哀，为子君，为自己。

我仍然只有唱歌一般的哭声，给子君送葬，葬在遗忘中。

我要遗忘，我为自己，并且要不再想到这用了遗忘给子君送葬。

我要向着新的生路跨进第一步去，我要将真实深深地藏在心的创伤中，默默地前行，用遗忘和说谎做我的前导……

阅读提示

鲁迅(1881—1936)，原名周樟寿，1898 年改为周树人，浙江绍兴人，现代著名文学家。作品有小说集《呐喊》《彷徨》《故事新编》；散文诗集《野草》；散文回忆录《朝花夕拾》；杂文集《坟》《而已集》等十四部。鲁迅的作品深刻冷峻，凝练含蓄。

鲁迅对东西方文化都有一种怀疑态度，《伤逝》叙述的是涓生和子君“自由恋爱”的故事，也是一出爱情悲剧。这一悲剧产生的原因丰富而驳杂：既有经济的打击，又有人性和意识的作茧自缚。一度被子君“我是我自己的，他们谁也没有干涉我的权利”所感动的史涓生，在过了一段安宁而幸福的同居生活后，慢慢产生了不满，先是对子君饲养油鸡和叭儿狗的不以为然，继而是失业后对子君所表现的怯懦感到痛心，再就是失业导致生活困苦时子君识见的浅薄和对涓生不够体贴的失望；而子君对涓生的杀鸡弃狗给以冰冷的颜色，至此夫妻貌合神离，开始了隔膜的“冷战”。终于有一天，遭受生活压力和徘徊于真实与说谎之间的煎熬的涓生向子君说出“我不爱你了”，导致子君的悄然离去和不久离世。由此看来，能增进了解的“自由恋爱”并不就能带来婚姻生活的幸福，一定的经济基础，一定的理解、宽容和付出才是爱情永葆青春的基石。

这是一篇具有强烈而浓厚的主观抒情色彩的小说。其抒情色彩主要表现在：作品采用男主人公涓生“手记”的形式，开门见山，直抒胸臆，并确定了全篇哀伤的抒情基调；作品运用“手记体”形式的第一人称“我”的叙事方式，使小说更富有感情色彩；涓生所抒发的情感，无论是激动、喜悦，还是苦闷和悔恨都不仅仅属于他自己，同时也融铸着作者的爱憎，这就更增加了小说的主观抒情色彩。

三十九、萧　萧

沈从文

乡下人吹唢呐接媳妇，到了十二月是成天会有的事情。

唢呐后面一顶花轿，两个伕子平平稳稳的抬着。轿中人被铜锁锁在里面，虽穿了平时没上过身的体面红绿衣裳，也仍然得荷荷大哭。在这些小女人心中，做新娘子，从母亲身边离开，且准备做他人的母亲，从此必然将有许多新事情等待发生。像做梦一样，将同一个陌生男子汉在一个床上睡觉，做着承宗接祖的事情。这些事想起来，当然有些害怕，所以照例觉得要哭哭，于是就哭了。

也有做媳妇不哭的人，萧萧做媳妇就不哭。这小女子没有母亲，从小寄养到伯父种田的庄子上，终日提个小竹兜箩，在路旁田坎捡狗屎挑野菜。出嫁只是从这家转到那家。因此到那一天这女人还只是笑。她又不害羞，又不怕，她是什么事也不知道，就做了人家的新媳妇了。

萧萧做媳妇时年纪十二岁，有一个小丈夫，年纪还不到三岁。丈夫比她年少九岁，断奶还不多久。按地方规矩，过了门，她喊他做弟弟。她每天应做的事是抱弟弟到村前柳树下去玩，到溪边去玩，饿了，喂东西吃，哭了，就哄他，摘南瓜花或狗尾草戴到小丈夫头上，或者亲嘴，一面说："弟弟，哪，啵再来，啵。"在那肮脏的小脸上亲了又亲，孩子于是便笑了。孩子一欢喜兴奋，行动粗野起来，会用短短的小手乱抓萧萧的头发。那是平时不大能收拾蓬蓬松松在头上的黄发。有时候，垂到脑后那条小辫儿被拉得太久，把红绒线结也弄松了，生了气，就挞[①]那弟弟几下，弟弟自然哇的哭出声来，萧萧于是也装成要哭的样子，用手指着弟弟的哭脸，说："哪，人不讲理，可不行！哪能这样动手动脚，长大了不是要杀人放火！"

天晴落雨日子混下去，每日抱抱丈夫，也帮家中作点杂事，能动手的就动手。又时常到溪沟里去洗衣，搓尿片，一面还捡拾有花纹的田螺给坐到身边的小丈夫玩。到了夜里睡觉，便常常做这种年龄人所做的梦，梦到后门角落或别的什么地方捡得大把大把铜钱，吃好东西，爬树，自己变成鱼到水中各处溜。或一时仿佛身子很小很轻，飞到天上众星中，没有一个人，只是一片白，一片金光，于是大喊"妈！"人就吓醒了。醒来心还只是跳。吵了隔壁的人，不免骂着："疯子，你想什么！白天玩得疯，晚上就做梦！"萧萧听着却不作声，只是咕咕的笑。也有很好很爽快的梦，为丈夫哭醒的事情。那丈夫本来晚上在自己母亲身边睡，有时吃多了，或因另外情形，半夜大哭，起来放水拉稀是常有的事。丈夫哭到婆婆无可奈何，于是萧萧轻脚轻手爬起床来，睡眼朦胧走到床边，把人抱起，给他看月亮，看星光。或者互

① 挞(tà)：用鞭子、棍子等打人。

相觑着，孩子气的“嗨嗨，看猫呵”那样喊着哄着，于是丈夫笑了，玩一会会，困倦起来，慢慢合上眼。人睡定了，放上床，站在床边看着，听远处一传一递的鸡叫，知道天快到什么时候了，于是仍然蜷到小床上睡去。天亮了，虽不做梦，却可以无意中闭眼开眼，看一阵在面前空中变幻无端的黄边紫心葵花，那是一种真正的享受。

萧萧嫁过了门，做了拳头大丈夫的小媳妇，一切并不比先前受苦，这只看她半年来身体发育就可明白。风里雨里过日子，像一株长在园角落不为人注意的蓖麻，大叶大枝，日增茂盛。这小女人简直是全不为丈夫设想那么似的，一天比一天长大起来了。

夏夜光景说来如做梦。大家饭后坐到院中心歇凉，挥摇蒲扇，看天上的星同屋角的萤，听南瓜棚上纺织娘子咯咯咯拖长声音纺车，远近声音繁密如落雨，禾花风翛翛①吹到脸上，正是让人在各种方便中说笑话的时候。

萧萧好高，一个人常常爬到草料堆上去，抱了已经熟睡的丈夫在怀里，轻轻地轻轻地随意唱着那自编的四句头山歌，唱来唱去却把自己也催眠起来，快要睡去了。

在院坝中，公公婆婆，祖父祖母，另外还有帮工汉子两个，散乱地坐在小板凳上，摆龙门阵学古，轮流下去打发上半夜。

祖父身边有个烟包，在黑暗中放光。这用艾蒿做成的烟包，是驱逐长脚蚊的得力东西，蜷在祖父脚边，犹如一条乌梢蛇。间或又拿起来晃那么几下。

想起白天场上的事情，祖父开口说话：

“我听三金说，前天又有女学生过身。”

大家就哄然笑了。

这笑的意义何在？只因为大家印象中，都知道女学生没有辫子，留下个鹌鹑尾巴，像个尼姑，又不完全像。穿的衣服像洋人又不是洋人，吃的，用的……总而言之，事事不同，一想起来就觉得怪可笑！

萧萧不大明白，她不笑。所以老祖父又说话了。他说：

“萧萧，你长大了，将来也会做女学生！”

大家于是更哄然大笑起来。

萧萧为人并不愚蠢，觉得这一定是不利于己的一件事情，所以接口便说：

“爷爷，我不做女学生。”

“你像个女学生，不做可不行。”

“我一定不做。”

众人有意取笑，异口同声的说：“萧萧，爷爷说得对，你非做女学生不行！”

萧萧急得无可如何，“做就做，我不怕。”其实做女学生有什么不好，萧萧全不知道。

女学生这东西，在本乡的确永远是奇闻。每年一到六月天，据说放“水假”日子一到，照例便有三三五五女学生，由一个荒谬不经的热闹地方来，到另一个远地方去，取道从本地过身。在乡下人眼中看来，这些人都近于另一世界中的人，装扮奇奇怪怪，行为更不可思议。

---

① 翛翛（xiāo）：无拘无束、自由自在的样子。

这种女学生过身时，使一村人都可以说一整天的笑话。

祖父是当地一个人物，因为想起所知道的女学生在大城中的生活情形，所以说笑话要萧萧也去做女学生。一面听到这话，就感觉一种打哈哈趣味，一面还有那被说的萧萧感觉一种惶恐，说这话的不为无意义了。

女学生由祖父方面所知道的是这样一种人：她们穿衣服不管天气冷热，吃东西不问饥饱，晚上交到子时才睡觉，白天正经事全不做，只知唱歌打球，读洋书。她们都会花钱，一年用的钱可以买十六只水牛。她们在省里京里想往什么地方去时，不必走路，只要钻进一个大匣子中，那匣子就可以带她到地。城市中还有各种各样的大小不同的匣子，都用机器开动。她们在学校，男女在一处上课读书，人熟了，就随意同那男子睡觉，也不要媒人，也不要财礼，名叫"自由"。她们也做做州县官，带家眷上任，男子仍然喊作"老爷"，小孩子叫"少爷"。

她们自己不养牛，却吃牛奶羊奶，如小牛小羊，买那奶时是用铁罐子盛的。她们无事时到一个唱戏地方去，那地方完全像个大庙，从衣袋中取出一块洋钱来(那洋钱在乡下可买五只母鸡)，买了一小方纸片儿，拿了那纸片到里面去，就可以坐下看洋人扮演影子戏。她们被冤了，不赌咒，不哭。她们年纪有老到二十四岁还不肯嫁人的，有老到三十四十居然还好意思嫁人的。她们不怕男子，男子不能使她们受委屈，一受委屈就上衙门打官司，要官罚男子的款，这笔钱她有时独占自己花用，有时和官平分。她们不洗衣煮饭，也不养猪喂鸡；有了小孩子也只花五块钱或十块钱一月，雇个人专管小孩，自己仍然整天看戏打牌，或者读那些没有用处的闲书……

总而言之，说来事事都稀奇古怪，和庄稼人不同，有的简直还可说岂有此理。这时经祖父一为说明，听过这话的萧萧，心中却忽然有了一种模模糊糊的愿望，以为倘若她也是个女学生，她是不是照祖父说的女学生一个样子去做那些事情？不管好歹，女学生并不可怕，因此一来却已为这乡下姑娘初次体念到了。

因为听祖父说起女学生是怎样的人物，到后萧萧独自笑得特别久。笑够了时，她说：

"爷爷，明天有女学生过路，你喊我，我要看看。"

"你看，她们捉你去做丫头。"

"我不怕她们。"

"她们读洋书念经你也不怕？"

"念观音菩萨消灾经，念紧箍咒，我都不怕。"

"她们咬人，和做官的一样，专吃乡下人，吃人骨头渣渣也不吐，你不怕？"

萧萧肯定地回答说："也不怕。"

可是这时节萧萧手上所抱的丈夫，不知为什么，在睡梦中哭了，媳妇于是用作母亲的声势，半哄半吓地说：

"弟弟，弟弟，不许哭，不许哭，女学生咬人来了。"

丈夫仍然哭着，得抱起各处走走。萧萧抱着丈夫离开了祖父，祖父同人说另外一样古话去了。

萧萧从此以后心中有个"女学生"。做梦也便常常梦到女学生，且梦到同这些人并排走路。仿佛也坐过那种自己会走路的匣子，她又觉得这匣子并不比自己跑路更快。在梦中那匣子的形体同谷仓差不多，里面还有小小灰色老鼠，眼珠子红红的，各处乱跑，有时钻到门缝里去，把个小尾巴露在外边。

因为有这样一段经过，祖父从此喊萧萧不喊“小丫头”，不喊“萧萧”，却唤作“女学生”。在不经意中萧萧答应得很好。

乡下的日子也如世界上一般日子，时时不同。世界上人把日子糟蹋，和萧萧一类人家把日子吝惜是同样的，各有所得，各属分定。许多城市中文明人，把一个夏天完全消磨到软绸衣服、精美饮料以及种种好事情上面。萧萧的一家，因为一个夏天的劳作，却得了十多斤细麻，二三十担瓜。

作小媳妇的萧萧，一个夏天中，一面照料丈夫，一面还绩了细麻四斤。到秋八月工人摘瓜，在瓜间玩，看硕大如盆上面满是灰粉的大南瓜，成排成堆摆到地上，很有趣味。时间到摘瓜，秋天真的已来了，院子中各处有从屋后林子里树上吹来的大红大黄木叶。萧萧在瓜旁站定，手拿木叶一束，为丈夫编小笠帽玩。

工人中有个名叫花狗，年纪二十三岁，抱了萧萧的丈夫到枣树下去打枣子。小小竹竿打在枣树上，落枣满地。

“花狗大，莫打了，太多了吃不完。”

虽听这样喊，还不歇手。到后，仿佛完全因为丈夫要枣子，花狗才不听话。萧萧于是又警告她那小丈夫：

“弟弟，弟弟，来，不许捡了。吃多了生东西肚子痛！”

丈夫听话，兜了一堆枣子向萧萧身边走来，请萧萧吃枣子。

“姐姐吃，这是大的。”

“我不吃。”

“要吃一颗！”

她两手哪里有空！木叶帽正在制边，工夫要紧，还正要个人帮忙！

“弟弟，把枣子喂我口里。”

丈夫照她的命令做事，做完了觉得有趣，哈哈大笑。

她要他放下枣子帮忙捏紧帽边，便于添加新木叶。

丈夫照她吩咐做事，但老是顽皮地摇动，口中唱歌。这孩子原来像一只猫，欢喜时就得捣乱。

“弟弟，你唱的是什么？”

“我唱花狗大告我的山歌。”

“好好地唱一个给我听。”

丈夫于是帮忙拉着帽边，一面就唱下去，照所记到的歌唱：

天上起云云起花，
包谷林里种豆荚，
豆荚缠坏包谷树，

娇妹缠坏后生家。

天上起云云重云，
地下埋坟坟重坟，
妹妹洗碗碗重碗，
娇妹床上人重人。

歌中意义丈夫全不明白，唱完了就问萧萧好不好。萧萧说好，并且问跟谁学来的。她知道是花狗教的，却故意盘问他。

“花狗大告我，他说还有好多歌，长大了再教我唱。”

听说花狗会唱歌，萧萧说：

“花狗大，花狗大，你唱一个好听的歌我听听。”

那花狗，面如其心，生长得不很正气，知道萧萧要听歌，人也快到听歌的年龄了，就给她唱“十岁娘子一岁夫”。那故事说的是妻年大，可以随便到外面做一点不规矩事情，夫年小，只知吃奶，让他吃奶。这歌丈夫完全不懂，懂到一点儿的是萧萧。把歌听过后，萧萧装成“我全明白”那种神气，她用生气的样子，对花狗说：

“花狗大，这个不行，这是骂人的歌！”

花狗分辩说：“不是骂人的歌。”

“我明白，是骂人的歌。”

花狗难得说多话，歌已经唱过了，错了赔礼，只有不再唱。他看她已经有点懂事了，怕她回头告祖父，会挨顿臭骂，就把话支开，扯到“女学生”上头去。他问萧萧，看没看过女学生习体操唱洋歌的事情。

若不是花狗提起，萧萧几乎已忘却了这事情。这时又提到女学生，她问花狗近来有没有女学生过路，她想看看。

花狗一面把南瓜从棚架边抱到墙角去，告她女学生唱歌的事，这些事的来源还是萧萧的那个祖父。他在萧萧面前说了点大话，说他曾经到官路上见到四个女学生，她们都拿得有旗子，走长路流汗喘气之中仍然唱歌，同军人所唱的一模一样。不消说，这自然完全是胡诌的。可是那故事把萧萧可乐坏了。因为花狗说这个就叫做“自由”。

花狗是起眼动眉毛、一打两头翘、会说会笑的一个人。听萧萧带着歆羡口气说：“花狗大，你膀子真大。”他就说，“我不止膀子大。”

“你身个子也大。”

“我全身无处不大。”

萧萧还不大懂得这个话的意思，只觉得憨而可笑。

到萧萧抱了她的丈夫走去以后，同花狗在一起摘瓜，取名字叫哑巴的，开了平时不常开的口。

“花狗，你少坏点。人家是十三岁黄花女，还要等十年才圆房！”

花狗不做声，打了那伙计一巴掌，走到枣树下捡落地枣去了。

到摘瓜的秋天，日子计算起来，萧萧过丈夫家有一年半了。

几次降霜落雪，几次清明谷雨，一家中人都说萧萧是大人了。天保佑，喝冷水，吃粗粝[1]饭，四季无疾病，倒发育得这样快。婆婆虽生来像一把剪子，把凡是给萧萧暴长的机会都剪去了，但乡下的日头同空气都帮助人长大，却不是折磨可以阻拦得住。

萧萧十五岁时已高如成人，心却还是一颗糊糊涂涂的心。

人大了一点，家中做的事也多了一点。绩麻、纺车、洗衣、照料丈夫以外，打猪草、推磨一些事情也要做，还有浆纱织布。凡事都学，学学就会了。乡下习惯凡是行有余力的都可从劳作中攒点本分私房，两三年来仅仅萧萧个人份上所聚集的粗细麻和纺就的棉纱，已够萧萧坐到土机上抛三个月的梭子了。

丈夫早断了奶。婆婆有了新儿子，这五岁儿子就像归萧萧独有了。不论做什么，走到什么地方去，丈夫总跟在身边。丈夫有些方面很怕她，当她如母亲，不敢多事。他们俩实在感情不坏。

地方稍稍进步，祖父的笑话转到"萧萧你也把辫子剪去好自由"那一类事上去了。听着这话的萧萧，某个夏天也看过了一次女学生，虽不把祖父笑话当真，可是每一次在祖父说过这笑话以后，她到水边去，必不自觉地用手捏着辫子末梢，设想没有辫子的人那种神气，那点趣味。

打猪草，带丈夫上螺蛳山的山阴是常有的事。

小孩子不知事，听别人唱歌也唱歌。一开始唱歌，就把花狗引来了。

花狗对萧萧生了另外一种心，萧萧有点明白了，常常觉得惶恐不安。但花狗是男子，凡是男子的美德恶德都不缺少，劳动力强，手脚勤快，又会玩会说，所以一面使萧萧的丈夫非常欢喜同他玩，一面一有机会即缠在萧萧身边，且总是想方设法把萧萧那点惶恐减去。

山大人小，到处树林蒙茸[2]，平时不知道萧萧所在，花狗就站在高处唱歌逗萧萧身边的丈夫，丈夫小口一开，花狗穿山越岭就来到萧萧面前了。

见了花狗，小孩子只有欢喜，不知其他。他原要花狗为他编草虫玩，做竹箫哨子玩，花狗想方法支使他到一个远处去找材料，便坐到萧萧身边来，要萧萧听他唱那使人开心红脸的歌。她有时觉得害怕，不许丈夫走开；有时又像有了花狗在身边，打发丈夫走去反倒好一点。终于有一天，萧萧就这样给花狗把心窍子唱开，变成个妇人了。

那时节，丈夫走到山下采刺莓去了，花狗唱了许多歌，到后却向萧萧唱：

娇家门前一重坡，
别人走少郎走多，
铁打草鞋穿烂了，
不是为你为哪个？

---

① 粗粝(lì)：糙米。　② 蒙茸：蓬松杂乱。

末了却向萧萧说："我为你睡不着觉。"他又说他赌咒不把这事情告给人。听了这些话仍然不懂什么的萧萧，眼睛只注意到他那一对粗粗的手膀子，耳朵只注意到他最后一句话。

末了花狗便又唱歌给她听。她心里乱了。她要他当真对天赌咒，赌过了咒，一切好像有了保障，她就一切尽他了。到丈夫返身时，手被毛毛虫螫伤，肿了一大片，走到萧萧身边。萧萧捏紧这一只小手，且用口去呵它，吮它，想起刚才的糊涂，才仿佛明白自己做了一点不大好的糊涂事。

花狗诱她做坏事情是麦黄四月，到六月，李子熟了，她欢喜吃生李子。她觉得身体有点特别，在山上碰到花狗，就将这事情告给他，问他怎么办。

讨论了多久，花狗全无主意。虽以前自己当天赌得有咒，也仍然无主意。原来这家伙个子大，胆量小。个子大容易做错事，胆量小做了错事就想不出办法。

到后，萧萧捏着自己那条乌梢蛇似的大辫子，想起城里了，她说：

"花狗大，我们到城里去自由，帮帮人过日子，不好么？"

"那怎么行？到城里去做什么？"

"我肚子大了。"

"我们找药去。场上有郎中卖药。"

"你赶快找药来，我想……"

"你想逃到城里去自由，不成的。人生面不熟，讨饭也有规矩，不能随便！"

"你这没有良心的，你害了我，我想死！"

"我赌咒不辜负你。"

"负不负我有什么用，帮我个忙，赶快拿去肚子里这块肉吧。我害怕！"

花狗不再做声，过了一会，便走开了。不久丈夫从他处拿了大把山里红果子回来，见萧萧一个人坐在草地上眼睛红红的。丈夫心中纳罕，看了一会，问萧萧：

"姐姐，为什么哭？"

"不为什么，灰尘落到眼睛里，痛。"

"我吹吹吧。"

"不要吹。"

"你瞧我，得这些这些。"

他把手中拿的和从溪中捡来放在衣口袋里的小蚌、小石头全部陈列到萧萧面前，萧萧泪眼婆娑看了一会，勉强笑着说："弟弟，我们要好，我哭你莫告家中。告家中我可要生气！"到后这事情家中当真就无人知道。

过了半个月，花狗不辞而行，把自己所有的衣裤都拿去了。祖父问同住的长工哑巴知不知道他为什么走路，走哪儿去？是上山落草，还是做薛仁贵投军？哑巴只是摇头，说花狗还欠了他两百钱，临走时话都不留一句，为人少良心。哑巴说他自己的话，并没有把花狗走的理由说明。因此这一家稀奇一整天，谈论一整天。不过这工人既不偷走物件，又不拐带别的，这事过后不久，自然也就把他忘掉了。

萧萧仍然是往日的萧萧。她能够忘记花狗就好了。但是肚子真有些不同了，肚中东西总在动，使她常常一个人干着急，尽做怪梦。

她脾气坏了一点，这坏处只有丈夫知道，因为她对丈夫似乎严厉苛刻了好些。

仍然每天同丈夫在一处，她的心，想到的事自己也不十分明白。她常想，我现在死了，什么都好了。可是为什么要死？她还很高兴活下去，愿意活下去。

家中人不拘谁在无意中提起关于丈夫弟弟的话，提起小孩子，提起花狗，都像使这话如拳头，在萧萧胸口上重重一击。

到九月，她担心人知道更多了，引丈夫庙里去玩，就私自许愿，吃了一大把香灰。吃香灰被她丈夫看见了，丈夫问这是做什么，萧萧就说肚子痛，应当吃这个。虽说求菩萨保佑，菩萨当然没有如她的希望，肚子中的东西依旧在慢慢地长大。

她又常常往溪里去喝冷水，给丈夫看见时，丈夫问她，她就说口渴。

一切她所想到的方法都没有能够使她同自己不欢喜的东西分开。大肚子只有丈夫一人知道，他却不敢告这件事给父母晓得。因为时间长久，年龄不同，丈夫有些时候对于萧萧的怕同爱，比对于父母还深切。

她还记得花狗赌咒那一天里的事情，如同记着其他事情一样。到秋天，屋前屋后毛毛虫都结茧，成了各种好看的蝶蛾，丈夫像故意折磨她一样，常常提起几个月前被毛毛虫螫[①]手的旧话，使萧萧心里难过。她因此极恨毛毛虫，见了那小虫就想用脚去踹。

有一天，又听人说有好些女学生过路，听过这话的萧萧，睁了眼做过一阵梦，愣愣的对日头出处痴了半天。

萧萧步花狗后尘，也想逃走，收拾一点东西预备跟了女学生走的那条路上城。但没有动身，就被家里人发觉了。这种打算照乡下人说来是一件大事，于是把她两手捆了起来，丢在灶屋边，饿了一天。

家中追究这逃走的根源，才明白这个十年后预备给小丈夫生儿子继香火的萧萧肚子已被另一个人抢先下了种。这在一家人生活中真是了不得的一件大事！一家人的平静生活，为这件新事全弄乱了。生气的生气，流泪的流泪，骂人的骂人，各按本分乱下去。悬梁，投水，吃毒药，被禁困着的萧萧，诸事漫无边际的全想到了，究竟是年纪太小，舍不得死，却不曾做。于是祖父从现实出发，想出个聪明主意，把萧萧关在房里，派人好好看守着，请萧萧本族的人来说话，照规矩看是“沉潭”还是“发卖”？萧萧家中人要面子就沉潭淹死了她，舍不得就发卖。萧萧只有一个伯父，在近处庄子里为人种田，去请他时先还以为是吃酒，到了才知道是这样丢脸事情，弄得这老实忠厚的家长手足无措。

大肚子作证，什么也没有可说。照习惯，沉潭多是读过“子曰”的族长爱面子才做出的蠢事。伯父不读“子曰”，不忍把萧萧当牺牲，萧萧当然应当嫁人作“二路亲”了。

这也是一种处罚，好像极其自然，照习惯受损失的是丈夫家里，然而却可以在发卖上收回一笔钱，作为损失赔偿。那伯父把这事情告给了萧萧，就要走路。萧萧拉着伯父衣角不放，只是幽幽地哭。伯父摇了一会头，一句话不说，仍然走了。

一时没有相当的人家来要萧萧，送到远处去也得有人，因此暂时就仍然在丈夫家中住下。这件事情既说明白，照乡下规矩，倒又像不什么要紧，只等待处分，大家反而释然了。

---

① 螫(shì)：有毒腺的虫子刺人或动物。

先是小丈夫不能再同萧萧在一处，到后又仍然如月前情形，姊弟一般有说有笑的过日子了。

丈夫知道了萧萧肚子中有儿子的事情，又知道因为这样萧萧才应当嫁到远处去。但是丈夫并不愿意萧萧去，萧萧自己也不愿意去，大家全莫名其妙，只是照规矩像逼到要这样做，不得不做。究竟是谁定的规矩，是周公还是周婆，也没有人说得清楚。

在等候主顾来看人，等到十二月，还没有人来，萧萧只好在这人家过年。

萧萧次年二月间，十月满足，坐草生了一个儿子，团头大眼，声响洪壮，大家把母子二人照料得好好的，照规矩吃蒸鸡同江米酒补血，烧纸谢神。一家人都欢喜那儿子。

生下的既是儿子，萧萧不嫁别处了。

到萧萧正式同丈夫拜堂圆房时，儿子已经年纪十岁，有了半劳动力，能看牛割草，成为家中生产者的一员了。平时喊萧萧丈夫做大叔，大叔也答应，从不生气。

这儿子名叫牛儿。牛儿十二岁时也接了亲，媳妇年长六岁。媳妇年纪大，方能诸事作帮手，对家中有帮助。唢呐吹到门前时，新娘在轿中呜呜的哭着，忙坏了那个祖父，曾祖父。

这一天，萧萧刚坐月子不久，孩子才满三月，抱了自己新生的毛毛，却在屋前榆蜡树篱笆间看热闹，同十年前抱丈夫一个样子。

阅读提示

沈从文(1902—1988)，湖南凤凰人，现代著名小说家、散文家。有中长篇小说《阿丽丝中国游记》《边城》《长河》，散文集《湘行散记》《湘西》等。沈从文的文学成就是用小说和散文构建了他的湘西世界。牧歌情调和诗化体式成为沈从文创作中的亮丽色彩。

《萧萧》最初完成于1929年，1936年重新改写发表。小说中萧萧的命运与封建社会中的陋俗“童养媳”和“沉潭”(又称为“浸猪笼”)有了部分的联结，萧萧没能避免成为“童养媳”，却幸运躲过“沉潭”的悲剧结局，这两个陋俗皆是封建社会中女性悲惨命运的源头之一。女学生成为萧萧生活中的一个梦想，但也只觉得是一种趣味，女学生并未启发萧萧反抗命运，如《玩偶之家》中的娜拉一般地出走。直到因和花狗有了私情而怀孕，她才兴起“花狗，我们到城里去过日子，不好么”的念头，她出走的想念仍然是依附于男性身上；当花狗抛下她逃走时，萧萧完全没了主张，一直到怀孕的事快瞒不住了才想到要“逃走”，但这“逃走”还不是自主性追求自我的逃，只是无可奈何而已。令人意外的是小说中的萧萧并没有因为疏于女性自觉而遭横祸，沈氏对于萧萧这样被命运主宰的女性固然有所批判，却是一种温和的批判。因此，小说给了萧萧一个美好的出路：她既没被沉潭也没被发卖成功；当她生下了私生子，丈夫家把她母子俩照顾得好好的，借此以凸显人情深处的善性。

牛儿娶童养媳时，萧萧抱着新生儿在屋前看热闹。命运看似无止境地重复，但小说中的萧萧却不曾察觉自己的悲剧，应该说对于这些小人物而言，她觉得生活中的事何悲之有？世代存在的陋俗对他们而言就是一种“习惯”，一种代代传承的信念，这样的信念毫无疑问地支撑着生活中的种种，包括合理与不合理的。这些表象看似是丑恶陋俗与美善人情之间的矛盾，沈从文却以“人性”解决了其间的悖离。

沈从文被人称为“文体作家”，他创造性地运用和发展了一种特殊的小说体式，可叫做文化小说、诗小说或抒情小说。文化小说是指小说的显著的文化历史指向、浓厚的文化意蕴以及具有独特人情风俗的乡土内容。诗小说或抒情小说是指不重情节与人物，强调叙述主体的感觉、情绪在创作中的重要作用，还有抒情主人公的确立、纯情人物的设置、自然景物的描写与人事的调和，等等。虽然，《萧萧》不是这类小说的代表作品，但已显出沈从文小说的体式特点。小说在风俗习惯的背景上展开人事，没有曲折离奇的情节，没有鲜明丰满的人物形象，然而读者不得不被文中流贯着的命运和难以自主的忧伤所撼动。

四十、金锁记(节选)

张爱玲

…………

维持了几天的僵局,到底还是无声无臭[①]照原定计划分了家。孤儿寡妇还是被欺负了。

七巧带着儿子长白、女儿长安另租了一幢屋子住下了,和姜家各房很少来往。隔了几个月,姜季泽忽然上门来了。老妈子通报上来,七巧怀着鬼胎,想着分家的那一天得罪了他,不知他有什么手段对付。可是兵来将挡,她凭什么要怕他?她家常穿着佛青实地纱袄子,特地系上一条玄色铁线纱裙,走下楼来。季泽却是满面春风地站起来问二嫂好,又问白哥儿可是在书房里,安姐儿的湿气可大好了,七巧心里便疑惑他是来借钱的,加意防备着,坐下笑道:"三弟你近来又发福了。"季泽笑道:"看我像一点儿心事都没有的人。"七巧笑道:"有福之人不在忙吗!你一向就是无牵无挂的。"季泽笑道:"等我把房子卖了,我还要无牵无挂呢!"七巧道:"就是你做了押款的那房子,你还要卖?"季泽道:"当初造它的时候,很费了点心思,有许多装置都是自己心爱的,当然不愿意脱手。后来你是知道的,那边地皮值钱了,前年把它翻造了弄堂房子,一家一家收租,跟那些住小家的打交道,我实在嫌麻烦,索性打算卖了它,图个清静。"七巧暗地里说道:"口气好大!我是知道你的底细的,你在我跟前充什么阔大爷!"

虽然他不向她哭穷,但凡谈到银钱交易,她总觉得有点危险,便岔了开去道:"三妹妹好么?腰子病近来发过没有?"季泽笑道:"我也有许久没见过她的面了。"七巧道:"这是什么话?你们吵了嘴么?"季泽笑道:"这些时我们倒也没吵过嘴。不得已在一起说两句话,也是难得的,也没那闲情逸致吵嘴。"七巧道:"何至于这样?我就不相信!"季泽两肘撑在藤椅的扶手上,交叉着十指,手搭凉棚,影子落在眼睛上,深深地唉了一声。七巧笑道:"没有别的,要不就是你在外头玩得太厉害了。自己做错了事,还唉声叹气地仿佛谁害了你似的。你们姜家就没有一个好人!"说着,举起白团扇,作势要打。季泽把那交叉着的十指往下移了一移,两只大拇指按在嘴唇上,两只食指缓缓抚摸着鼻梁,露出一双水汪汪的眼睛来。那眼珠却是水仙花缸底的黑石子,上面汪着水,下面冷冷的没有表情。看不出他在想什么。七巧道:"我非打你不可!"季泽的眼睛里突然冒出一点笑泡儿,道:"你打,你打!"七巧待要打,又掣回手去,重新一鼓作气道:"我真打!"抬高了手,一扇子劈下来,又在半空中停住了,吃吃笑将起来。季泽带笑将肩膀耸了一耸,凑了上去道:"你倒是打我一下罢!害得我浑身骨头痒痒着,不得劲儿!"七巧把扇子向背后一藏,越发笑得格格的。

---

① 无声无臭(xiù):没有声音,没有气味,比喻人没有名声,此指没有动静。

季泽把椅子换了个方向，面朝墙坐着，人向椅背上一靠，双手蒙住了眼睛，又是长长地叹了口气。七巧啃着扇子柄，斜瞟着他道："你今儿是怎么了？受了暑吗?"季泽道："你哪里知道?"半晌，他低低地一个字一个字说道："你知道我为什么跟家里的那个不好，为什么我拼命地在外头玩，把产业都败光了？你知道这都是为了谁?"七巧不知不觉有些胆寒，走得远远的，倚在炉台上，脸色慢慢地变了。季泽跟了过来。七巧垂着头，肘弯撑在炉台上，手里擎着团扇，扇子上的杏黄穗子顺着她的额角拖下来。季泽在她对面站住了，小声道："二嫂！……七巧!"

七巧背过脸去淡淡笑道："我要相信你才怪呢!"季泽便也走开了，道："不错。你怎么能够相信我？自从你到我家来，我在家一刻也待不住，只想出去。你没来的时候我并没有那么荒唐过，后来那都是为了躲你。娶了兰仙来，我更玩得凶了，为了躲你之外又要躲她，见了你，说不了两句话我就要发脾气——你哪儿知道我心里的苦楚？你对我好，我心里更难受——我得管着我自己——我不得平白的坑坏了你！家里人多眼杂，让人知道了，我是个男子汉，还不打紧，你可了不得!"七巧的手直打颤，扇柄上的杏黄须子在她额上苏苏磨擦着。季泽道："你信也罢，不信也罢！信了又怎样？横竖我们半辈子已经过去了，说也是白说。我只求你原谅我这一片心。我为你吃了这些苦，也就不算冤枉了。"

七巧低着头，沐浴在光辉里，细细的音乐，细细的喜悦……这些年了，她跟他捉迷藏似的，只是近不得身，原来还有今天！可不是，这半辈子已经完了——花一般的年纪已经过去了。人生就是这样的错综复杂，不讲理。当初她为什么嫁到姜家来？为了钱么？不是的，为了要遇见季泽，为了命中注定她要和季泽相爱。她微微抬起脸来，季泽立在她跟前，两手合在她扇子上，面颊贴在她扇子上。他也老了十年了，然而人究竟还是那个人呵！他难道是哄她么？他想她的钱——她卖掉她的一生换来的几个钱？仅仅这一转念便使她暴怒起来。就算她错怪了他，他为她吃的苦抵得过她为他吃的苦么？好容易她死了心了，他又来撩拨她。她恨他。他还在看着她。他的眼睛——虽然隔了十年，人还是那个人呵！就算他是骗她的，迟一点儿发现不好么？即使明知是骗人的，他太会演戏了，也跟真的差不多罢？

不行！她不能有把柄落在这厮手里。姜家的人是厉害的，她的钱只怕保不住。她得先证明他是真心不是。七巧定了一定神，向门外瞧了一瞧，轻轻惊叫道："有人!"便三脚两步赶出门去，到下房里吩咐潘妈替三爷弄点心去，快些端了来，顺便带把芭蕉扇进来替三爷打扇。七巧回到屋里来，故意皱着眉道："真可恶，老妈子在门口探头探脑的，见了我抹过头去就跑，被我赶上去喝住了。若是关上了门说两句话，指不定造出什么谣言来呢！饶是独门独户住了，还没个清净。"潘妈送了点心与酸梅汤进来，七巧亲自拿筷子替季泽拣掉了蜜层糕上的玫瑰与青梅，道："我记得你是不爱吃红绿丝的。"有人在跟前，季泽不便说什么，只是微笑。七巧似乎没话找话说似的，问道："你卖房子，接洽得怎样了?"季泽一面吃，一面答道："有人出八万五，我还没打定主意呢。"七巧沉吟道："地段倒是好的。"季泽道："谁都不赞成我脱手，说还要涨呢。"七巧又问了些详细情形，便道："可惜我手头没有这一笔现款，不然我倒想买。"季泽道："其实呢，我这房子倒不急，倒是咱们乡下你那些田，早早脱手的好。自从改了民国，接二连三的打仗，何尝有一年闲过？把地面上糟踏得不成样子，中间还被收租的师爷、地头蛇一层一层勒掯[1]着，莫说这两年不是水就是旱，就遇着了丰年，也没有多少进账轮到我们头上。”七巧寻思着，道：“我也盘算过了，一直挨着没有办。先晓得把它卖了，这会子想买房子，也不至于钱不凑手了。”季泽道：“你那田要卖趁现在就得卖了，听说直鲁[2]又要开仗了。”七巧道：“急切间你叫我卖给谁去？”季泽顿了一顿道：“我去替你打听打听，也成。”七巧耸了耸眉毛笑道：“得了，你那些狐群狗党里头，又有谁是靠得住的？”季泽把咬开的饺子在小碟子里蘸了点醋，闲闲说出两个靠得住的人名，七巧便认真仔细盘问他起来，他果然回答得有条不紊，显然他是筹之已熟的。

七巧虽是笑吟吟的，嘴里发干，上嘴唇黏在牙仁上，放不下来。她端起盖碗来吸了一口茶，舐[3]了舐嘴唇，突然把脸一沉，跳起身来，将手里的扇子向季泽头上滴溜溜掷过去，季泽向左偏了一偏，那团扇敲在他肩膀上，打翻了玻璃杯，酸梅汤淋淋漓漓溅了他一身，七巧骂道：“你要我卖了田去买你的房子？你要我卖田？钱一经你的手，还有得说么？你哄我——你拿那样的话来哄我——你拿我当傻子……”她隔着一张桌子探身过去打他，然而她被潘妈下死劲抱住了。潘妈叫唤起来，祥云等人都奔了来，七手八脚按住了她，七嘴八舌求告着。七巧一头挣扎，一头叱喝着，然而她的一颗心直往下坠——她很明白她这举动太蠢——太蠢——她在这儿丢人出丑。

季泽脱下了他那湿濡的白香云纱长衫，潘妈绞了手巾来代他揩擦，他理也不理，把衣服夹在手臂上，竟自扬长出门去了，临行的时候向祥云道：“等白哥儿下了学，叫他替他母亲请个医生来看看。”祥云吓糊涂了，连声答应着，被七巧兜脸给了她一个耳刮子。

季泽走了。丫头老妈子也都给七巧骂跑了。酸梅汤沿着桌子一滴一滴朝下滴，像迟迟的夜漏……一滴，一滴……一更，二更……一年，一百年。真长，这寂寂的一刹那。七巧扶着头站着，倏地掉转身来上楼去，提着裙子，性急慌忙，跌跌绊绊，不住地撞到那阴暗的绿粉墙上，佛青袄子上沾了大块的淡色的灰。她要在楼上的窗户里再看他一眼。无论如何，她从前爱过他。她的爱给了她无穷的痛苦。单只这一点，就使他值得留恋。多少回了，为了要按捺她自己，她迸得全身的筋骨与牙根都酸楚了。今天完全是她的错。他不是个好人，她又不是不知道。她要他，就得装糊涂，就得容忍他的坏。她为什么要戳穿他？人生在世，还不就是那么一回事？归根究底，什么是真的，什么是假的？

她到了窗前，揭开了那边上缀有小绒球的墨绿洋式窗帘，季泽正在弄堂里往外走，长衫搭在臂上，晴天的风像一群白鸽子钻进他的纺绸裤褂里去，哪儿都钻到了，飘飘拍着翅子。

七巧眼前仿佛挂了冰冷的珍珠帘，一阵热风来了，把那帘子紧紧贴在她脸上，风去了，又把帘子吸了回去，气还没透过来，风又来了，没头没脸包住她——一阵凉，一阵热，她只是淌着眼泪。

玻璃窗的上角隐隐约约反映出弄堂里一个巡警的缩小的影子，晃着膀子踱过去，一辆黄包车静静在巡警身上辗过。小孩把袍子掖在裤腰里，一路踢着球，奔出玻璃的边缘。绿色的邮差骑着自行车，复印在巡警身上，一溜烟掠过。都是些鬼，多年前的鬼，多年后的没

---

① 掯（kèn）：〈方〉按，压。勒掯：刁难，强迫。　② 直鲁：直是直隶（现在的河北、天津市）的简称，鲁是山东的简称。　③ 舐（shì）：舔。

投胎的鬼……什么是真的，什么是假的？

…………

阅读提示

张爱玲(1920—1995)，上海人，海派作家。她的大部分中短篇小说收入《传奇》，其故事虽是世俗男女婚恋的离与合，笔触却深入人性的深处，挑开那层壳，露出人的脆弱暗淡；形式上既有传统的语汇和手法，又有西方现代派的痕迹，既新又旧，既通俗又先锋。

《金锁记》是张爱玲的代表作品。夏志清在《中国现代文学史》称《金锁记》为"中国自古以来最伟大的中篇小说"。小说的前半部分写曹七巧在姜家大院里的处境和辛酸生活：深夜丫头闲聊时对七巧的鄙夷，早间向老太太请安时妯娌小姑的冷淡，无不昭示七巧在豪门大院中的卑微；自家哥嫂的造访，曹七巧的埋怨和哭诉，丈夫和婆婆相继离去后分家的不公，无不道出七巧嫁入豪门的辛酸。小说的后半部分写曹七巧分家后独门独户的生活，着重表现七巧被金钱扭曲的性格。十年后，丈夫、婆婆相继过世，七巧分得了一些家产。当季泽站在她的面前，述说十年前对她的爱意后，七巧瞬间感受到了那来之不易的而且是触手可及的爱情。然而，这种温馨的场面有如昙花，精明的她便机警地想到季泽是来哄她的钱，便愤怒地将之赶走了。在经历了爱情的谎言后，七巧绝望了。在她看来，什么都是靠不住的，尤其是男人，靠得住的唯有自己可以掌控的金钱了。后面写她出于对儿子长白的强烈的占有欲，毁掉了儿子的婚姻，先后逼死了两个儿媳。又出于对女儿长安的嫉妒，扼杀了女儿来之不易的爱情。她把那个社会施予她的不幸报复给她的儿女、儿媳——这些离她最近，也是她最亲近的人。她以黄金的枷锁劈杀了自我的爱情，也毁灭了儿女的幸福。这部小说最大的成功之处在于塑造了曹七巧这个令人过目不忘的人物形象。这是一个被黄金枷锁死死套住的女性，为了钱，她牺牲了爱情、青春、幸福；为了钱，她牺牲了儿女们的爱情、幸福。《金锁记》谱写的是人性的悲歌。

节选部分写季泽来到七巧家，要卖掉自己的房子。通过来访的"尴尬"，表现七巧心理的扭曲。滴落的"酸杨梅汤"意象营构了沉重难捱的氛围，玻璃窗上巡警影子、碾过的黄包车、踢球的小孩、绿色的邮差、鬼等意识的流动，有力地表现了七巧的偏激和恼恨。

四十一、受　戒

汪曾祺

明海出家已经四年了。

他是十三岁来的。

这个地方的地名有点怪，叫庵赵庄。赵，是因为庄上大都姓赵。叫做庄，可是人家住得很分散，这里两三家，那里两三家。一出门，远远可以看到，走起来得走一会，因为没有大路，都是弯弯曲曲的田埂。庵，是因为有一个庵。庵叫菩提庵，可是大家叫讹了，叫成荸荠庵。连庵里的和尚也这样叫。“宝刹①何处？”——“荸荠庵。”庵本来是住尼姑的。“和尚庙”“尼姑庵”嘛。可是荸荠庵住的是和尚。也许因为荸荠庵不大，大者为庙，小者为庵。

明海在家叫小明子。他是从小就确定要出家的。他的家乡不叫“出家”，叫“当和尚”。他的家乡出和尚。就像有的地方出劁②猪的，有的地方出织席子的，有的地方出箍桶的，有的地方出弹棉花的，有的地方出画匠，有的地方出婊子，他的家乡出和尚。人家弟兄多，就派一个出去当和尚。当和尚也要通过关系，也有帮。这地方的和尚有的走得很远。有到杭州灵隐寺的、上海静安寺的、镇江金山寺的、扬州天宁寺的。一般的就在本县的寺庙。明海家田少，老大、老二、老三，就足够种的了。他是老四。他七岁那年，他当和尚的舅舅回家，他爹、他娘就和舅舅商议，决定叫他当和尚。他当时在旁边，觉得这实在是在情在理，没有理由反对。当和尚有很多好处。一是可以吃现成饭。哪个庙里都是管饭的。二是可以攒钱。只要学会了放瑜伽焰口，拜梁皇忏，可以按例分到辛苦钱。积攒起来，将来还俗娶亲也可以；不想还俗，买几亩田也可以。当和尚也不容易，一要面如朗月，二要声如钟磬，三要聪明记性好。他舅舅给他相了相面，叫他前走几步，后走几步，又叫他喊了一声赶牛打场的号子：“格当嘚——”，说是“明子准能当个好和尚，我包了！”要当和尚，得下点本——念几年书。哪有不认字的和尚呢！于是明子就开蒙入学，读了《三字经》《百家姓》《四言杂字》《幼学琼林》《上论·下论》《上孟·下孟》，每天还写一张仿。村里都夸他字写得好，很黑。

舅舅按照约定的日期又回了家，带了一件他自己穿的和尚领的短衫，叫明子娘改小一点，给明子穿上。明子穿了这件和尚短衫，下身还是在家穿的紫花裤子，赤脚穿了一双新布鞋，跟他爹、他娘磕了一个头，就随舅舅走了。

他上学时起了个学名，叫明海。舅舅说，不用改了。于是“明海”就从学名变成了法名。

过了一个湖。好大一个湖！穿过一个县城。县城真热闹：官盐店，税务局，肉铺里挂着成边的猪，一个驴子在磨芝麻，满街都是小磨香油的香味，布店，卖茉莉粉、梳头油的什么

---

① 宝刹(chà)：称僧尼所在的寺庙。　② 劁(qiáo)：阉割。

斋，卖绒花的，卖丝线的，打把式卖膏药的，吹糖人的，耍蛇的……他什么都想看看。舅舅一个劲地推他："快走！快走！"

到了一个河边，有一只船在等着他们。船上有一个五十来岁的瘦长瘦长的大伯，船头蹲着一个跟明子差不多大的女孩子，在剥一个莲蓬吃。明子和舅舅坐到舱里，船就开了。

明子听见有人跟他说话，是那个女孩子。

"是你要到荸荠庵当和尚吗？"

明子点点头。

"当和尚要烧戒疤呕！你不怕？"

明子不知道怎么回答，就含含糊糊地摇了摇头。

"你叫什么？"

"明海。"

"在家的时候？"

"叫明子。"

"明子！我叫小英子！我们是邻居。我家挨着荸荠庵——给你！"

小英子把吃剩的半个莲蓬扔给明海，小明子就剥开莲蓬壳，一颗一颗吃起来。

大伯一桨一桨地划着，只听见船桨拨水的声音：

"哗——许！哗——许！"

…………

荸荠庵的地势很好，在一片高地上。这一带就数这片地高，当初建庵的人很会选地方。门前是一条河。门外是一片很大的打谷场。三面都是高大的柳树。山门里是一个穿堂。迎门供着弥勒佛。不知是哪一位名士撰写了一副对联：

大肚能容容天下难容之事

开颜一笑笑世间可笑之人

弥勒佛背后，是韦驮。过穿堂，是一个不小的天井，种着两棵白果树。天井两边各有三间厢房。走过天井，便是大殿，供着三世佛。佛像连龛才四尺来高。大殿东边是方丈，西边是库房。大殿东侧，有一个小小的六角门，白门绿字，刻着一副对联：

一花一世界

三藐三菩提

进门有一个狭长的天井，几块假山石，几盆花，有三间小房。

小和尚的日子清闲得很。一早起来，开山门，扫地。庵里的地铺的都是箩底方砖，好扫得很，给弥勒佛、韦驮烧一炷香，正殿的三世佛面前也烧一炷香、磕三个头，念三声"南无阿弥陀佛"，敲三声磬。这庵里的和尚不兴做什么早课、晚课，明子这三声磬就全代替了。然后，挑水，喂猪。然后，等当家和尚，即明子的舅舅来教他念经。

教念经也跟教书一样，师父面前一本经，徒弟面前一本经，师父唱一句，徒弟跟着唱一句。是唱哎。舅舅一边唱，一边还用手在桌上拍板。一板一眼，拍得很响，就跟教唱戏一样。是跟教唱戏一样，完全一样哎。连用的名词都一样。舅舅说，念经，一要板眼准，二要合工尺。说，当一个好和尚，得有条好嗓子。说：民国二十年闹大水，运河倒了堤，最后在清水潭合龙，因为大水淹死的人很多，放了一台大焰口，十三大师——十三个正座和尚，各大庙的方丈都来了，下面的和尚上百。谁当这个首座？推来推去，还是石桥——善因寺的方丈！他往上一坐，就跟地藏王菩萨一样，这就不用说了；那一声“开香赞”，围看的上千人顿时鸦雀无声。说：嗓子要练，夏练三伏，冬练三九，要练丹田气！说：要吃得苦中苦，方为人上人！说：和尚里也有状元、榜眼、探花！要用心，不要贪玩！舅舅这一番大法要说得明海和尚实在是五体投地，于是就一板一眼地跟着舅舅唱起来：

“炉香乍爇①——”

“炉香乍爇——”

“法界蒙薰——”

“法界蒙薰——”

“诸佛现金身——”

“诸佛现金身……”

…………

等明海学完了早经——他晚上临睡前还要学一段，叫做晚经——荸荠庵的师父们就都陆续起床了。

这庵里人口简单，一共六个人。连明海在内，五个和尚。

有一个老和尚，六十几了，是舅舅的师叔，法名普照，但是知道的人很少，因为很少人叫他法名，都称之为老和尚或老师父，明海叫他师爷爷。这是个很枯寂的人，天天关在房里，就是那“一花一世界”里。也看不见他念佛，只是那么一声不响地坐着。他是吃斋的，过年时除外。

下面就是师兄弟三个，仁字排行：仁山、仁海、仁渡。庵里庵外，有的称他们为大师父、二师父；有的称之为山师父、海师父。只有仁渡，没有叫他“渡师父”的，因为听起来不像话，大都直呼之为仁渡。他也只配如此，因为他还年轻，才二十多岁。

仁山，即明子的舅舅，是当家的。不叫“方丈”，也不叫“住持”，却叫“当家的”，是很有道理的，因为他确确实实干的是当家的职务。他屋里摆的是一张账桌，桌子上放的是账簿和算盘。账簿共有三本。一本是经账，一本是租账，一本是债账。和尚要做法事，做法事要收钱，——要不当和尚干什么？常做的法事是放焰口。正规的焰口是十个人。一个正座，一个敲鼓，两边一边四个。人少了，八个，一边三个，也凑合了。荸荠庵只有四个和尚，要放整焰口就得和别的庙里合伙。这样的时候也有过，通常只是放半台焰口。一个正座，一个敲鼓，另外一边一个。一来找别的庙里合伙费事；二来这一带放得起整焰口的人家也不多。有的时候，谁家死了人，就只请两个，甚至一个和尚咕噜咕噜念一通经，敲打几声法器就算

① 爇（ruó）：点燃；焚烧。

完事。很多人家的经钱不是当时就给的，往往要等秋后才还。这就得记账。另外，和尚放焰口的辛苦钱不是一样的。就像唱戏一样，有份子。正座第一份。因为他要领唱，而且还要独唱。当中有一大段"叹骷髅"，别的和尚都放下法器休息，只有首座一个人有板有眼地曼声吟唱。第二份是敲鼓的。你以为这容易呀？哼，单是一开头的"发擂"，手上没功夫就敲不出迟疾顿挫！其余的，就一样了。这也记上：某月某日、谁家焰口半台，谁正座，谁敲鼓……省得到年底结账赌咒骂娘……这庵里有几十亩庙产，租给人种，到时候要收租。庵里还放债。租、债一向倒很少亏欠，因为租佃借钱的人怕菩萨不高兴。这三本账就够仁山忙的了。另外香烛、灯火、油盐"福食"，这也得随时记记账呀。除了账簿之外，山师父的方丈的墙上还挂着一块水牌，上漆四个红字："勤笔免思"。

仁山所说当一个好和尚的三个条件，他自己其实一条也不具备。他的相貌只要用两个字就说清楚了：黄、胖。声音也不像钟磬，倒像母猪。聪明么？难说，打牌老输。他在庵里从不穿袈裟，连海青直裰也免了。经常是披着件短僧衣，袒露着一个黄色的肚子。下面是光脚趿拉着一对僧鞋——新鞋他也是趿拉着。他一天就是这样不衫不履地这里走走，那里走走，发出母猪一样的声音："呣——呣——"。

二师父仁海。他是有老婆的。他老婆每年夏秋之间来住几个月，因为庵里凉快。庵里有六个人，其中之一，就是这位和尚的家眷。仁山、仁渡叫她嫂子，明海叫她师娘。这两口子都很爱干净，整天的洗涮。傍晚的时候，坐在天井里乘凉。白天，闷在屋里不出来。

三师父是个很聪明精干的人。有时一笔账大师兄扒了半天算盘也算不清，他眼珠子转两转，早算得一清二楚。他打牌赢的时候多，二三十张牌落地，上下家手里有些什么牌，他就差不多都知道了。他打牌时，总有人爱在他后面看歪头胡。谁家约他打牌，就说"想送两个钱给你"。他不但经忏俱通（小庙的和尚能够拜忏的不多），而且身怀绝技，会"飞铙"。七月间有些地方做盂兰会，在旷地上放大焰口，几十个和尚，穿绣花袈裟，飞铙。飞铙就是把十多斤重的大铙钹飞起来。到了一定的时候，全部法器皆停，只几十副大铙紧张急促地敲起来。忽然起手，大铙向半空中飞去，一面飞，一面旋转。然后，又落下来，接住。接住不是平平常常地接住，有各种架势，"犀牛望月""苏秦背剑"……这哪是念经，这是耍杂技。也许是地藏王菩萨爱看这个，但真正因此快乐起来的是人，尤其是妇女和孩子。这是年轻漂亮的和尚出风头的机会。一场大焰口过后，也像一个好戏班子过后一样，会有一个两个大姑娘、小媳妇失踪——跟和尚跑了。他还会放"花焰口"。有的人家，亲戚中多风流子弟，在不是很哀伤的佛事，如做冥寿时，就会提出放花焰口。所谓"花焰口"就是在正焰口之后，叫和尚唱小调，拉丝弦，吹管笛，敲鼓板，而且可以点唱。仁渡一个人可以唱一夜不重头。仁渡前几年一直在外面，近二年才常住在庵里。据说他有相好的，而且不止一个。他平常可是很规矩，看到姑娘媳妇总是老老实实的，连一句玩笑话都不说，一句小调山歌都不唱。有一回，在打谷场上乘凉的时候，一伙人把他围起来，非叫他唱两个不可。他却情不过，说："好，唱一个。不唱家乡的。家乡的你们都熟，唱个安徽的。"

姐和小郎打大麦，
一转子讲得听不得。

听不得就听不得，

打完了大麦打小麦。

唱完了，大家还嫌不够，他就又唱了一个：

姐儿生得漂漂的，
两个奶子翘翘的。
有心上去摸一把，
心里有点跳跳的。
……

这个庵里无所谓清规，连这两个字也没人提起。

仁山吃水烟，连出门做法事也带着他的水烟袋。

他们经常打牌。这是个打牌的好地方。把大殿上吃饭的方桌往门口一搭，斜放着，就是牌桌。桌子一放好，仁山就从他的方丈里把筹码拿出来，哗啦一声倒在桌上。斗纸牌的时候多，搓麻将的时候少。牌客除了师兄弟三人，常来的是一个收鸭毛的，一个打兔子兼偷鸡的，都是正经人。收鸭毛的担一副竹筐，串乡串镇，拉长了沙哑的声音喊叫：

"鸭毛卖钱——!"

偷鸡的有一件家什——铜蜻蜓。看准了一只老母鸡，把铜蜻蜓一丢，鸡婆子上去就是一口。这一啄，铜蜻蜓的硬簧绷开，鸡嘴撑住了，叫不出来了。正在这鸡十分纳闷的时候，上去一把薅①住。

明子曾经跟这位正经人要过铜蜻蜓看看。他拿到小英子家门前试了一试，果然！小英的娘知道了，骂明子：

"要死了！儿子！你怎么到我家来玩铜蜻蜓了！"

小英子跑过来：

"给我！给我！"

她也试了试，真灵，一个黑母鸡一下子就把嘴撑住，傻了眼了！

下雨阴天，这二位就光临荸荠庵，消磨一天。

有时没有外客，就把老师叔也拉出来，打牌的结局，大都是当家和尚气得鼓鼓的："×妈妈的！又输了！下回不来了！"

他们吃肉不瞒人，年下也杀猪。杀猪就在大殿上。一切都和在家人一样，开水、木桶、尖刀。捆猪的时候，猪也是没命地叫。跟在家不同的，是多一道仪式，要给即将升天的猪念一道"往生咒"，并且总是老师叔念，神情很庄重：

"……一切胎生、卵生、息生，来从虚空来，还归虚空去。往生再世，皆当欢喜。南无阿弥陀佛！"

---

① 薅(hāo)：拔除；揪。

三师父仁渡一刀子下去，鲜红的猪血就带着很多沫子喷出来。

…………

明子老往小英子家里跑。

小英子的家像一个小岛，三面都是河，西面有一条小路通到荸荠庵。独门独户，岛上只有这一家。岛上有六棵大桑树，夏天都结大桑椹，三棵结白的，三棵结紫的；一个菜园子，瓜豆蔬菜，四时不缺。院墙下半截是砖砌的，上半截是泥夯的。大门是桐油油过的，贴着一副万年红的春联：

向阳门第春常在
积善人家庆有余

门里是一个很宽的院子。院子里一边是牛屋、碓棚，一边是猪圈、鸡窠，还有个关鸭子的栅栏。露天地放着一具石磨。正北面是住房，也是砖基土筑，上面盖的一半是瓦，一半是草。房子翻修了才三年，木料还露着白茬。正中是堂屋，家神菩萨的画像上贴的金还没有发黑。两边是卧房。隔扇窗上各嵌了一块一尺见方的玻璃，明亮亮的，——这在乡下是不多见的。房檐下一边种着一棵石榴树，一边种着一棵栀子花，都齐房檐高了。夏天开了花，一红一白，好看得很。栀子花香得冲鼻子。顺风的时候，在荸荠庵都闻得见。

这家人口不多，他家当然是姓赵。一共四口人：赵大伯、赵大妈，两个女儿，大英子、小英子。老两口没得儿子。因为这些年人不得病，牛不生灾，也没有大旱大水闹蝗虫，日子过得很兴旺。他们家自己有田，本来够吃的了，又租种了庵上的十亩田。自己的田里，一亩种了荸荠——这一半是小英子的主意，她爱吃荸荠，一亩种了茨菇。家里喂了一大群鸡鸭，单是鸡蛋鸭毛就够一年的油盐了。赵大伯是个能干人。他是一个"全把式"，不但田里场上样样精通，还会罩鱼、洗磨、凿砻、修水车、修船、砌墙、烧砖、箍桶、劈篾、绞麻绳。他不咳嗽，不腰疼，结结实实，像一棵榆树。人很和气，一天不声不响。赵大伯是一棵摇钱树，赵大娘就是个聚宝盆。大娘精神得出奇。五十岁了，两个眼睛还是清亮亮的。不论什么时候，头都是梳得滑溜溜的，身上衣服都是格铮铮的。像老头子一样，她一天不闲着。煮猪食，喂猪，腌咸菜——她腌的咸萝卜干非常好吃，舂粉子，磨小豆腐，编蓑衣，织芦篚。她还会剪花样子。这里嫁闺女，陪嫁妆，磁坛子、锡罐子，都要用梅红纸剪出吉祥花样，贴在上面，讨个吉利，也才好看，像是"丹凤朝阳"呀、"白头到老"呀、"子孙万代"呀、"福寿绵长"呀。二三十里的人家都来请她："大娘，好日子是十六，你哪天去呀？"——"十五，我一大清早就来！"

"一定呀！"——"一定！一定！"

两个女儿，长得跟她娘像一个模子里托出来的。眼睛长得尤其像，白眼珠鸭蛋青，黑眼珠棋子黑，定神时如清水，闪动时像星星。浑身上下，头是头，脚是脚。头发滑溜溜的，衣服格铮铮的。这里的风俗，十五六岁的姑娘就都梳上头了。这两个丫头，这一头的好头发！通红的发根，雪白的簪子！娘女三个去赶集，一集的人都朝她们望。

姐妹俩长得很像，性格不同。大姑娘很文静，话很少，像父亲。小英子比她娘还会说，一天叽叽呱呱地不停。大姐说：

“你一天到晚叽叽呱呱——”

“像个喜鹊!”

“你自己说的! 吵得人心乱!”

“心乱?”

“心乱!”

“你心乱怪我呀!”

二姑娘话里有话。大英子已经有了人家。小人她偷偷地看过,人很敦厚,也不难看,家道也殷实,她满意。已经下过小定,日子还没有定下来。她这二年,很少出房门,整天赶她的嫁妆。大裁大剪,她都会。挑花绣花,不如娘。她可又嫌娘出的样子太老了。她到城里看过新娘子,说人家现在绣的都是活花活草。这可把娘难住了。最后是喜鹊忽然一拍屁股:“我给你保举一个人!”

这人是谁? 是明子。明子念“上孟下孟”的时候,不知怎么得了半套《芥子园》,他喜欢得很。到了荸荠庵,他还常翻出来看,有时还把旧账簿子翻过来,照着描。小英子说:“他会画! 画得跟活的一样!”

小英子把明海请到家里来,给他磨墨铺纸,小和尚画了几张,大英子喜欢得了不得:“就是这样! 就是这样! 这就可以乱孱!”所谓“乱孱”是绣花的一种针法:绣了第一层,第二层的针脚插进第一层的针缝,这样颜色就可由深到淡,不露痕迹,不像娘那一代绣的花是平针,深浅之间,界限分明,一道一道的。小英子就像个书童,又像个参谋:

“画一朵石榴花!”

“画一朵栀子花!”

她把花掐来,明海就照着画。

到后来,凤仙花、石竹子、水蓼、淡竹叶、天竺果子、腊梅花,他都能画。

大娘看着也喜欢,搂住明海的和尚头:

“你真聪明! 你给我当一个干儿子吧!”

小英子捺住他的肩膀,说:

“快叫! 快叫!”

小明子跪在地下磕了一个头,从此就叫小英子的娘做干娘。

大英子绣的三双鞋,三十里方圆都传遍了。很多姑娘都走路坐船来看。看完了,就说:“啧啧啧,真好看! 这哪是绣的,这是一朵鲜花!”她们就拿了纸来央大娘求了小和尚来画。有求画帐檐的,有求画门帘飘带的,有求画鞋头花的。每回明子来画花,小英子就给他做点好吃的,煮两个鸡蛋,蒸一碗芋头,煎几个藕团子。

因为照顾姐姐赶嫁妆,田里的零碎活小英子就全包了。她的帮手,是明子。

这地方的忙活是栽秧、车高田水,薅头遍草,再就是割稻子、打场子。这几茬重活,自己一家是忙不过来的。这地方兴换工。排好了日期,几家顾一家,轮流转。不收工钱,但是吃好的。一天吃六顿,两头见肉,顿顿有酒。干活时,敲着锣鼓,唱着歌,热闹得很。其余的时候,各顾各,不显得紧张。

薅三遍草的时候,秧已经很高了,低下头看不见人。一听见非常脆亮的嗓子在一片浓绿里唱：

栀子哎开花哎六瓣头哎……
姐家哎门前哎一道桥哎……

明海就知道小英子在哪里，三步两步就赶到，赶到就低头薅起草来，傍晚牵牛“打汪”，是明子的事。水牛怕蚊子。这里的习惯，牛卸了轭，饮了水，就牵到一口和好泥水的“汪”里，由它自己打滚扑腾，弄得全身都是泥浆，这样蚊子就咬不透了。低田上水，只要一挂十四轧的水车，两个人车半天就够了。明子和小英子就伏在车杠上，不紧不慢地踩着车轴上的拐子，轻轻地唱着明海向三师父学来的各处山歌。打场的时候，明子能替赵大伯一会，让他回家吃饭。赵家自己没有场，每年都在荸荠庵外面的场上打谷子。他一扬鞭子，喊起了打场号子：

“格当嘚——”

这打场号子有音无字，可是九转十三弯，比什么山歌号子都好听。赵大娘在家，听见明子的号子，就侧起耳朵：

“这孩子这条嗓子！”

连大英子也停下针线：

“真好听！”

小英子非常骄傲地说：

“一十三省数第一！”

晚上，他们一起看场——荸荠庵收来的租稻也晒在场上。他们并肩坐在一个石磙子上，听青蛙打鼓，听寒蛇唱歌——这个地方以为蝼蛄叫是蚯蚓叫，而且管蚯蚓叫“寒蛇”，听纺纱婆子不停地纺纱，“咝——”，看萤火虫飞来飞去，看天上的流星。

“呀！我忘了在裤带上打一个结！”小英子说。

这里的人相信，在流星掉下来的时候在裤带上打一个结，心里想什么好事，就能如愿。

…………

搱荸荠，这是小英最爱干的活。秋天过去了，地净场光，荸荠的叶子枯了——荸荠的笔直的小葱一样的圆叶子里是一格一格的，用手一捋，哔哔地响，小英子最爱捋着玩——荸荠藏在烂泥里。赤了脚，在凉浸浸滑滑溜的泥里踩着——哎，一个硬疙瘩！伸手下去，一个红紫红紫的荸荠。她自己爱干这活，还拉了明子一起去。她老是故意用自己的光脚去踩明子的脚。

她挎着一篮子荸荠回去了，在柔软的田埂上留了一串脚印。明海看着她的脚印，傻了。五个小小的趾头，脚掌平平的，脚跟细细的，脚弓部分缺了一块。明海身上有一种从来没有过的感觉，他觉得心里痒痒的。这一串美丽的脚印把小和尚的心搞乱了。

…………

明子常搭赵家的船进城，给庵里买香烛，买油盐。闲时是赵大伯划船；忙时是小英子去，划船的是明子。

从庵赵庄到县城，当中要经过一片很大的芦花荡子。芦苇长得密密的，当中一条水路，四边不见人。划到这里，明子总是无端端地觉得心里很紧张，他就使劲地划桨。

小英子喊起来：

“明子！明子！你怎么啦？你发疯啦？为什么划得这么快？”

…………

明海到善因寺去受戒。

“你真的要去烧戒疤呀？”

“真的。”

“好好的头皮上烧十二个洞，那不疼死啦？”

“咬咬牙。舅舅说这是当和尚的一大关，总要过的。”

“不受戒不行吗？”

“不受戒的是野和尚。”

“受了戒有啥好处？”

“受了戒就可以到处云游，逢寺挂褡。”

“什么叫‘挂褡’？”

“就是在庙里住。有斋就吃。”

“不把钱？”

“不把钱。有法事，还得先尽外来的师父。”

“怪不得都说‘远来的和尚会念经’。就凭头上这几个戒疤？”

“还要有一份戒牒。”

“闹半天，受戒就是领一张和尚的合格文凭呀！”

“就是！”

“我划船送你去。”

“好。”

小英子早早就把船划到荸荠庵门前。不知是什么道理，她兴奋得很。她充满了好奇心，想去看看善因寺这座大庙，看看受戒是个啥样子。

善因寺是全县第一大庙，在东门外，面临一条水很深的护城河，三面都是大树，寺在树林子里，远处只能隐隐约约看到一点金碧辉煌的屋顶，不知道有多大。树上到处挂着“谨防恶犬”的牌子。这寺里的狗出名的厉害。平常不大有人进去。放戒期间，任人游看，恶狗都锁起来了。

好大一座庙！庙门的门坎比小英子的肐膝都高。迎门矗着两块大牌，一边一块，一块写着斗大两个大字：“放戒”，一块是“禁止喧哗”。这庙里果然是气象庄严，到了这里谁也不敢大声咳嗽。明海自去报名办事，小英子就到处看看。好家伙，这哼哈二将、四大天王，有三丈多高，都是簇新的，才装修了不久。天井有二亩地大，铺着青石，种着苍松翠柏。“大雄宝殿”，这才真是个“大殿”！一进去，凉嗖嗖的。到处都是金光耀眼。释迦牟尼佛坐在一个莲花座上，单是莲座，就比小英子还高。抬起头来也看不全他的脸，只看到一个微微闭着的嘴唇和胖墩墩的下巴。两边的两根大红蜡烛，一搂多粗。佛像前的大供桌上供着鲜花、绒花、绢花，还有珊瑚树、玉如意、整根的大象牙。香炉里烧着檀香。小英子出了庙，闻着自己的衣服都是香的。挂了好些幡。这些幡不知是什么缎子的，那么厚重，绣的花真细。这么大一口磬，里头能装五担水！这么大一个木鱼，有一头牛大，漆得通红的。她又去转了转罗汉堂，爬到千佛楼上看了看。真有一千个小佛！她还跟着一些人去看了看藏经楼。藏经楼没有什么看头，都是经书！妈吔！逛了这么一圈，腿都酸了。小英子想起还要给家里打油，替姐姐配丝线，给娘买鞋面布，给自己买两个坠围裙飘带的银蝴蝶，给爹买旱烟，就出庙了。

等把事情办齐，晌午了。她又到庙里看了看，和尚正在吃粥。好大一个“膳堂”，坐得下八百个和尚。吃粥也有这样多讲究：正面法座上摆着两个锡胆瓶，里面插着红绒花，后面盘膝坐着一个穿了大红满金绣袈裟的和尚，手里拿了戒尺。这戒尺是要打人的。哪个和尚吃粥吃出了声音，他下来就是一戒尺。不过他并不真的打人，只是做个样子。真稀奇，那么多的和尚吃粥，竟然不出一点声音！他看见明子也坐在里面，想跟他打个招呼又不好打。想了想，管他禁止不禁止喧哗，就大声喊了一句：“我走啦！”她看见明子目不斜视地微微点了点头，就不管很多人都朝自己看，大摇大摆地走了。

第四天一大清早小英子就去看明子。她知道明子受戒是第三天半夜——烧戒疤是不许人看的。她知道要请老剃头师傅剃头，要剃得横摸顺摸都摸不出头发茬子，要不然一烧，就会“走”了戒，烧成了一片。她知道是用枣泥子先点在头皮上，然后用香头子点着。她知道烧了戒疤就喝一碗蘑菇汤，让它“发”，还不能躺下，要不停地走动，叫做“散戒”。这些都是明子告诉她的。明子是听舅舅说的。

她一看，和尚真在那里“散戒”，在城墙根底下的荒地里。一个一个，穿了新海青，光光的头皮上都有十二个黑点子。这黑疤掉了，才会露出白白的、圆圆的“戒疤”。和尚都笑嘻嘻的，好像很高兴。她一眼就看见了明子。隔着一条护城河，就喊他：

“明子！”

“小英子！”

“你受了戒啦？”

“受了。”

“疼吗？”

“疼。”

“现在还疼吗？”

“现在疼过去了。”

“你哪天回去？”

“后天。”

“上午？下午？”

“下午。”

“我来接你！”

“好！”

…………

小英子把明海接上船。

小英子这天穿了一件细白夏布上衣，下边是黑洋纱的裤子，赤脚穿了一双龙须草的细草鞋，头上一边插着一朵栀子花，一边插着一朵石榴花。她看见明子穿了新海青，里面露出短褂子的白领子，就说："把你那外面的一件脱了，你不热呀！"

他们一人一把桨。小英子在中舱，明子扳艄，在船尾。

她一路问了明子很多话，好像一年没有看见了。

她问，烧戒疤的时候，有人哭吗？喊吗？

明子说，没有人哭，只是不住地念佛。有个山东和尚骂人："俺日你奶奶！俺不烧了！"

她问善因寺的方丈石桥是相貌和声音都很出众吗？

"是的。"

"说他的方丈比小姐的绣房还讲究？"

"讲究。什么东西都是绣花的。"

"他屋里很香？"

"很香。他烧的是伽楠香，贵得很。"

"听说他会做诗，会画画，会写字？"

"会。庙里走廊两头的砖额上，都刻着他写的大字。"

"他是有个小老婆吗？"

"有一个。"

"才十九岁？"

"听说。"

"好看吗？"

"都说好看。"

"你没看见？"

"我怎么会看见？我关在庙里。"

明子告诉她，善因寺一个老和尚告诉他，寺里有意选他当沙弥尾，不过还没有定，要等主事的和尚商议。

"什么叫'沙弥尾'？"

"放一堂戒，要选出一个沙弥头，一个沙弥尾。沙弥头要老成，要会念很多经。沙弥尾要年轻，聪明，相貌好。"

"当了沙弥尾跟别的和尚有什么不同？"

"沙弥头，沙弥尾，将来都能当方丈。现在的方丈退居了，就当。石桥原来就是沙弥尾。"

"你当沙弥尾吗？"

"还不一定哪。"

"你当方丈，管善因寺？管这么大一个庙？!"

"还早呐！"

划了一气，小英子说："你不要当方丈！"

"好，不当。"

"你也不要当沙弥尾!"

"好,不当。"

又划了一气,看见那一片芦花荡子了。

小英子忽然把桨放下,走到船尾,趴在明子的耳朵旁边,小声地说:

"我给你当老婆,你要不要?"

明子眼睛鼓得大大的。

"你说话呀!"

明子说:"嗯。"

"什么叫'嗯'呀! 要不要,要不要?"

明子大声地说:"要!"

"你喊什么!"

明子小小声说:"要——!"

"快点划!"

英子跳到中舱,两只桨飞快地划起来,划进了芦花荡。

芦花才吐新穗。紫灰色的芦穗,发着银光,软软的,滑溜溜的,像一串丝线。有的地方结了蒲棒,通红的,像一枝一枝小蜡烛。青浮萍,紫浮萍。长脚蚊子,水蜘蛛。野菱角开着四瓣的小白花。惊起一只青桩(一种水鸟),擦着芦穗,扑鲁鲁鲁飞远了。

…………

阅读提示

汪曾祺(1920—1997),江苏高邮人,中国当代小说家。代表作品有《受戒》《大淖记事》。汪曾祺早年求学时师从沈从文等名家学习写作,深受其影响。他的小说写普通人的日常生活和地方风俗人情,追求一种浪漫洒脱的人生境界。结构上随意散漫,曲尽自然。

《受戒》发表于1980年,此时的小说普遍在配合主流意识形态,或反思文革,或歌颂改革。汪曾祺独辟蹊径,把笔触伸向记忆里的人和事,伸向故乡的风俗人情。《受戒》中人的生活方式是世俗的,然而又是率性自然的,充满了人间的烟火气,又有一种超功利的潇洒与美。和尚不高人一等,也不矮人三分,他们照样有人的七情六欲。他们可以娶妻、找情人、谈恋爱,还可以杀猪、吃肉、唱小曲。人的一切生活方式都顺乎人的自然本性,自由自在,原始纯朴,不受任何清规戒律的束缚,正所谓"饥来便食,困来便眠"。庙里的和尚是如此,当地的居民也是如此,英子一家的生活,男耕女织,温饱无虞,充满了一种俗世的美。《受戒》表面上的主人公是明海和小英子,实际上的主人公却应该是这种"桃花源"式的自然纯朴的生活理想。这个桃花源中诸多的人物不受清规戒律的约束,其情感表露非常直接且质朴,他们虽然都是凡夫俗子,却没有任何奸猾、恶意,众多的人物之间的朴素自然的爱意组成了洋溢着生之快乐的生存空间。

《受戒》没有集中的故事情节,其叙述也好像是在不受拘束地信马由缰。表现在小说文本中,就是叙述者的插入成分特别多,如果按照传统小说"情节集中"的原则,很可能会被认为是跑题。小说一开始，就不断地出现插入成分，叙述当地“当和尚”的习俗、明海出家的小庵里的生活方式、英子一家及其生活、明海与英子一家的关系，等等。不但如此，小说的插入成分中还不断地出现其他的插入成分。这种顺其自然的闲话文体表面上看来不像小说笔法，却尽到了小说叙事话语的功能。正是这种随意漫谈，自然地营造了小说的虚构世界。

四十二、白狗秋千架

莫 言

高密东北乡原产白色温驯的大狗，绵延数代之后，很难再见一匹纯种。现在，那儿家家养的多是一些杂狗，偶有一只白色的，也总是在身体的某一部位生出杂毛，显出混血的痕迹来。但只要这杂毛的面积在整个狗体的面积中占的比例不大，又不是在特别显眼的部位，大家也就习惯地以"白狗"称之，并不去循名求实，过分地挑毛病。有一匹全身皆白、只黑了两只前爪的白狗，垂头丧气地从故乡小河上那座颓败的石桥上走过来时，我正在桥头下的石阶上捧着清清的河水洗脸。农历七月末，低洼的高密东北乡燠热[①]难挨。我从县城通往乡镇的公共汽车里钻出来，汗水已浸透衣服，脖子和脸上落满了黄黄的尘土。洗完脖子和脸，又很想脱得一丝不挂跳进河里去，但看到与石桥连接的褐色田间路上，远远地有人在走动，也就罢了这念头，站起来，用未婚妻赠送的系列手绢中的一条揩着脸和颈。时间已过午，太阳略偏西，一阵阵东南风吹过来。凉爽温和的东南风让人极舒服，让高粱梢头轻轻摇摆，飒飒[②]作响，让一条越走越大的白狗毛儿耸起，尾巴轻摇。它近了，我看到了它的两个黑爪子。

那条黑爪子白狗走到桥头，停住脚，回头望望土路，又抬起下巴望望我，用那两只浑浊的狗眼。狗眼里的神色遥远荒凉，含有一种模糊的暗示，这遥远荒凉的暗示唤起我内心深处一种迷蒙的感受。

求学离开家乡后，父母亲也搬迁到外省我哥哥处居住，故乡无亲人，我也就不再回来。一晃就是十年，距离不短也不长。暑假前，父亲到我任教的学院来看我，说起故乡事，不由感慨系之。他希望我能回去看看，我说工作忙，脱不开身，父亲不以为然地摇摇头。父亲走了，我心里总觉不安。终于下了决心，割断丝丝缕缕，回来了。

白狗又回头望褐色的土路，又仰脸看我，狗眼依然浑浊。我看着它那两个黑爪子，惊讶地要回忆点什么时，它却缩进鲜红的舌头，对着我叫了两声。接着，它蹲在桥头的石桩上，跷起一条后腿，习惯性地撒尿。完事后，竟也沿着我下桥头的路，慢慢地挪下来，站在我身边，尾巴耷拉进腿间，伸出舌头，一下一下地舔着水。

它似乎在等人，显出一副喝水并非因为口渴的消闲样子。河水中映出狗脸上那种漠然的表情，水底的游鱼不断从狗脸上穿过。狗和鱼都不怕我，我确凿地嗅到狗腥气和鱼腥气，甚至产生一脚踢它进水中抓鱼的恶劣想法。又想还是"狗道"些吧，而这时，狗卷起尾巴，抬起脸，冷冷地瞅我一眼，一步步走上桥头去。我看到它把颈上的毛耸了耸，激动不安地向来

① 燠(yù)热：炎热。 ② 飒飒(sà)：形容风、雨声。

路跑去。土路两边是大片的穗子灰绿的高粱。飘着纯白云朵的小小蓝天，罩着板块相连的原野。我走上桥头，拎起旅行袋，想急急过桥去，这儿离我的村庄还有十二里路吧，来前没给村里的人们打招呼，早早赶进去，也好让人家方便食宿。正想着，就看到白狗小跑步开路，从路边的高粱地里，领出一个背着大捆高粱叶子的人来。

我在农村滚了近二十年，自然晓得这高粱叶子是牛马的上等饲料，也知道褪掉晒米时高粱的老叶子，不大影响高粱的产量。远远地看着一大捆高粱叶子蹒跚地移过来，心里为之沉重。我很清楚暑天里钻进密不透风的高粱地里打叶子的滋味，汗水遍身胸口发闷是不必说了，最苦的还是叶子上的细毛与你汗淋淋的皮肤接触。我为自己轻松地叹了一口气。渐渐地看清了驮着高粱叶子弯曲着走过来的人。蓝褂子，黑裤子，乌脚杆子黄胶鞋，要不是垂着的发，我是不大可能看出她是个女人的，尽管她一出现就离我很近。她的头与地面平行着，脖子探出很长。是为了减轻肩头的痛苦吧？她用一只手按着搭在肩头的背棍的下头，另一只手从颈后绕过去，把着背棍的上头。阳光照着她的颈子上和头皮上亮晶晶的汗水。高粱叶子葱绿，新鲜。她一步步挪着，终于上了桥。桥的宽度跟她背上的草捆差不多，我退到白狗适才停下记号的桥头石旁站定，看着它和她过桥。

我恍然觉得白狗和她之间有一条看不见的线，白狗紧一步慢一步地颠着，这条线也松松紧紧地牵着。走到我面前时，它又瞥着我，用那双遥远的狗眼。狗眼里那种模糊的暗示在一瞬间变得异常清晰，它那两只黑爪子一下子撕破了我心头的迷雾，让我马上想到她。她的低垂的头从我身边滑过去，短促的喘息声和扑鼻的汗酸永留在我的感觉里。猛地把背上沉重的高粱叶子摔掉，她把身体缓缓舒展开。那一大捆叶子在她身后，差不多齐着她的胸乳。我看到叶子捆与她身体接触的地方，明显地凹进去，特别着力的部位，是湿漉漉揉烂了的叶子。我知道，她身体上揉烂了高粱叶子的那些部位，现在一定非常舒服；站在漾着清凉水气的桥头上，让田野里的风吹拂着，她一定体会到了轻松和满足。轻松，满足，是构成幸福的要素，对此，在逝去的岁月里，我是有体会的。

她挺直腰板后，暂时地像失去了知觉。脸上的灰垢显出了汗水的道道。生动的嘴巴张着，吐出一口口长长的气。鼻梁挺秀如一管葱，脸色黝黑，牙齿洁白。

故乡出漂亮女人，历代都有选进宫廷的。现在也有几个在京城里演电影的，这几个人我见过，也就是那么个样，比她强不了许多。如果她不是破了相，没准儿早成了大演员。十几年前，她婷婷如一枝花，双目皎皎如星。

“暖。”我喊了一声。

她用左眼盯着我看，眼白上布满血丝，看起来很恶。

“暖，小姑。”我注解性地又喊了一声。

我今年二十九，她小我两岁，分别十年，变化很大，要不是秋千架上的失误给她留下的残疾，我不会敢认她。白狗也专注地打量着我，算一算，它竟有十二岁，应该是匹老狗了。我没想到它居然还活着，看起来还蛮健康。那年端午节，它只有篮球般大，父亲从县城里我舅爷家把它抱来。十二年前，纯种白狗已近绝迹，连这种有小缺陷，大致还可以称为白狗的也很难求了。舅爷是以养狗谋利的人，父亲把它抱回来，不会不依仗着老外甥对舅舅放无赖的招数。在杂种花狗充斥乡村的时候，父亲抱回来它，引起众人的称羡，也有出三十块钱高价来买的，当然被婉言回绝了。即便是那时的农村，在我们高密东北乡那种荒僻地方，还是有不少乐趣，养狗当如是解。只要不逢大天灾，一般都能足食，所以狗类得以繁衍。

我十九岁，暖十七岁那一年，白狗四个月的时候，一队队解放军，一辆辆军车，从北边过来，络绎不绝过石桥。我们中学在桥头旁边扎起席棚给解放军烧茶水，学生宣传队在席棚边上敲锣打鼓，唱歌跳舞。桥很窄，第一辆大卡车悬着半边轮子，小心翼翼开过去了。第二辆的后轮压断了一块桥石，翻到了河里，车上载的锅碗瓢盆砸碎了不少，满河里漂着油花子。一群战士跳下河，把司机从驾驶楼里拖出来，水淋淋地抬到岸上。几个穿白大褂的军人围上去。一个戴白手套的人，手举着耳机子，大声地喊叫。我和暖是宣传队的骨干，忘了歌唱鼓噪，直着眼看热闹。后来，过来几个很大的首长，跟我们学校里的贫下中农代表郭麻子大爷握手，跟我们校革委刘主任握手，戴好手套，又对着我们挥挥手。然后，一溜儿站在那儿，看着队伍继续过河。郭麻子大爷让我吹笛，刘主任让暖唱歌。暖问："唱什么?"刘主任说："唱《看到你们格外亲》。"于是，就吹就唱。战士们一行行踏着桥过河，汽车一辆辆涉水过河。(小河里的水呀清悠悠，庄稼盖满了沟)车头激起雪白的浪花，车后留下黄色的浊流。(解放军进山来，帮助咱们闹秋收)大卡车过完后，两辆小吉普车也呆头呆脑下了河。一辆飞速过河，溅起五六米高的雪浪花；一辆一头钻进水里，嗡嗡怪叫着被淹死了，从河水中冒出一股青烟。(拉起了家常话，多少往事涌上心头)"糟糕!"一个首长说。另一个首长说："他妈的笨蛋！让王猴子派人把车抬上去。"(吃的是一锅饭，点的是一灯油)很快的就有几十个解放军在河水中推那辆撒了气的吉普车，解放军都是穿着军装下了河，河水仅仅没膝，但他们都湿到胸口，湿后变深了颜色的军衣紧贴在身上，显出了肥的瘦的腿和臀。(你们是俺们的亲骨肉，你们是俺们的贴心人)那几个穿白大褂的人把那个水淋淋的司机抬上一辆涂着红十字的汽车。(党的恩情说不尽，见到你们总觉得格外亲)首长们转过身来，看样子准备过桥去，我提着笛子，暖张着口，怔怔地看着首长。一个戴着黑边眼镜的首长对着我们点点头，说："唱得不错，吹得也不错。"郭麻子大爷说："首长们辛苦了。孩子们胡吹瞎咧咧[1]，别见笑。"他摸出一包烟，拆开，很恭敬地敬过去，首长们客气地谢绝了。一辆轱辘很多的车停在河对岸，几个战士跳上去，扔下几盘粗大的钢丝绳和一些白色的木棒。戴黑边眼镜的首长对身边一个年轻英俊的军官说："蔡队长，你们宣传队送一些乐器呀之类的给他们。"

队伍过了河，分散到各村去。师部住在我们村。那些日子就像过年一样，全村人都激动。从我家厢房里扯出了几十根电话线，伸展到四面八方去。英俊的蔡队长带着一群吹拉弹唱的文艺兵住在暖家。我天天去玩，和蔡队长混得很熟。蔡队长让暖唱歌给他听。他是个高大的青年，头发蓬松着，眉毛高挑着。暖唱歌时，他低着头拼命抽烟，我看到他的耳朵轻轻地抖动着。他说暖条件不错，很不错，可惜缺乏名师指导。他说我也很有发展前途。他很喜欢我家那只黑爪子小白狗，父亲知道后，马上要送给他，他没要。队伍要开拔那天，我爹和暖的爹一块来了，央求蔡队长把我和暖带走，蔡队长说，回去跟首长汇报一下，年底征兵时就把我们征去。临别时，蔡队长送我一本《笛子演奏法》，送暖一本《怎样演唱革命

---

① 咧(liē)咧(lie)：乱说。

歌曲》。

“小姑，”我发窘地说，“你不认识我了吗？”

我们村是杂姓庄子，张王李杜，四面八方凑起来的，各种辈分的排列，有点乱七八糟，姑姑嫁给侄子，侄子拐跑婶婶的事时有发生，只要年龄相仿，也就没人嗤笑。我称暖为小姑是从小惯成的叫法，并无一点血缘骨肉的情分在内。十几年前，当把“暖”与“小姑”含混着乱叫一通时，是别有一番滋味在心头的。这一别十年，都老大不小，虽还是那样叫着，但已经无滋味了。

“小姑，难道你真的不认识我了吗？”说完这句话，我马上谴责了自己的迟钝。她的脸上，早已是凄凉的景色了。汗水依然浸洇着，将一绺干枯的头发粘到腮边。黝黑的脸上透出灰白来。左眼里有明亮的水光闪烁。右边没有眼，没有泪，深深凹进去的眼眶里，栽着一排乱纷纷的黑睫毛。我的心拳拳着，实在不忍看那凹陷，便故意把目光散了，瞄着她委婉的眉毛和在半天阳光下因汗湿而闪亮的头发。她左腮上的肌肉联动着眼眶的睫毛和眶上的眉毛，微微地抽搐着，造成了一种凄凉古怪的表情。别人看见她不会动心，我看见她无法不动心……

十几年前那个晚上，我跑到你家对你说：“小姑，打秋千的人都散了，走，我们去打个痛快。”你说：“我打盹呢。”我说：“别拿一把啦！寒食节过了八天啦，队里明天就要拆秋千架用木头。今早晨车把式对队长嘟哝，嫌把大车绳当秋千绳用，都快磨断了。”你打了一个呵欠，说：“那就去吧。”白狗长成一个半大狗了，细筋细骨，比小时候难看。它跟在我们身后，月亮照着它的毛，它的毛闪烁银光，秋千架竖在场院边上，两根立木，一根横木，两个铁吊环，两根粗绳，一个木踏板。秋千架，默立在月光下，阴森森，像个鬼门关。架后不远是场院沟，沟里生着绵亘不断的刺槐树丛，尖尖又坚硬的刺针上，挑着青灰色的月亮。

“我坐着，你荡我。”你说。

“我把你荡到天上去。”

“带上白狗。”

“你别想花花点子了。”

你把白狗叫过来，你说：“白狗，让你也恣悠恣悠①。”

你一只手扶住绳子，一只手揽住白狗，它委屈地嘤嘤着。我站在跳板上，用双腿夹住你和狗，一下一下用力，秋千渐渐有了惯性。我们渐渐升高，月光动荡如水，耳边习习生风，我有点头晕。你格格地笑着，白狗呜呜地叫着，终于悠平了横梁。我眼前交替出现田野和河流，房屋和坟丘，凉风拂面来，凉风拂面去。我低头看着你的眼睛，问：“小姑，好不好？”

你说：“好，上了天啦。”

绳子断了。我落在秋千架下，你和白狗飞到刺槐丛中去，一根槐针扎进了你的右眼。白狗从树丛中钻出来，在秋千架下醉酒般地转着圈，秋千把它晃晕了……

“这些年……过得还不错吧？”我嗫嚅着。

我看到她耸起的双肩塌了下来，脸上紧张的肌肉也一下子松弛了。也许是因为生理补

---

① 恣悠：恣，放纵；悠，悠荡。

偿或是因为努力劳作而变得极大的左眼里，突然射出了冷冰冰的光线，刺得我浑身不自在。

“怎么会错呢？有饭吃，有衣穿，有男人，有孩子，除了缺一只眼，什么都不缺，这不就是‘不错’吗？”她很泼地说着。

我一时语塞了，想了半天，竟说：“我留在母校任教了，据说，就要提我为讲师了……我很想家，不但想家乡的人，还想家乡的小河，石桥，田野，田野里的红高粱，清新的空气，婉转的鸟啼……趁着放暑假，我就回来啦。”

“有什么好想的，这破地方。想这破桥？高粱地里像他妈×的蒸笼一样，快把人蒸熟了。”她说着，沿着漫坡走下桥，站着把那件泛着白碱花的男式蓝制服褂子脱下来，扔在身边石头上，弯下腰去洗脸洗脖子。她上身只穿一件肥大的圆领汗衫，衫上已烂出密密麻麻的小洞。它曾经是白色的，现在是灰色的。汗衫扎进裤腰里，一根打着卷的白绷带束着她的裤子，她再也不看我，撩着水洗脸洗脖子洗胳膊。最后，她旁若无人地把汗衫下摆从裤腰里拽出来，撩起来，掬水洗胸膛。汗衫很快就湿了，紧贴在肥大下垂的乳房上。看着那两个物件，我很淡地想，这个那个的，也不过是这么回事。正像乡下孩子们唱的：没结婚是金奶子，结了婚是银奶子，生了孩子是狗奶子。我于是问：“几个孩子了？”

“三个。”她拢拢头发，扯着汗衫抖了抖，又重新塞进裤腰里去。

“不是说只准生一胎吗？”

“我也没生二胎。”见我不解，她又冷冷地解释，“一胎生了三个，吐噜吐噜，像下狗一样。”

我缺乏诚实地笑着。她拎起蓝上衣，在膝盖上抽打几下，穿到身上去，从下往上扣着纽扣。趴在草捆旁边的白狗也站起来，抖擞着毛，伸着懒腰。

我说：“你可真能干。”

“不能干有什么法子？该遭多少罪都是一定的，想躲也躲不开。”

“男孩女孩都有吧？”

“全是公的。”

“你可真是好福气，多子多福。”

“豆腐！”

“这还是那条狗吧？”

“活不了几天啦。”

“一晃就是十几年。”

“再一晃就该死啦。”

“可不，”我渐渐有些烦恼起来，对坐在草捆旁的白狗说，“这条老狗，还挺能活！”

“噢，兴你们活就不兴我们活？吃米的要活，吃糠的也要活；高级的要活，低级的也要活。”

“你怎么成了这样？”我说，“谁是高级？谁是低级？”

“你不就挺高级的吗？大学讲师！”

我面红耳热，讷讷无言，一时觉得难以忍受这窝囊气，搜寻着刻薄词儿想反讥，又一想，罢了。我提起旅行袋，干瘪地笑着，说：“我可能住到我八叔家，你有空就来耍吧。”

“我嫁到了王家丘子,你知道吗?”

“你不说我不知道。”

“知道不知道的,没有大景色了。”她平平地说:“要是不嫌你小姑人模狗样的,就抽空来耍吧,进村打听‘个眼暖’家,没有不知道的。”

“小姑,真想不到成了这样……”

“这就是命,人的命,天管定,胡思乱想不中用。”她款款地从桥下上来,站在草捆前说:“行行好吧,帮我把草掀到肩上。”

我心里立刻热得不行,勇敢地说:“我帮你背回去吧!”

“不敢用!”说着,她在草捆前跪下,把背棍放在肩头,说:“起吧。”

我转到她背后,抓住捆绳,用力上提,借着这股劲儿,她站了起来。

她的身体又弯曲起来,为了背得舒适一点,她用力地颠了几下背上的草捆,高粱叶子沙沙啦啦地响着。从很低的地方传上来她瓮声瓮气的话:“来耍吧。”

白狗对我吠叫几声,跑到前边去了。我久久地立在桥头上,看着这一大捆高粱叶子在缓慢地往北移动,一直到白狗变成了白点儿,人和草捆变成了比白点儿大的黑点儿,我才转身往南走。

从桥头到王家丘子七里路。

从桥头到我们村十二里路。

从我们村到王家丘子十九里路,八叔让我骑车去。我说算了吧,十几里路走着去就行。八叔说,现在富了,自行车家家有,不是前几年啦,全村只有一辆半辆车子,要借也不容易,稀罕物儿谁愿借呢。我说我知道富了,看到了自行车满街筒子乱蹿,但我不想骑车,当了几年知识分子,当出几套痔疮,还是走路好。八叔说,念书可见也不是件太好的事,七病八灾不说,人还疯疯癫癫的。你说你去她家干么子,瞎的瞎,哑的哑,也不怕村里人笑话你。鱼找鱼,虾找虾,不要低了自己的身份啊!我说八叔我不和您争执,我扔了二十数三十的人啦,心里有数。八叔悻悻地忙自己的事去了,不来管我。

我很希望能在桥头上再碰到她和白狗,如果再有那么一大捆高粱叶子,我豁出命去也要帮她背回家;白狗和她,都会成为可能的向导,把我引导到她家里去。城里都到了人人关注时装、个个追赶时髦的时代了,故乡的人,却对我的牛仔裤投过鄙夷的目光,弄得我很狼狈。于是解释:处理货,三块六毛钱一条——其实我花了二十五块钱,既然便宜,村里的人们也就原谅了我。王家丘子的村民们是不知道我的裤子便宜的,碰不到她和狗,只好进村再问路,难免招人注意。如此想着,就更加希望碰到她或者白狗。但毕竟落了空。一过石桥,看到太阳很红地从高粱棵里冒出来,河里躺着一根粗大的红光柱,鲜艳地染遍了河水。太阳红得有些古怪,周围似乎还环绕着一些黑气,大概是要落雨了吧。

我撑着折叠伞,在一阵倾斜的疏雨中进了村。一个仄楞着肩膀的老女人正在横穿街道,风翻动着长大的衣襟,风使她摇摇摆摆。我收起伞,提着,迎上去问路。“大娘,暖家在哪儿住?”她斜斜地站定,困惑地转动着昏暗的眼。风通过花白的头发,翻动的衣襟,柔软的树木,表现出自己来;雨点大如铜钱,疏可跑马,间或有一滴打到她的脸上。“暖家在哪住?”

我又问。“哪个暖家？”她问，我只好说：“个眼暖家。”老女人阴沉地瞥我一眼，抬起胳膊，指着街道旁边一排蓝瓦房。

站在甬道上我大声喊：“暖姑在家吗？”

最先应了我的喊叫的，是那条黑爪子老白狗。它不像那些围着你腾跃咆哮，仗着人势在窝里横，咬不死你也要吓死你的恶狗，它安安稳稳地趴在檐下铺了干草的狗窝里，眯缝着狗眼，象征性地叫着，充分显示出良种白狗温良宽厚的品质来。

我又喊，暖在屋里很脆地答应了一声，出来迎接我的却是一个满腮黄胡子两只黄眼珠的剽悍男子。他用土黄色的眼珠子恶狠狠地打量着我，在我那条牛仔裤上停住目光，嘴巴歪歪地撇起，脸上显出疯狂的表情。他向前跨一步——我慌忙退一步——翘起右手的小拇指头，在我眼前急遽地晃动着，口里发出一大串断断续续的音节。我虽然从八叔的口里，知道了暖姑的丈夫是个哑巴，但见了真人狂状，心里仍然立刻沉甸甸的。独眼嫁哑巴，弯刀对着瓢切菜，按说也并不委屈着哪一个，可我心里仍然立刻就沉甸甸的。

暖姑，那时我们想得美。蔡队长走了，把很大的希望留给我们。他走那天，你直视着他，流出的泪水都是给他的。蔡队长脸色灰白，从衣袋里摸出一把牛角小梳子递给你。我也哭了，我说：“蔡队长，我们等你来招我们。”蔡队长说：“等着吧。”等到高粱通红了的深秋，听说县城里有招兵的解放军，咱俩兴奋得觉都睡不稳了。学校里有老师进县城办事，我们托他去人武部打听一下，看看蔡队长来没来。老师去了。老师回来了。老师对我们说：今年来招兵的解放军一律黄褂蓝裤，空军地勤兵，不是蔡队长那部分。我失望了，你充满信心地对我说：“蔡队长不会骗我们！”我说：“人家早就把这码事忘了。”你爹也说：“给你们个棒槌，你们就当了针。他是把你们当小孩哄怂着玩哩，好人不当兵，好铁不打钉，混混毕了业，回家来拉弯弯铁，别净想俏事儿。”你说：“他可没把我当小孩子。他决不把我当小孩子。”说着，你的脸上浮起浓艳的红色。你爹说：“能得你。”我惊诧地看着你变色的脸，看着你脸上那种隐隐约约的特异表情，语无伦次地说：“也许，他今年不来后年来，后年不来大后年来。”蔡队长可真是个仪表堂堂的美男子啊！他四肢修长，面部线条冷峭，胡茬子总刮得青白。后来，你坦率地对我说，他在临走前一个晚上，抱着你的头，轻轻地亲了一下。你说他亲完后呻吟着说：小妹妹，你真纯洁……为此我心中有过无名的恼怒。你说：“当了兵，我就嫁给他。”我说：“别做美梦了！倒贴上二百斤猪肉，蔡队长也不会要你。”“他不要我，我再嫁给你。”“我不要！”我大声叫着。你白我一眼，说：“烧得你不轻！”现在回想起来，你那时就很有点样子了，你那花蕾般的胸脯，经常让我心跳。

哑巴显然瞧不起我，他用翘起的小拇指表示着对我的轻蔑和憎恶。我堆起满脸笑，想争取他的友谊，他却把双手的指头交叉在一起，弄出很怪的形状，举到我的面前。我从少年时代的恶作剧中积累起来的知识里，找到了这种手势的低级下流的答案，心里顿时产生了手捧癞蛤蟆的感觉。我甚至都想抽身逃走了，却见三个同样相貌、同样装束的光头小男孩从屋里滚出来，站在门口，用同样的土黄色小眼珠瞅着我，头一律往右倾，像三只羽毛未丰、性情暴躁的小公鸡。孩子的脸显得很老相，额上都有抬头纹，下腭骨阔大结实，全都微微地颤抖着。我急忙掏出糖来，对他们说：“请吃糖。”哑巴立即对他们挥挥手，嘴里蹦出几个简单的音节。男孩们眼巴巴地瞅着我手中花花绿绿的糖块，不敢动一动。我想走过去，哑巴挡在我面前，蛮横地挥舞着胳膊，口里发着令人发怵的怪叫。

暖把双手交叠在腹部，步履略有些踉跄地走出屋来。我很快明白了她迟迟不出屋的原因，干净的阴丹士林蓝布褂子，褶儿很挺的灰的确良①裤子，显然都是刚换的。士林蓝布和用士林蓝布缝成的李铁梅②式褂子久不见了，乍一见心中便有一种怀旧的情绪怏怏而生。穿这种褂子的胸部丰硕的少妇别有风韵。暖是脖子挺拔的女人，脸型也很清雅。她右眼眶里装进了假眼，面部恢复了平衡。我的心为她良苦的心感到忧伤，我用低调观察着人生，心弦纤细如丝，明察秋毫，并自然地战栗。不能细看那眼睛，它没有生命，它浑浊地闪着磁光。她发现了我在注视她，便低了头，绕过哑巴走到我面前，摘下我肩上的挎包，说："进屋去吧。"

哑巴猛地把她拽开，怒气冲冲的样子，眼睛里像要出电。他指指我的裤子，又翘起小拇指，晃动着，嘴里嗷嗷叫着，五官都在动作，忽而挤成一撮，忽而大开大裂，脸上表情生动可怖。最后，他把一口唾沫啐在地上，用骨节很大的脚踩了踩。哑巴对我的憎恶看来是与牛仔裤有直接关系的，我后悔穿这条裤子回故乡，我决心回村就找八叔要一条肥腰裤子换上。

"小姑，你看，大哥不认识我。"我尴尬地说。

她推了哑巴一把，指指我，翘翘大拇指，又指指我们村庄的方向，指指我的手，指指我口袋里的钢笔和我胸前的校徽，比划出写字的动作，又比划出一本方方正正的书，又伸出大拇指，指指天空。她脸上的表情丰富多彩。哑巴稍一愣，马上消失了全身的锋芒，目光温顺得像个大孩子。他犬吠般地笑着，张着大嘴，露出一口黄色的板牙。他用手掌拍拍我的心窝，然后，跺脚，吼叫，脸憋得通红。我完全理解了他的意思，感动得不行。我为自己赢得了哑兄弟的信任感到浑身的轻松。那三个男孩子躲躲闪闪地凑上来，目不转睛地看着我手中的糖。

我说："来呀!"

男孩们抬起眼看看他们的父亲。哑巴嘿嘿一笑，孩子们就敏捷地蹿上来，把我手中的糖抢走了。为争夺掉在地上的一块糖，三颗光脑袋挤在一起攒动着。哑巴看着他们笑。暖发出一声轻轻的叹息，她说：

"你什么都看到了，笑话死俺吧。"

"小姑……我怎么敢……他们都很可爱……"

哑巴敏感地看着我，笑笑，转过身去，用大脚板几下子就把厮缠在一起的三个男孩踢开。男孩们咻咻地喘着气，汹汹地对视着。我摸出所有的糖，均匀地分成三份，递给他们，哑巴嗷嗷地叫着，对着男孩打手势。男孩都把手藏到背后去，一步步往后退。哑巴更响地嗷了一阵，男孩便抽搐着脸，每人拿出一块糖，放在父亲关节粗大的手里，然后呼号一声，消逝得无影无踪。哑巴把三块糖托着，笨拙地看了一会儿，就转眼对着我。嘴里啊啊手比划。我不懂，求援地看着暖。暖说："他说他早就知道你的大名，你从北京带来的高级糖，他要吃块尝尝。"我做了一个往嘴里扔食物的姿势。他笑了，仔细地剥开糖纸，把糖扔进口里去，嚼着，歪着头，仿佛在聆听什么。他又一次伸出大拇指，我这次完全明白他是在夸奖糖的高级

---

① 的确良：Decron的译音，涤纶面料。 ② 李铁梅：京剧《红灯记》中的人物。

了。很快地他又吃了第二块糖。我对暖说，下次回来，一定带些真正的高级糖给大哥吃。暖说："你还能再来吗？"我说一定来。

哑巴吃完第二块糖，略一想，把手中那块糖递到暖的面前。暖闭眼，"嗷——"哑巴吼了一声。我心里抖着，见他又把手往暖眼前伸，暖闭眼，摇了摇头。"嗷——嗷——"哑巴愤怒地吼叫着，左手揪住暖的头发，往后扯着，使她的脸仰起来，右手把那块糖送到自己嘴边，用牙齿撕掉糖纸，两个手指捏着那块沾着他黏黏的口涎的糖，硬塞进她的嘴里去。她的嘴不算小，但被他那两根小黄瓜一样的手指比得很小。他乌黑的粗手指使她的双唇显得玲珑娇嫩。在他的大手下，那张脸变得单薄脆弱。

她含着那块糖，不吐也不嚼，脸上表情平淡如死水。哑巴为了自己的胜利，对着我得意地笑。

她含混地说："进屋吧，我们多傻，就这么在风里站着。"我目光巡睃着院子，她说："你看什么？那是头大草驴，又踢又咬，生人不敢近身，在他手里老老实实的。春上他又去买那头牛，才下了犊一个月。"

她家院子里有个大敞棚，敞棚里养着驴和牛。牛极瘦，腿下有一头肥滚滚的牛犊在吃奶，它蹬着后腿、摇着尾巴，不时用头撞击母牛的乳房，母牛痛苦地弓起背，眼睛里闪着幽幽的蓝光。

哑巴是海量，一瓶浓烈的"诸城白干"，他喝了十分之九，我喝了十分之一。他面不改色，我头晕乎乎。他又开了一瓶酒，为我斟满杯，双手举杯过头敬我。我生怕伤了这个朋友的心，便抱着电灯泡捣蒜的决心，接过酒来干了。怕他再敬，便装出不能支持的样子，歪在被子上。他兴奋得脸通红，对着暖比划，暖和他对着比划一阵，轻声对我说："你别和他比，你十个也醉不过他一个。你千万不要喝醉。"她用力盯了我一眼。我翘起大拇指，指指他，翘起小拇指，指指自己。于是撤去酒，端上饺子来。我说："小姑，一起吃吧。"暖征得哑巴同意，三个男孩便爬上炕，挤在一簇，狼吞虎咽。暖站在炕下，端饭倒水伺候我们，让她吃，她说肚子难受，不想吃。

饭后，风停云散，狠毒的日头灼灼地在正南挂着。暖从柜子里拿出一块黄布，指指三个孩子，对哑巴比划着东北方向。哑巴点点头。暖对我说："你歇一会儿吧，我到乡镇去给孩子们裁几件衣服。不要等我，过了晌你就走。"她狠狠地看我一眼，挟起包袱，一溜风走出院子，白狗伸着舌头跟在她身后。

哑巴与我对面坐着，只要一碰上我的目光，他就咧开嘴笑。三个小男孩闹了一阵，侧歪在炕上睡了，他们几乎是同时入睡。太阳一出来，立刻便感到热，蝉在外面树上聒噪着。哑巴脱掉褂子，裸出上身发达的肌肉，闻着他身上挥发出来的野兽般的气息，我害怕，我无聊。哑巴紧密地眨巴着眼，双手搓着胸膛，搓下一条条鼠屎般的灰泥。他还不时地伸出蜥蜴般灵活的舌头舔着厚厚的嘴唇。我感到恶心，燥热，心里想起桥下粼粼的绿水。阳光透过窗户，晒着我穿牛仔裤的腿。我抬腕看表。"噢噢噢！"哑巴喊着，跳下炕，从抽屉里摸出一块电子手表给我看。我看着他脸上祈望的神情，便不诚实地用小拇指点点我腕上的表，用大拇指点点他的电子表。他果然非常地高兴起来，把电子手表套在右手腕子上，我指指他的左手腕子，他迷惘地摇摇头。我笑了一下。

"好热的天。今年庄稼长得挺好。秋天收晚田。你养的那头驴很有气度。三中全会后，农民生活大大提高了。大哥富起来了，该去买台电视机。'诸城白干'到底是老牌子，劲儿冲。"

"噢噢，噢噢。"他脸上充满幸福感，用并拢的手摸摸头皮，比比脖子。我惊愕地想，他要砍掉谁的脑袋吗？他见我不解，很着急，手哆嗦着，"噢噢噢，噢噢噢！"他用手指着自己的右眼，又摸头皮，手顺着头皮往下滑，到脖颈处，停住。我明白了。他要说暖什么事给我知道。我点点头。他摸摸自己两个黑乎乎的乳头，指指孩子，又摸摸肚子。我似懂非懂，摇摇头。他焦急地蹲起来，调动起几乎全部的形体向我传达信息，我用力地点着头，我想应该学学哑语。最后，我满脸挂汗向他告辞，这没有什么难理解的，他脸上显出孩子般的真情来，拍拍我的心，又拍拍自己的心。我干脆大声说："大哥，我们是好兄弟！"他三巴掌打起三个男孩来，让他们带着眵目糊①给我送行。在门口，我从挎包里摸出那把自动折叠伞送他，并教他使用方法。他如获至宝，举着伞，弹开，收拢，收拢，弹开，翻来覆去地弄。三个男孩仰脸看着忽开忽合的伞，腭骨又索索地抖起来。我戳了他一下，指指南去的路。"噢噢。"他叫着，摆摆手，飞步跑回家去。他拿出一把拃多长的刀子，拨开牛角刀鞘，举到我的面前。刀刃上寒光闪闪，看得出来是件利物。他踮起脚，拽下门口杨树上一根拇指粗细的树枝来，用刀去削，树枝一节节落在地上。

他把刀子塞到我的挎包里。

走着路，我想，他虽然哑，但仍不失为一条有性格的男子汉，暖姑嫁给他，想必也不会有太多的苦头吃，不能说话，日久天长习惯之后，凭借手势和眼神，也可以拆除生理缺陷造成的交流障碍。我种种软弱的想法，也许是犯着杞人忧天的毛病了。走到桥头间，已不去想她的事，只想跳进河里洗个澡。路上清静无人。上午下那点雨，早就蒸发掉了，地上是一层灰黄的尘土。路两边晃动着油亮的高粱叶子，蝗虫在蓬草间飞动，闪烁着粉红的内翅，翅膀剪动空气，发出"喀达喀达"的响声。桥下水声泼刺，白狗蹲在桥头。

白狗见到我便呜叫起来。龇着一嘴雪白的狗牙。我预感到事情的微妙。白狗站起来，向高粱地里走，一边走，一边频频回头呜叫，好像是召唤着我。脑子里浮现出侦探小说里的一些情节，横着心跟狗走，并把手伸进挎包里，紧紧地握着哑巴送我的利刃。分开茂密的高粱钻进去，看到她坐在那儿，小包袱放在身边。她压倒了一边高粱，辟出了一块空间，四周的高粱壁立着，如同屏风。看我进来，她从包袱里抽出黄布，展开在压倒的高粱上。一大片斑驳的暗影在她脸上晃动着。白狗趴到一边去，把头伏在平伸的前爪上，"哈达哈达"地喘气。

我浑身发紧发冷，牙齿打战，下颚僵硬，嘴巴笨拙："你……不是去乡镇了吗？怎么跑到这里来……"

"我信了命。"一道明亮的眼泪在她的腮上汩汩地流着，她说，"我对白狗说，'狗呀，狗，你要是懂我的心，就去桥头上给我领来他，他要是能来就是我们的缘分未断'，它把你给我

① 眵(chī)目糊：〈方〉，眼屎。

领来啦。"

"你快回家去吧。"我从挎包里摸出刀,说:"他把刀都给了我。"

"你一走就是十年,寻思着这辈子见不着你了。你还没结婚?还没结婚……你也看到他啦,就那样,要亲能把你亲死,要揍能把你揍死……我随便和哪个男人说句话,就招他怀疑,也恨不得用绳拴起我来。闷得我整天和白狗说话,狗呀,自从我瞎了眼,你就跟着我,你比我老得还要快。嫁给他第二年上,怀了孕,肚子像吹气球一样胀起来,临分娩时,路都走不动了,站着望不到自己的脚尖。一胎生了三个儿子,四斤多重一个,瘦得像一堆猫。要哭一齐哭,要吃一齐吃,只有两个奶子,轮着班吃,吃不到的就哭。那二年,我差点瘫了。孩子落了草,就一直悬着心,老天,别让他们像他爹,让他们一个个开口说话……他们七八个月时,我心就凉了。那情景不对呀,一个个又呆又聋,哭起来像擀饼柱子不会拐弯。我祷告着,天啊,天!别让俺一窝都哑了呀,哪怕有一个不是哑巴,和我作伴说说话……到底还是全哑巴了……"

我深深地垂下头,嗫嚅着:"姑……小姑……都怨我,那年,要不是我拉你去打秋千……"

"没有你的事,想来想去还是怨我自己。那年,我对你说,蔡队长亲过我的头……要是我胆儿大,硬去队伍上找他,他就会收留我,他是真心实意地喜欢我。后来就在秋千架上出了事。你上学后给我写信,我故意不回信。我想,我已经破了相,配不上你了,只叫一人寒,不叫二人单,想想我真傻。你说实话,要是我当时提出要嫁给你,你会要我吗?"

我看着她狂放的脸,感动地说:"一定会要的,一定会。"

"好你……你也该明白……怕你厌恶,我装上了假眼。我正在期①上……我要个会说话的孩子……你答应了就是救了我了,你不答应就是害死了我了。有一千条理由,有一万个借口,你都不要对我说。"

阅读提示

莫言(1956—),本名管谟业,山东高密人,当代著名作家,2012年获得诺贝尔文学奖。小说集主要有《透明的红萝卜》《爆炸》《白棉花》等,长篇小说有《红高粱家族》《天堂蒜薹之歌》《酒国》《丰乳肥臀》《蛙》等。莫言带着"天马行空的狂气和雄风",而且也是带着立足继承传统和打破传统钳制的"邪劲儿",带着从中外小说艺术的融合渗透中脱胎出来的独异的小说风貌登上文坛的。传统与现代派的形式,农村生活的内容,人类学的视角,便是莫言三十年来创作的小说。

《白狗秋千架》(原名《秋千架》),发表于1985年,小说描写的是一个"读书人回乡"的故事,这种故事类型并不新鲜。新鲜的是对那段历史的体验。脱离了农村苦难生活的"我"衣锦还乡时,在桥头邂逅当年美丽而今邋遢的情人暖。故乡在"我"的记忆中是美丽的,"暖"却痛斥家乡的丑陋,两种互不相容的声音纠缠撕扯,引起读者的注意。"本地人"身份的

---

① 期:此指排卵期。

“我”对农活的细切感觉和描述诉说着农活的艰难，如果不是那一只白狗，农妇那一只假眼，真想不起眼前的这个邋遢女人就是“暖”。接着引出一个揪心揪肺的情爱故事。在插入“白狗秋千架”故事之前旁枝逸出，讲述了“参军故事”，“我”与暖本可以凭着条件跳出农门的，后来出了变故。更想不到的是秋千架事故改变了暖的人生轨迹。“我”后来上大学，眼瞎的暖嫁给邻村的哑巴，生了三个小哑巴。小说的高潮在我应邀到暖家后才出现。当然这是一个俗套故事，借暖的遭遇渲染“我”返回家乡的浪漫悲情，吸引读者眼球。暖与哑巴是无爱的婚姻，她经常被后者暴打，连三个儿子都是哑巴。这些都昭示暖的现世和未来一片糟糕。当年美丽姣好的暖，此刻已落魄到这种地步。“秋千架”似乎是个人和集体“梦想”的象征，暖从秋千架上摔下来，意味着借助参军或嫁给军人来脱离苦难的梦想化为泡影，同样扎根在土地上的农民通过合作化运动走上共同富裕的梦想也化为乌有。结尾写暖骗过丈夫去镇上买布，在高粱地里要“我”睡她，为生育一个健康正常的孩子。当年美丽姣好的暖，此刻已落魄到这种地步，她诱引“我”到高粱地与她交媾并非只为错失的爱情，并非为满足性欲，也并非仅仅为生下一个健康孩子，这是一个贫困的年轻少妇对无常命运的“绝望的反抗”，更是作家莫言借这可怜妇人对农村合作化运动滑稽收场饱含眼泪的最尖刻的嘲弄。这个极其突兀又戛然而止的结尾，有如空谷足音，久久回响。

四十三、小公务员之死

［俄］契诃夫

一个美好的晚上，一位心情美好的庶务官伊凡·德米特里·切尔维亚科夫，坐在剧院第二排座椅上，正拿着望远镜观看轻歌剧《科尔涅维利的钟声》。他看着演出，感到无比幸福。但突然间……小说里经常出现这个"但突然间"。作家们是对的，生活中确实充满了种种意外事件。但突然间，他的脸皱起来，眼睛往上翻，呼吸停住了……他放下望远镜，低下头，便……阿嚏一声!!! 他打了个喷嚏，你们瞧。无论何时何地，谁打喷嚏都是不能禁止的。庄稼汉打喷嚏，警长打喷嚏，有时连达官贵人也在所难免。人人都打喷嚏。切尔维亚科夫毫不慌张，掏出小手绢擦擦脸，而且像一位讲礼貌的人那样，举目看看四周：他的喷嚏是否溅着什么人了？但这时他不由得慌张起来。他看到，坐在他前面第一排座椅上的一个小老头，正用手套使劲擦他的秃头和脖子，嘴里还嘟哝着什么。切尔维亚科夫认出这人是三品文官布里扎洛夫将军，他在交通部门任职。

"我的喷嚏溅着他了!"切尔维亚科夫心想，"他虽说不是我的上司，是别的部门的，不过这总不妥当。应当向他赔个不是才对。"

切尔维亚科夫咳嗽一声，身子探向前去，凑着将军的耳朵小声说：

"务请大人原谅，我的唾沫星子溅着您了……我出于无心……"

"没什么，没什么……"

"看在上帝份上，请您原谅。要知道我……我不是有意的……"

"哎，请坐下吧！让人听嘛!"

切尔维亚科夫心慌意乱了，他傻笑一下，开始望着舞台。他看着演出，但已不再感到幸福。他开始惶惶不安起来。幕间休息时，他走到布里扎洛夫跟前，在他身边走来走去，终于克制住胆怯心情，嗫嚅道：

"我溅着您了，大人……务请宽恕……要知道我……我不是有意的……"

"哎，够了！……我已经忘了，您怎么老提它呢!"将军说完，不耐烦地撇了撇下嘴唇。

"他说忘了，可是他那眼神多凶!"切尔维亚科夫暗想，不时怀疑地瞧他一眼。"连话都不想说了。应当向他解释清楚，我完全是无意的……这是自然规律……否则他会认为我故意啐他。他现在不这么想，过后肯定会这么想的！……"

回家后，切尔维亚科夫把自己的失态告诉了妻子。他觉得妻子对发生的事过于轻率。她先是吓着了，但后来听说布里扎洛夫是"别的部门的"，也就放心了。

"不过你还是去一趟赔礼道歉的好，"她说，"他会认为你在公共场合举止不当!"

"说得对呀！刚才我道歉过了，可是他有点古怪……一句中听的话也没说。再者也没有时间细谈。”

第二天，切尔维亚科夫穿上新制服，刮了脸，去找布里扎洛夫解释……走进将军的接待室，他看到里面有许多请求接见的人。将军也在其中，他已经开始接见了。询问过几人后，将军抬眼望着切尔维亚科夫。

“昨天在‘阿尔卡吉亚’剧场，倘若大人还记得的话，”庶务官开始报告，“我打了一个喷嚏，无意中溅了……务请您原……”

“什么废话！……天知道怎么回事！”将军扭过脸，对下一名来访者说：“您有什么事？”

“他不想说！”切尔维亚科夫脸色煞白，心里想道，“看来他生气了……不行，这事不能这样放下……我要跟他解释清楚……”

当将军接见完最后一名来访者，正要返回内室时，切尔维亚科夫一步跟上去，又开始嗫嚅道：

“大人！倘若在下胆敢打搅大人的话，那么可以说，只是出于一种悔过的心情……我不是有意的，务请您谅解，大人！”

将军做出一副哭丧脸，挥一下手。

“您简直开玩笑，先生！”将军说完，进门不见了。

“这怎么是开玩笑？”切尔维亚科夫想，“根本不是开玩笑！身为将军，却不明事理！既然这样，我再也不向这个好摆架子的人赔不是了！去他的！我给他写封信，再也不来了！真的，再也不来了！”

切尔维亚科夫这么思量着回到家里。可是给将军的信却没有写成。想来想去，怎么也想不出这信该怎么写。只好次日又去向将军本人解释。

“我昨天来打搅了大人，”当将军向他抬起疑问的目光，他开始嗫嚅道，“我不是如您讲的来开玩笑的。我来是向您赔礼道歉，因为我打喷嚏时溅着您了，大人……说到开玩笑，我可从来没有想过。在下胆敢开玩笑吗？倘若我们真开玩笑，那样的话，就丝毫谈不上对大人的敬重了……谈不上……”

“滚出去！！”忽然间，脸色发青、浑身打颤的将军大喝一声。

“什么，大人？”切尔维亚科夫小声问道，他吓呆了。

“滚出去！！”将军顿着脚，又喊了一声。

切尔维亚科夫感到肚子里什么东西碎了。什么也看不见，什么也听不着，他一步一步退到门口。他来到街上，步履艰难地走着……他懵懵懂懂地回到家里，没脱制服，就倒在长沙发上，后来就……死了。

一八八三年七月二日

阅读提示

安东·巴甫洛维奇·契诃夫（1860—1904）是俄国的世界级短篇小说巨匠，是俄国19世纪末期最后一位批判现实主义艺术大师，与法国作家莫泊桑和美国作家欧·亨利并称为“世界三大短篇小说家”，是一位有强烈幽默感的作家，他的小说紧凑精炼，言简意赅，给读者以独立思考的余地。其剧作对19世纪戏剧产生了很大的影响。他坚持现实主义传统，注重描写俄国人民的日常生活，擅于塑造具有典型性格的小人物，借此真实反映出当时俄国社会的状况。他的作品的两大特征是对丑恶现象的嘲笑与对贫苦人民的深切的同情，并且，其作品无情地揭露了沙皇统治下的不合理的社会制度和社会的丑恶现象。他被认为是19世纪末俄国现实主义文学的杰出代表。

《小公务员之死》通过对幽默可笑的人和事的描写，反映了当时社会的极端恐怖所造成的人们的精神异化、性格扭曲及心理变态，表现了作家对黑暗社会的抗议，以及对思想庸俗、生活猥琐的小市民的"哀其不幸"与"怒其不争"，表明了作家对罪恶制度的无泪控诉，具有深刻的社会意义。

小说虽然字数不多，篇幅短小，反映的问题和包含的意义却十分深刻。因为打了一个喷嚏而三番五次地向将军道歉，受到呵斥后胆怯而死，由此可以看到小公务员切尔维亚科夫为人谨慎、胆小怕事、奴性十足、行为可笑的性格特点，而在这"谨慎""可笑"的行为背后却是他极其悲惨的经历。他的死，貌似荒唐，实则有着真实的社会生活背景。在当时的俄国，"大人物"摧残"小人物"是一种普遍现象。这种卑微的小人物的畏惧感和奴性心理是沙皇专制制度下森严的等级制度和达官贵人长期飞扬跋扈、盛气凌人的社会现实造成的。因此，切尔维亚科夫的死是一个具有深刻社会意义的悲剧，作者透过这一人物形象表露了对人性可怜之处的不胜悲哀，也暴露了整个沙皇统治时期专制制度的黑暗。

从文学创作的艺术手法上看，这篇短篇小说的一个突出特点，是运用了重复和渐进深入的描述技巧。小说的主人公切尔维亚科夫向长官前后进行过多达六次的道歉，而且一次比一次显得卑怯与悲戚。这种重复、深入的笔法对人物性格的生动塑造与对其内心世界的深刻挖掘，具有积极的推动作用。

四十四、米龙老爹

[法]莫泊桑

一个月以来，烈日在田地上展开了炙人的火焰。喜笑颜开的生活都在这种火雨下面出现了，绿油油的田野一望无际，蔚蓝的天色一直和地平线相接。那些在平原上四处散布的诺曼底省的田庄，在远处看来像是一些围在细而长的山毛榉树的圈子里的小树林子。然而走到跟前，等到有人打开了天井边的那扇被虫蛀坏的栅栏门，却自信是看见了一个广阔无边的花园，因为所有那些像农夫的躯体一样骨干嶙峋的古老苹果树正都开着花。乌黑钩曲的老树干在天井里排列成行，在天空之下展开它们那些雪白而粉红的光彩照人的圆顶。花的香气和敞开的马房里的浓厚气味，以及正在发酵的兽肥的蒸气混在一块儿——兽肥的上面歇满了成群的母鸡。

已经是日中了。那一家人正在门前的梨树的阴影下面吃午饭：男女家长，四个孩子，两个女长工和三个男长工。他们几乎没有说话。他们吃着菜羹，随后他们揭开了那盘做荤菜的马铃薯煨咸肉。

一个女长工不时立起身来，走到储藏饮食物品的房里，去斟满那只盛苹果酒的大罐子。

男人，年约40的强健汉子，端详他房屋边的一枝赤裸裸的没有结实的葡萄藤，它曲折得像一条蛇，在屋檐下面沿着墙伸展。

末了他说："老爹这枝葡萄，今年发芽的时候并不迟，也许可以结果子了。"

妇人也回过头来端详，却一个字也不说。

那枝葡萄，正种在老爹从前被人枪杀的地方。

那是1870年打仗时候的事。普鲁士人占领了整个地方。法国的裴兑尔白将军正领着北军和他们抵抗。

普军的参谋处正驻扎在这个田庄上。庄主是个年老的农人，一位名叫彼德的米龙老爹，竭力款待他们，安置他们。

一个月以来，普军的先头部队留在这个村落里做侦察工作。法军却在相距十法里内外一带地方静伏不动；然而每天夜晚，普兵总有好些骑兵失踪。

凡是那些分途到附近各处去巡逻的人，若是他们只是两三个成为一组出发的，都从没有转来过。

到早上，有人在一块地里，一个天井旁边，一条壕沟里，寻着了他们的尸首。他们的马也伸着腿倒在大路上，项颈被人一刀割开了。

这类的暗杀举动，仿佛是被一些同样的人干的，然而普兵没有法子破案。

地方上感到恐怖了。许多乡下人，每每因为一个简单的告发就被普兵枪决了，妇女们也被他们拘禁起来了，他们原来想用恐吓手段使儿童们有所透露，结果什么也没有发现。但是某一天早上，他们瞧见了米龙老爹躺在自己马房里，脸上有一道刀伤。

两个被刺穿了肚子的普国骑兵在一个和这庄子相距三公里远的地方被人寻着了。其中的一个，手里还握着他那把血迹模糊的马刀。可见他曾经格斗过的，自卫过的。

一场军事审判立刻在这庄子前面的露天里开庭了，那老头子被人带过来了。

他的年龄是68岁。身材矮瘦，脊梁是略带弯曲的，两只大手简直像一对蟹螯。一头稀疏得像是乳鸭羽绒样的乱发，使得他头颅上的肌肉随处都可以被人望见。项颈上的枯黄而起皱的皮肤显出好些粗的静脉管，一直延到腮骨边，消失却又在鬓脚边出现。在本地，他是一个以难于妥协和吝啬出名的人。

他们教他站在一张由厨房搬到外面的小桌子跟前，前后左右有四个普兵看守。五个军官和团长坐在他的对面。

团长用法国话发言了：

“米龙老爹，自从到了这里以后，我们对于您，除了夸奖以外真没有一句闲话。在我们看来，您对于我们始终是殷勤的，并且甚至可以说是很关心的。但是您今日却有一件很可怕的事被人告发了，自然非问个明白不成。您脸上带的那道伤是怎样来的呢？”

那个乡下人一个字也不回答。

团长接着又说：

“您现在不说话，这就定了您的罪，米龙老爹，但是我要您回答我，您听见没有？您知道今天早上在伽尔卫尔附近寻着的那两个骑兵是谁杀的吗？”

那老翁干脆地答道：

“是我。”

团长吃了一惊，缄默了一会，双眼盯着这个被逮捕的人。米龙老爹用他那种乡下人发呆的神态安闲自在地待着，双眼如同向他那个教区的神父说话似的低着没有抬起来。惟一可以看出他心里慌张的，就是他如同喉管完全被人扼住了一般，显而易见地在那儿不断地咽口水。

这老翁的一家人：儿子约翰，儿媳妇和两个孙子，都惊惶失措地立在他后面十步内外的地方。

团长接着又说：

“您可也知道这一个月以来，每天早上，我们部队里那些被人在田里寻着的侦察兵是被谁杀了的吗？”

老翁用同样的乡愚式的安闲自在的态度回答：

“是我。”

“全都是您杀的吗？”

“全都是，对呀，都是我。”

“您一个人？”

“我一个人。”

“您是怎样动手干的,告诉我吧。”

这一回,那汉子现出了心焦的样子,因为事情非得多说话不可,这显然使他为难。他吃着嘴说:

“我现在哪儿还知道?我该怎么干就怎么干。”

团长接着说:

“我通知您,您非全盘告诉我们不可。您大可以立刻就打定主意。您从前怎样开始的呢?”

那汉子向着他那些立在后面的家属不放心地瞧了一眼,又迟疑了一会儿,后来突然打定了主意:

“我记得那是某一天夜晚,你们到这里来的第二天夜晚,也许在10点钟光景。您和您的弟兄们,用过我250多个金法郎的草料和一条牛两只羊。我当时想,他们就是接连再来拿我一百个,我一样要向他们讨回来。并且那时候我心上还有别样的盘算,等会儿我再对您说。我望见了你们有一个骑兵坐在我的仓后面的壕沟边抽烟斗。我取下了我的镰刀,蹑着脚从后面掩过去,使他听不见一点声音。蓦地一下,只有一下,我就如同割下一把小麦似的割下了他的脑袋,他当时连说一下‘喔’的工夫都没有。您只须在水荡里去寻:您就会发现他和一块顶住栅栏门的石头一齐装在一只装煤的口袋里。”

“我那时就有了我的打算。我剥下了他全身的服装,从靴子剥到帽子,后来一齐送到了那个名叫马丁的树林子里的石灰窑的地道后面藏好。”

那老翁不做声了。那些感到惊惶的军官面面相觑。后来讯问又开始了,下文就是他们所得的口供:

那汉子干了这次谋杀敌兵的勾当,心里就存着这个观念:“杀些普鲁士人吧!”他像一个热忱爱国而又智勇兼备的农人一样憎恨他们。正如他说的一样,他是有他的打算的。他等了几天。

普军听凭他自由来去,随意出入,因为他对于战胜者的退让是用很多的服从和殷勤态度表示的,并且由于和普兵常有往来他学会了几句必要的德国话。现在,他每天傍晚总看见有些传令兵出发,他听明白那些骑兵要去的村落名称以后,就在某一个夜晚出门了。

他由他的天井里走出来,溜到了树林里,进了石灰窑,再钻到窑里那条长地道的末端,最后在地上寻着了那个死兵的服装,就把自己穿戴妥当。

后来他在田里徘徊一阵,为了避免被人发觉,他沿着那些土坎子爬着走,他听见极小的声响,就像一个偷着打猎的人一样放心不下。

到他认为钟点已经到了的时候,便向着大路前进,后来就躲在矮树丛里。他依然等着。末了,在夜半光景,一阵马蹄的“大走”声音在路面的硬土上响起来了。为了判断前面来的是否只有一个单独的骑兵,这汉子先把耳朵贴在地上,随后他就准备起来。

骑兵带着一些紧要文件用“大走”步儿走过来了。那汉子睁眼张耳地走过去。等到相隔不过十来步,米龙老爹就横在大路上像受了伤似地爬着走,一面用德国话喊着:“救命呀!救命呀!”骑兵勒住了马,以为那是一个失了坐骑的德国兵,以为他是受了伤的,于是滚鞍下马，毫不疑虑地走近前来，他刚刚俯着身躯去看这个素不认识的人，肚皮当中却吃了米龙老爹的马刀的弯弯儿的长刃。他倒下来了，立刻死了，最后仅仅颤抖着挣扎了几下。

于是这个诺曼底人感到一种老农式的无声快乐因而心花怒放了，自己站起来了，并且为了闹着玩儿又割断了那尸首的头颈。随后他把尸首拖到壕沟边就扔在那里面。

那匹安静的马等候着他的主人。米龙老爹骑了上去。教它用“大颠”的步儿穿过平原走开了。

一小时以后，他又看见两个归营的骑兵并辔而来。他一直对准他们赶过去，又用德国话喊着：“救人！救人”那两个普兵认明了军服，让他走近前来，绝没有一点疑忌。于是他，老翁，像弹丸一般在他们两人之间溜过去，一马刀一手枪，同时干翻了他们两个人。

随后他又宰了那两匹马，那都是德国马！然后从容地回到了石灰窑，把自己骑过的那匹马藏在那阴暗的地道中间。他在那里脱掉军服，重新披上了他自己的那套破衣裳，末了回家爬到床上，一直睡到第二天早晨。

他有四天没有出门，等候那场业已开始侦查的公案的结束，但是，第五天，他又出去了，并且又用相同的计谋杀了两个普兵。从此他不再住手了，每天夜晚，他总会逛到外面去找机会，骑着马在月光下面驰过荒废无人的田地，时而在这里，时而在那里，如同一个迷路的德国骑兵，一个专门猎取人头的猎人似的，杀过了一些普鲁士人。每次工作完了以后，这个年老的骑士任凭那些尸首横在大路上，自己却回到了石灰窑，藏起了自己的坐骑和军服。

第二天日中光景，他安闲地带些清水和草料去喂那匹藏在地道中间的马，为了要它担负重大的工作，他是不惜工本去喂它的。

但是，被审的前一天，那两个被他袭击的人，其中有一个有了戒备，并且在乡下老翁的脸上割了一刀。

然而他把那两个一齐杀死了！他依然又藏好了那匹马，换好了他的破衣裳，但是回家的时候，他衰弱得精疲力竭了，只能勉强拖着脚步走到了马房跟前，再也不能回到房子里。

有人在马房里发现他浑身是血，躺在那些麦秸上面……

口述完了之后，他突然抬起头自负地瞧着那些普鲁士军官。

那团长抚弄着自己的髭须，向他问：

“您再没有旁的话要说吗？”

“没有。再也没有，账算清了，我一共杀了16个，1个不多，1个不少。”

“您可知道自己快要死了吗？”

“我没有向您要求赦免。”

“您当过兵吗？”

“当过，我从前打过仗。并且从前也就是你们杀了我的爹，他老人家是一世皇帝的部下。我还应该算到上一个月，你们又在艾弗勒附近杀了我的小儿子法朗索阿。从前你们欠了我的账，现在我讨清楚了。我们现在是收支两讫。”

军官们彼此面面相觑了。

“8个算是替我的爹讨还了账。8个算是替我儿子讨还的。我们是收支两讫了。我本不要找你们惹事。我！我不认识你们！我也不知道你们是从哪儿来的。现在你们已经在我家里，并且要这样，要那样，像在你们自己家里一般。我如今在那些人身上复了仇。我一点也不后悔。”老翁接着又说。

老翁挺起了关节不良的脊梁，并且用一种谦逊的英雄姿态在胸前叉起了两只胳膊。

那几个普鲁士人低声谈了好半天。其中有一个上尉，他也在上一个月有一个儿子阵亡，这时，他替这个志气高尚的穷汉辩护。

于是团长站起来走到米龙老爹身边，并且低声向他说：“听明白，老头儿，也许有个法子救您性命，就是要……”

但是那老翁绝不细听，向着战胜的军官竖直了两只眼睛，这时候，一阵微风搅动了他头颅上的那些稀少的头发，他那副带着刀伤的瘦脸儿突然大幅收缩显出一幅怕人的难看样子，他终于鼓起了他的胸膛，向那普鲁士人劈面唾了一些唾沫。

团长呆了，扬起一只手，而那汉子又向他脸上唾了第二次。

所有的军官都站起来了，并且同时喊出了好些道命令。

不到一分钟，那个始终安闲自在的老翁被人推到了墙边，那时候他才向着他的长子约翰，他的儿媳妇和他的两个孙子微笑了一阵，他们都惶惑万分地望着他，他终于立刻被人枪决了。

阅读提示

居伊·德·莫泊桑(1850—1893)，19世纪后半叶法国优秀的批判现实主义作家。1850年出生于法国上诺曼府滨海塞纳省的一个没落贵族家庭。曾参加过普法战争，这经历成为他日后创作的重要主题。1879年，以左拉为首的六个文人在巴黎市郊梅塘别墅聚会，商定以普法战争为题各人写一篇小说，汇成《梅塘小说集》。次年，小说集问世，莫泊桑以《羊脂球》独占鳌头，一鸣惊人。

莫泊桑是批判现实主义作家的杰出代表。他对资本主义制度的黑暗和弊端，以及资产阶级的虚伪、堕落，进行了不遗余力的曝光和针砭。他善于发现小人物身上的健康品质，并形诸笔端。他的短篇小说以笔触细腻、章法多变、舒展自如、自成一体而享誉世界，被称为短篇小说之王。他一生创作了6部长篇小说、359篇中短篇小说和3部游记，是法国文学史上短篇小说创作数量最大、成就最高的作家，300余篇短篇小说的巨大创作量在19世纪的文学界绝无仅有。莫泊桑患有神经痛和强烈的偏头痛，巨大的劳动强度使他逐渐病入膏肓。直到1891年，他已经不能再进行写作，在遭受疾病的残酷折磨之后，于1893年7月6日逝世，年仅43岁。

《米龙老爹》描述了普法战争中一个普通法国农民孤胆杀敌的故事，成功地塑造了一个机智勇敢、大义凛然的农民英雄形象，表现出法国人民抗击侵略者的英雄主义和爱国主义精神。

小说是写儿子对父亲的回忆，采取倒叙的形式。作者先描写了一幅法国诺漫底田园风光，引出和交代了当年米龙老爹殉难之处和后人对殉难者的缅怀之情，然后抚今追昔，顺理成章地引出往日艰苦斗争的故事。这样写的作用，一是设置悬念，为小说的情节发展作铺垫，突出小说的爱国主义主题；二是以幸存者和后代对壮烈牺牲的米龙老爹的怀念之情，为故事展开作情感的铺垫。

小说在叙事方式上的另一个特点是第一人称和第三人称交互使用。作品先用第三人称对米龙老爹孤胆杀敌、失手被捕的事件作了客观、概括性的叙述和交代，后通过法庭审判让米龙老爹用第一人称回答普军军官的问题。这样变换叙事角度可以更清楚地描述细节，可以从多视点、多侧面塑造人物形象，同时也避免了叙述上的呆板。

小说通过肖像描写和细节描写巧妙刻画人物的性格。米龙老爹的肖像多是侧面描写，衬托出其深思熟虑、胆大、沉着、机智的性格特点。而就义之前的正面肖像描写表现了米龙老爹宁死不屈、视死如归的英雄性格。细节描写主要突出了米龙老爹彪悍与勇敢的性格特征。

四十五、热 爱 生 命

[美]杰克·伦敦

一切,总算剩下了这一点——
他们经历了生活的困苦颠连;
能做到这种地步也就是胜利,
尽管他们输掉了赌博的本钱。

他们两个一瘸一拐地、吃力地走下河岸,有一次,走在前面的那个还在乱石中间失足摇晃了一下。他们又累又乏,因为长期忍受苦难,脸上都带着愁眉苦脸、咬牙苦熬的表情。他们肩上捆着用毯子包起来的沉重包袱。总算那条勒在额头上的皮带还得力,帮着吊住了包袱。他们每人拿着一支来复枪。他们弯着腰走路,肩膀冲向前面,而脑袋冲得更前,眼睛总是瞅着地面。

"我们藏在地窖里的那些子弹,我们身边要有两三发就好了。"走在后面的那个人说道。

他的声调,阴沉沉的,干巴巴的,完全没有感情。他冷冷地说着这些话。前面的那个只顾一瘸一拐地向流过岩石、激起一片泡沫的白茫茫的小河里走去,一句话也不回答。

后面的那个紧跟着他。他们两个都没有脱掉鞋袜,虽然河水冰冷——冷得他们脚腕子疼痛,两脚麻木。每逢走到河水冲击着他们膝盖的地方,两个人都摇摇晃晃地站不稳,跟在后面的那个在一块光滑的圆石头上滑了一下,差一点没摔倒,但是,他猛力一挣,站稳了,同时痛苦地尖叫了一声。他仿佛有点头昏眼花,一面摇晃着,一面伸出那只闲着的手,好像打算扶着空中的什么东西。站稳之后,他再向前走去,不料又摇晃了一下,几乎摔倒。于是,他就站着不动,瞧着前面那个一直没有回过头的人。

他这样一动不动地足足站了一分钟,好像心里在说服自己一样。接着,他就叫了起来:"喂,比尔,我扭伤脚腕子啦。"

比尔在白茫茫的河水里一摇一晃地走着。他没有回头。

后面那个人瞅着他这样走去,脸上虽然照旧没有表情,眼睛里却流露着跟一头受伤的鹿一样的神色。

前面那个人一瘸一拐,登上对面的河岸,头也不回,只顾向前走去,河里的人眼睁睁地瞧着。他的嘴唇有点发抖,因此,他嘴上那丛乱棕似的胡子也在明显地抖动。他甚至不知不觉地伸出舌头来舐舐嘴唇。

"比尔!"他大声地喊着。

这是一个坚强的人在患难中求援的喊声,但比尔并没有回头。他的伙伴干瞧着他,只见他古里古怪地一瘸一拐地走着，跌跌撞撞地前进，摇摇晃晃地登上一片不陡的斜坡，向矮山头上不十分明亮的天际走去。他一直瞧着他跨过山头，消失了踪影。于是他掉转眼光，慢慢扫过比尔走后留给他的那一圈世界。

靠近地平线的太阳，像一团快要熄灭的火球，几乎被那些混混沌沌的浓雾和蒸气遮没了，让你觉得它好像是什么密密团团，却轮廓模糊、不可捉摸的东西。这个人单腿立着休息，掏出了他的表，现在是四点钟，在这种七月底或者八月初的季节里——他说不出一两个星期之内的确切的日期——他知道太阳大约是在西北方。他瞧了瞧南面，知道在那些荒凉的小山后面就是大熊湖；同时，他还知道在那个方向，北极圈的禁区界线深入到加拿大冻土地带之内。他所站的地方，是铜矿河的一条支流，铜矿河本身则向北流去，通向加冕湾和北冰洋。他从来没到过那儿，但是，有一次，他在赫德森湾公司的地图上曾经瞧见过那地方。

他把周围那一圈世界重新扫了一遍。这是一片叫人看了发愁的景象。到处都是模糊的天际线。小山全是那么低低的。没有树，没有灌木，没有草——什么都没有，只有一片辽阔可怕的荒野，迅速地使他两眼露出了恐惧神色。

"比尔！"他悄悄地、一次又一次地喊道："比尔！"

他在白茫茫的水里畏缩着，好像这片广大的世界正在用压倒一切的力量挤压着他，正在残忍地摆出得意的威风来摧毁他。他像发疟疾似地抖了起来，连手里的枪都哗啦一声落到水里。这一声总算把他惊醒了。他和恐惧斗争着，尽力打起精神，在水里摸索，找到了枪。他把包袱向左肩挪动了一下，以便减轻扭伤的脚腕子的负担。接着，他就慢慢地，小心谨慎地，疼得闪闪缩缩地向河岸走去。

他一步也没有停。他像发疯似地拼着命，不顾疼痛，匆匆登上斜坡，走向他的伙伴失去踪影的那个山头——比起那个瘸着腿，一瘸一拐的伙伴来，他的样子更显得古怪可笑。可是到了山头，只看见一片死沉沉的、寸草不生的浅谷。他又和恐惧斗争着，克服了它，把包袱再往左肩挪了挪，蹒跚地走下山坡。

谷底一片潮湿，浓厚的苔藓，像海绵一样，紧贴在水面上。他走一步，水就从他脚底下溅射出来，他每次一提起脚，就会引起一种吧咂吧咂的声音，因为潮湿的苔藓总是吸住他的脚，不肯放松。他挑着好路，从一块沼地走到另一块沼地，并且顺着比尔的脚印，走过一堆一堆的、像突出在这片苔藓海里的小岛一样的岩石。

他虽然孤零零的一个人，却没有迷路。他知道，再往前去，就会走到一个小湖旁边，那儿有许多极小极细的枯死的枞树，当地人把那儿叫作"提青尼其利"——意思是"小棍子地"。而且，还有一条小溪通到湖里，溪水不是白茫茫的。

溪上有灯心草——这一点他记得很清楚——但是没有树木，他可以沿着这条小溪一直走到水源尽头的分水岭。他会翻过这道分水岭，走到另一条小溪的源头，这条溪是向西流的，他可以顺着水流走到它注入狄斯河的地方，那里，在一条翻了的独木船下面可以找到一个小坑，坑上面堆着许多石头。这个坑里有他那支空枪所需要的子弹，还有钓钩、钓丝和一张小鱼网——打猎钓鱼求食的一切工具。同时，他还会找到面粉——并不多——此外还有一块腌猪肉同一些豆子。

比尔会在那里等他的，他们会顺着狄斯河向南划到大熊湖。接着，他们就会在湖里朝南方划，一直朝南，直到麦肯齐河。到了那里，他们还要朝着南方，继续朝南方走去，那么冬天就怎么也赶不上他们了。让湍流结冰吧，让天气变得更凛冽吧，他们会向南走到一个暖和的赫德森湾公司的站头，那儿不仅树木长得高大茂盛，吃的东西也多得不得了。

这个人一路向前挣扎的时候，脑子里就是这样想的。他不仅苦苦地拼着体力，也苦苦地绞着脑汁，他尽力想着比尔并没有抛弃他，想着比尔一定会在藏东西的地方等他。

他不得不这样想，不然，他就用不着这样拼命，他早就会躺下来死掉了。当那团模糊的像圆球一样的太阳慢慢向西北方沉下去的时候，他一再盘算着在冬天追上他和比尔之前，他们向南逃去的每一寸路。他反复地想着地窖里和赫德森湾公司站头上的吃的东西。他已经两天没吃东西了，至于没有吃到他想吃的东西的日子，就更不止两天了。他常常弯下腰，摘起沼地上那种灰白色的浆果，把它们放到口里，嚼几嚼，然后吞下去。这种沼地浆果只有一小粒种子，外面包着一点浆水。一进口，水就化了，种子又辣又苦。他知道这种浆果并没有养分，但是他仍然抱着一种不顾道理、不顾经验教训的希望，耐心地嚼着它们。

走到九点钟，他在一块岩石上绊了一下，因为极端疲倦和衰弱，他摇晃了一下就栽倒了。他侧着身子、一动也不动地躺了一会。接着，他从捆包袱的皮带当中脱出身子，笨拙地挣扎起来勉强坐着。这时候，天还没有完全黑，他借着留连不散的暮色，在乱石中间摸索着，想找到一些干枯的苔藓。后来，他收集了一堆，就升起一蓬火——一蓬不旺的，冒着黑烟的火——并且放了一白铁罐子水在上面煮着。

他打开包袱，第一件事就是数数他的火柴。一共六十六根。为了弄清楚，他数了三遍。他把它们分成几份，用油纸包起来，一份放在他的空烟草袋里，一份放在他的破帽子的帽圈里，最后一份放在贴胸的衬衫里面。做完以后，他忽然感到一阵恐慌，于是又把它们拿出来打开，重新数过。

仍然是六十六根。

他在火边烘着潮湿的鞋袜。鹿皮鞋已经成了湿透的碎片。毡袜子有好多地方都磨穿了，两只脚皮开肉绽，都在流血。一只脚腕子胀得血管直跳，他检查了一下。它已经肿得和膝盖一样粗了。他一共有两条毯子，他从其中的一条撕下一长条，把脚腕子捆紧。此外，他又撕下几条，裹在脚上，代替鹿皮鞋和袜子。接着，他喝完那罐滚烫的水，上好表的发条，就爬进两条毯子当中。

他睡得跟死人一样。午夜前后的短暂的黑暗来而复去。

太阳从东北方升了起来——至少也得说那个方向出现了曙光，因为太阳给乌云遮住了。

六点钟的时候，他醒了过来，静静地仰面躺着。他仰视着灰色的天空，知道肚子饿了。当他撑住胳膊肘翻身的时候，一种很大的呼噜声把他吓了一跳，他看见了一只公鹿，它正在用机警好奇的眼光瞧着他。这个牲畜离他不过五十尺光景，他脑子里立刻出现了鹿肉排在火上烤得咝咝响的情景和滋味。他无意识地抓起了那支空枪，瞄好准星，扣了一下扳机。公鹿哼了一下，一跳就跑开了，只听见它奔过山岩时蹄子得得乱响的声音。

这个人骂了一句，扔掉那支空枪。他一面拖着身体站起来，一面大声地哼哼。这是一件很慢、很吃力的事。他的关节都像生了锈的铰链。它们在骨臼里的动作很迟钝，阻力很大，一屈一伸都得咬着牙才能办到。最后，两条腿总算站住了，但又花了一分钟左右的工夫才挺起腰，让他能够像一个人那样站得笔直。

他慢腾腾地登上一个小丘，看了看周围的地形。既没有树木，也没有小树丛，什么都没有，只看到一望无际的灰色苔藓，偶尔有点灰色的岩石，几片灰色的小湖，几条灰色的小溪，算是一点变化点缀。天空是灰色的。没有太阳，也没有太阳的影子。他不知道哪儿是北方，他已经忘掉了昨天晚上他是怎样取道走到这里的。不过他并没有迷失方向。

这他是知道的。不久他就会走到那块“小棍子地”。他觉得它就在左面的什么地方，而且不远——可能翻过下一座小山头就到了。

于是他回到原地，打好包袱，准备动身。他摸清楚了那三包分别放开的火柴还在，虽然没有停下来再数数。不过，他仍然踌躇了一下，在那儿一个劲地盘算，这次是为了一个厚实的鹿皮口袋。袋子并不大。他可以用两只手把它完全遮住。他知道它有十五磅重——相当于包袱里其他东西的总和——这个口袋使他发愁。最后，他把它放在一边，开始卷包袱。可是，卷了一会，他又停下手，盯着那个鹿皮口袋。他匆忙地把它抓到手里，用一种反抗的眼光瞧瞧周围，仿佛这片荒原要把它抢走似的；等到他站起来，摇摇晃晃地开始这一天的路程的时候，这个口袋仍然包在他背后的包袱里。

他转向左面走着，不时停下来吃沼地上的浆果。扭伤的脚腕子已经僵了，他比以前跛得更明显，但是，比起肚子里的痛苦，脚疼就算不了什么。饥饿的疼痛是剧烈的。它们一阵一阵地发作，好像在啃着他的胃，疼得他不能把思想集中在到“小棍子地”必须走的路线上。沼地上的浆果并不能减轻这种剧痛，那种刺激性的味道反而使他的舌头和口腔热辣辣的。

他走到了一个山谷，那儿有许多松鸡从岩石和沼地里呼呼地拍着翅膀飞起来。它们发出一种“咯儿—咯儿—咯儿”的叫声。他拿石子打它们，但是打不中。他把包袱放在地上，像猫捉麻雀一样地偷偷走过去。锋利的岩石穿过他的裤子，划破了他的腿，直到膝盖流出的血在地面上留下一道血迹；但是在饥饿的痛苦中，这种痛苦也算不了什么。他在潮湿的苔藓上爬着，弄得衣服湿透，身上发冷；可是这些他都没有察觉，因为他想吃东西的念头那么强烈。而那一群松鸡却总是在他面前飞起来，呼呼地转，到后来，它们那种“咯儿—咯儿—咯儿”的叫声简直变成了对他的嘲笑，于是他就咒骂它们，随着它们的叫声对它们大叫起来。

有一次，他爬到了一定是睡着了的一只松鸡旁边。他一直没有瞧见，直到它从岩石的角落里冲着他的脸蹿起来，他才发现。他像那只松鸡起飞一样惊慌，抓了一把，只捞到了三根尾巴上的羽毛。当他瞅着它飞走的时候，他心里非常恨它，好像它做了什么对不起他的事。随后他回到原地，背起包袱。

时光渐渐消逝，他走进了连绵的山谷，或者说是沼地，这些地方的野物比较多。一群驯鹿走了过去，大约有二十多头，都待在可望而不可即的来复枪的射程以内。他心里有一种发狂似的、想追赶它们的念头，而且相信自己一定能追上去捉住它们。一只黑狐狸朝他走了过来，嘴里叼着一只松鸡。这个人喊了一声。这是一种可怕的喊声，那只狐狸吓跑了，可是没有丢下松鸡。

傍晚时，他顺着一条小河走去，由于含着石灰而变成乳白色的河水从稀疏的灯心草丛里流过去。他紧紧抓住这些灯心草的根部，拔起一种好像嫩葱芽，只有木瓦上的钉子那么大的东西。这东西很嫩，他的牙齿咬进去，会发出一种咯吱咯吱的声音，仿佛味道很好。但是它的纤维却不容易嚼。

它是由一丝丝的充满了水份的纤维组成的，跟浆果一样，完全没有养分。他丢开包袱，爬到灯心草丛里，像牛似的大咬大嚼起来。他非常疲倦，总希望能歇一会——躺下来睡个觉；可是他又不得不继续挣扎前进——不过，这并不一定是因为他急于要赶到"小棍子地"，多半还是饥饿在逼着他。他在小水坑里找青蛙，或者用指甲挖土找小虫，虽然他也知道，在这么远的北方，是既没有青蛙也没有小虫的。

他瞧遍了每个水坑，都没有用，最后，到了漫漫的暮色袭来的时候，他才发现一个水坑里有一条独一无二的、如鲦鱼般的小鱼。他把胳膊伸下水去，一直没到肩头，但是它又溜开了。于是他用双手去捉，把池底的乳白色泥浆全搅浑了。正在紧张的关头，他掉到了坑里，半身都浸湿了。现在，水太浑了，看不清鱼在哪儿，他只好等着，等泥浆沉淀下去。

他又捉起来，直到水又被搅浑了。可是他等不及了，便解下身上的白铁罐子，把坑里的水舀出去；起初，他发狂一样地舀着，把水溅到自己身上，同时，因为泼出去的水距离太近，水又流到坑里。后来，他就更小心地舀着，尽量让自己冷静一点，虽然他的心跳得很厉害，手在发抖。这样过了半小时，坑里的水差不多舀光了。剩下来的连一杯也不到。

可是，并没有什么鱼。他这才发现石头里面有一条暗缝，那条鱼已经从那里钻到了旁边一个相连的大坑——坑里的水他一天一夜也舀不干。如果他早知道有这个暗缝，他一开始就会把它堵死，那条鱼也就归他所有了。他这样想着，四肢无力地倒在潮湿的地上。起初，他只是轻轻地哭；过了一会，他就对着把他团团围住的无情的荒原号啕大哭；后来，他又大声抽噎了好久。

他升起一蓬火，喝了几罐热水让自己暖和暖和，并且照昨天晚上那样在一块岩石上露宿。最后他检查了一下火柴是不是干燥，并且上好表的发条，毯子又湿又冷，脚腕子疼得在悸动。可是他只有饿的感觉，在不安的睡眠里，他梦见了一桌桌酒席和一次次宴会，以及各种各样的摆在桌上的食物。

醒来时，他又冷又不舒服。天上没有太阳。灰蒙蒙的大地和天空变得愈来愈阴沉昏暗。一阵刺骨的寒风刮了起来，初雪铺白了山顶。他周围的空气愈来愈浓，成了白茫茫一片，这时，他已经升起火，又烧了一罐开水。天上下的一半是雨，一半是雪，雪花又大又潮。起初，一落到地面就融化了，但后来越下越多，盖满了地面，淋熄了火，糟蹋了他那些当作燃料的干苔藓。

这是一个警告，他得背起包袱，一瘸一拐地向前走；至于到哪儿去，他可不知道。他既不关心"小棍子地"，也不关心比尔和狄斯河边那条翻过来的独木舟下的地窖。他完全给"吃"这个词儿管住了。他饿疯了。他根本不管他走的是什么路，只要能走出这个谷底就成。他在湿雪里摸索着，走到湿漉漉的沼地浆果那儿，接着又一面连根拔着灯心草，一面试探着前进。不过这东西既没有味，又不能把肚子填饱。

后来，他发现了一种带酸味的野草，就把找到的都吃了下去，可是找到的并不多，因为它是一种蔓生植物，很容易给几寸深的雪埋没。那天晚上他既没有火，也没有热水，他就钻在毯子里睡觉，而且常常饿醒。这时，雪已经变成了冰冷的雨。他觉得雨落在他仰着的脸上，给淋醒了好多次。天亮了——又是灰蒙蒙的一天，没有太阳。雨已经停了。刀绞一样的饥饿感觉也消失了。他已经丧失了想吃食物的感觉。他只觉得胃里隐隐作痛，但并不使他过分难过。他的脑子已经比较清醒，他又一心一意地想着“小棍子地”和狄斯河边的地窖了。

他把撕剩的那条毯子扯成一条条的，裹好那双鲜血淋淋的脚。同时把受伤的脚腕子重新捆紧，为这一天的旅行做好准备。等到收拾包袱的时候，他对着那个厚实的鹿皮口袋想了很久，但最后还是把它随身带着。

雪已经给雨水淋化了，只有山头还是白的。太阳出来了，他总算能够定出罗盘的方位来了，虽然他知道现在他已经迷了路。在前两天的游荡中，他也许走得过分偏左了。因此，他为了校正，就朝右面走，以便走上正确的路程。

现在，虽然饿的痛苦已经不再那么敏锐，他却感到了虚弱。他在摘那种沼地上的浆果，或者拔灯心草的时候，常常不得不停下来休息一会。他觉得他的舌头很干燥，很大，好像上面长满了细毛，含在嘴里发苦。他的心脏给他添了很多麻烦。他每走几分钟，心里就会猛烈地怦怦地跳一阵，然后变成一种痛苦的一起一落的迅速猛跳，逼得他透不过气，只觉得头昏眼花。

中午时分，他在一个大水坑里发现了两条鲦鱼。把坑里的水舀干是不可能的，但是现在他比较镇静，就想法子用白铁罐子把它们捞起来。它们只有他的小指头那么长，但是他现在并不觉得特别饿。胃里的隐痛已经愈来愈麻木，愈来愈不觉得了。他的胃几乎像睡着了似的。他把鱼生吃下去，费劲地咀嚼着，因为吃东西已成了纯粹出于理智的动作。他虽然并不想吃，但是他知道，为了活下去，他必须吃。

黄昏时候，他又捉到了三条鲦鱼，他吃掉两条，留下一条作为第二天的早饭。太阳已经晒干了零星散漫的苔藓，他能够烧点热水让自己暖和暖和了。这一天，他走了不到十里路；第二天，只要心脏允许，他就往前走，只走了五里多地。但是胃里却没有一点不舒服的感觉——它已经睡着了。

现在，他到了一个陌生的地带，驯鹿愈来愈多，狼也多起来了。荒原里常常传出狼嚎的声音，有一次，他还瞧见了三只狼在他前面的路上穿过。

又过了一夜。早晨，因为头脑比较清醒，他就解开系着那厚实的鹿皮口袋的皮绳，从袋口倒出一股黄澄澄的粗金沙和金块。他把这些金子分成了大致相等的两堆，一堆包在一块毯子里，在一块突出的岩石上藏好，把另外那堆仍旧装到口袋里。同时，他又从剩下的那条毯子上撕下几条，用来裹脚。他仍然舍不得他的枪，因为狄斯河边的地窖里有子弹。

这是一个下雾的日子，这一天，他又有了饿的感觉。他的身体非常虚弱，他一阵一阵地晕得什么都看不见。现在，对他来说，一绊就摔跤已经不是稀罕事了。有一次，他给绊了一跤，正好摔到一个松鸡窝里。那里面有四只刚孵出的小松鸡，出世才一天光景——那些活蹦乱跳的小生命只够吃一口。他狼吞虎咽，把它们活活塞到嘴里，像嚼蛋壳似地吃起来，母松鸡大吵大叫地在他周围扑来扑去。他把枪当作棍子来打它，可是它闪开了。他投石子打它，碰巧打伤了它的一个翅膀。松鸡拍击着受伤的翅膀逃开了，他就在后面追赶。

那几只小鸡只引起了他的胃口。他拖着那只受伤的脚腕子，一瘸一拐，跌跌撞撞地追下去，时而对它扔石子，时而粗声吆喝；有时候，他只是一瘸一拐，不声不响地追着，摔倒了就咬着牙、耐心地爬起来，或者在头晕得支持不住的时候用手揉揉眼睛。

这么一追，竟然穿过了谷底的沼地，发现了潮湿苔藓上的一些脚印。这不是他自己的脚印，他看得出来。一定是比尔的。不过他不能停下，因为母松鸡正在向前跑。他得先把它捉住，然后回来察看。

母松鸡给追得精疲力尽，可是他自己也累坏了。它歪着身子倒在地上喘个不停，他也歪着倒在地上喘个不停，只隔着十来尺，然而没有力气爬过去。等到他恢复过来，它也恢复过来了，他的饿手才伸过去，它就扑着翅膀，逃到了他抓不到的地方。这场追赶就这样继续下去。天黑了，它终于逃掉了。由于浑身软弱无力绊了一跤，头重脚轻地栽下去，划破了脸，包袱压在背上。他一动不动地过了好久，后来才翻过身，侧着躺在地上，上好表，在那儿一直躺到早晨。

又是一个下雾的日子。他剩下的那条毯子已经有一半做了包脚布。他没有找到比尔的踪迹。可是没有关系。饿逼得他太厉害了——不过——不过他又想，是不是比尔也迷了路。走到中午的时候，累赘的包袱压得他受不了。于是他重新把金子分开，但这一次只把其中的一半倒在地上。到了下午，他把剩下来的那一点也扔掉了，现在，他只有半条毯子、那个白铁罐子和那支枪。

一种幻觉开始折磨他。他觉得有十足的把握，他还剩下一粒子弹。它就在枪膛里，而他一直没有想起。可是另一方面，他也始终明白，枪膛里是空的。但这种幻觉总是萦绕不散。他斗争了几个钟头，想摆脱这种幻觉，后来他就打开枪，结果面对着空枪膛。这样的失望非常痛苦，仿佛他真的希望会找到那粒子弹似的。

经过半个钟头的跋涉之后，这种幻觉又出现了。他于是又跟它斗争，而它又缠住他不放，直到为了摆脱它，他又打开枪膛打消自己的念头。有时候，他越想越远，只好一面凭本能自动向前跋涉，一面让种种奇怪的念头和狂想，像蛀虫一样地啃他的脑髓。但是这类脱离现实的思想大都维持不了多久，因为饥饿的痛苦总会把他刺醒。有一次，正在这样瞎想的时候，他忽然猛地惊醒过来，看到一个几乎叫他昏倒的东西。他像酒醉一样地晃荡着，好让自己不致跌倒。在他面前站着一匹马。一匹马！他简直不能相信自己的眼睛。他觉得眼前一片漆黑，霎时间金星乱迸。他狠狠地揉着眼睛，让自己瞧瞧清楚，原来它并不是马，而是一头大棕熊。这个畜生正在用一种好战的好奇眼光仔细察看着他。

这个人举枪上肩，把枪举起一半，就记起来。他放下枪，从屁股后面的镶珠刀鞘里拔出猎刀。他面前是肉和生命。他用大拇指试试刀刃。刀刃很锋利。刀尖也很锋利。

他本来会扑到熊身上，把它杀了的。可是他的心却开始了那种警告性的猛跳。接着又向上猛顶，迅速跳动，头像给铁箍箍紧了似的，脑子里渐渐感到一阵昏沉。

他的不顾一切的勇气已经给一阵汹涌起伏的恐惧驱散了。处在这样衰弱的境况中，如果那个畜生攻击他，怎么办？

他只好尽力摆出极其威风的样子，握紧猎刀，狠命地盯着那头熊。它笨拙地向前挪了两步，站直了，发出试探性的咆哮。

如果这个人逃跑，它就追上去。不过这个人并没有逃跑。现在，由于恐惧而产生的勇气已经使他振奋起来。同样地，他也在咆哮，而且声音非常凶狠，非常可怕，发出那种生死攸关、紧紧地缠着生命的根基的恐惧。

那头熊慢慢向旁边挪动了一下，发出威胁的咆哮，连它自己也给这个站得笔直、毫不害怕的神秘动物吓住了。可是这个人仍旧不动。他像石像一般地站着，直到危险过去，他才猛然哆嗦了一阵，倒在潮湿的苔藓里。

他重新振作起来，继续前进，心里又产生了一种新的恐惧。这不是害怕他会束手无策地死于断粮的恐惧，而是害怕饥饿还没有耗尽他的最后一点求生力，他已经给凶残地摧毁了。这地方的狼很多。狼嚎的声音在荒原上飘来飘去，在空中交织成一片危险的罗网，好像伸手就可以摸到，吓得他不由举起双手，把它向后推去，仿佛它是给风刮紧了的帐篷。

那些狼，时常三三两两地从他前面走过。但是都避着他。一则因为它们为数不多，此外，它们要找的是不会搏斗的驯鹿，而这个直立走路的奇怪动物却可能既会抓又会咬。

傍晚时他碰到了许多零乱的骨头，说明狼在这儿咬死过一头野兽。这些残骨在一个钟头以前还是一头小驯鹿，一面尖叫，一面飞奔，非常活跃。他端详着这些骨头，它们已经给啃得精光发亮，其中只有一部分还没有死去的细胞泛着粉红色。难道在天黑之前，他也可能变成这个样子吗？生命就是这样吗，呃？真是一种空虚的、转瞬即逝的东西。只有活着才感到痛苦。死并没有什么难过。死就等于睡觉。它意味着结束和休息。那么，为什么他不甘心死呢？

但是，他对这些大道理想得并不长久。他蹲在苔藓地上，嘴里衔着一根骨头，吮吸着仍然使骨头微微泛红的残余生命。甜蜜蜜的肉味，跟回忆一样隐隐约约，不可捉摸，却引得他要发疯。他咬紧骨头，使劲地嚼。有时他咬碎了一点骨头，有时却咬碎了自己的牙，于是他就用岩石来砸骨头，把它捣成了酱，然后吞到肚里。匆忙之中，有时也砸到自己的指头，使他一时感到惊奇的是，石头砸了他的指头他并不觉得很痛。

接着下了几天可怕的雨雪。他不知道什么时候露宿，什么时候收拾行李。他白天黑夜都在赶路。他摔倒在哪里就在哪里休息，一到垂危的生命火花闪烁起来、微微燃烧的时候，就慢慢向前走。他已经不再像人那样挣扎了。逼着他向前走的，是他的生命，因为它不愿意死。他也不再痛苦了。他的神经已经变得迟钝麻木，他的脑子里则充满了怪异的幻象和美妙的梦境。

不过，他老是吮吸着、咀嚼着那头小驯鹿的碎骨头，这是他收集起来随身带着的一点残屑。他不再翻山越岭了，只是自动地顺着一条流过一片宽阔的浅谷的溪水走去。可是他既没有看见溪流，也没有看到山谷。他只看到幻象。他的灵魂和肉体虽然在并排向前走，向前爬，但它们是分开的，它们之间的联系已经非常微弱。

有一天，他醒过来，神智清楚地仰卧在一块岩石上。太阳明朗暖和。他听到远处有一群小驯鹿尖叫的声音。他只隐隐约约地记得下过雨，刮过风，落过雪，至于他究竟被暴风雨吹打了两天或者两个星期，那他就不知道了。

他一动不动地躺了好一会，温和的太阳照在他身上，使他那受苦受难的身体充满了暖意。这是一个晴天，他想道。

也许，他可以想办法确定自己的方位。他痛苦地使劲偏过身子，下面是一条流得很慢的很宽的河。他觉得这条河很陌生，真使他奇怪。他慢慢地顺着河望去，宽广的河湾蜿蜒在许多光秃秃的小荒山之间，比他往日碰到的任何小山都显得更光秃、更荒凉、更低矮。他于是慢慢地、从容地、毫不激动地，或者至多也是抱着一种极偶然的兴致，顺着这条奇怪的河流的方向，向天际望去，只看到它注入一片明亮光辉的大海。他仍然不激动。太奇怪了，他想道，这是幻象吧，也许是海市蜃楼吧——多半是幻象，是他的错乱的神经搞出来的把戏。后来，他又看到光亮的大海上停泊着一只大船，就更加相信这是幻象。他眼睛闭了一会再睁开。奇怪，这种幻象竟会这样地经久不散！然而并不奇怪，他知道，在荒原中心绝不会有什么大海和大船，正像他知道他的空枪里没有子弹一样。

他听到背后有一种吸鼻子的声音——仿佛喘不出气或者咳嗽的声音。由于身体极端虚弱和僵硬，他极慢极慢地翻一个身。他看不出附近有什么东西，但是他耐心地等着。

又听到了吸鼻子和咳嗽的声音，离他不到二十尺远的两块岩石之间，他隐约看到一只灰狼的头。那双尖耳朵并不像别的狼那样竖得笔挺；它的眼睛昏暗无光，布满血丝；脑袋好像无力地、苦恼地耷拉着。这个畜生不断地在太阳光里霎眼。它好像有病。正当他瞧着它的时候，它又发出了吸鼻子和咳嗽的声音。

至少，这总是真的，他一面想，一面又翻过身，以便瞧见先前给幻象遮住的现实世界。可是，远处仍旧是一片光辉的大海，那条船仍然清晰可见。难道这是真的吗？他闭着眼睛，想了好一会，毕竟想出来了。他一直在向北偏东走，他已经离开狄斯分水岭，走到了铜矿谷。这条流得很慢的宽广的河就是铜矿河。那片光辉的大海是北冰洋。那条船是一艘捕鲸船，本来应该驶往麦肯齐河口，可是偏了东，太偏东了，目前停泊在加冕湾里。他记起了很久以前他看到的那张赫德森湾公司的地图，现在，对他来说，这完全是清清楚楚，入情入理的。

他坐起来，想着切身的事情。裹在脚上的毯子已经磨穿了，他的脚破得没有一处好肉。最后一条毯子已经用完了。枪和猎刀也不见了。帽子不知在什么地方丢了，帽圈里那小包火柴也一块丢了，不过，贴胸放在烟草袋里的那包用油纸包着的火柴还在，而且是干的。他瞧了一下表。时针指着十一点，表仍然在走。很清楚，他一直没有忘了上表。

他很冷静，很沉着。虽然身体衰弱至极，但是并没有痛苦的感觉。他一点也不饿。甚至想到食物也不会产生快感。

现在，他无论做什么，都只凭理智。他齐膝盖撕下了两截裤腿，用来裹脚。他总算还保住了那个白铁罐子。他打算先喝点热水，然后再开始向船走去，他已经料到这是一段可怕的路程。

他的动作很慢。他好像半身不遂地哆嗦着。等到他预备去收集干苔的时候，才发现自己已经站不起来了。他试了又试，后来只好死了这条心，他用手和膝盖支着爬来爬去。有一次，他爬到了那只病狼附近。那个畜生，一面很不情愿地避开他，一面用那条好像连弯一下的力气都没有的舌头舐着自己的牙床。这个人注意到它的舌头并不是通常那种健康的红色，而是一种暗黄色，好像蒙着一层粗糙的、半干的粘膜。

这个人喝下热水之后，觉得自己可以站起来了，甚至还可以像想象中一个快死的人那样走路了。他每走一两分钟，就不得不停下来休息一会。他的步子软弱无力，很不稳，就像跟在他后面的那只狼一样又软又不稳；这天晚上，等到黑夜笼罩了光辉的大海的时候，他知道他和大海之间的距离只缩短了不到四里。

这一夜，他总是听到那只病狼咳嗽的声音，有时候，他又听到了一群小驯鹿的叫声。他周围全是生命，不过那是强壮的生命，非常活跃而健康的生命，同时他也知道，那只病狼之所以要紧跟着他这个病人，是希望他先死。早晨，他一睁开眼睛就看到这个畜生正用一种如饥似渴的眼光瞪着他。它夹着尾巴蹲在那儿，好像一条可怜的倒楣狗。早晨的寒风吹得它直哆嗦，每逢这个人对它勉强发出一种低声咕噜似的吆喝，它就无精打采地呲着牙。

太阳亮堂堂地升了起来，这一早晨，他一直在跌跌绊绊地，朝着光辉的海洋上的那条船走。天气好极了。这是高纬度地方的那种短暂的晚秋。它可能连续一个星期。也许明后天就会结束。

下午，这个人发现了一些痕迹，那是另外一个人留下的，他不是走，而是爬的。他认为可能是比尔，不过他只是漠不关心地想想罢了。他并没有什么好奇心。事实上，他早已失去了兴致和热情。他已经不再感到痛苦了。他的胃和神经都睡着了。但是内在的生命却逼着他前进。他非常疲倦，然而他的生命却不愿死去。正因为生命不愿死，他才仍然要吃沼地上的浆果和鲦鱼，喝热水，一直提防着那只病狼。

他跟着那个挣扎前进的人的痕迹向前走去，不久就走到了尽头——潮湿的苔藓上摊着几根才啃光的骨头，附近还有许多狼的脚印。他发现了一个跟他自己的那个一模一样的厚实的鹿皮口袋，但已经给尖利的牙齿咬破了。他那无力的手已经拿不动这样沉重的袋子了，可是他到底把它提起来了。比尔至死都带着它。哈哈！他可以嘲笑比尔了。

他可以活下去，把它带到光辉的海洋里的那条船上。他的笑声粗粝可怕，跟乌鸦的怪叫一样，而那条病狼也随着他，一阵阵地惨嚎。突然间，他不笑了。如果这真是比尔的骸骨，他怎么能嘲笑比尔呢；如果这些有红有白，啃得精光的骨头，真是比尔的话？

他转身走开了。不错，比尔抛弃了他；但是他不愿意拿走那袋金子，也不愿意吮吸比尔的骨头。不过，如果事情掉个头的话，比尔也许会做得出来的，他一面摇摇晃晃地前进，一面暗暗想着这些情形。

他走到了一个水坑旁边。就在他弯下腰找鲦鱼的时候，他猛然仰起头，好像给戳了一下。他瞧见了自己映在水里的脸。脸色之可怕，竟然使他一时恢复了知觉，感到震惊了。这个坑里有三条鲦鱼，可是坑太大，不好舀；他用白铁罐子去捉，试了几次都不成，后来他就不再试了。他怕自己会由于极度虚弱，跌进去淹死。而且，也正是因为这一层，他才没有跨上沿着沙洲并排漂去的木头，让河水带着他走。

这一天，他和那条船之间的距离缩短了三哩；第二天，又缩短了两哩——因为现在他是跟比尔先前一样地在爬；到了第五天末尾，他发现那条船离他仍然有七哩，而他每天连一哩也爬不到了。幸亏天气仍然继续放晴，他于是继续爬行，继续晕倒，辗转不停地爬。而那头狼也始终跟在他后面，不断地咳嗽和哮喘。他的膝盖已经和他的脚一样鲜血淋漓，尽管他撕下了身上的衬衫来垫膝盖，他背后的苔藓和岩石上仍然留下了一路血渍。有一次，他回头看见病狼正饿得发慌地舐着他的血渍，他不由得清清楚楚地看出了自己可能遭到的结局——除非——除非他干掉这只狼。于是，一幕从来没有演出过的残酷的求生悲剧就开始了——病人一路爬着，病狼一路跛行着，两个生灵就这样在荒原里拖着垂死的躯壳，相互猎取着对方的生命。

如果这是一条健康的狼，那么，他觉得倒也没有多大关系；可是，一想到自己要喂这么一只令人作呕、只剩下一口气的狼，他就觉得非常厌恶。他就是这样吹毛求疵。现在，他脑子里又开始胡思乱想，又给幻象弄得迷迷糊糊，而神智清楚的时候也愈来愈少，愈来愈短。

有一次，他从昏迷中给一种贴着他耳朵喘息的声音惊醒了。那只狼一跛一跛地跳回去，它因为身体虚弱，一失足摔了一跤。样子可笑极了，可是他一点也不觉得有趣。他甚至也不害怕。他已经到了这一步，根本谈不到那些。不过，这一会，他的头脑却很清醒，于是他躺在那儿，仔细地考虑。

那条船离他不过四哩路，他把眼睛擦净之后，可以很清楚地看到它；同时，他还看出了一条在光辉的大海里破浪前进的小船的白帆。可是，无论如何他也爬不完这四哩路。这一点，他是知道的，而且知道以后，他还非常镇静。他知道他连半哩路也爬不了。不过，他仍然要活下去。在经历了千辛万苦之后，他居然会死掉，那未免太不合理了。命运对他实在太苛刻了，然而，尽管奄奄一息，他还是不情愿死。也许，这种想法完全是发疯，不过，就是到了死神的铁掌里，他仍然要反抗它，不肯死。

他闭上眼睛，极其小心地让自己镇静下去。疲倦像涨潮一样，从他身体的各处涌上来，但是他刚强地打起精神，绝不让这种令人窒息的疲倦把他淹没。这种要命的疲倦，很像一片大海，一涨再涨，一点一点地淹没他的意识。有时候，他几乎完全给淹没了，他只能用无力的双手划着，漂游过那黑茫茫的一片；可是，有时候，他又会凭着一种奇怪的心灵作用，另外找到一丝毅力，更坚强地划着。

他一动不动地仰面躺着，现在，他能够听到病狼一呼一吸地喘着气，慢慢地向他逼近。它愈来愈近，总是在向他逼近，好像经过了无穷的时间，但是他始终不动。它已经到了他耳边。那条粗糙的干舌头正像砂纸一样地摩擦着他的两腮。他那两只手一下子伸了出来——或者，至少也是他凭着毅力要它们伸出来的。他的指头弯得像鹰爪一样，可是抓了个空。敏捷和准确是需要力气的，他没有这种力气。

那只狼的耐心真是可怕。这个人的耐心也一样可怕。

这一天，有一半时间他一直躺着不动，尽力和昏迷斗争，等着那个要把他吃掉，而他也希望能吃掉的东西。有时候，疲倦的浪潮涌上来，淹没了他，他会做起很长的梦。然而，在整个过程中，不论醒着或是做梦，他都在等着那种喘息和那条粗糙的舌头来舐他。

他并没有听到这种喘息，他只是从梦里慢慢苏醒过来，觉得有条舌头在顺着他的一只手舐去。他静静地等着。狼牙轻轻地扣在他手上了；扣紧了；狼正在尽最后一点力量把牙齿咬进它等了很久的东西里面。可是这个人也等了很久，那只给咬破了的手也抓住了狼的牙床。于是，慢慢地，就在狼无力地挣扎着，他的手无力地掐着的时候，他的另一只手已经慢慢摸过来，一下把狼抓住。五分钟之后，这个人已经把全身的重量都压在狼的身上。他的手的力量虽然还不足以把狼掐死，可是他的脸已经紧紧地压住了狼的咽喉，嘴里已经满是狼毛。半小时后，这个人感到一小股暖和的液体慢慢流进他的喉咙。这东西并不好吃，就像硬灌到他胃里的铅液，而且是纯粹凭着意志硬灌下去的。后来，这个人翻了一个身，仰面睡着了。

捕鲸船“白德福号”上，有几个科学考察队的人员。他们从甲板上望见岸上有一个奇怪的东西。它正在向沙滩下面的水面挪动。他们没法分清它是哪一类动物，但是，因为他们都是研究科学的人，他们就乘了船旁边的一条捕鲸艇，到岸上去察看。接着，他们发现了一个活着的动物，可是很难把它称作人。它已经瞎了，失去了知觉。它就像一条大虫子在地上蠕动着前进。它用的力气大半都不起作用，但是它老不停，它一面摇晃，一面向前扭动，照它这样，一个小时大概可以爬上二十尺。

三星期以后，这个人躺在捕鲸船“白德福号”的一个铺位上，眼泪顺着他的削瘦的面颊往下淌，他说出他是谁和他经历的一切。同时，他又含含糊糊地、不连贯地谈到了他的母亲，谈到了阳光灿烂的南加利福尼亚，以及橘树和花丛中的他的家园。

没过几天，他就跟那些科学家和船员坐在一张桌子旁边吃饭了，他馋得不得了地望着面前这么多好吃的东西，焦急地瞧着它们溜进别人口里。每逢别人咽下一口的时候，他眼睛里就会流露出一种深深惋惜的表情。他的神志非常清醒，可是，每逢吃饭的时候，他免不了要恨这些人。他给恐惧缠住了，他老怕粮食维持不了多久。他向厨子、船舱里的服务员和船长打听食物的贮藏量。他们对他保证了无数次，但是他仍然不相信，仍然会狡猾地溜到贮藏室附近亲自窥探。

看起来，这个人正在发胖。他每天都会胖一点。那批研究科学的人都摇着头，提出他们的理论。他们限制了这个人的饭量，可是他的腰围仍然在加大，身体胖得惊人。

水手们都咧着嘴笑。他们心里有数。等到这批科学家派人来监视他的时候，他们也知道了。他们看到他在早饭以后萎靡不振地走着，而且会像叫花子似地，向一个水手伸出手。那个水手笑了笑，递给他一块硬面包，他贪婪地把它拿住，像守财奴瞅着金子般地瞅着它，然后把它塞到衬衫里面。别的咧着嘴笑的水手也送给他同样的礼品。

这些研究科学的人很谨慎。他们随他去。但是他们常常暗暗检查他的床铺。那上面摆着一排排的硬面包，褥子也给硬面包塞得满满的，每一个角落里都塞满了硬面包。然而他的神志非常清醒。他是在防备可能发生的另一次饥荒——就是这么回事。研究科学的人说，他会恢复常态的。事实也是如此，“白德福号”的铁锚还没有在旧金山湾里隆隆地抛下去，他就正常了。

阅读提示

杰克·伦敦(1876—1916)，原名约翰·格利菲斯·伦敦，美国现实主义作家。他一共写过 19 部长篇小说，150 多篇短篇小说和故事，3 部剧本等。主要作品有：小说集《狼的儿子》，短篇小说《热爱生命》，中篇小说《野性的呼唤》《白牙》，长篇小说《海狼》《铁蹄》和《马丁·伊登》等。

杰克·伦敦 1876 年生于旧金山一个破产农民的家庭。因家境贫困，自幼从事体力劳动，当过童工、装卸工和水手等，后又在美国各地流浪。曾靠劳动所得进入加州大学伯克利分校学习，因贫困被迫退学后加入过阿拉斯加等地淘金者的行列。早年坎坷的生活经历为他后来从事创作提供了丰富的灵感源泉，他的创作思想较为复杂，受到过马克思、斯宾塞、尼采等多人影响，在他青年时代的作品中，跳动着向资本主义社会挑战的脉搏，成名后逐渐陷入极端个人主义和空虚中，1916 年 11 月 22 日服用吗啡过量身亡。

《热爱生命》是杰克·伦敦最著名的短篇小说，这部小说以雄健、粗犷的笔触，记述了一个悲壮的故事，生动地展示了人性的伟大和坚强。

小说将主人公置于险恶的北疆环境之中，面对严酷的现实——饥饿和死亡，让他明白自然力量的强大和自身的渺小与脆弱。主人公孤零零一个人被抛在了这片"辽阔可怕的荒野"，然而造成他孤立无援的罪魁祸首却不是"荒野"而恰恰是"文明"。小说主人公和他的同伴无疑是来自文明世界的淘金者，他们不远万里来到荒芜的北国冰原，根本目的只有一个——黄金。所以当黄金到手之后，其他一切都显得无足轻重，两人一起冒险时同甘共苦的伙伴情谊已变得一文不值。

《热爱生命》在艺术手法上呈现出以下特点：

利用场景的优势表达情感。当被同伴比尔抛弃时，对于自然环境的描述出现了两次，分别是"靠近地平线的太阳，像一团快要熄灭的火球，几乎被那些混混沌沌的浓雾和蒸气遮没了，让你觉得它好像是什么密密团团，却轮廓模糊、不可捉摸的东西"，这一描述完美地映衬了主人公的心理状态，他几乎不敢相信比尔能够将他抛弃，将受伤的他独自留下，他多么希望所有发生的一切是由于模糊的浓雾天气给他带来的幻觉。类似的描述还有"这是一片叫人看了发愁的景象。到处都是模糊的天际线。小山全是那么低低的。没有树，没有灌木，没有草——什么都没有，只有一片辽阔可怕的荒野，迅速地使他两眼露出了恐惧神色"，这种荒凉的、使人沮丧的环境描写烘托出了主人公身处的环境，同时让读者深刻地感受到他在那样的环境下的内心的恐惧和极度的失望。

生动的比喻。"谷底一片潮湿，浓厚的苔藓，像海绵一样，紧贴在水面上。他走一步，水就从他脚底下溅射出来，他每次一提起脚，就会引起一种吧咂吧咂的声音，因为潮湿的苔藓总是吸住他的脚，不肯放松。"生动地将浓厚的苔藓比喻作海绵，为后一句话中所描述的主人公在如此潮湿的环境艰难地跋涉埋下伏笔，正是有前面提到的海绵，才会有后文生动的"吸"住他的脚。而在"他像发疟疾似的抖了起来，连手里的枪都哗啦一声落到水里。"一句的表述中，同样体现出作者巧妙地运用明喻的写作手法，达到了言简意赅、生动形象的目的。

恰当的反复。作者在文中有几处恰当地使用了反复的手法，不但没有给读者留下冗长、啰嗦的印象，反而使读者更加身临其境地体会了小说中主人公的经历。

简短有力的对话。简短有力的对话的巧妙运用是这篇著名短篇小说的另外一大特点。"比尔！"主人公低声地，一次又一次地喊道。比尔仅仅个词汇，虽然没有形成两个人之间的对话，然而这个简短有力的对话充分表明了当被同伴抛弃的一刹那主人公产生的恐惧感，和随之而来的猛然的觉醒，或许在他内心深处，他一时无法接受比尔抛弃他的事实。这里作者没有选择使用大量的语言做心理上或者意识到被抛弃这一事实的瞬间主人公的行为上的描写，给读者留下了更大的深思、回味的空间。

四十六、警察与赞美诗

[美]欧·亨利

索比急躁不安地躺在麦迪逊广场的长凳上，辗转反侧。每当雁群在夜空中引颈高歌，缺少海豹皮衣的女人对丈夫加倍的温存亲热，索比在街心公园的长凳上焦躁不安、翻来覆去的时候，人们就明白，冬天已近在咫尺了。

一片枯叶落在索比的大腿上，那是杰克·弗洛斯特[①]的卡片。杰克对麦迪逊广场的常住居民非常客气，每年来临之先，总要打一声招呼。在十字街头，他把名片交给“户外大厦”的信使“北风”，好让住户们有个准备。

索比意识到，该是自己下决心的时候了，马上组织单人财务委员会，以便抵御即将临近的严寒，因此，他急躁不安地在长凳上辗转反侧。

索比越冬的抱负并不算最高，他不想在地中海巡游，也不想到南方去晒令人昏睡的太阳，更没想过到维苏威海湾漂泊。他梦寐以求的是只要在岛上待三个月就足够了。整整三个月，有饭吃，有床睡，还有志趣相投的伙伴，而且不受“北风”和警察的侵扰。对索比而言，这就是日思夜想的最大愿望。

多年来，好客的布莱克韦尔岛[②]的监狱一直是索比冬天的寓所。正像福气比他好的纽约人每年冬天买票去棕榈滩[③]和里维埃拉[④]一样，索比也要为一年一度逃奔岛上作些必要的安排。现在又到时候了。昨天晚上，他睡在古老广场上喷水池旁的长凳上，用三张星期日的报纸分别垫在上衣里、包着脚踝、盖住大腿，也没能抵挡住严寒的袭击。因此，在他的脑袋里，岛的印象又即时而鲜明地浮现出来。他诅咒那些以慈善名义对城镇穷苦人所设的布施。在索比眼里，法律比救济更为宽厚。他可以去的地方不少，有市政办的、救济机关办的各式各样的组织，他都可以去混吃、混住，勉强度日，但接受施舍，对索比这样一位灵魂高傲的人来讲，是一种不可忍受的折磨。从慈善机构的手里接受任何一点好处，钱固然不必付，但你必须遭受精神上的屈辱来作为回报。正如恺撒对待布鲁图一样[⑤]，凡事有利必有弊，要睡上慈善机构的床，先得让人押去洗个澡；要吃施舍的一片面包，得先交待清楚个人的来历和隐私。因此，倒不如当个法律的座上宾还好得多。虽然法律铁面无私、照章办事，

---

① 杰克·弗洛斯特(Jack Frost)：“霜冻”的拟人化称呼。 ② 布莱克韦尔岛(Blackwell)：在纽约东河上，岛上有监狱。 ③ 棕榈滩(Palm Beach)：美国佛罗里达州东南部城镇，冬令游憩胜地。 ④ 里维埃拉(The Riviera)：南欧沿地中海一段地区，在法国的东南部和意大利的西北部，是节假日憩游胜地。 ⑤ 恺撒(Julius Caesar，公元前100？—公元前44)：罗马统帅、政治家，罗马的独裁者，被共和派贵族刺杀。布鲁图(Brutus，公元前85？—公元前42)：罗马贵族派政治家，刺杀恺撒的主谋，后逃至希腊，集结军队对抗安东尼和屋大维联军，因战败自杀。

但至少不会过分地干涉正人君子的私事。

一旦决定了去岛上，索比便立即着手将它变为现实。要兑现自己的意愿，有许多简捷的途径，其中最舒服的莫过于去某家豪华餐厅大吃一顿，然后呢，承认自己身无分文，无力支付，这样便安安静静、毫不声张地被交给警察。其余的一切，就该由当地的治安法官来应付了。

索比离开长凳，踱出广场，跨过百老汇大街和第五大街的交汇处那片沥青铺就的平坦路面。他转向百老汇大街，在一家灯火辉煌的咖啡馆前停下脚步，在这里，每天晚上聚积着葡萄、蚕丝和原生质的最佳制品①。

索比对自己的马甲从最下一颗纽扣之上还颇有信心，他修过面，上衣也还够气派，他那整洁的黑领结是感恩节时一位教会的女士送给他的。只要他到餐桌之前不被人猜疑，成功就属于他了。他露在桌面的上半身绝不会让侍者生疑。索比想到，一只烤野鸭很对劲——再来一瓶夏布利酒②，然后是卡门贝干酪③，一小杯清咖啡和一支雪茄烟。一美元一支的雪茄就足够了。全部加起来的价钱不宜太高，以免遭到咖啡馆太过厉害的报复；然而，吃下这一餐会使他走向冬季避难所的行程中心满意足、无忧无虑了。

可是，索比的脚刚踏进门，领班侍者的眼睛便落在了他那旧裤子和破皮鞋上。强壮迅急的手掌推了他个转身，悄无声息地被押了出来，推上了人行道，拯救了那只险遭暗算的野鸭的可怜命运。

索比离开了百老汇大街。看起来，靠大吃一通走向垂涎三尺的岛上，这办法是行不通了。要进监狱，还得另打主意。

在第六大街的拐角处，灯火通明、陈设精巧的大玻璃橱窗内的商品尤其引人注目。索比捡起一块鹅卵石，向玻璃窗砸去。人们从转弯处奔来，领头的就是一位巡警。索比一动不动地站在原地，两手插在裤袋里，对着黄铜纽扣微笑④。

"肇事的家伙跑哪儿去了？"警官气急败坏地问道。

"你不以为这事与我有关吗？"索比说，多少带点嘲讽语气，但很友好，如同他正交着桃花运呢。

警察根本没把索比看成作案对象。毁坏窗子的人绝对不会留在现场与法律的宠臣攀谈，早就溜之大吉啦。警察看到半条街外有个人正跑去赶一辆车，便挥舞着警棍追了上去。索比心里十分憎恶，只得拖着脚步，重新开始游荡。他再一次失算了。

对面街上，有一家不太招眼的餐厅，它可以填饱肚子，又花不了多少钱。它的碗具粗糙，空气混浊，汤菜淡如水，餐巾薄如绢。索比穿着那令人诅咒的鞋子和暴露身份的裤子跨进餐厅，上帝保佑，还没遭到白眼。他走到桌前坐下，吃了牛排、煎饼、炸面饼圈和馅饼。然后，他向侍者坦露真相：他和钱老爷从无交往。

"现在，快去叫警察，"索比说，"别让大爷久等。"

---

① 作者诙谐的说法，指美酒、华丽衣物和上流人物。 ② 夏布利(Chablis)酒：原产于法国夏布利的一种无甜味的白葡萄酒。 ③ 卡门贝(Carmembert)干酪：一种产于法国的软干酪，原为诺曼底一村庄，因产自该地而得名。 ④ 黄铜纽扣：此处指警察，因警察上衣的纽扣是黄铜制的。

“用不着找警察，”侍者说，声音滑腻得如同奶油蛋糕，眼睛红得好似曼哈顿开胃酒中的樱桃，“喂，阿康！”

两个侍者干净利落地把他推倒在又冷又硬的人行道上，左耳着地。索比艰难地一点一点地从地上爬起来，好似木匠打开折尺一样，接着拍掉衣服上的尘土。被捕的愿望仅仅是美梦一个，那个岛子是太遥远了。相隔两个门面的药店前，站着一名警察，他笑了笑，便沿街走去。

索比走过五个街口之后，设法被捕的运气又回来了。这一次出现的机会极为难得，他满以为十拿九稳哩。一位衣着简朴但讨人喜欢的年轻女人站在橱窗前，兴趣十足地瞪着陈列的修面杯和墨水瓶架入了迷。而两码之外，一位彪形大汉警察正靠在水龙头上，神情严肃。

索比的计划是装扮成一个下流、讨厌的“捣蛋鬼”。他的对象文雅娴静，又有一位忠于职守的警察近在眼前，这使他足以相信，警察的双手抓住他的手膀的滋味该是多么愉快呵，在岛上的小安乐窝里度过这个冬季就有了保证。

索比扶正了教会的女士送给他的领结，拉出缩进去的衬衣袖口，把帽子往后一掀，歪得几乎要落下来，侧身向那女人挨将过去。他对她送秋波，清嗓子，哼哼哈哈，嬉皮笑脸，把小流氓所干的一切卑鄙无耻的勾当表演得惟妙惟肖。他斜眼望去，看见那个警察正死死盯住他。年轻女人移开了几步，又沉醉于观赏那修面杯。索比跟过去，大胆地走近她，举了举帽子，说：“啊哈，比德莉亚，你不想去我的院子里玩玩吗?”

警察仍旧死死盯住。受人轻薄的年轻女人只需将手一招，就等于已经上路去岛上的安乐窝了。在想象中，他已经感觉到警察分局的舒适和温暖了。年轻女人转身面对着他，伸出一只手，捉住了索比的上衣袖口。

“当然，迈克，”她兴高采烈地说，“如果你肯破费给我买一杯啤酒的话。要不是那个警察老瞅住我，早就同你搭腔了。”

年轻女人像常青藤攀附着他这棵大橡树一样。索比从警察身边走过，心中懊丧不已。看来命中注定，他该自由。

一到拐弯处，他甩掉女伴，撒腿就跑。他一口气跑到老远的一个地方。这儿，整夜都是最明亮的灯光，最轻松的心情，最轻率的誓言和最轻快的歌剧。淑女们披着皮裘，绅士们身着大衣，在这凛冽的严寒中欢天喜地地走来走去。索比突然感到一阵恐惧，也许是某种可怕的魔法制住了他，使他免除了被捕。这念头令他心惊肉跳。但是，当他看见一个警察在灯火通明的剧院门前大模大样地巡逻时，他立刻捞到了“扰乱治安”这根救命稻草。

索比在人行道上扯开那破锣似的嗓子，像醉鬼一样胡闹。

他又跳，又吼，又叫，使尽各种伎俩来搅扰这苍穹。

警察旋转着他的警棍，扭身用背对着索比，向一位市民解释说：“这是个耶鲁小子在庆祝胜利，他们同哈特福德学院赛球，请人家吃了个大鹅蛋。声音是有点儿大，但不碍事。我们上峰有指示，让他们闹去吧。”

索比怏怏不乐地停止了白费力气的闹嚷。难道就永远没有警察对他下手吗？在他的幻梦中，那岛屿似乎成了可望而不可即的阿卡狄亚[①]了。他扣好单薄的上衣，以便抵挡刺骨的寒风。

索比看到雪茄烟店里有一位衣冠楚楚的人正对着火头点烟。那人进店时，把绸伞靠在门边。索比跨进店门，拿起绸伞，漫不经心地退了出来。点烟人匆匆追了出来。

"我的伞，"他厉声道。

"呵，是吗?"索比冷笑说。在小偷小摸之上，再加上一条侮辱罪吧。"好哇，那你为什么不叫警察呢？没错，我拿了你的伞！为什么不叫巡警呢？拐角那儿就站着一个哩。"

绸伞的主人放慢了脚步，索比也跟着慢了下来。他有一种预感，命运会再一次同他作对。那位警察好奇地瞧着他们俩。

"当然，"绸伞主人说，"那是，噢，你知道有时会出现这类误会……我……要是这伞是你的，我希望你别见怪……我是今天早上在餐厅捡的……要是你认出是你的，那么……我希望你别……"

"当然是我的。"索比恶狠狠地说。

绸伞的前主人悻悻地退了开去。那位警察慌忙不迭地跑去搀扶一个身披夜礼服斗篷、头发金黄的高个子女人穿过横街，以免两条街之外驶来的街车会碰着她。

索比往东走，穿过一条因翻修弄得高低不平的街道。他怒气冲天地把绸伞猛地掷进一个坑里。他咕咕哝哝地抱怨那些头戴钢盔、手执警棍的家伙。因为他一心只想落入法网，而他们偏偏把他当成永不出错的国王[②]。

最后，索比来到了通往东区的一条街上，这儿的灯光暗淡，嘈杂声也若有若无。他顺着街道向麦迪逊广场走去，即使他的家仅仅是公园里的一条长凳，但回家的本能还是把他带到了那儿。

可是，在一个异常幽静的转角处，索比停住了。这儿有一座古老的教堂，样子古雅，显得零乱，是带山墙的建筑。柔和的灯光透过淡紫色的玻璃窗映射出来，毫无疑问，是风琴师在练习星期天的赞美诗。悦耳的乐声飘进索比的耳朵，吸引了他，把他粘在了螺旋形的铁栏杆上。

月亮挂在高高的夜空，光辉、静穆；行人和车辆寥寥无几；屋檐下的燕雀在睡梦中几声啁啾——这会儿有如乡村中教堂墓地的气氛。风琴师弹奏的赞美诗拨动了伏在铁栏杆上的索比的心弦，因为当他生活中拥有母爱、玫瑰、抱负、朋友以及纯洁无邪的思想和洁白的衣领时，他是非常熟悉赞美诗的。

索比的敏感心情同老教堂的潜移默化交融在一起，使他的灵魂猛然间出现了奇妙的变化。他立刻惊恐地醒悟到自己已经坠入了深渊，堕落的岁月，可耻的欲念，悲观失望，才穷智竭，动机卑鄙——这一切构成了他的全部生活。

顷刻间，这种新的思想境界令他激动万分。一股迅急而强烈的冲动鼓舞着他去迎战坎坷的人生。他要把自己拖出泥淖，他要征服那一度驾驭自己的恶魔。时间尚不晚，他还算

---

① 阿卡狄亚(Arcadia)：原为古希腊一山区，现位于伯罗奔尼撒半岛中部，以其居民过着田园牧歌式的淳朴生活而著称，现指"世外桃源"。 ② 英语谚语：国王不可能犯错误(king can do no wrong)。

年轻，他要再现当年的雄心壮志，并坚定不移地去实现它。管风琴庄重而甜美的音调已经在他的内心深处引起了一场革命。明天，他要去繁华的商业区找事干。有个皮货进口商一度让他当司机，明天找到他，接下这份差事。他愿意做个煊赫一时的人物。他要……

索比感到有只手按在他的胳膊上。他霍地扭过头来，只见一位警察的宽脸盘。

“你在这儿干什么呀?”警察问道。

“没干什么。”索比说。

“那就跟我来。”警察说。

第二天早晨，警察局法庭的法官宣判道:“布莱克韦尔岛，三个月。”

阅读提示

欧·亨利(1862—1910)，原名威廉·西德尼·波特，美国著名小说家，世界三大短篇小说巨匠之一。他少年时曾一心想当画家，婚后在妻子的鼓励下开始写作。后因在银行供职时的账目问题而入狱，服刑期间认真写作，并以“欧·亨利”为笔名发表了大量短篇小说，引起读者广泛关注。他是一位高产的作家，一生中留下了一部长篇小说《白菜与国王》和近三百篇的短篇小说。他的短篇小说构思精巧，风格独特，以表现美国中下层人民的生活、语言幽默、结局出人意料(即“欧·亨利式结尾”)而闻名于世。是世界三大短篇小说巨匠之一，有“美国的契诃夫”的称号。代表作有《麦琪的礼物》(又叫《贤人的礼物》)《最后一片常春藤叶》《二十年后》等。

《警察与赞美诗》发表于 1904 年，当时正是新工业革命进行得如火如荼之际。美国资本主义在工业化进程中取得极大的物质文明的同时，美国的生活方式也随之发生巨大的变化，贫富两极分化日益明显。小说向读者展示了美国社会的真实一面。欧·亨利所塑造的索比形象是当时社会现象的一个缩影，它以喜剧的形式体现了美国下层社会小人物的悲剧命运。该小说让读者宛若置身于纽约大都市的大街小巷，目睹像索比一样的底层人物的坎坷艰辛的生活，认识五光十色的美国社会的肮脏、卑俗的世态，领会美国司法制度和社会制度的本质。“警察”作为国家机器是法律的持有者和执行者，代表着统治阶级的政权，是政治文明的象征，而“赞美诗”则代表着宗教道德的精神力量，牵引着人性的回归，是精神文明的象征。索比的不幸遭遇蕴藏了“严肃的人生哲理”：像索比这样生活在美国社会的下层小人物的命运，注定只能是陷入泥坑而又走不出泥坑的悲剧。人无法从人本体的困境中摆脱，只能从困境走入困境。

在艺术手法上，小说运用了黑色幽默的写作技法。

黑色幽默是指采用荒诞的手法对悲剧场面进行处理，为具有悲剧性的人物形象设置哭笑不得的境遇，使其呈现滑稽可笑的行为；人物往往以病态、玩偶般的形象出现，并以此将其生活的无助、生存的绝望表现出来，彰显其对现实的嘲讽。

在该小说中，幽默贯穿整个故事，它是作者表达思想的手段，在幽默中作者深刻地揭露了资本主义社会每况愈下的世风。小说还运用对照、夸张、比喻、拟人、反语等手法，来使语言达到幽默的艺术效果。

此外，“拼贴画”是欧·亨利在该作品中运用的又一技法，通过精选拼贴的六幅生活场景折射出资本主义生活的无序与荒诞。在索比的六次惹是生非事件中，人们更能体验到资本主义社会中荒诞不经、善恶不分、庸俗势利的丑陋本质。索比的第一次“作恶”便是想吃“霸王餐”，可是他的“旧裤子和破皮鞋”出卖了他，被赶了出来。作者形象地嘲讽了在宣传上帝面前人人平等的资本主义社会中只认衣服不认人的虚伪势利本质。

四十七、乞力马扎罗的雪

[美]海明威

乞力马扎罗是一座海拔六千米的长年积雪的高山，据说它是非洲最高的一座山。西高峰叫马塞人①的“鄂阿奇—鄂阿伊”，即上帝的庙殿。在西高峰的近旁，有一具已经风干冻僵的豹子的尸体。豹子到这样高寒的地方来寻找什么，没有人作过解释。

“奇怪的是它一点也不痛，”他说，“你知道，开始的时候它就是这样。”

“真是这样吗?”

“千真万确。可我感到非常抱歉，这股气味准叫你受不了啦。”

“别这么说！请你别这么说。”

“你瞧那些鸟儿，”他说，“到底是这儿的风景，还是我这股气味吸引了它们?”

男人躺在一张帆布床上，在一棵含羞草树的浓荫里，他越过树荫向那片阳光炫目的平原上望去，那儿有三只硕大的鸟讨厌地蜷伏着，天空中还有十几只在展翅翱翔，当它们掠过时，投下了迅疾移动的影子。

“从卡车抛锚那天起，它们就在那儿盘旋了，”他说，“今天是它们第一次落到地上来。我起先还很仔细地观察过它们飞翔的姿态，心想一旦我写一篇短篇小说的时候，也许会用得上它们。现在想想真可笑。”

“我希望你别写这些。”她说。

“我只是说说罢了，”他说，“我要是说着话儿，就会感到轻松得多。可是我不想让你心烦。”

“你知道这不会让我心烦，”她说，“我是因为没法出点儿力，才搞得这么焦灼的。我想，在飞机到来以前，咱们不妨尽可能轻松一点儿。”

“或者直等到飞机根本不来的时候。”

“请你告诉我，我能做些什么吧。总有一些事是我能干的。”

“你可以把我这条腿锯下来，这样就可以不让它蔓延开去了，不过，我怀疑这样恐怕也不成。也许你可以把我打死。你现在是个好射手啦。我教过你打枪，不是吗?”

“请你别这么说。我能给你读点什么吗?”

“读什么呢?”

“咱们书包里不论哪本咱们没有读过的书都行。”

“我可听不进啦，”他说，“只有谈话最轻松了。咱们来吵嘴吧，吵吵嘴时间就过得快。”

---

① 马塞人(Masai)：肯尼亚和坦桑尼亚的一种游牧狩猎民族。

“我不吵嘴。我从来就不想吵嘴。咱们再不要吵嘴啦。不管咱们心里有多烦躁。说不定今天他们会乘另外一辆卡车回来的。也说不定飞机会到来的。”

“我不想动了，”男人说，“现在转移已经没有什么意思了，除非使你心里轻松一些。”

“这是懦弱的表现。”

“你就不能让一个男人尽可能死得轻松一点儿，非得把他痛骂一顿不可吗？你辱骂我有什么用处呢？”

“你不会死的。”

“别傻啦。我现在就快死了。不信你问问那些个杂种。”他朝那三只讨厌的大鸟蹲伏的地方望去，它们光秃秃的头缩在耸起的羽毛里。第四只掠飞而下，它快步飞奔，接着，蹒跚地缓步向那几只走去。

“每个营地都有这些鸟儿。你从来没有注意罢了。要是你不自暴自弃，你就不会死。”

“你这是从哪儿读到的？你这个大傻瓜。”

“你不妨想想还有别人呢。”

“看在上帝的份上，”他说，“这可一向是我的行当哩。”

他静静地躺了一会儿，接着越过那片灼热而炫目的平原，眺望灌木丛的边缘。在黄色的平原上，有几只野羊显得又小又白，在远处，他看见一群斑马，映衬着葱绿的灌木丛，显得白花花的。这是一个舒适宜人的营地，大树遮阴，背倚山岭，有清洌的水。附近有一个几乎已经干涸的水穴，每当清晨时分，沙松鸡就在那儿飞翔。

“你要不要我给你读点什么？”她问道。她坐在帆布床边的一张帆布椅上。“有一阵微风吹来了。”

“不要，谢谢你。”

“也许卡车会来的。”

“我根本不在乎什么卡车来不来。”

“我可是在乎。”

“你在乎的东西多着哩，我可不在乎。”

“并不很多，哈里。”

“喝点酒怎么样？”

“喝酒对你是有害的。在布莱克出版的书里说，一滴酒都不能喝。你不应该喝酒啦。”

“莫洛！”他唤道。

“是，先生。”

“拿威士忌苏打来。”

“是，先生。”

“你不应该喝酒，”她说，“我说你自暴自弃，就是这个意思。书上说酒对你是有害的。我就知道酒对你是有害的。”

“不，”他说，“酒对我有好处。”

现在一切就这样完了，他想。现在他再没有机会来了结这一切了。一切就这样在为喝一杯酒这种小事争吵中了结了。

自从他的右腿开始生坏疽以来，他就不觉得痛，随着疼痛的消失，恐惧也消失了，他现在感到的只是一种强烈的厌倦和愤怒：这居然就是结局。至于这个结局现在正在来临，他倒并不感到多大奇怪。多少年来它就一直萦绕着他，但是现在它本身并不具有任何意义。真奇怪，只要你足够厌倦，就能这样轻而易举地达到这个结局。

现在他再也不能把原来打算留到将来写作的题材写出来了，他本想等到自己有足够的了解以后才动笔，这样可以写得好一些。唔，他也不用在试着写这些东西的时候遭遇失败了。也许你永远不能把这些东西写出来，这就是你为什么一再延宕，迟迟没有动笔的缘故。得了，现在，他永远不会知道了。

“我但愿咱们压根儿没上这儿来。”女人说。她咬着嘴唇望着他手里举着的酒杯。

“在巴黎你决不会出这样的事儿。你一向说你喜欢巴黎。咱们本来可以待在巴黎或者上任何别的地方去。不管哪儿我都愿意去。我说过你要上哪儿我都愿意去。要是你想打猎，咱们本来可以上匈牙利去，而且会很舒服的。”

“你有的是该死的钱。”他说。

“这么说是不公平的，”她说，“那一向是你的，就跟是我的一样。我撇下了一切，不管上哪儿，只要你想去我就去，你想干什么我就干什么。可我真希望咱们压根儿没上这儿来。”

“你说过你喜欢这儿。”

“我是说过的，那时你平安无事。可现在我恨这儿。我不明白干吗非得让你的腿出岔儿。咱们到底干了什么，要让咱们遇到这样的事？”

“我想我干的事情就是，开头我把腿擦破了，忘了给抹上碘酒，随后又根本没有去注意它，因为我是从不感染的。后来等它严重了，别的抗菌剂又都用完了，可能就因为用了药性很弱的石炭酸溶液，使微血管麻痹了，于是开始生坏疽了。”

他望着她，“除此以外还有什么呢？”

“我不是指这个。”

“要是咱们雇了一个高明的技工，而不是那个半瓶子醋的吉库尤人①司机，他也许就会检查机油，而决不会把卡车的轴承烧毁啦。”

“我不是指这个。”

“要是你没有离开你自己的人——你那些该死的威斯特伯里、萨拉托加和棕榈滩②的老相识——偏偏捡上了我——”

“不，我是爱上了你。你这么说，是不公平的。我现在也爱你。我永远爱你。你爱我吗？”

“不，”男人说，“我不这么想。我从来没有这样想过。”

“哈里，你在说些什么？你昏了头啦。”

“没有，我已经没有头可以发昏了。”

“你别喝酒啦，”她说，“亲爱的，我求求你别喝酒啦。只要咱们能办到的事，咱们就得尽力去干。”

---

① 吉库尤人：非洲班图人的一支。　② 三个地方都在美国。

“你去干吧，”他说，“我可是已经累啦。”

现在，在他的脑海里，他看见了卡拉加奇[①]的一座火车站，他正背着背包站在那里，现在正是辛普伦—奥连特列车的前灯划破了黑暗，当时，在撤退以后他正准备离开色雷斯[②]。这是他准备留待将来写的一段情景，还有下面一段情节：早晨吃早餐的时候，眺望着窗外保加利亚群山的积雪，南森的女秘书问那个老头儿，山上是不是雪，老头儿望着窗外说，不，那不是雪。这会儿还不到下雪的时候哩。于是那个女秘书把老头儿的话重复讲给其他几个姑娘听，不，你们看，那不是雪。她们都说，那不是雪，咱们都看错了。

可是等他提出交换居民，把她们送往山里去的时候，那年冬天她们脚下一步步踩着前进的正是积雪，直到她们死去。

那年圣诞节在高厄塔耳山，雪也下了整整一个星期。

那年他们住在伐木人的屋子里，那口正方形的大瓷灶占了半间屋子，他们睡在装着山毛榉树叶的垫子上，这时那个逃兵跑进屋来，两只脚在雪地里冻得鲜血直流。他说宪兵就在他后面紧紧追赶，于是他们给他穿上了羊毛袜子，并且缠住宪兵闲扯，直到雪花盖没了逃兵的足迹。

在希伦兹，圣诞节那天，雪是那么晶莹闪耀，你从酒吧间望出去，刺得你的眼睛发痛，你看见每个人都从教堂回到自己的家里去。他们肩上背着沉重的滑雪板，就是从那儿走上松林覆盖的陡峭的群山旁的那条给雪橇磨得光溜溜的、尿黄色的河滨大路的，他们那次大滑雪，就是从那儿一直滑到“梅德纳尔之家”上面那道冰川的大斜坡的，那雪看来平滑得像糕饼上的糖霜，轻柔得像粉末似的，他记得那次了无声息的滑行，速度之快，使你仿佛一只飞鸟从天而降。

他们在“梅德纳尔之家”被大雪困了一个星期，在暴风雪期间，他们挨着灯光，在烟雾弥漫中玩牌，伦特先生输得越多，赌注也跟着越下越大。最后他输得精光，把什么东西都输光了，把滑雪学校的钱和那一季的全部收益都输光了，接着把他的资金也输光了。他能看到伦特先生那长长的鼻子，捡起了牌，接着翻开牌说，“不看。”

那时候总是赌博。天不下雪，你赌博，雪下得太多，你又是赌博。他想起他这一生消磨在赌博里的时间。

可是关于这些，他连一行字都没有写；还有那个凛冽而晴朗的圣诞节，平原那边显出了群山，那天加德纳飞过防线去轰炸那列运送奥地利军官去休假的火车，当军官们四散奔跑的时候，他用机枪扫射他们。他记得后来加德纳走进食堂，开始谈起这件事。大家听他讲了以后，鸦雀无声，接着有个人说，“你这个该死的杀人坏种。”

关于这件事，他也一行字都没有写。

他们杀死的那些奥地利人，就是不久前跟他一起滑雪的奥地利人，不，不是那些奥地利人。汉斯，那年一整年跟他一起滑雪的奥地利人，是一直住在“国王—猎人客店”里的，他们一起到那家锯木厂上面那个小山谷去猎兔的时候，他们还谈起那次在帕苏比奥[③]的战斗和

---

① 卡拉加奇：土耳其西北部位于欧洲部分的一城市。 ② 色雷斯：爱琴海北岸的一个地区，分属希腊、土耳其和保加利亚。 ③ 帕苏比奥：意大利东北部一山峰。

向波蒂卡与阿萨洛纳的进攻，这些他连一个字都没有写。

关于孟特科尔诺、西特科蒙姆、阿尔西陀①，他也一个字都没有写。

在福拉尔贝格②和阿尔贝格③他住过几个冬天？住过四个冬天，于是他记起那个卖狐狸的人，当时他们到了布卢登茨④，那回是去买礼物，他记起甘醇的樱桃酒特有的樱桃核味儿，记起在那结了冰的像粉一般的雪地上的快速滑行，你一面唱着"嗨！嗬！罗利说！"一面滑过最后一段坡道，笔直向那险峻的陡坡飞冲而下，接着转了三个弯滑到果园，从果园出来又越过那道沟渠，登上客店后面那条滑溜溜的大路。你敲松缚带，踢下滑雪板，把它们靠在客店外面的木墙上，灯光从窗里照射出来，屋子里，在烟雾缭绕、冒着新酿的酒香的温暖中，人们正在拉着手风琴。

"在巴黎咱们住在哪儿？"他问女人，女人正坐在他身边一只帆布椅里，现在，在非洲。

"在克里昂。这你是知道的。"

"为什么我知道是那儿？"

"咱们始终住在那儿。"

"不，并不是始终住在那儿。"

"咱们在那儿住过，在圣日耳曼区的亨利四世大楼也住过。你说过你爱那个地方。"

"爱是一堆粪，"哈里说，"而我就是一只爬在粪堆上咯咯叫的公鸡。"

"要是你一定得离开人间的话，"她说，"是不是你非得把你没法带走的都赶尽杀绝不可呢？我的意思是说，你是不是非得把什么东西都带走不可？你是不是一定要把你的马、你的妻子都杀死，把你的鞍子和你的盔甲都烧掉呢？"

"对，"他说，"你那些该死的钱就是我的盔甲，就是我的马和我的盔甲。"

"你别这么说。"

"好吧。我不说了。我不想伤害你的感情。"

"现在这么说，已经有点儿晚啦。"

"那好吧，我就继续来伤害你。这样有趣多啦。我真正喜欢跟你一起干的唯一的一件事，我现在不能干了。"

"不，这可不是实话。你喜欢干的事情多得很，而且只要是你喜欢干的，我也都干过。"

"啊，看在上帝的份上，请你别那么夸耀啦，行吗？"

他望着她，看见她在哭了。

"你听我说，"他说，"你以为我这么说有趣吗？我不知道我为什么要这样说。我想，这是想用毁灭一切来让自己活着。

咱们刚开始谈话的时候，我还是好好的。我并没有故意要这样开场，可是现在我蠢得像个老傻瓜似的，对你狠心也真狠到了家。亲爱的，我说什么你都不要在意。我爱你，真的。

---

① 这些都是意大利地名。有些地名作者的拼法有错误，如孟特科尔诺(Monte Corno)，正确的译音应为蒙特科尔维诺(Monte Corvino)，阿尔西陀(Arsiedo)正确的译音是阿尔西洛(Arsiero)。 ② 福拉尔贝格：奥地利西部一州。 ③ 阿尔贝格：奥地利西部蒂罗尔州的一乡村，该地以滑雪著称。 ④ 布卢登茨：奥地利福拉尔贝格州一区，游览胜地。

你知道我爱你。我从来没有像爱你这样爱过任何别的女人。”

他不知不觉地说出了他平时用来谋生糊口的那套说惯了的谎话。

“你对我挺好。”

“你这个坏娘们，”他说，“你这个有钱的坏娘们。这是诗。现在我满身都是诗。腐烂和诗。腐烂的诗。”

“别说了。哈里，为什么你现在一定要变得这样恶狠狠的？”

“任何东西我都不愿留下来，”男人说，“我不愿意有什么东西在我身后留下来。”

现在已是傍晚，他睡熟了一会。夕阳已隐没在山后。平原上一片阴影，一些小动物正在营地近旁吃食；它们的头很快地一起一落，摆动着尾巴，他看着它们现在从灌木丛那边跑掉了。那几只大鸟不再在地上等着了。它们都沉重地栖息在一棵树上。它们还有很多。他那个随身侍候的男仆正站在床边。

“太太打猎去了，”男仆说，“先生要什么吗？”

“不要什么。”

她打猎去了，想搞一点兽肉，她知道他喜欢看打猎，有心跑得远远的，这样她就不会惊扰这一小片平原而让他看到她在打猎了。她总是那么体贴周到，他想。只要是她知道的或是读到过的，或是她听人讲过的，她都考虑得很周到。

这不是她的过错，他来到她身边的时候，他已经完了。一个女人怎么能知道你说的话，都不是真心实意呢？怎么能知道你说的话，不过是出于习惯，而且只是为了贪图舒服呢？自从他对自己说的话不再当真以后，他靠谎话跟女人相处，比他过去对她们说真心话更成功。

他撒谎并不都是因为他没有真话可说。他曾经享有过生命，他的生命已经完结，接着他又跟一些不同的人，而且有更多的钱，在从前那些最好的地方，以及另外一些新的地方重新活了下来。

你不让自己思想，这可真是了不起。你有这样一副好内脏，因此你没有那样垮下来，他们大部分都垮下来了，而你却没有垮掉，你抱定一种态度，既然现在你再也不能干了，你就毫不关心你经常干的工作了。可是，在你心里，你说你要写这些人，写这些非常有钱的人；你说你实在并不属于他们这一类，而只是他们那个国度里的一个间谍；你说你会离开这个国度，并且写这个国度，而且是第一次由一个熟悉这个国度的人来写它。可是他永远不会写了，因为每天什么都不写，贪图安逸，扮演自己所鄙视的角色，磨钝了他的才能，松懈了他工作的意志，最后他干脆什么都不干了。他不干工作的时候，那些他现在认识的人都感到惬意得多。非洲是在他一生幸运的时期中感到最幸福的地方，他之所以上这儿来，为的是要从头开始。他们这次是以最低限度的舒适来非洲作狩猎旅行的。没有艰苦，但也没有奢华，他曾想这样他就能重新进行训练。这样或许他就能够把他心灵上的脂肪去掉，像一个拳击手，为了消耗体内的脂肪，到山里去干活和训练一样。

她曾经喜欢这次狩猎旅行来着。她说过她爱这次狩猎旅行。凡是激动人心的事情，能因此变换一下环境，能结识新的人，看到愉快的事物，她都喜爱。他也曾经感到工作的意志力重新恢复的幻觉。现在如果就这样了结，他知道事实就是如此，他不必变得像一条蛇那样，因为背脊给打断了就啃咬自己。这不是她的过错。如果不是她，也会有别的女人。如果他以谎言为生，他就应该试着以谎言而死。他听到山那边传来一声枪响。

她的枪打得挺好，这个善良的，这个有钱的娘们，这个他的才能的体贴的守护人和破坏者。废话，是他自己毁了自己的才能。他为什么要嗔怪这个女人，就因为她好好地供养了他？他虽然有才能，但是因为弃而不用，因为出卖了自己，也出卖了自己所信仰的一切，因为酗酒过度而磨钝了敏锐的感觉，因为懒散，因为怠惰，因为势利，因为傲慢和偏见，因为其他种种缘故，他毁灭了自己的才能。这算是什么？一张旧书目录卡？

到底什么是他的才能？就算是才能吧，可是他没有充分利用它，而是利用它做交易。他从来不是用他的才能去做些什么，而总是用它来决定他能做些什么。他决意不靠钢笔或铅笔谋生，而靠别的东西谋生。说来也怪，是不是？

每当他爱上另一个女人的时候，为什么这另一个女人总是要比前一个女人更有钱？

可是当他不再真心恋爱的时候，当他只是撒谎的时候，就像现在对这个女人那样，她比所有他爱过的女人更有钱，她有的是钱，她有过丈夫、孩子，她找过情人，但是她不满意那些情人，她倾心地爱他，把他当作一位作家，当作一个男子汉，当作一个伴侣，当作一份引为骄傲的财产来爱他——说来也怪，当他根本不爱她，而且对她撒谎的时候，为了报答她为他花费的钱，他所能给予她的，居然比他过去真心恋爱的时候还多。

咱们干什么，都是注定了的，他想。不管你是干什么过活的，这就是你的才能所在。

他的一生都是出卖生命力，不管是以这种形式或者那种形式。而当你并不十分钟情的时候，你越是看重金钱。他发现了这一点，但是他决不会写这些了，现在也不会写了。不，他不会写了，尽管这是很值得一写的东西。

现在她走近来了，穿过那片空地向营地走过来了。她穿着马裤，擎着她的来复枪，两个男仆扛着一只野羊跟在她后面走来。她仍然是一个很好看的女人，他想，她的身躯也很动人，她对床笫之乐很有才能，也很有领会，她并不美，但是他喜欢她的脸庞，她读过大量的书，她喜欢骑马和打枪，当然，她酒喝得太多。她还是一个比较年轻的女人的时候，丈夫就死了，在一个很短暂的时间里，她把心都放在两个刚长大的孩子身上，孩子却并不需要她，她在他们身边，他们就感到不自在，她还专心致志地养马、读书和喝酒。她喜欢在黄昏吃晚饭前读书，一面阅读一面喝威士忌苏打。到吃晚饭的时候，她已经喝得醉醺醺的，在晚饭桌旁再喝上一瓶甜酒，往往就醉得足够使她昏昏欲睡了。

这是她在有情人以前的情况。在有了那些情人以后，她就不再喝那么多的酒了，因为她不必喝醉了酒去睡觉了。但是情人使她感到厌烦。她嫁过一个丈夫，他从没有使她厌烦，而这些人却使她感到厌烦透了。

接着，她的一个孩子在一次飞机失事中死去了，事件过去以后，她不再需要情人了，酒也不再是麻醉剂了，她必须建立另一种生活。突然间，孤身独处吓得她心惊胆战。但是她要跟一个她所尊敬的人在一起生活。

事情发生得很简单。她喜欢他写的东西，她一向羡慕他过的那种生活。她认为他正是干了他自己想干的事情。她为了获得他而采取的种种步骤，以及她最后爱上了他的那种方式，都是一个正常过程的组成部分，在这个过程中她给自己建立起一个新生活，他则出售他旧生活的残余。

他出售他旧生活的残余，是为了换取安全，也是为了换取安逸，除此以外，还为了什么呢？他不知道。他要什么，她就会给他买什么。这他是知道的。她也是一个非常温柔的女人。他跟任何人一样，愿意立刻和她同床共枕；特别是她，因为她更有钱，因为她很风趣，很有欣赏力，而且她从不大吵大闹。可是现在她重新建立的这个生活行将结束了，因为两个星期以前，一根荆棘刺破了他的膝盖，而他没有给伤口涂上碘酒，当时他们挨近去，想拍下一群羚羊的照片，这群羚羊站立着，扬起了头窥视着，一面用鼻子嗅着空气，耳朵向两边张开着，只等一声响动就准备奔入丛林。他没有能拍下羚羊的照片，它们已跑掉了。

现在她到这儿来了。

他在帆布床上转过头来看她，"你好。"他说。

"我打了一只野羊，"她告诉他，"它能给你做一碗好汤喝，我还让他们捣一些土豆泥拌奶粉。你这会儿觉得怎么样？"

"好多啦。"

"这该有多好？你知道，我就想过你也许会好起来的。我离开的时候，你睡熟了。"

"我睡了一个好觉。你跑得远吗？"

"我没有跑远，就在山后面。我一枪打中了这只野羊。"

"你打得挺出色，你知道。"

"我爱打枪。我已经爱上非洲了。说真的，要是你平安无事，这可是我玩得最痛快的一次了。你不知道跟你一起打猎是多么有趣。我已经爱上这个地方了。"

"我也爱这个地方。"

"亲爱的，你不知道看到你觉得好多了，那有多么了不起。刚才你难受得那样，我简直受不了。你再不要那样跟我说话了，好吗？你答应我吗？"

"不会了，"他说，"我记不起我说了些什么了。"

"你不一定要把我给毁掉，是吗？我不过是个中年妇女，可是我爱你，你要干什么，我都愿意干。我已经给毁了两三次啦。你不会再把我给毁掉吧，是吗？"

"我倒是想在床上再把你毁几次。"他说。

"是啊。那可是愉快的毁灭。咱们就是给安排了这样毁灭的。明天飞机就会来啦。"

"你怎么知道明天会来？"

"我有把握。飞机一定要来的。仆人已经把木柴都准备好了，还准备了生浓烟的野草。今天我又下去看了一下。那儿足够让飞机着陆，咱们在空地两头准备好两堆浓烟。"

"你凭什么认为飞机明天会来呢？"

"我有把握它准会来。现在它已经耽误了。这样，到了城里，他们就会把你的腿治好，然后咱们就可以搞点儿毁灭，而不是那种讨厌的谈话。"

"咱们喝点酒好吗？太阳落山啦。"

"你想喝吗？"

"我想喝一杯。"

"咱们就一起喝一杯吧。莫洛，去拿两杯威士忌苏打来！"

她唤道。

“你最好穿上防蚊靴。”他告诉她。

“等我洗过澡再穿……”

他们喝着酒的时候，天渐渐暗下来，在这暮色苍茫没法瞄准打枪的时刻，一只鬣狗穿过那片空地往山那边跑去了。

“那个杂种每天晚上都跑过那儿，”男人说，“两个星期以来，每晚都是这样。”

“每天晚上发出那种声音来的就是它。尽管这是一种讨厌的野兽，可我不在乎。”

他们一起喝着酒，没有痛的感觉，只是因为一直躺着不能翻身而感到不适，两个仆人生起了一堆篝火，光影在帐篷上跳跃，他感到自己对这种愉快的投降生活所怀有的那种默认的心情，现在又油然而生了。她确实对他非常好。今天下午他对她太狠心了，也太不公平了。她是个好女人，确实是个了不起的女人。可是就在这当儿，他忽然想起他快要死了。

这个念头像一种突如其来的冲击，不是流水或者疾风那样的冲击，而是一股无影无踪的臭气的冲击，令人奇怪的是，那只鬣狗却沿着这股无影无踪的臭气的边缘轻轻地溜过来了。

“干什么，哈里?”她问他。

“没有什么，”他说，“你最好挪到那一边去坐。坐到上风那一边去。”

“莫洛给你换药了没有?”

“换过了。我刚敷上硼酸膏。”

“你觉得怎么样?”

“有点颤抖。”

“我要进去洗澡了，”她说，“我马上就会出来的。我跟你一起吃晚饭，然后把帆布床抬进去。”

这样，他自言自语地说，咱们结束吵嘴，是做对啦。他跟这个女人从来没有大吵大闹过，而他跟他爱上的那些女人却吵得很厉害，最后由于吵嘴的腐蚀作用，总是毁了他们共同怀有的感情：他爱得太深，要求得也太多，这样就把一切全都耗尽了。

他想起那次他孤零零地在君士坦丁堡[①]的情景，从巴黎出走之前，他吵了一场。那一阵他夜夜宿娼，而事后他仍然无法排遣寂寞，相反寂寞感到更加难忍，于是他给她，他那第一个情妇，那个离开了他的女人写了一封信，告诉她，他是怎样始终割不断对她的思恋……怎样有次在摄政院外面他以为看到了她，为了追上她，他跑得头昏眼花，心里直想吐；他会在林荫大道跟踪一个外表有点像她的女人，可就是不敢看清楚不是她，生怕就此失去了她在他心里引起的感情。他跟不少女人睡过，可是她们每个人又是怎样只能使他更加想念她，他又是怎样决不介意她干了些什么，因为他知道他摆脱不掉对她的爱恋。

他在夜总会冷静而清醒地写了这封信，寄到纽约去，央求她把回信寄到他在巴黎的事务所去。这样似乎比较稳当。那天晚上他非常想念她，他觉得心里空荡荡的直想吐，他在街头踯躅，一直溜过塔克辛姆，碰到了一个女郎，带她一起去吃晚饭。后来他到了一个地

---

① 君士坦丁堡：现名伊斯坦布尔，土耳其最大的城市。

方，同她跳舞，可是她跳得很糟，于是丢下了她，搞上了一个风骚的亚美尼亚女郎，她把肚子贴着他的身子摆动，擦得肚子都几乎要烫坏了。他跟一个少尉衔的英国炮手吵了一架，就把她从炮手手里带走了。那个炮手把他叫到外面去，于是他们在暗地里，在大街的圆石地面上打了起来。他朝他的下巴颏狠狠地揍了两拳，可是他并没有倒下，这一下他知道他免不了要有一场厮打了。那个炮手先打中了他的身子，接着又打中他的眼角。他又一次挥动左手，击中了那个炮手，炮手向他扑过来，抓住了他的上衣，扯下了他的袖子，他往他的耳朵后面狠狠揍了两拳，接着在他把他推开的时候，又用右手把他击倒在地。炮手倒下的时候，头先磕在地上，于是他带着女郎跑掉了，因为他们听见宪兵来了。他们乘上一辆出租汽车，沿着博斯普鲁斯海峡[1]驶向雷米利希萨，兜了一圈，在凛冽的寒夜回到城里睡觉，她给人的感觉就像她的外貌一样，过于成熟了，但是柔滑如脂，像玫瑰花瓣，像糖浆似的，肚子光滑，胸脯高耸，也不需要在她的臀部下垫个枕头，在她醒来以前，他就离开了她，在第一缕曙光照射下，她的容貌显得粗俗极了，他带着一只打得发青的眼圈来到彼拉宫，手里提着那件上衣，因为袖子已经没了。

就在那天晚上，他离开君士坦丁堡动身到安纳托利亚[2]去，后来他回忆那次旅行，整天穿行在种着罂粟花的田野里，那里的人们种植罂粟花提炼鸦片，这使你感到多么新奇，最后——不管朝哪个方向走仿佛都不对似的——到了他们曾经跟那些刚从君士坦丁堡来的军官一起发动进攻的地方，那些军官啥也不懂，大炮都打到部队里去了，那个英国观察员哭得像个小孩子似的。

就在那天，他第一次看到了死人，穿着白色的芭蕾舞裙子和向上镶起的有绒球的鞋子。土耳其人像波浪般地不断涌来，他看见那些穿着裙子的男人在奔跑着，军官们朝他们打枪，接着军官们自己也逃跑了，他同那个英国观察员也跑了，跑得他肺都发痛了，嘴里尽是那股铜腥味，他们在岩石后面停下来休息，土耳其人还在波浪般地涌来。后来他看到了他从来没有想象到的事情，后来他还看到比这些更糟的事情。所以，那次他回到巴黎的时候，这些他都不能谈，即使提起这些他都受不了。他经过咖啡馆的时候，里面有那位美国诗人，面前一大堆碟子，土豆般的脸上露出一副蠢相，正在跟一个名叫特里斯坦·采拉[3]的罗马尼亚人讲达达运动。特里斯坦·采拉老是戴着单眼镜，老是闹头痛；接着，当他回到公寓跟他的妻子在一起的时候，他又爱他的妻子了，吵架已经过去了，气恼也过去了，他很高兴自己又回到家里，事务所把他的信件送到了他的公寓。这样，一天早晨，那封答复他写的那封信的回信托在一只盘子里送进来了，当他看到信封上的笔迹时，他浑身发冷，想把那封信塞在另一封信下面。可是他的妻子说："亲爱的，那封信是谁寄来的？"于是那件刚开场的事就此了结。

他想起他同所有这些女人在一起时的欢乐和争吵。

她们总是挑选最妙的场合跟他吵嘴。为什么她们总是在他心情最愉快的时候跟他吵

---

① 博斯普鲁斯海峡：位于土耳其欧亚两个部分之间，君士坦丁堡即在该海峡西岸。 ② 安纳托利亚：土耳其的亚洲部分。 ③ 特里斯坦·采拉（1896—1963）：诗人、散文家、编辑，出生于罗马尼亚，长期在巴黎从事文学活动，达达主义的创始人之一。

嘴呢？关于这些，他一点也没有写过，因为起先是他绝不想伤害她们任何一个人的感情，后来看起来好像即使不写这些，要写的东西就已经够多了。但是他始终认为最后他还是会写的。要写的东西太多了。他目睹过世界的变化；不仅是那些事件而已；尽管他也曾目睹过许多事件，观察过人们，但是他目睹过更微妙的变化，而且记得人们在不同的时刻又是怎样表现的。他自己就曾经置身于这种变化之中，他观察过这种变化，写这种变化，正是他的责任，可是现在他再也不会写了。

“你觉得怎样啦?”她说。现在她洗过澡从帐篷里出来了。

“没有什么。”

“这会儿就给你吃晚饭好吗?”他看见莫洛在她后面拿着折叠桌，另一个仆人拿着菜盘子。

“我要写东西。”他说。

“你应该喝点肉汤恢复体力。”

“我今天晚上就要死了，”他说，“我用不着恢复什么体力啦。”

“请你别那么夸张，哈里。”她说。

“你干什么不用你的鼻子闻一闻？我都已经烂了半截啦，现在烂到大腿上了。我为什么还要跟肉汤开玩笑？莫洛，拿威士忌苏打来。”

“请你喝肉汤吧。”她温柔地说。

“好吧。”

肉汤太烫了。他只好把肉汤倒在杯子里，等凉得可以喝了，才把肉汤喝下去，一口也没有哽住过。

“你是一个好女人，”他说，“你不用关心我啦。”

她仰起她那张在《激励》和《城市与乡村》上人人皆知、人人都爱的脸庞望着他，那张脸因为酗酒狂饮而稍有逊色，因为贪恋床笫之乐而稍有逊色，可是《城市与乡村》从未展示过她那美丽的胸部，她那有用的大腿，她那轻柔地爱抚你的纤小的手，当他望着她，看到她那著名的动人的微笑的时候，他感到死神又来临了。这回没有冲击。它是一股气，像一阵使烛光摇曳，使火焰腾起的微风。

“待会儿他们可以把我的蚊帐拿出来挂在树上，生一堆篝火。今天晚上我不想搬到帐篷里去睡了。不值得搬动了。今天是一个晴朗的夜晚。不会下雨。”

那么，你就这样死了，在你听不见的悄声低语中死去了。

好吧，这样就再也不会吵嘴了。这一点他可以保证。这个他从来没有经历过的经验，他现在不会去破坏它了。但是他也可能会破坏。你已经把什么都毁啦。但是也许他不会。

“你能听写吗?”

“我没有学过。”她告诉他。

“好吧。”

没有时间了，当然，尽管好像经过了压缩，只要你能处理得当，你只消用一段文字就可以把那一切都写进去。

在湖畔，一座山上，有一所圆木构筑的房子，缝隙都用灰泥嵌成白色。门边的柱子上挂着一只铃，这是召唤人们进去吃饭用的。房子后面是田野，田野后面是森林。一排伦巴底白杨树从房子一直伸展到码头。另一排白杨树沿着这一带迤逦而去。森林的边缘有一条通向山峦的小路，他曾经在这条小路上采摘过黑莓。后来，那所圆木房子烧坍了，在壁炉上面的鹿脚架上挂着的猎枪都烧掉了，枪筒和枪托跟融化在弹夹里的铅弹也都一起烧坏了，搁在那一堆灰上——那堆灰原是给那只做肥皂的大铁锅熬碱水用的，你问祖父能不能拿去玩，他说，不行。你知道那些猎枪仍旧是他的，他从此也再没有买别的猎枪了。他也再不打猎了。现在在原来的地方用木料重新盖了那所房子，漆成了白色，从门廊上你可以看见白杨树和那边的湖光山色，可是再也没有猎枪了。从前挂在圆木房子墙上的鹿脚上的猎枪筒，搁在那堆灰上，再也没有人去碰过。

战后，我们在黑森林①里，租了一条钓鲑鱼的小溪，有两条路可以跑到那儿去。一条是从特里贝格走下山谷，然后绕着那条覆盖在林荫下（靠近那条白色的路）的山路走上一条山坡小道，穿山越岭，经过许多矗立着高大的黑森林式房子的小农场，一直走到小道和小溪交叉的地方。我们就在这个地方开始钓鱼。另一条路是陡直地爬上树林边沿，然后翻过山巅，穿过松林，接着走出林子来到一片草地边沿，下山越过这片草地到那座桥边。小溪边是一溜桦树，小溪并不宽阔，而是窄小、清澈而湍急的，在桦树根边冲出了一个个小潭。

在特里贝格的客店里，店主人这一季生意兴隆。这是使人非常快活的事，我们都是亲密的朋友。第二年通货膨胀，店主人前一年赚的钱，还不够买进经营客店必需的物品，于是他上吊死了。

你能口授这些，但是你无法口授那个城堡护墙广场，那里卖花人在大街上给他们的花卉染色，颜料淌得路面上到处都是，公共汽车都从那儿出发，老头儿和女人们总是喝甜酒和用果渣酿制的低劣的白兰地，喝得醉醺醺的；小孩子们在寒风凛冽中淌着鼻涕；汗臭和贫穷的气味，“业余者咖啡馆”里的醉态，还有“风笛”跳舞厅的妓女们，她们就住在舞厅楼上。那个看门女人在她的小屋里款待那个共和国自卫队员，一张椅上放着共和国自卫队员的那顶插着马鬃的帽子。门厅那边还有家住户，她的丈夫是个自行车赛手，那天早晨她在牛奶房打开《机动车》报看到他在第一次参加盛大的巴黎环城比赛中名列第三时，是多么高兴。她涨红了脸，大声笑了出来，接着跑到楼上，手里拿着那张淡黄色的体育报哭了起来。

他，哈里，有一次凌晨要乘飞机出门，经营“风笛”跳舞厅的女人的丈夫驾了一辆出租汽车来敲门唤他起身，动身前他们两个人在酒吧间的锌桌边喝了一杯白葡萄酒。那时，他熟悉那个地区的邻居，因为他们都很穷。

在城堡护墙广场附近有两种人：酒徒和运动员。酒徒以酗酒打发贫困，而运动员在锻炼中忘却贫困。他们是巴黎公社的后裔，因此，对于他们来说，懂得他们的政治并不难。他们知道是谁打死了他们的父老兄弟和亲属朋友的，当凡尔赛的军队开进巴黎，继公社之后而占领了这座城市，任何人，只要是他们摸到手上有茧的，或者戴着便帽的，或者带有任何其他标志说明他是一个劳动者的，一律格杀勿论。就是在这样的贫困之中，就是在这个地区里，街对面是一家马肉铺和一家酿酒合作社，他开始了他此后的写作生涯。巴黎再没有

① 黑森林：德国西南部山区，在巴登-符腾堡州，著名的游览胜地。

他这样热爱的地区了，那蔓生的树木，那白色的灰泥墙，下面涂成棕色的老房子，那在圆形广场上的长长的绿色公共汽车，那路面上淌着染花的紫色颜料，那从山上向塞纳河急转直下的莱蒙昂红衣主教大街，还有那另一条狭窄然而热闹的莫菲塔德路。那条通向万神殿的大街和那另一条他经常骑着自行车经过的大街，那是那个地区唯一的一条铺上沥青的大街，车胎驶过，感到光溜平滑，街道两边尽是高耸而狭小的房子，还有那家高耸的下等客店，保尔·魏尔伦①就死在这里。在他们住的公寓里，只有两间屋子，他在那家客店的顶楼上有一间房间，每月他要付六十法郎的房租，他在这里写作，从这间房间，他可以看到鳞次栉比的屋顶和烟囱以及巴黎所有的山峦。

你从那幢公寓却只能看到那个经营木柴和煤炭的人的店铺，他也卖酒，卖低劣的甜酒。马肉铺子外面挂着金黄色的马头，在马肉铺的橱窗里挂着金黄色和红色的马肉，那涂着绿色油漆的合作社，他们就在那儿买酒喝，醇美而便宜的甜酒。其余就是灰泥的墙壁和邻居们的窗子。夜里，有人喝醉了躺在街上，在那种典型的法国式的酩酊大醉（人们向你宣传，要你相信根本不存在这样的大醉）中呻吟着，那些邻居会打开窗子，接着是一阵喃喃的低语。

“警察上哪儿去了？总是在你不需要警察的时候，这个家伙就出现了。他准是跟哪个看门女人在睡觉啦。去找警察。”等到不知是谁从窗口泼下一桶水，呻吟声才停止了。

“倒下来的是什么？水。啊，这可是聪明的办法。”

于是窗子都关上了。玛丽，他的女仆，抗议一天八小时的工作制说，“要是一个丈夫干到六点钟，他在回家的路上就只能喝得稍微有点醉意，花钱也不会太多。可要是他活儿只干到五点钟，那他每天晚上都会喝得烂醉，你也就一个子儿也没有了。受这份缩短工时的罪的是工人的老婆。”

“你要再喝点儿肉汤吗？”女人现在问他。

“不要了，多谢你。味道好极了。”

“再喝一点儿吧。”

“我想喝威士忌苏打。”

“酒对你可没有好处。”

“是啊，酒对我有害。柯尔·波特②写过这些歌词，还作了曲子。这种知识正使你在生我的气。”

“你知道我是喜欢你喝酒的。”

“啊，是的，不过因为酒是对我有害的。”

等她走开了，他想，我就会得到我所要求的一切。不是我所要求的一切，而只是我所有的一切。嗳，他累啦。太累啦。他想睡一会儿。他静静地躺着，死神不在那儿。它准是上另一条街溜达去了。它成双结对地骑着自行车，静悄悄地在人行道上行驶。

不，他从来没有写过巴黎。没有写过他喜爱的那个巴黎。可是其余那些他从来没有写过的东西又是如何呢？

---

① 保尔·魏尔伦（1844—1896）：法国诗人。　② 柯尔·波特（1893—1964）：美国作曲家和抒情诗人。

大牧场和那银灰色的山艾灌木丛，灌溉渠里湍急而清澈的流水和那浓绿的苜蓿又是如何呢？那条羊肠小道蜿蜒而上向山里伸展，而牛群在夏天胆小得像麋鹿一样。

那吆喝声和持续不断的喧嘈声，那一群行动缓慢的庞然大物，当你在秋天把它们赶下山来的时候，扬起了一片尘土。群山后面，嶙峋的山峰在暮霭中清晰地显现，在月光下骑马沿着那条小道下山，山谷那边一片皎洁。他记得，当你穿过森林下山时，在黑暗中你看不见路，只能抓住马尾巴摸索前进，这些都是他想写的故事。

还有那个打杂的傻小子，那次留下他一个人在牧场，并且告诉他别让任何人来偷干草，从福克斯来的那个老坏蛋，经过牧场停下来想搞点饲料，傻小子过去给他干活的时候，老家伙曾经揍过他。孩子不让他拿，老头儿说他要再给他一顿狠揍。当他想闯进牲口栏去的时候，孩子从厨房里拿来了来复枪，把老头儿打死了，于是等他们回到牧场的时候，老头儿已经死了一个星期，在牲口栏里冻得直僵僵的，狗已经把他吃掉了一部分。

但是你把残留的尸体用毯子包起来，捆在一架雪橇上，让那个孩子帮你拖着，你们两个穿着滑雪板，带着尸体赶路，然后滑行六十英里，把孩子解到城里去。他还不知道人家会逮捕他呢。他满以为自己尽了责任，你是他的朋友，他准会得到报酬呢。他是帮着把这个老家伙拖进城来的，这样谁都能知道这个老家伙一向有多坏，他又是怎样想偷饲料，饲料可不是他的啊，等到行政司法官给孩子戴上手铐时，孩子简直不能相信。于是他放声哭了出来。这是他留着准备将来写的一个故事。从那儿，他至少知道二十个有趣的故事，可是他一个都没有写。为什么？

"你去告诉他们，那是为什么。"他说。

"什么为什么，亲爱的？"

"不为什么。"

她自从有了他，现在酒喝得不那么多了。可要是他活着，他决不会写她。这一点现在他知道了。他也决不写她们任何一个。有钱的人都是愚蠢的，他们就知道酗酒，或者整天玩巴加门①。他们是愚蠢的，而且唠唠叨叨叫人厌烦。他想起可怜的朱利安和他对有钱人怀着的那种罗曼蒂克的敬畏之感，记得他有一次怎样动手写一篇短篇小说，他开头这样写道："豪门巨富是跟你我不同的。"有人曾经对朱利安说，是啊，他们比咱们有钱。可是对朱利安来说，这并不是一句幽默的话。

他认为他们是一种特殊的富有魅力的族类，等到他发现他们并非如此，他就毁了，正好像任何其他事物把他毁了一样②。

他一向鄙视那些毁了的人。你根本没有必要去喜欢这一套，因为你了解这是怎么回事。什么事情都骗不过他，他想。因为什么都伤害不了他，如果他不在意的话。

好吧。现在要是死，他也不在意。他一向害怕的一点是痛。他跟任何人一样忍得住痛，除非痛的时间太长，痛得他精疲力竭，可是这儿却有一种什么东西曾经痛得他无法忍

---

① 巴加门：一种双方各有15枚棋子，掷骰子决定行棋格数的游戏。　② 这一段，作者所说的朱利安，指美国小说家S. 菲茨吉拉德——据威廉·奥康纳编《七个现代美国小说家》中，恰尔斯·夏因写的《S. 菲茨吉拉德》一文。

受，但就在他感觉到有这么一种东西在撕裂他的时候，痛却已经停止了。

他记得在很久以前，投弹军官威廉逊那天晚上钻过铁丝网爬回阵地的时候，给一名德国巡逻兵扔过来的手榴弹打中了，他尖声叫着，央求大家把他打死。他是个胖子，尽管喜欢炫耀自己，有时叫人难以相信，却很勇敢，也是一个好军官。可是那天晚上他在铁丝网里给打中了，一道闪光突然把他照亮了，他的肠子淌了出来，钩在铁丝网上，所以当他们把他抬进来的时候，他还活着，但他们不得不把他的肠子割断。打死我，哈里。看在上帝的份上，打死我。有一回他们曾经对凡是上帝给你带来的你都能忍受这句话争论过，有人的理论是，经过一段时间，痛会自行消失。可是他始终忘不了威廉逊和那个晚上。在威廉逊身上痛苦并没有消失，直到他把自己一直留着准备自己用的吗啡片都给他吃下以后，也没有立刻止痛。

可是，现在他感觉到的痛苦却非常轻松，如果就这样下去而不变得更糟的话，那就没有什么需要担心的事情了。不过他想，要是能有更好的同伴在一起，该有多好。

他想了一下他想要的同伴。

不，他想，你干什么事情，总是干得太久，也干得太晚了，你不可能指望人家还在那儿。人家全走啦。已经酒阑席散，现在只留下你和女主人啦。

我对死越来越感到厌倦，就跟我对其他一切东西都感到厌倦一样，他想。

"真使人厌倦。"他禁不住说出声来。

"你说什么，亲爱的？"

"你干什么事情都干得太久了。"

他瞅着她坐在自己身边和篝火之间。她靠坐在椅子里，火光在她那线条动人的脸上照耀着，他看得出她困了。他听见那只鬣狗就在那一圈火光外发出一声嚎叫。

"我一直在写东西，"他说，"我累啦。"

"你想你能睡得着吗？"

"一定能睡着。为什么你还不去睡？"

"我喜欢跟你一起坐在这里。"

"感觉到有什么奇怪的东西吗？"他问她。

"没有。只是我有点困啦。"

"我可是感觉到了。"

就在这时，他感到死神又一次临近了。

"你知道，我唯一没有失去的东西，只有好奇心了。"他对她说。

"你从来没有失去什么东西。你是我所知道的最完美的人了。"

"天哪，"他说，"女人知道的东西实在太少啦。你根据什么这样说？是直觉吗？"

因为正是这个时候死神来了，死神的头靠在帆布床的脚上，他闻得出它的呼吸。

"你可千万别相信死神是镰刀和骷髅，"他告诉她，"它很可能是两个从从容容骑着自行车的警察或者是一只鸟儿，又或者是像鬣狗一样有一只大鼻子。"

现在死神已经挨到他的身上来了，可是它已不再具有任何形状了。它只是占有空间。

"告诉它走开。"

它没有走，相反挨得更近了。

“你呼哧呼哧地净喘气，”他对它说，“你这个臭杂种。”

它还是在向他一步步挨近，现在他不能对它说话了，当它发现他不能说话的时候，又向他挨近了一点，现在他想默默地把它赶走，但是它爬到他的身上来了，这样，它的重量就全压到他的胸口了，它趴在那儿，他不能动弹也说不出话来，他听见女人说，“先生睡着了，把床轻轻地抬起来，抬到帐篷里去吧。”

他不能开口告诉她把它赶走，现在它更沉重地趴在他的身上，这样他气也透不过来了，但是当他们抬起帆布床的时候，忽然一切又正常了，重压从他胸前消失了。

现在已是早晨，已是早晨好一会儿了，他听见了飞机声。

飞机显得很小，接着飞了一大圈，两个男仆跑出来用汽油点燃了火，堆上野草，这样在平地两端就冒起了两股浓烟，晨风把浓烟吹向帐篷，飞机又绕了两圈，这次是低飞了，接着往下滑翔，拉平，平稳地着陆了。老康普顿穿着宽大的便裤，上身穿一件花呢茄克，头上戴着一顶棕色毡帽，朝着他走来。

“怎么回事啊，老伙计？”康普顿说。

“腿坏了，”他告诉他，“你要吃点儿早饭吗？”

“谢谢。我只要喝点茶就行啦，你知道这是一架‘天社蛾’，我没有能搞到那架‘夫人’。只能坐一个人。你的卡车正在路上。”

海伦把康普顿拉到旁边去，正在给他说着什么话。康普顿显得更兴高采烈地走回来。

“我们得马上把你抬进飞机去，”他说，“我还要回来接你太太。现在我怕我得在阿鲁沙①停一下加油。咱们最好马上就走。”

“喝点茶怎么样？”

“你知道，我实在并不想喝。”

两个男仆抬起了帆布床，绕着那些绿色的帐篷兜了一圈，然后沿着岩石走到那片平地上，走过那两股浓烟——现在正亮晃晃地燃烧着，风吹旺了火，野草都烧光了——来到那架小飞机前。好不容易把他抬进飞机，一进飞机他就躺在皮椅子里，那条腿直挺挺地伸到康普顿的座位旁边。康普顿发动了马达，便上了飞机。他向海伦和两个男仆扬手告别，马达的咔哒声变成惯常熟悉的吼声，他们摇摇摆摆地打着转儿，康普顿留神看着那些野猪的洞穴，飞机在两堆火光之间的平地上怒吼着，颠簸着，随着最后一次颠簸，起飞了，而他看见他们都站在下面扬手，山边的那个帐篷现在显得扁扁的，平原展开着，一簇簇的树林，那片灌木丛也显得扁扁的，那一条条野兽出没的小道，现在似乎都平坦坦地通向那些干涸的水穴，有一处新发现的水，这是他过去从来不知道的。斑马，现在只看到它们那圆圆的隆起的背脊了。大羚羊像长手指头那么大，它们越过平原时，仿佛是大头的黑点在地上爬行，现在当飞机的影子向它们逼近时，都四散奔跑了，它们现在显得更小了，动作也看不出是在奔驰了。你极目望去，现在平原是一片灰黄色，前面是老康普顿的花呢茄克的背影和那顶棕色的毡帽。接着他们飞过了第一批群山，大羚羊正往山上跑去，接着他们又飞越高峻的山岭，

---

① 阿鲁沙：坦桑尼亚一城市。

陡峭的深谷里斜生着浓绿的森林，还有那生长着茁壮的竹林的山坡，接着又是一大片茂密的森林，他们又飞过森林，穿越一座座尖峰和山谷。山岭渐渐低斜，接着又是一片平原，现在天热起来了，大地显出一片紫棕色，飞机热烘烘地颠簸着，康普顿回过头来看看他在飞行中情况怎样。接着前面又是黑压压的崇山峻岭。

接着，他们不是往阿鲁沙方向飞，而是转向左方，很显然，他揣想他们的燃料足够了，往下看，他见到一片像筛子里筛落下来的粉红色的云，正掠过大地，从空中看去，却像突然出现的暴风雪的第一阵飞雷，他知道那是蝗虫从南方飞来了。接着他们爬高，他们似乎是往东方飞，接着天色晦暗，他们碰上了一场暴风雨，大雨如注，像穿过一道瀑布似的，接着他们穿出水帘，康普顿转过头来，咧嘴笑着，一面用手指着，于是在前方，极目所见，他看到，如同整个世界那样宽广无垠，在阳光中显得那么高耸、宏大，而且白得令人不可置信，那是乞力马扎罗山的方形的山巅。于是他明白，那儿就是他现在要飞去的地方。

正是这个当儿，鬣狗在夜里停止了呜咽，开始发出一种奇怪的几乎像人那样的哭声。

女人听到了这种声音，在床上不安地反侧着。她并没有醒。在梦里她正在长岛的家里，这是她女儿第一次参加社交的前夜。似乎她的父亲也在场，他显得很粗暴。接着鬣狗的大声哭叫把她吵醒了，一时她不知道自己身在何处，她很害怕。接着她拿起手电照着另一张帆布床，哈里睡着以后，他们把床抬进来了。在蚊帐的木条下，他的身躯隐约可见，但是他似乎把那条腿伸出来了，在帆布床沿耷拉着，敷着药的纱布都掉落了下来，她不忍再看这副景象。

“莫洛，”她喊道，“莫洛！莫洛！”

接着她说：“哈里，哈里！”接着她提高了嗓子，“哈里！请你醒醒，啊，哈里！”

没有回答，也听不见他的呼吸声。

帐篷外，鬣狗还在发出那种奇怪的叫声，她就是给那种叫声惊醒的。但是因为她的心在怦怦跳着，她听不见鬣狗的哭叫声了。

阅读提示

欧内斯特·米勒尔·海明威(1899—1961)，美国小说家。海明威出生于美国伊利诺伊州芝加哥市郊区的奥克帕克，晚年在爱达荷州凯彻姆的家中自杀身亡。海明威的代表作有《老人与海》《太阳照样升起》《永别了，武器》《丧钟为谁而鸣》等，并凭借《老人与海》获得1953年普利策奖及1954年诺贝尔文学奖。海明威被誉为美利坚民族的精神丰碑，并且是“新闻体”小说的创始人，他的笔锋一向以“文坛硬汉”著称。海明威的写作风格以简洁为特色，对美国文学及20世纪文学的发展有着极深远的影响。

《乞力马扎罗的雪》是海明威的一部中篇小说，是海明威最直接描写死亡，以生与死为主题的作品。其中，哈里作为主人公，在病重将死之际半昏迷半清醒的状态下回顾了自己一生中脑海中还存有的一些记忆，而这些都笼罩在死亡的阴影下，尤其是战争带给哈里的巨大创伤。对于死亡他由原先的恐惧、暴躁到愤怒、厌倦，最后坦然地接受。在这些记忆片段中同时还有着哈里对自己以前人生的一个不算总结的总结，大部分是对自己过着纸醉金迷、不思进取的庸庸碌碌的生活，蹉跎岁月，浪费自己的才华的无尽后悔和感叹。在自己人生结束那一刻的冥想中，他梦见自己的灵魂攀上了乞力马扎罗山的顶端，肉体虽然死去，灵魂却得以提升。而哈里这些所思所想都是在海明威巧妙精湛的叙述描写中展开的，让读者窥见哈里那纷乱的思绪、寂寞的心灵和勇敢积极、向往崇高的灵魂。

《乞力马扎罗的雪》这篇小说发表于1936年，一问世便得到了来自各方面的好评。这部将哈里那看似极为矛盾的行为集于一身；令生与死的对立转变为终止与永恒的统一，还让白雪蕴藏又冻结了主人公所有特殊的往事；并在意识流混乱的表象下展现了小说的主线。小说大量运用了意识流手法，其意象跳跃、虚实相融的手法，不仅仅展示了死亡的哀愁和恐惧，更有作者对死亡意义的苦苦探索。

四十八、献给爱米丽的玫瑰

[美]威廉·福克纳

一

爱米丽·格里尔生小姐过世了，全镇的人都去送丧。男子们是出于敬慕之情，因为一个纪念碑倒下了；妇女们呢，则大多数出于好奇心，想看看她屋子的内部。除了一个花匠兼厨师的老仆人之外，至少已有十年光景谁也没进去看看这幢房子了。

那是一幢曾漆成白色的四方形大木屋，坐落在当年最考究的一条街道上，还装点着有19世纪70年代风味的圆形屋顶、尖塔和涡形花纹的阳台，带有浓厚的轻盈气息。可是汽车间和轧棉机之类的东西侵犯了这一带庄严的名字，把它们涂抹得一干二净。只有爱米丽小姐的屋子岿然独存，四周簇拥着棉花车和汽油泵。房子虽已破败，却还是执拗不驯，装模作样，真是丑中之丑。现在爱米丽小姐已经加入了那些名字庄严的代表人物的行列，他们沉睡在雪松环绕的墓园之中，那里尽是一排排在南北战争时期杰斐逊战役中阵亡的南方和北方的无名军人墓。

爱米丽小姐在世时，始终是一个传统的化身，一个义务的象征，人们关注的对象。打1894年某日镇长沙多里斯上校——也就是他下了一道黑人妇女不系围裙不得上街的命令——豁免了她一切应纳的税款起，期限从她父亲去世之日开始，一直到她去世为止，这是全镇沿袭下来对她的一种义务。这也并非说爱米丽甘愿接受施舍，原来是沙多里斯上校编造了一大套无中生有的话，说是爱米丽的父亲曾经贷款给镇政府，因此，镇政府作为一种交易，宁愿以这种方式偿还。这一套话，只有沙多里斯一代的人以及像沙多里斯一样头脑的人才能编得出来，也只有妇道人家才会相信。

等到思想更为开明的第二代人当了镇长和参议员时，这项安排引起了一些小小的不满。那年元旦，他们便给她寄去了一张纳税通知单。二月份到了，还是杳无音信。他们发去一封公函，要她便中到司法长官办公处去一趟。一周之后，镇长亲自写信给爱米丽，表示愿意登门访问，或派车迎接她，而所得回信却是一张便条，写在古色古香的信笺上，书法流利，字迹细小，但墨水已不鲜艳，信的大意是说她已根本不外出。纳税通知附还，没有表示意见。

参议员们开了个特别会议，派出一个代表团对她进行了访问。他们敲敲门，自从8年或者10年前她停止开授瓷器彩绘课以来，谁也没有从这大门出入过。那个上了年纪的黑人男仆把他们接待进阴暗的门厅，从那里再由楼梯上去，光线就更暗了。一股尘封的气味扑鼻而来，空气阴湿而又不透气，这屋子长久没有人住了。黑人领他们到客厅里，里面摆设的笨重家具全都包着皮套子。黑人打开了一扇百叶窗，这时，便更可看出皮套子已经坼裂；等他们坐了下来，大腿两边就有一阵灰尘冉冉上升，尘粒在那一缕阳光中缓缓旋转。壁炉前已经失去金色光泽的画架上面放着爱米丽父亲的炭笔画像。

她一进屋，他们全都站了起来。一个小模小样、腰圆体胖的女人，穿了一身黑服，一条细细的金表链拖到腰部，落到腰带里去了，一根乌木拐杖支撑着她的身体，拐杖头的镶金已经失去光泽。她的身架矮小，也许正因为这个缘故，在别的女人身上显得不过是丰满，而她却给人以肥大的感觉。她看上去像长久泡在死水中的一具死尸，肿胀发白。当客人说明来意时，她那双凹陷在一脸隆起的肥肉之中、活像揉在一团生面中的两个小煤球似的眼睛不住地移动着，时而瞧瞧这张面孔，时而打量那张面孔。

她没有请他们坐下来。她只是站在门口，静静地听着，直到发言的代表结结巴巴地说完，他们这时才听到那块隐在金链子那一端的挂表嘀嗒作响。

她的声调冷酷无情："我在杰斐逊无税可纳。沙多里斯上校早就向我交代过了。或许你们有谁可以去查一查镇政府档案，就可以把事情弄清楚。"

"我们已经查过档案，爱米丽小姐，我们就是政府当局。难道你没有收到过司法长官亲手签署的通知吗？"

"不错，我收到过一份通知，"爱米丽小姐说道，"也许他自封为司法长官……可是我在杰斐逊无税可交。"

"可是纳税册上并没有如此说明，你明白吧。我们应根据……""你们去找沙多里斯上校。我在杰斐逊无税可交。"

"可是，爱米丽小姐……"

"你们去找沙多里斯上校（沙多里斯上校死了将近十年了），我在杰斐逊无税可纳。托比！"黑人应声而来。"把这些先生们请出去。"

二

她就这样把他们"连人带马"地打败了，正如30年前为了那股气味的事战胜了他们的父辈一样。那是她父亲死后两年，也就是在她的心上人——我们都相信一定会和她结婚的那个人——抛弃她不久的时候。父亲死后，她很少外出；心上人离去之后，人们简直就看不到她了。有少数几位妇女竟冒冒失失地去访问过她，但都吃了闭门羹。她居处周围唯一的生命迹象就是那个黑人男子拎着一个篮子出出进进，当年他还是个青年。

"好像只要是一个男子，随便什么样的男子，都可以把厨房收拾得井井有条似的。"妇女们都这样说。因此，那种气味越来越厉害时，她们也不感到惊异，那是芸芸众生的世界与高贵有势的格里尔生家之间的另一联系。

邻家一位妇女向年已八十的法官斯蒂芬斯镇长抱怨。

"可是太太，你叫我对这件事又有什么办法呢？"他说。

"哼，通知她把气味弄掉，"那位妇女说，"法律不是有明文规定吗？"

"我认为这倒不必要，"法官斯蒂芬斯说，"可能是她用的那个黑鬼在院子里打死了一条蛇或一只老鼠。我去跟他说说这件事。"

第二天，他又接到两起申诉，一起来自一个男的，用温和的语气提出意见。"法官，我们对这件事实在不能不过问了。我是最不愿意打扰爱米丽小姐的人，可是我们总得想个办法。"那天晚上全体参议员——三位老人和一位年纪较轻的新一代成员在一起开了个会。

"这件事很简单，"年轻人说，"通知她把屋子打扫干净，限期搞好，不然的话……"

"先生，这怎么行?"法官斯蒂芬斯说，"你能当着一位贵妇人的面说她那里有难闻的气味吗?"

于是，第二天午夜之后，有四个人穿过了爱米丽小姐家的草坪，像夜盗一样绕着屋子潜行，沿着墙角一带以及在地窖通风处拼命闻嗅，而其中一个人用手从挎在肩上的袋子中掏出什么东西，不断做着播种的动作。他们打开了地窖门，在那里和所有的外屋里都撒上了石灰。等到他们回头又穿过草坪时，原来暗黑的一扇窗户亮起了灯：爱米丽小姐坐在那里，灯在她身后，她那挺直的身躯一动不动像是一尊偶像一样。他们蹑手蹑脚地走过草坪，进入街道两旁洋槐树树荫之中。一两个星期之后，气味就闻不到了。

而这时人们才开始真正为她感到难过。镇上的人想起爱米丽小姐的姑奶奶韦亚特老太太终于变成了十足疯子的事，都相信格里尔生一家人自视过高，不了解自己所处的地位。爱米丽小姐和像她一类的女子对什么年轻男子都看不上眼。长久以来，我们一直把这家人看作一幅画中的人物：身段苗条、穿着白衣的爱米丽小姐立在背后，她父亲叉开双脚的侧影在前面，背对爱米丽，手执一根马鞭，一扇向后开的前门恰好嵌住了他们俩的身影。因此当她年近三十，尚未婚配时，我们实在没有喜幸的心理，只是觉得先前的看法得到了证实，即她家有着疯癫的血液吧，如果真有一个机会摆在她面前，她也不至于断然放过。

传说父亲死后留给她的全部财产就是那座房子，人们倒也有点感到高兴。到头来，他们可以对爱米丽表示怜悯之情了。单身独处，贫苦无告，她变得懂人情了。如今她也体会到多一便士就激动喜悦、少一便士便痛苦失望的那种人皆有之的心情了。

她父亲死后的第二天，所有的妇女们都准备到她家拜望，表示哀悼和愿意接济的心意，这是我们的习俗。爱米丽小姐在家门口接待她们，衣着和平日一样，脸上没有一丝哀愁。她告诉她们，她的父亲并未死。一连三天她都是这样，不论是教会牧师访问她也好，还是医生想劝她让他们把尸体处理掉也好。正当他们要诉诸法律和武力时，她垮下来了，于是他们很快地埋葬了她的父亲。

当时我们还没有说她发疯。我们相信她这样做是控制不了自己。我们还记得她父亲赶走了所有的青年男子，我们也知道她现在已经一无所有，只好像人们通常所做的，死死拖住抢走了她一切的那个人。

三

她病了好长一段时间。再见到她时，她的头发已经剪短，看上去像个姑娘，和教堂里彩色玻璃窗上的天使像不无相似之处——有几分悲怆肃穆。

行政当局已订好合同，要铺设人行道，就在她父亲去世的那年夏天开始动工，建筑公司带着一批黑人、骡子和机器来了，工头是个北方佬，名叫荷默·伯隆，个子高大，皮肤黝黑，精明强干，声音宏亮，双眼比脸色浅淡。一群群孩子跟在他身后听他用不堪入耳的话责骂黑人，黑人则随着铁镐的上下起落有节奏地哼着劳动号子。没有多少时候，全镇的人他都认识了。随便什么时候人们要是在广场上的什么地方听见呵呵大笑的声音，荷默·伯隆肯定是在人群的中心。过了不久，逢到礼拜天的下午我们就看到他和爱米丽小姐一齐驾着轻便马车出游了。那辆黄轮车配上从马房中挑出的栗色辕马，十分相称。

起初我们都高兴地看到爱米丽小姐多少有了一点寄托，因为妇女们都说："格里尔生家的人绝对不会真的看中一个北方佬，一个拿日工资的人。"不过也有别人——一些年纪大的人——说就是悲伤也不会叫一个真正高贵的妇女忘记"贵人举止"，尽管口头上不把它叫作"贵人举止"。他们只是说："可怜的爱米丽，她的亲属应该来到她的身边。"她有亲属在亚拉巴马，但多年以前，她的父亲为了疯婆子韦亚特老太太的产权问题跟他们闹翻了，以后两家就没有来往。他们连丧礼也没派人参加。

老人们一说到"可怜的爱米丽"，就交头接耳开了。他们彼此说："你当真认为是那么回事吗？""当然是啰。还能是别的什么事……"而这句话他们是用手捂住嘴轻轻地说的。轻快的马蹄得得驶去的时候，关上了遮挡星期日午后骄阳的百叶窗，还可听出绸缎的窸窣声："可怜的爱米丽。"她把头抬得高高的——甚至当我们深信她已经堕落了的时候也是如此，仿佛她比任何时候都更要求人们承认她作为格里尔生家族末代人物的尊严；仿佛她的尊严就需要同世俗的接触来重新肯定她那不受任何影响的性格。比如说，她那次买老鼠药、砒霜的情况。那是在人们已开始说"可怜的爱米丽"之后一年多，她的两个堂姐妹也正在那时来看望她。

"我要买点毒药。"她跟药剂师说。她当时已三十出头，依然是个削肩细腰的女人，只是比往常更加清瘦了，一双黑眼冷酷高傲，脸上的肉在两边的太阳穴和眼窝处绷得很紧，那副面部表情是你想象中的灯塔守望人所应有的。"我要买点毒药。"她说道。

"知道了，爱米丽小姐。要买哪一种？是毒老鼠之类的吗？那么我介——"

"我要你们店里最有效的毒药，种类我不管。"

药剂师一口说出好几种。"它们什么都毒得死，哪怕是大象。可是你要的是——砒霜。"

爱米丽小姐说："砒霜灵不灵？"

"是……砒霜？知道了，小姐。可是你要的是……"

"我要的是砒霜。"

药剂师朝下望了她一眼。她回看他一眼，身子挺直，面孔像一面拉紧了的旗子。

"噢噢，当然有。"不过，药剂师说，"不过，如果你要的是这种毒药，法律规定你得说明作什么用途。"

爱米丽小姐只是瞪着他，头向后仰了仰，以便双眼好正视他的双眼，一直看到他把目光移开了，走进去拿砒霜包好。黑人送货员把那包药送出来给她，药剂师却没有再露面。她回家打开药包，在盒子上骷髅骨标记下注明："毒鼠用药"。

四

于是,第二天我们大家都说:“她要自杀了”,我们也都说这是再好没有的事。我们第一次看到她和荷默·伯隆在一块儿时,我们都说:“她要嫁给他了。”后来又说:“她还得说服他呢。”因为荷默自己说他喜欢和男人来往,大家知道他和年轻人在麋鹿俱乐部一道喝酒,他本人说过,他是无意于成家的人。以后每逢礼拜天下午他们乘着漂亮的轻便马车驰过:爱米丽小姐昂着头,荷默歪戴着帽子,嘴里叼着雪茄烟,戴着黄手套的手握着马缰和马鞭。我们在百叶窗背后都不禁要说一声:“可怜的爱米丽。”

后来有些妇女开始说,这是全镇的羞耻,也是青年的坏榜样。男子汉不想干涉,但妇女们终于迫使浸礼会牧师——爱米丽小姐一家人都是属于圣公会的——去拜访她。访问经过他从未透露,但他再也不愿去第二趟了。下个礼拜天他们又驾着马车出现在街上,于是第二天牧师夫人就写信告知爱米丽住在亚拉巴马的亲属。

原来她家里还有近亲,于是我们坐待事态的发展。起先没有动静,随后我们得到确信,他们即将结婚。我们还听说爱米丽小姐去过首饰店,订购了一套银质男人盥洗用具,每件上面刻着“荷·伯”。两天之后人家又告诉我们她买了全套男人服装,包括睡衣在内,因此我们说:“他们已经结婚了。”我们着实高兴。我们高兴的是两位堂姐妹比起爱米丽小姐来,更有格里尔生家族的风度。

因此当荷默·伯隆离开本城——街道铺路工程已经竣工好一阵子了——时,我们一点也不感到惊异。我们倒因为缺少一番送行告别的热闹,不无失望之感。不过我们都相信他此去是为了迎接爱米丽小姐作一番准备,或者是让她有个机会打发走两个堂姐妹。(这时已经形成了一个秘密小集团,我们都站在爱米丽小姐一边,帮她踢开这一对堂姐妹。)一点也不差,一星期后她们就走了。而且,正如我们一直所期待的那样,荷默·伯隆又回到镇上来了。一位邻居亲眼看见那个黑人在一天黄昏时分打开厨房门让他进去了。

这就是我们最后一次看到荷默·伯隆。至于爱米丽小姐呢,我们则有一段时间没有见到过她。黑人拿着购货篮进进出出,可是前门却总是关着。偶尔可以看到她的身影在窗口晃过,就像人们在撒石灰那天夜晚曾经见到过的那样,却有整整六个月的时间,她没有出现在大街上。我们明白这也并非出乎意料。“她父亲的性格三番五次地使她那作为女性的一生平添波折,而这种性格仿佛太恶毒,太狂暴,还不肯消失似的。

等到我们再见到爱米丽小姐时,她已经发胖了,头发也已灰白了。以后数年中,头发越变越灰,变得像胡椒盐似的铁灰色,颜色就不再变了。直到她七十四岁去世之日为止,还是保持着那旺盛的铁灰色,像是一个活跃的男子的头发。

打那时起,她的前门就一直关闭着,除了她四十左右的那段约有六七年的时间之外。在那段时期,她开授瓷器彩绘课。在楼下的一间房里,她临时布置了一个画室,沙多里斯上校的同时代人全都把女儿、孙女儿送到她那里学画,那样的按时按刻,那样的认真精神,简直同礼拜天把她们送到教堂去,还给她们二角伍分钱的硬币准备放在捐献盆子里的情况一模一样。这时,她的捐税已经被豁免了。

后来，新的一代成了全镇的骨干和精神，学画的学生们也长大成人，渐次离开了，她们没有让她们自己的女孩子带着颜色盒、令人生厌的画笔和从妇女杂志上剪下来的画片到爱米丽小姐那里去学画。最后一个学生离开后，前门关上了，而且永远关上了。全镇实行免费邮递制度之后，只有爱米丽小姐一人拒绝在她门口钉上金属门牌号，附设一个邮件箱。她怎样也不理睬他们。

日复一日，月复一月，年复一年，我们眼看着那黑人的头发变白了，背也驼了，还照旧提着购货篮进进出出。每年十二月我们都寄给她一张纳税通知单，但一星期后又由邮局退还了，无人收信。我们不时在楼底下的一个窗口——她显然是把楼上封闭起来了——见到她的身影，像神龛中的一个偶像的雕塑躯干，我们说不上她是不是在看着我们。她就这样度过了一代又一代——高贵，宁静，无法逃避，无法接近，怪僻乖张。

她就这样与世长辞了。在一栋尘埃遍地、鬼影幢幢的屋子里得了病，侍候她的只有一个老态龙钟的黑人。我们甚至连她病了也不知道，也早已不想从黑人那里打听什么消息。他跟谁也不说话，恐怕对她也是如此，他的嗓子似乎由于长久不用变得嘶哑了。

她死在楼下一间屋子里，笨重的胡桃木床上还挂着床帷，她那长满铁灰头发的头枕着的枕头由于用了多年而又不见阳光，已经黄得发霉了。

五

黑人在前门口迎接第一批妇女，把她们请进来，她们话音低沉，发出咝咝声响，以好奇的目光迅速扫视着一切。黑人随即不见了，他穿过屋子，走出后门，从此就不见踪影了。

两位堂姐妹也随即赶到，他们第二天就举行了丧礼，全镇的人都跑来看看覆盖着鲜花的爱米丽小姐的尸体。停尸架上方悬挂着她父亲的炭笔画像，一脸深刻沉思的表情，妇女们唧唧喳喳地谈论着死亡，而老年男子呢——有些人还穿上了刷得很干净的南方同盟军制服——站在走廊上、草坪上谈论着爱米丽小姐的一生，仿佛她是他们的同时代人，而且还相信和她跳过舞，甚至向她求过爱，他们把按数学级数向前推进的时间给搅乱了。这是老年人常有的情形。在他们看来，过去的岁月不是一条越来越窄的路，而是一片广袤的连冬天也对它无所影响的大草地，只是近十年来才像窄小的瓶口一样，把他们同过去隔断了。

我们已经知道，楼上那块地方有一个房间，四十年来从没有人见到过，要进去得把门撬开。他们等到爱米丽小姐安葬之后，才设法去开门。

门猛地打开，震得屋里灰尘弥漫。这间布置得像新房的屋子，仿佛到处都笼罩着墓室一般的淡淡的阴惨惨的氛围：败了色的玫瑰色窗帘，玫瑰色的灯罩，梳妆台，一排精细的水晶制品和白银作底的男人盥洗用具，但白银已毫无光泽，连刻制的姓名字母图案都已无法辨认了。杂物中有一条硬领和领带，仿佛刚从身上取下来似的，把它们拿起来时，在台面上堆积的尘埃中留下淡淡的月牙痕。椅子上放着一套衣服，折叠得好好的。椅子底下有两只寂寞无声的鞋和一双扔了不要的袜子。那男人躺在床上。

我们在那里立了好久，俯视着那没有肉的脸上令人莫测的龇牙咧嘴的样子。那尸体躺在那里，显出一度是拥抱的姿势，但那比爱情更能持久、那战胜了爱情的熬煎的永恒的长眠已经使他驯服了。他所遗留下来的肉体已在破烂的睡衣下腐烂，跟他躺着的木床粘在一起，难分难解了。在他身上和他身旁的枕上，均匀地覆盖着一层长年累月积下来的灰尘。

后来我们才注意到旁边那只枕头上有人头压过的痕迹。我们当中有一个人从那上面拿起了什么东西，大家凑近一看——这时一股淡淡的干燥发臭的气味钻进了鼻孔——原来是一绺长长的铁灰色头发。

阅读提示

威廉·福克纳(1897—1962)，美国小说家。出生于没落地主家庭，第一次世界大战时在加拿大空军服役，战后曾在大学肄业一年，1925 年后专门从事创作。他被西方文学界视作"现代的经典作家"。共写了 19 部长篇小说和 70 多篇短篇小说。其最著名的作品有《声音与疯狂》(又译《喧哗与骚动》)，《我弥留之际》《八月之光》《押沙龙，押沙龙》《斯诺普斯三部曲》(《村子》《小镇》《大宅》)等。1949 年，福克纳获诺贝尔文学奖。

《献给爱米丽的玫瑰》是福克纳十分著名的短篇小说之一，主要讲述了美国内战爆发后，南方的传统文化与北方价值观经历了巨大地冲击与转变，在这种特殊环境下没落的格里尔生贵族爱米丽小姐追求爱情但是最终将爱人毒死与尸体同床共枕的故事。

小说的主题具有多重性，可从以下几个方面解读：

爱情主题。在西方传统文化中，玫瑰是爱情、敬仰以及爱慕的象征，所以通过小说名称《献给爱米丽的玫瑰》我们能够清晰地读懂其中的爱情主题。而作品中作者也描写了主人爱米丽与荷默·伯隆相识、相知、约会以及求爱的过程。爱情是自私的，爱米丽最终选择以将爱人谋杀的方式留住了自己所爱的人，因为死亡不会背叛，比爱情来得长久。

傲慢与荣耀主题。父亲的过度保护以及传统的贵族教育、贵族观念都使即使爱米丽小姐在北方经济文化的大力冲击下，仍然保持着传统贵族的傲慢与荣耀感。爱米丽的父亲还没有去世前，沙多里斯镇长就特别地表示在爱米丽小姐去世前免除她的赋税，并且编造了一个因为爱米丽的父亲曾经借给镇子一大笔钱，所以免除爱米丽小姐的赋税作为偿还方式的这么一个冠冕堂皇的理由。免除爱米丽的赋税并不是出于对她的同情以及怜悯，而是对其贵族身份所赋予的特权以及荣耀。

死亡与谋杀主题。爱米丽——一个古怪孤僻的老女人、破败神秘的老房子、多年后她房间中发现的尸体都暗示了作品中的"哥特元素"。小说以爱米丽的死亡开篇，爱米丽去世了，全镇的人都来为她送葬，除去部分人的怜惜之外，更多的人是对爱米丽充满了好奇。爱米丽去世之前，除了一位不会说话的黑人厨师兼职园丁之外，已经有 10 多年没人踏进过她家大门了，如此的种种，都为这所房子以及爱米丽赋予了神秘的色彩。

南北方的冲突主题。美国内战爆发后，新兴的北方文化席卷而来，伫立在汽车间以及扎棉机之间的白色的四方形大木屋、圆形屋顶以及涡形花纹阳台的爱米丽的房子无疑成了丑中之丑。爱米丽作为没落贵族的后代，她高傲，目空一切，顽固守旧，甚至拒绝接受时间所带来的变化，无疑是南方的代表。而具有北方特征的伯隆身材高大，性格豪爽，喜欢社交，充满活力。虽然爱米丽与伯隆之间出现了爱的火花，并且爱米丽深爱着伯隆，但是传统南方贵族思想下的爱米丽仍然在内心深处对北方文化充满厌恶和抵触，所以当伯隆表明自己喜欢与男人交往，并且没有意图想要结婚之后，爱米丽选择了将其杀死以留住自己所爱的人。南方传统的文明与北方现代文明的冲突显而易见，这也预示了爱米丽爱情的短暂以及悲惨的结局。

小说主要运用了象征的艺术手法。主人公爱米丽是美国南方旧秩序、旧观念的象征。传统意义上，玫瑰象征着爱情。爱米丽大胆追求爱情的顽强精神给人以深刻的印象，尽管她企图以死亡来征服时间和爱情的做法极为荒唐，但她这样做的心理是可以理解的，她的结局值得人们怜惜，她的精神值得人们尊敬。因此爱米丽死后，人们慨叹她没有获取爱情的一生，钦佩她对爱情的向往和大胆追求爱情的精神，于是向她献上一朵象征爱情的玫瑰作为补偿，以表哀悼。爱米丽的死象征着南方古老传统、价值观念、生活方式的彻底灭亡和消失。托比的消失也有强烈的象征意义，进一步深化了主题。托比的消失象征着奴隶制的瓦解，旧秩序大势已去。他的名字"Tobe"也寓意深刻，"to be"即主人存在，他也存在；"not to be"，主人不在了，他也悄无声息地离去了。爱米丽的"那块隐在金链子那一端的挂表滴嗒作响"也寓意深刻，它应被理解为爱米丽的一种心理时间，而非物理时间，隐喻在爱米丽的世界另有一套时间规则：那块挂表从南方遥远的过去一直走到木屋的腐朽，从爱米丽的青春少年一直走到她成为一具活尸。

《献给爱米丽的玫瑰》是一首挽歌，缅怀一个失落的文明、一片"随风而逝"的精神世界；老南方的传统、老南方的荣光在北方工业文明的冲击下挣扎求生，但它的宿命已注定，轰然坍塌之后一地废墟，焦土瓦砾间唯见一支玫瑰，在缝隙中摇摇晃晃，在硝烟里徒留暗香……

第三单元　散文

四十九、《论语·八佾》五则

1. 孔子谓季氏①,“八佾②舞于庭,是可忍③,孰不可忍也?”

2. 三家④者以《雍》⑤彻。子曰:“‘相⑥维辟公,天子穆穆’,奚取于三家之堂?”

3. 林放⑦问礼之本。子曰:“大哉问! 礼,与其奢也,宁俭;丧,与其易⑧也,宁戚。”

4. 子曰:“夷狄之有君,不如诸夏之亡⑨也。”

5. 子夏问曰:“‘巧笑倩⑩兮,美目盼⑪兮,素以为绚⑫兮。’何谓也?”子曰:“绘事后素。”曰:“礼后⑬乎?”子曰:“起予者商也! 始可与言诗已矣。”

阅读提示

《论语》成书于春秋战国之际,由孔子的弟子及其再传弟子记录整理。《八佾》篇包括26章。本篇主要涉及“礼”的问题,主张维护“礼”在制度上、礼节上的种种规定。孔子提出“绘事后素”的命题,表达了他的伦理思想以及“君使臣以礼,臣事君以忠”的政治道德主张。

---

① 季氏:根据《左传》昭公二十五年的记载和《汉书·刘向传》,季氏可能是指季平子,即季孙意如。
② 八佾(yì):古代舞蹈奏乐,八个人为一行,一行叫一佾。八佾是八行,八八六十四人,只有天子才能用。诸侯用六佾,即六行,四十八人。大夫用四佾,三十二人。四佾才是季氏所应该用的。　③ 忍:一般人把它解为“容忍”“忍耐”,不妥;因为孔子当时并没有讨伐季氏的条件和意志,而且季平子削弱鲁公室,鲁昭公不能忍,出走到齐,又到晋,终于死在晋国之干侯。这可能就是孔子所“孰不可忍”的事。　④ 三家:鲁国学政的三家:孟孙氏、叔孙氏、季孙氏。他们都是鲁桓公的后代,又称“三桓”。　⑤《雍》:也写作“雝”,《诗经·周颂》的一篇。　⑥ 相(xiàng):助祭者。　⑦ 林放:鲁人。　⑧ 易:《礼记·檀弓上》云:“子路曰,‘吾闻诸夫子:丧礼,与其哀不足而礼有余也,不若礼不足而哀有余也。”可以看作“与其易也,宁戚”的最早的解释。“易”有把事情办妥的意思,如《孟子·尽心上》“易其田畴”,因此这里译为“仪文周到”。　⑨ 夷狄之有君……亡也:杨遇夫先生《论语疏证》说,夷狄有君指楚庄王、吴王阖庐等。君是贤明之君。句意是夷狄还有贤明之君,不像中原诸国却没有。
⑩ 倩(qiàn):笑得好看。　⑪ 盼:眼睛黑白分明。　⑫ 绚(xuàn):有文采,译文为了协韵,故用“画着花卉”以代之。这三句诗,第一句、第二句见于《诗经·卫风·硕人》。第三句可能是逸句,王先谦《三家诗义集疏》以为《鲁诗》有此一句。　⑬ 礼后:“礼”在什么之后呢? 根据儒家的若干文献,应为“仁义”。

五十、匠石之齐

庄 子

匠石之齐①,至于曲辕,见栎社树②。其大蔽数千牛,絜之百围③,其高临山④,十仞而后有枝⑤,其可以为舟者旁十数⑥。观者如市,匠伯不顾⑦,遂行不辍⑧。弟子厌观之⑨,走及匠石⑩,曰:"自吾执斧斤以随夫子⑪,未尝见材如此其美也。先生不肯视,行不辍,何邪?"曰:"已矣⑫,勿言之矣!散木也⑬,以为舟则沈⑭,以为棺椁则速腐⑮,以为器则速毁,以为门户则液樠⑯,以为柱则蠹⑰。是不材之木也,无所可用,故能若是之寿⑱。"

匠石归,栎社见梦曰⑲:"女将恶乎比予哉⑳?若将比予于文木邪㉑?夫柤梨橘柚㉒果蓏之属㉓,实熟则剥㉔,剥则辱㉕;大枝折,小枝泄㉖。此以其能苦其生者也㉗,故不终其天年而中道夭,自掊击于世俗者也㉘。物莫不若是。且予求无所可用久矣,几死,乃今得之,为予大用㉙。使予也而有用,且得有此大也邪?且也若与予也皆物也,奈何哉其相物也㉚?而几死之散人㉛,又恶知散木!"

匠石觉而诊其梦㉜。弟子曰:"趣取无用㉝,则为社何邪㉞?"曰:"密㉟!若无言!彼亦直寄焉㊱,以为不知己者诟厉也㊲。不为社者,且几有翦乎㊳!且也彼其所保与众异,而以义喻之㊴,不亦远乎!"

阅读提示

本文选自《庄子·内篇·人间世》,表现了庄子藏拙无用的处世之道。庄子借用栎社树

---

① 匠石:名叫"石"的匠人。之:往。 ② 栎(lì):树名。社:土神。"栎社树"意思是把栎树当作社神。 ③ 絜(xié):用绳子计量周围。围:周长一尺。 ④ 临山:接近山巅。 ⑤ 仞:八尺。 ⑥ 旁:通作"方",且、将的意思。 ⑦ 匠伯:即匠石。"伯",这里用指工匠之长。 ⑧ 辍(chuò):中止,停。 ⑨ 厌:(yàn):满足,这个意义后代写作"餍",今简化为"餍"。"厌观",意思是看了个够。 ⑩ 走:跑。及:赶上。 ⑪ 斤:斧之一种,后称"锛",即横口斧。 ⑫ 已:止。已矣:算了。 ⑬ 散木:指不成材的树木。 ⑭ 以为:即"以之为",把它做成。沈(chén):同"沉"。 ⑮ 椁(guǒ):"椁"字的异体,指棺外的套棺。 ⑯ 户:单扇的门。液:浸渍。樠(mán):松木心。液樠:意思是像松木心那样液出树脂;一说为一树名,其心似松。 ⑰ 蠹(dù):蛀蚀。 ⑱ 若是之寿:像这样的长寿。 ⑲ 见(xiàn):拜见。见梦:即梦中会见。 ⑳ 比:比并,相提并论。比予:即跟我相提并论。 ㉑ 文:纹理,这个意义后代写作"纹"。文木:即可用之木。 ㉒ 柤(zhā):楂。 ㉓ 蓏(luǒ):瓜类植物的果实。属:类。 ㉔ 实:果实。剥:通作"攴(pō)",用器物轻轻打落在地。 ㉕ 辱:屈,意思是果树摘落果实后枝干就随意受人摧残。 ㉖ 泄(yè):通作"曳","曳"亦写作"拽",用力拉的意思。 ㉗ 以:因。苦其一生:使其一生受苦。 ㉘ 掊(pǒu):打。 ㉙ 为予大用:这里隐含有"积无用而为大用"的哲理。正因为被人们视为无用之材,所以才保全了自身,这才成就我最大的用处。 ㉚ 相:看待。 ㉛ 散人:不成材的人,相对"散木"说的。 ㉜ 诊:通作"畛",告诉的意思。 ㉝ 趣:意趣。趣取:意在求取。 ㉞ 为社何:为什么做社树而让世人供奉。 ㉟ 密:默,意为闭嘴。 ㊱ 直:通作"特",仅、只的意思。 ㊲ 诟厉:辱骂、伤害。 ㊳ 翦(jiǎn):斩伐。 ㊴ 义:常理。喻:了解。

的故事提出一个与众不同的思路：大多数人都追求有用的哲学，汲汲追求有用于济世，而他却追求无用。这不是要哗众取宠，而是突出了生活在人世间的无奈。在庄子的时代，只要展现了自身之才，跻身于政治，就不免被人利用，成为争权谋利的工具，卷入漩涡之中，陷入危境，幸运者全身而退，不幸者有死生之祸。

五十一、郑伯克段于鄢

《左　传》

初①，郑武公娶于申②，曰武姜③。生庄公及共叔段④。庄公寤生⑤，惊姜氏，故名曰“寤生”，遂恶之⑥。爱共叔段，欲立之，亟请于武公⑦，公弗许。及庄公即位，为之请制⑧。公曰：“制，岩邑也⑨，虢叔死焉⑩，佗邑唯命⑪。”请京⑫，使居之，谓之“京城大叔”。

祭仲曰⑬：“都，城过百雉⑭，国之害也。先王之制：大都，不过参国之一⑮；中，五之一；小，九之一。今京不度，非制也，君将不堪⑯。”公曰：“姜氏欲之，焉辟害⑰？”对曰：“姜氏何厌之有⑱？不如早为之所⑲，无使滋蔓。蔓，难图也⑳。蔓草犹不可除，况君之宠弟乎？”公曰：“多行不义，必自毙㉑，子姑待之。”

既而大叔命西鄙、北鄙贰于己㉒。公子吕曰㉓：“国不堪贰，君将若之何㉔？欲与大叔，臣请事之；若弗与，则请除之，无生民心。”公曰：“无庸㉕，将自及。”大叔又收贰以为己邑，至于廪延㉖。子封曰：“可矣。厚将得众。”公曰：“不义不昵㉗，厚将崩。”

大叔完聚㉘，缮甲兵，具卒乘㉙，将袭郑。夫人将启之㉚。公闻其期，曰：“可矣！”命子封帅车二百乘以伐京㉛。京叛大叔段。段入于鄢。”公伐诸鄢㉜。五月辛丑㉝，大叔出奔共。

遂置姜氏于城颍㉞，而誓之曰：“不及黄泉，无相见也㉟。”既而悔之。

颍考叔为颍谷封人㊱，闻之，有献于公。公赐之食。食舍肉㊲，公问之。对曰：“小人有母，皆尝小人之食矣未尝君之羹㊳。请以遗之㊴。”公曰：“尔有母遗，繄我独无㊵！”颍考叔曰：“敢问何谓也？”公语之故，且告之悔。对曰：“君何患焉？若阙地及泉㊶，隧而相见㊷，其谁曰

---

① 初：当初，从前。故事开头时用语。　② 郑武公：春秋时诸侯国郑国（今河南新郑）国君，姓姬，名掘突，武为谥号。申：诸侯国名，今河南南阳，姜姓。　③ 武姜：郑武公之妻，武是郑武公谥号，姜是娘家姓。　④ 庄公：即郑庄公。共（gōng）叔段：共是国名，叔为兄弟排行居后，段是名。　⑤ 寤（wù）生：逆生，倒生，即难产。　⑥ 恶（wù）：不喜欢。　⑦ 亟（qì）：多次、屡次。　⑧ 制：郑国邑名，今河南荥阳县虎牢关。　⑨ 岩邑：险要的城邑。　⑩ 虢（guó）叔：东虢国国君。　⑪ 佗：同“他”。唯命：“唯命是从”的省略。　⑫ 京：郑国邑名，今河南荥阳县东南。　⑬ 祭（zhài）仲：郑国大夫，字足。　⑭ 雉：古时建筑计量单位，长三丈，高一丈。　⑮ 参：同“三”。国：国都。　⑯ 堪：经受得起。　⑰ 焉：哪里。辟：同“避”。　⑱ 何厌之有：有何厌。厌：满足。　⑲ 所：安置，处理。　⑳ 图：课，治。　㉑ 毙：仆倒，倒下去。　㉒ 鄙：边境上的城邑。贰于己：同时属于庄公和自己。　㉓ 公子吕：郑国大夫，字子封。　㉔ 若之何：对他怎么办。　㉕ 庸：用。　㉖ 廪延：郑国邑名，今河南延津北。　㉗ 昵：亲近。　㉘ 完：修缮。聚：积聚。　㉙ 缮：修整。甲：铠甲。兵：武器。具：备齐。卒：步兵。乘（shèng）：兵车。　㉚ 夫人：指武姜。启之：为他打开城门。　㉛ 帅：率领。乘：一车四马为一乘。车一乘配甲士三人，步卒七十二人。　㉜ 公伐诸鄢：庄公在鄢邑攻打共叔段。诸：之于，合音词。　㉝ 五月辛丑：五月二十三日。古人记日用天干和地支搭配。　㉞ 置：安置，放逐。　㉟ 黄泉：黄土下的泉水，这里指墓穴。　㊱ 颍考叔：郑国大夫。颍谷：郑国邑名，今河南登封西南。封人：管理边界的官。　㊲ 舍肉：把肉放在旁边不吃。　㊳ 羹：调和五味做成的带汁的肉。　㊴ 遗（wèi）：赠送。　㊵ 繄（yì）：语气助词，没有实义。　㊶ 阙：同“掘”，挖。　㊷ 隧：地道，这里的意思是挖隧道。

不然？"公从之。公入而赋[①]："大隧之中，其乐也融融[②]！"姜出而赋："大隧之外，其乐也泄泄[③]！"遂为母子如初。

君子曰[④]："颖考叔，纯孝也。爱其母，施及庄公[⑤]。《诗》曰：'孝子不匮，永锡尔类[⑥]。'其是之谓乎？"

阅读提示

《郑伯克段于鄢》是《春秋》开篇的第一则故事，除了说明"多行不义必自毙"之外还说了兄弟的悌，以及后面颖考叔劝君、庄公掘地见母表现出的孝及君臣之义，是孝悌故事中的经典。《古文观止》收录了《左传》版本并加副标题为"多行不义必自毙"，取自庄公之语。《史记》也记录了《春秋》中的这个事件。

---

① 赋：指作诗。 ② 融融：快乐自得的样子。 ③ 泄泄(yì)：快乐舒畅的样子。 ④ 君子：作者的托。《左传》作者常用这种方式发表评论。 ⑤ 施(yì)：延及，扩展。 ⑥ 这两句诗出自《诗·大雅·既醉》。匮：穷尽。锡：同"赐"，给予。

五十二、谏逐客书

李　斯

臣闻吏议逐客，窃以为过矣①。昔穆公求士②，西取由余于戎③，东得百里奚于宛④，迎蹇叔于宋⑤，求丕豹、公孙支于晋⑥。此五子者，不产于秦，而穆公用之，并国二十，遂霸西戎⑦。孝公用商鞅之法⑧，移风易俗，民以殷盛，国以富强。百姓乐用，诸侯亲服。获楚、魏之师，举地千里⑨，至今治强。惠王用张仪之计⑩，拔三川之地；西并巴蜀⑪；北收上郡⑫；南取汉中，包九夷，制鄢郢⑬；东据成皋之险⑭，割膏腴之壤。遂散六国之从，使之西面事秦，功施到今。昭王得范雎⑮，废穰侯，逐华阳⑯，强公室，杜私门，蚕食诸侯，使秦成帝业。此四君者，皆以客之功。由此观之，客何负于秦哉！向使四君却客而不内⑰，疏士而不用，是使国无富利之实，而秦无强大之名也。

今陛下致昆山之玉，有随和之宝，垂明月之珠⑱，服太阿之剑，乘纤离之马，建翠凤之旗，树灵鼍之鼓⑲。此数宝者，秦不生一焉，而陛下说之⑳，何也？必秦国之所生然后可，则是夜光之璧，不饰朝廷；犀象之器，不为玩好；郑、魏之女不充后宫，而骏良駃騠不实外厩㉑，江南

---

① 过：错。　② 穆公：春秋秦君，姓嬴，名任好，都雍（今陕西凤翔县），在位三十九年。　③ 由余：春秋晋人。入戎，戎王命出使秦国，为秦穆公所用。献策攻戎，开境千里，使穆公称霸。　④ 百里奚：春秋楚人，字井伯，为虞大夫。虞亡，走宛，为楚人所执。秦穆公闻其名，以五张羊皮赎他，用为相。　⑤ 蹇叔：春秋时人，居宋，穆公迎为大夫。穆公出兵袭郑，蹇叔谏阻，不听。秦军为晋军在殽地击败。　⑥ 丕豹：春秋晋人，父丕郑为晋惠公所杀，因奔秦，穆公用为大夫。公孙支：秦人，游晋，后归秦，穆公用为大夫。荐孟明于穆公，为人所称。
⑦ 并国二十：指用由余而攻占的西戎二十部落。　⑧ 孝公：战国秦君，名渠梁。在位二十四年。商鞅：即公孙鞅，战国卫人，仕魏为中庶子。入秦，说孝公变法，为左庶长。定变法令，废井田，开阡陌，倡农战，使国富兵强：封于商，称商君。孝公死，为惠王所杀。　⑨ 获楚、魏之师：商鞅率兵攻魏，虏公子卬，大破魏军。魏献河西地于秦。商鞅获楚师事不详。　⑩ 惠王：秦孝公子，名驷。用张仪为相，使司马错灭蜀，又夺取楚汉中地六百里，始称王，在位二十七年。张仪：战国魏人，与苏秦同师鬼谷子，同为纵横家。苏秦主合纵，合六国拒秦。张仪相秦惠王，主连横，散六国合纵，使六国西向事秦。惠王卒，仪到魏为相卒。　⑪ 拔三川之地，西并巴蜀：张仪与司马错争论，张仪主张取三川，司马错主张取蜀，惠王用司马错取蜀。当时张仪为相，故归功张仪。惠王死，武王立。命甘茂取宜阳，通三川，也归功张仪。三川：东周以伊水、洛水、黄河为三川。巴蜀：指今四川省。　⑫ 北收上郡：惠王十年，魏献上郡（今陕西省北部）十五县。　⑬ 南取汉中：惠王十三年，攻楚汉中，取地六百里。汉中：今陕西南部。九夷：楚地的各种夷族。鄢郢：今湖北宜城县。　⑭ 成皋：今河南汜水县。　⑮ 昭王：战国秦武王弟，名稷。并西周，用范雎为相。范雎：魏人，入秦后改名张禄，受到秦昭王信任，为秦相，对内力主废除外戚专权，对外采取远交近攻策略，封于应（今河南宝丰县西南），亦称应侯，死于公元前255年。　⑯ 穰侯：魏冉，秦昭王母宣太后的异父同母弟。昭王即位，年少，宣太后用冉执政，封为穰侯。华阳：芈戎，宣太后弟，封华阳君。华阳今陕西商县。　⑰ 内：同“纳”。　⑱ 昆山：即昆仑山，出宝玉，在于阗（今属新疆）。随和之宝：相传春秋时随侯救了受伤的大蛇，后蛇于江中衔大珠以报，称随珠。春秋时楚人卞和得璞，剖璞得宝玉，琢为璧，称和璧。明月之珠：即夜光珠。　⑲ 太阿：亦称“泰阿”，宝剑名，相传为春秋著名工匠欧冶子、干将所铸。纤离：良马名。翠凤：用翡翠羽毛做成凤形装饰的旗子。灵鼍（tuó）之鼓：用扬子鳄皮制成的鼓。　⑳ 说：同“悦”，喜悦，喜爱。
㉑ 駃騠（jué tí）：北狄良马。

金锡不为用，西蜀丹青不为采。所以饰后宫、充下陈[①]、娱心意、说耳目者，必出于秦然后可，则是宛珠之簪、傅玑之珥、阿缟之衣、锦绣之饰不进于前[②]，而随俗雅化[③]、佳冶窈窕，赵女不立于侧也。夫击瓮叩缶弹筝搏髀，而歌呼呜呜快耳者[④]，真秦之声也；郑卫桑间、韶虞武象者[⑤]，异国之乐也。今弃击瓮叩缶而就郑卫，退弹筝而取韶虞，若是者何也？快意当前，适观而已矣。今取人则不然。不问可否，不论曲直，非秦者去，为客者逐。然则是所重者在乎色乐珠玉，而所轻者在乎人民也。此非所以跨海内、制诸侯之术也。

臣闻地广者粟多，国大者人众，兵强则士勇。是以泰山不让土壤，故能成其大；河海不择细流，故能就其深；王者不却众庶，故能明其德。是以地无四方，民无异国，四时充美，鬼神降福，此五帝三王之所以无敌也[⑥]。今乃弃黔首以资敌国[⑦]，却宾客以业诸侯[⑧]，使天下之士退而不敢西向，裹足不入秦，此所谓"借寇兵而赍盗粮"者也[⑨]。夫物不产于秦，可宝者多；士不产于秦，而愿忠者众。今逐客以资敌国，损民以益雠，内自虚而外树怨于诸侯，求国无危，不可得也。

阅读提示

李斯（前284—前208），楚上蔡（今属河南）人。入秦，为秦相舍人。说秦王（即后来的秦始皇）并六国，拜为客卿。佐秦王并六国，为丞相。本篇见于《史记·李斯列传》。战国末年，韩国怕秦国出兵来攻，派水工郑国到秦国去，建议秦国在泾阳县西北开凿渠道，引泾水东流入洛水，称郑国渠，想用它来阻碍秦国向韩国进军。事情被发觉后，秦宗室大臣提出逐客的主张，李斯也在被逐之中，他因此写了这封《谏逐客书》。

---

① 下陈：殿堂下陈放礼器、站立傧从的地方。充下陈：泛指将财物、美女充实府库后宫。 ② 宛珠之簪：用宛（今河南南阳县）地的珠来装饰的簪。簪：固定发髻的长针。傅玑之珥：装有玑的耳饰。玑：不圆的珠。阿缟：东阿（在今山东）出产的丝织品。 ③ 随俗雅化：随合时俗而雅致不凡。 ④ 搏髀：拍打大腿，以此掌握音乐唱歌的节奏。搏：击打，拍打。髀：大腿。 ⑤ 郑卫桑间：《礼·乐记》："郑卫之音，乱世之音也，比于慢矣。桑间濮上之音，亡国之音也。"桑间：卫国濮水上的地名。以上指当时民间的音乐。韶虞武象：韶是虞舜时的音乐；武是周武王时的乐舞，故称武象。以上指当时的雅乐。 ⑥ 五帝：《史记·五帝本纪》以黄帝、颛顼、帝喾、尧、舜为五帝。三王：指夏禹、商汤、周武王。 ⑦ 黔首：以黑巾裹头，指平民。 ⑧ 业：立功业。 ⑨ 赍（jī）：给。

五十三、祭十二郎文

韩　愈

年月日①，季父愈闻汝丧之七日②，乃能衔哀致诚③，使建中远具时羞之奠④，告汝十二郎之灵：

呜呼！吾少孤⑤，及长，不省所怙⑥，惟兄嫂是依。中年，兄殁南方⑦，吾与汝俱幼，从嫂归葬河阳⑧，既又与汝就食江南⑨，零丁孤苦，未尝一日相离也。吾上有三兄⑩，皆不幸早世。承先人后者⑪，在孙惟汝，在子惟吾，两世一身⑫，形单影只。嫂常抚汝指吾而言曰："韩氏两世，惟此而已。"汝时尤小，当不复记忆；吾时虽能记忆，亦未知其言之悲也。

吾年十九，始来京城。其后四年，而归视汝⑬。又四年，吾往河阳省坟墓⑭，遇汝从嫂丧来葬⑮。又二年，吾佐董丞相于汴州⑯，汝来省吾；止一岁⑰，请归取其孥⑱；明年，丞相薨⑲，吾去汴州，汝不果来⑳。是年，吾佐戎徐州㉑，使取汝者始行㉒，吾又罢去㉓，汝又不果来。吾念汝从于东㉔，东亦客也，不可以久；图久远者，莫如西归，将成家而致汝。呜呼！孰谓汝遽去吾而殁乎㉕！吾与汝俱少年，以为虽暂相别，终当久相与处，故舍汝而旅食京师，以求斗斛

---

① 年月日：此为拟稿时原样。《文苑英华》作"贞元十九年五月廿六日"，但祭文中说十二郎在"六月十七日"曾写信给韩愈，"五"字当误。　② 季父：父辈中排行最小的叔父。　③ 衔哀：心中含着悲哀。致诚：表达赤诚的心意。　④ 建中：人名，当为韩愈家中仆人。时羞：应时的鲜美佳肴。羞：同"馐"。　⑤ 孤：幼年丧父称"孤"。《新唐书·韩愈传》："愈生三死而孤，随伯兄会贬官岭表。"　⑥ 怙(hù)：《诗·小雅·蓼莪》："无父何怙，无母何恃。"后世因用"怙"代父，"恃"代母。失父曰失怙，失母曰失恃。　⑦ 中年，兄殁南方：代宗大历十二年(777)，韩会由起居舍人贬为韶州(今广东韶关)刺史，次年死于任所，年四十三。当时韩愈十一岁，随兄在韶州。　⑧ 河阳：今河南孟县西，是韩氏祖宗坟墓所在地。　⑨ 就食江南：唐德宗建中二年(781)，北方藩镇李希烈反叛，中原局势动荡。韩愈随嫂迁家避居宣州(今安徽宣城)。因韩氏在宣州置有田宅别业。韩愈《复志赋》："值中原之有事兮，将就食于江之南。"《祭郑夫人文》："既克返葬，遭时艰难。百口偕行，避地江濆。"均指此。　⑩ 吾上有三兄：三兄指韩会、韩介，还有一位死时尚幼，未及命名。吾：我们，即韩愈和十二郎。一说，三兄指自己的两个哥哥和十二郎的哥哥韩百川(韩介的长子)。　⑪ 先人：指已去世的父亲韩仲卿。　⑫ 两世一身：子辈和孙辈均只剩一个男丁。　⑬ 视：古时探亲，上对下曰视，下对上曰省。贞元二年(786)，韩愈十九岁，由宣州至长安应进士举，至贞元八年春始及第，其间曾回宣州一次。但据韩愈《答崔立之书》与《欧阳生哀辞》均称二十岁至京都举进士，与本篇所记相差一年。　⑭ 省(xǐng)：探望，此引申为凭吊。　⑮ 遇汝从嫂丧来葬：韩愈嫂子郑氏卒于元贞元九年(793)，韩愈有《祭郑夫人文》。贞元十一年，韩愈往河阳祖坟扫墓，与奉其母郑氏灵柩来河阳安葬的十二郎相遇。　⑯ 董丞相：指董晋。贞元十二年(796)，董晋以检校尚书左仆射，同中书门下平章事任宣武军节度使，汴、宋、亳、颖等州观察使。时韩愈在董晋幕中任节度推官。汴州：治所在今河南开封市。　⑰ 止：住。　⑱ 取其孥(nú)：把家眷接来。孥：妻和子的统称。　⑲ 薨(hōng)：古时诸侯或二品以上大官死曰薨。贞元十五年(799)二月，董晋死于汴州任所，韩愈随葬西行。去后第四天，汴州即发生兵变。　⑳ 不果：没能够，指因兵变事。　㉑ 佐戎徐州：当年秋，韩愈入徐、泗、濠节度使张建封幕任节度推官。节度使府在徐州。佐戎，辅助军务。　㉒ 取：迎接。　㉓ 罢去：贞元十六年(800)五月，张建封卒，韩愈离开徐州赴洛阳。　㉔ 东：指故乡河阳之东的汴州和徐州。　㉕ 孰谓：谁料到。遽(jù)：骤然。

之禄[1]；诚知其如此，虽万乘之公相[2]，吾不以一日辍汝而就也[3]！

去年，孟东野往[4]，吾书与汝曰："吾年未四十，而视茫茫，而发苍苍，而齿牙动摇。念诸父与诸兄，皆康强而早世，如吾之衰者，其能久存乎！吾不可去，汝不肯来，恐旦暮死，而汝抱无涯之戚也[5]！"孰谓少者殁而长者存，强者夭而病者全乎！

呜呼！其信然邪？其梦邪？其传之非其真邪？信也，吾兄之盛德而夭其嗣乎？汝之纯明而不克蒙其泽乎[6]？少者强者而夭殁，长者衰者而存全乎？未可以为信也。梦也，传之非其真也？东野之书，耿兰之报[7]，何为而在吾侧也？呜呼！其信然矣！吾兄之盛德而夭其嗣矣！汝之纯明宜业其家者[8]，不克蒙其泽矣！所谓天者诚难测，而神者诚难明矣！所谓理者不可推，而寿者不可知矣！

虽然，吾自今年来，苍苍者或化而为白矣，动摇者或脱而落矣[9]。毛血日益衰[10]，志气日益微[11]，几何不从汝而死也！死而有知，其几何离[12]；其无知，悲不几时，而不悲者无穷期矣。

汝之子始十岁[13]，吾之子始五岁[14]。少而强者不可保，如此孩提者[15]，又可冀其成立耶？呜呼哀哉！呜呼哀哉！

汝去年书云："比得软脚病[16]，往往而剧。"吾曰："是疾也，江南之人，常常有之。"未始以为忧也。呜呼！其竟以此而殒其生乎？抑别有疾而至斯极乎？

汝之书，六月十七日也。东野云：汝殁以六月二日。耿兰之报无月日。盖东野之使者，不知问家人以月日；如耿兰之报，不知当言月日。东野与吾书，乃问使者，使者妄称以应之耳。其然乎？其不然乎？

今吾使建中祭汝，吊汝之孤与汝之乳母[17]，彼有食，可守以待终丧[18]，则待终丧而取以来[19]；如不能守以终丧，则遂取以来。其余奴婢，并令守汝丧。吾力能改葬[20]，终葬汝于先人之兆[21]，然后惟其所愿[22]。

呜呼！汝病吾不知时，汝殁吾不知日。生不能相养以共居，殁不得抚汝以尽哀[23]。敛不凭其棺[24]，窆不临其穴[25]。吾行负神明，而使汝夭；不孝不慈，而不能与汝相养以生，相守以死。一在天之涯，一在地之角，生而影不与吾梦相依，死而魂不与吾梦相接。吾实为之，其

---

① 斗斛(hú)：唐时十斗为一斛。斗斛之禄，指微薄的俸禄。韩愈离开徐州后，于贞元十七年(801)来长安选官，调四门博士，贞元十九年(803)，迁监察御史。　② 万乘(shèng)：指高官厚禄。古代兵车一乘，有马四匹。封国大小以兵赋计算，凡地方千里的大国，称为万乘之国。　③ 辍(chuò)：停止。辍汝：和上句"舍汝"义同。就：就职。　④ 去年：指贞元十八年(802)。孟东野：即韩愈的诗友孟郊，是年出任溧阳(今属江苏)尉，溧阳去宣州不远，故韩愈托他捎信给宣州的十二郎。　⑤ 无涯之戚：无穷的悲伤。涯：边。戚：忧伤。　⑥ 纯明：纯正贤明。不克：不能。蒙：承受。　⑦ 耿兰：生平不详，当时宣州韩氏别业的管家人。十二郎死后，孟郊在溧阳写信告诉韩愈，时耿兰也有丧报。　⑧ 业：用如动词，继承之意。　⑨ 动摇者或脱而落矣：时年韩愈有《落齿》诗云："去年落一牙，今年落一齿：俄然落六七，落势殊未已。"　⑩ 毛血：指体质。　⑪ 志气：指精神。⑫ 其几何离：分离会有多久呢？意谓死后仍可相会。　⑬ 汝之子：十二郎有二子，长韩湘，次韩滂。韩滂出嗣十二郎的哥哥韩百川为子，见韩愈《韩滂墓志铭》。始十岁：当指长子韩湘。十岁，一本作"一岁"，则当指韩滂，滂生于贞元十八年(802)。　⑭ 吾之子始五岁：指韩愈长子韩昶，贞元十五年(799)，韩愈居符离集时所生，小名曰符。　⑮ 孩提：本指二三岁的幼儿，此为年纪尚小之意。　⑯ 比(bì)：近来。软脚病：即脚气病。⑰ 吊：此指慰问。孤：指十二郎的儿子。　⑱ 终丧：守满三年丧期。《孟子·滕文公上》："三年之丧……自天子达于庶人，三代共之。"　⑲ 取以来：指把十二郎的儿子和乳母接来。　⑳ 力能改葬：假设之意，即先暂时就地埋葬。合下句连续可知。　㉑ 兆：葬域，墓地。　㉒ 惟其所愿：才算了却心事。　㉓ 抚汝以尽哀：指抚尸恸哭。　㉔ 敛：同"殓"。为死者更衣称小殓，尸体入棺材称大殓。　㉕ 窆(biǎn)：下棺入土。

又何尤[①]！彼苍者天，曷其有极[②]！

自今已往，吾其无意于人世矣！当求数顷之田，于伊、颍之上[③]，以待余年，教吾子与汝子，幸其成[④]；长吾女与汝女，待其嫁[⑤]，如此而已。

呜呼！言有穷而情不可终，汝其知也邪？其不知也邪？呜呼哀哉！尚飨[⑥]。

阅读提示

此文是韩愈于唐德宗贞元十九年(803)，在长安任监察御史时，为祭他侄子十二郎而写的一篇祭文。

韩愈有兄三人，长兄韩会，二兄韩介。十二郎名老成，本是韩介的次子，出嗣韩会为子，在族中排行第十二。韩愈二岁丧父，亦由长兄韩会与嫂抚养成长。从小和十二郎生活在一起，经历患难，因年龄相差无几，虽为叔侄，实同兄弟，彼此感情十分亲密。这篇祭文追叙他与十二郎孤苦相依的幼年往事，融注了深厚的感情。字里行间，凄楚动人，于萦回中见深挚，于呜咽处见沉痛，语语从肺腑中流出。被前人誉为祭文中的"千年绝调"。

汉魏以来，祭文多仿《诗经》雅颂四言韵语或用骈体。韩愈此文破骈为散，不拘常格，别有天地；或用四言，而气势飞动，另具风采。诚为祭文中情文并茂的名篇。

① 何尤：怨恨谁？　② 彼苍者天，曷其有极：你青苍的上天啊，我的痛苦哪有尽头啊。语出《诗经·唐风·鸨羽》："悠悠苍天，曷其有极。"　③ 伊、颍(yǐng)：伊水和颍水，均在今河南省境，此指故乡。　④ 幸其成：韩昶后中穆宗长庆四年进士，韩湘后中长庆三年进士。　⑤ 长(zhǎng)：用作动词，养育之意。　⑥ 尚飨：古代祭文结语用辞，意为希望死者享用祭品。

五十四、日　　喻[1]

苏　轼

生而眇[2]者不识日，问之有目者。或告之曰："日之状如铜盘。"扣盘而得其声。他日闻钟，以为日也。或告之曰："日之光如烛。"扪烛而得其形。他日揣籥[3]，以为日也。日之与钟、籥亦远矣，而眇者不知其异，以其未尝见而求之人也。

道之难见也甚于日，而人之未达也，无以异于眇。达者告之，虽有巧譬善导，亦无以过于盘与烛也。自盘而之钟，自烛而之籥，转而相之，岂有既乎？故世之言道者，或即其所见而名之，或莫之见而意之，皆求道之过也。

然则道卒不可求欤？苏子[4]曰："道可致而不可求。"何谓致？孙武曰："善战者致人，不致于人。"子夏[5]曰："百工居肆以成其事，君子学以致其道。"莫之求而自至，斯以为致也欤！

南方多没人[6]，日与水居也。七岁而能涉，十岁而能浮，十五而能没矣。夫没者岂苟然哉？必将有得于水之道者。日与水居，则十五而得其道；生不识水，则虽壮，见舟而畏之。故北方之勇者，问于没人，而求其所以没，以其言试之河，未有不溺者也。故凡不学而务求道，皆北方之学没者也。

昔者以声律取士，士杂学而不志于道；今也以经术取士，士知求道而不务学。渤海[7]吴君彦律，有志于学者也。方求举于礼部，作《日喻》以告之。

阅读提示

《日喻》是宋神宗元丰元年(1078)，苏轼任徐州知州时所作。"日喻"的"喻"，是"比喻"的意思，借用形象生动的事物进行比喻说理，是议论文中常见的一种论证方法。《日喻》是一篇议论文，作者运轻灵之笔娓娓道来，仿佛与人对面而谈，亲切动人，语浅道明，毫无议论文的板滞之弊。而且本文还继承了战国议论文的优点，以寓言作为论据，使行文简洁明了，形象生动。

---

① 日喻：关于太阳的比喻。　② 眇(miǎo)：瞎子。　③ 籥(yuè)：笛类乐器，比笛短，有七孔、三孔等说。　④ 苏子：苏轼自称。　⑤ 子夏：卜商，字子夏，孔子弟子。　⑥ 没人：能潜入深水的人。　⑦ 渤海：唐代郡名，在今山东滨州一带。

五十五、船山记[①]

王夫之

船山，山之岑有石如船[②]，顽石也[③]，而以之名。其冈童[④]，其溪渴[⑤]，其靳有之木不给于荣[⑥]，其草癯靡纷披而恒若凋[⑦]，其田纵横相错而陇首不立[⑧]，其沼凝浊以停而屡竭其濒[⑨]，其前交蔽以絯送远之目[⑩]，其右迤于平芜而不足以幽[⑪]，其良禽过而不栖，其内趾之狞者与人肩摩而不忌[⑫]，其农习视其塍埒之坍谬而不修[⑬]，其俗旷百世而不知琴书之号[⑭]。然而予之历溪山者十百，其足以栖神怡虑者往往不乏，顾于此阅寒暑者十有七[⑮]，而将毕命焉[⑯]，因曰："此吾山也。"

古之所就，而不能槩之于今[⑰]；人之所欲，而不能信之于独。居今之日，抱独之情，奚为而不可也？古之人，其游也有选，其居也有选。古之所就，夫亦人之所欲也。是故翔视乎方州[⑱]，而尤佳者出；而跼天之倾，蹐地之坼[⑲]，扶寸之土不能信为吾有[⑳]，则虽欲选之而不得。蠲其不欢[㉑]，迎其不棘[㉒]，江山之韶令[㉓]，与愉恬之志相若则相得[㉔]；而固为棘人地[㉕]，不足以括其不欢之隐[㉖]，则虽欲选之而不能。仰而无憾者则俯而无愁，是宜得林峦之美荫以旌之；而一抔之土[㉗]，不足以荣吾所生；五石之炼[㉘]，不足以崇吾所事，栫以丛棘[㉙]，履以繁霜，犹溢吾分也[㉚]，则虽欲选之而不忍。赏心有侣，咏志有知，望道而有与谋[㉛]，怀贞而有与辅[㉜]，相遥

---

① 船山：山名，即石船山，今湖南省衡阳县西。王夫之五十七岁时在此筑湘西草堂，并老居于此。 ② 岑：山顶。 ③ 顽石：未经斧凿的石块，坚石。 ④ 冈：《说文》："冈，山脊也。"童：秃。此指山上不长草木。 ⑤ 渴："竭"的古字，水干涸，尽。 ⑥ 靳有：少有，指为数不多。靳：吝惜，不肯给予。荣：繁茂，茂盛。 ⑦ 癯：瘦。靡：散乱，顺风倒下。纷披：散乱张开貌。 ⑧ 陇：古同"垄"，土埂。 ⑨ 沼：水池。凝浊以停：指池水污浊不流动。濒：同"滨"，水边。 ⑩ 絯：拘束，约束。 ⑪ 迤：地势斜着延长。 ⑫ 趾：脚趾。肩摩：靠近。 ⑬ 塍：古同"塍"，田间的土埂子，田埂。 ⑭ 旷百世：经历一百代，指历时长久。 ⑮ 顾：但。阅：经历。 ⑯ 毕命：寿终。 ⑰ 槩：古同"概"，关切，系念。 ⑱ 翔：通"详"。方州：指大地，古谓天圆地方，故称。 ⑲ "跼天"二句：写王夫之在明覆亡后的惶惧不安。语本《诗·小雅·正月》："谓天盖高，不敢不局；谓地盖厚，不敢不蹐。"陆德明释文："局本又作跼。"后即以"跼天蹐地"形容惶惧不安貌。跼：恐惧畏缩。蹐：后脚紧跟着前脚，用极小的步子走路。天之倾、地之坼：此喻指明代的覆灭。 ⑳ 扶寸：古代长度单位。铺四指为扶，一指为寸。形容甚小。信：果真，的确。 ㉑ 蠲：除去，消除。 ㉒ 不棘：指宁静悠闲的山川景物。棘：通"亟"，急切，急迫。 ㉓ 韶令：美好。 ㉔ 愉恬之志：和悦清静的志趣。相得：彼此投合。 ㉕ 棘人：《诗·桧风·素冠》："庶见素冠兮，棘人栾栾兮，劳心慱慱兮。"郑玄笺："急于哀戚之人。"后人居父母丧时，自称"棘人"。 ㉖ 括：总括，包容。隐：伤痛。 ㉗ 一抔之土：一捧之土。《史记·张释之冯唐列传》："其后人有盗高庙座前玉环，捕得，文帝怒，下廷尉治。释之案律盗宗庙服御物者为奏，当弃市。上大怒曰：'人亡道，乃盗先帝庙器。吾属廷尉者，欲致之族，而君以法奏之，非吾所以共承宗庙意也。'释之免冠顿首谢曰：'法如是足也。且罪等，然以逆顺为差。今盗宗庙器而族之，有如万分一，假令愚民取长陵一抔土，陛下且何以加其法乎？'"后来遂以"一抔土"为坟墓的代称。抔：捧，掬，言其少。 ㉘ 五石之炼：语出《淮南子·览冥训》："往古之时，四极废，九州裂，天不兼覆，地不周载；火爁炎而不灭，水浩洋而不息；猛兽食颛民，鸷鸟攫老弱。于是女娲炼五色石以补苍天，断鳌足以立四极……"此指南明危亡。 ㉙ 栫：用柴木围堵。 ㉚ 犹溢吾分也：尚且超出了我的分所应得。 ㉛ 望道：敬慕有道之人。 ㉜ 怀贞：怀抱坚贞的节操。

感者，必其可以步影沿流，长歌互答者也；而茕茕者如斯矣①，营营者如彼矣②。春之晨，秋之夕，以户牖为丸泥而自封也③，则虽欲选之而又奚以为？夫如是，船山者即吾山也，奚为而不可也？

无可名之于四远④，无可名之于末世⑤，偶然谓之⑥，欻然忘之⑦，老且死，而船山者仍还其顽石。严之濑⑧、司空之谷⑨、林之湖山⑩，天与之清美之风日，地与之丰洁之林泉，人与之流连之追慕，非吾可者，吾不得而似也。吾终于此而已矣。

辛未深秋记⑪。

阅读提示

王夫之(1619—1692)，字而农，号姜斋，又号夕堂，湖广衡州府衡阳县(今湖南衡阳)人。他与顾炎武、黄宗羲并称明清之际三大思想家。王夫之自幼跟随自己的父兄读书，青年时期积极参加反清起义，晚年隐居于石船山，著书立传，自署船山病叟、南岳遗民，学者遂称之为船山先生。《船山记》写于清康熙三十年(1691)，是其生前最后一篇作品。这篇经典美文仅600余字，其内涵却十分深厚。他以山自喻，而又以山自励。船山就是他的化身，他的灵魂！

① 茕茕：孤零的样子。 ② 营营：追求奔逐。 ③ 户牖：门窗，门户，借指家。丸泥：汉刘向《列仙传·方回》："方回者，尧时隐人也……为人所劫，闭之室中，从求道，回化而得去，更以方印掩封其户。时人言，得回一丸泥涂门户，终不可开。"后用为归隐的典实。 ④ 四远：四方。 ⑤ 末世：后世。 ⑥ 谓：说起，谈论。 ⑦ 欻然：忽然。欻：快速。 ⑧ 严之濑：汉代的严光曾与光武帝同游学。光武即帝位后，严光携妻隐居富春山，不愿出仕。后人把他在富春江钓鱼的地方称为严之濑。 ⑨ 司空之谷：指中条山王官谷。因唐代诗人司空图避乱隐居于此，故王夫之称之为司空之谷。 ⑩ 林之湖山：指杭州西湖边的孤山。因宋代诗人林逋曾隐居于此，故王夫之称之为林之湖山。 ⑪ 辛未：指康熙三十年(1691)。

五十六、狱中上母书

夏完淳

不孝完淳今日死矣！以身殉父，不得以身报母矣！

痛自严君见背①，两易春秋。冤酷日深，艰辛历尽。本图复见天日②，以报大仇，恤死荣生③，告成黄土④；奈天不佑我，钟虐先朝⑤，一旅才兴⑥，便成齑粉⑦。去年之举⑧，淳已自分必死，谁知不死，死于今日也。斤斤延此二年之命⑨，菽水之养无一日焉⑩。致慈君托迹于空门⑪，生母寄生于别姓⑫。一门漂泊，生不得相依，死不得相问。淳今日又溘然先从九京⑬。不孝之罪，上通于天！

呜呼！双慈在堂，下有妹女，门祚衰薄⑭，终鲜兄弟⑮。淳一死不足惜，哀哀八口，何以为生？虽然！已矣，淳之身，父之所遗；淳之身，君之所用。为父为君，死亦何负于双慈！但慈君推干就湿⑯，教礼习诗，十五年如一日，嫡母慈惠，千古所难。大恩未酬，令人痛绝！

慈君托之义融女兄⑰，生母托之昭南女弟⑱。淳死之后，新妇遗腹得雄⑲，便以为家门之幸。如其不然，万勿置后⑳！会稽大望㉑，至今而零极矣！节义文章，如我父子者几人哉？立一不肖后如西铭先生㉒，为人所诟笑，何如不立之为愈耶？呜呼！大造茫茫㉓，总归无后。有一日中兴再造，则庙食千秋，岂止麦饭豚蹄，不为馁鬼而已哉㉔！若有妄言立后者，淳且与

---

① 严君：对父亲的敬称。见背：下世，专指亲死。夏完淳父名允彝，字彝仲。与陈子龙、何刚、王光承等七十二人结几社于松江。后与陈子龙、沈犹龙起兵松江，兵败，自沉于松塘而死。　② 复见天日：指恢复明朝。
③ 恤(xù)死荣生：本义赈救，这里指朝廷对死难者赠官赐谥和赐葬赐祭等。荣生，指朝廷对死者遗族的封荫。
④ 告成黄土：把复国成功的事向祖先的坟墓祭告。　⑤ 钟：聚焦。虐：指上天惩罚。先朝：指明朝。
⑥ 一旅：指吴易的抗清军队刚刚崛起。夏完淳参加了吴易的军队，担任参谋。　⑦ 齑(jī)粉：碎粉末，比喻粉身碎骨，这里指军队被击溃。　⑧ 去年之举：指 1646 年作者与陈子龙、钱旃歃血为盟，共谋倡议，上书鲁王，参谋太湖吴易军事。吴易兵败后，夏完淳只身流亡。　⑨ 斤斤：明察貌，此处作多事、多余解。　⑩ 菽水之养：代指对父母的供养。《礼记·檀弓下》："啜菽饮水尽其欢，斯之谓孝。"　⑪ 慈君：作者的嫡母盛氏。托迹：藏身。空门：佛门。　⑫ 生母：作者生母陆氏，是夏允彝的妾。寄生：寄居。　⑬ 溘(kè)然：忽然。从：追随。九京：泛指墓地。《礼记·檀弓下》："是全要领以从先大夫于九京也。"　⑭ 门祚(zuò)：家运。　⑮ 终鲜兄弟：语出《诗经·郑风·扬之水》，这里指没有兄弟。　⑯ 推干就湿：把床上干处让给幼儿，自己睡在湿处，指母亲抚育子女的辛劳。　⑰ 义融女兄：作者的姐姐夏淑吉，号义融。　⑱ 昭南女弟：作者的妹妹夏惠吉，号昭南。　⑲ 雄：男孩。　⑳ 置后：抱养别人的孩子为后嗣。　㉑ 会稽大望：这里指夏姓大族。古代传说，夏禹曾会诸侯于会稽。于是后来会稽姓夏的人就说禹是他们的祖先。　㉒ 西铭先生：张溥，别号西铭。明末文学家，复社的领袖。死于崇祯十四年(1641)，无后，次年由钱谦益等代为立嗣。钱谦益后来投降了清朝。人们认为这有损张溥的名节。　㉓ 大造：造化，指天。茫茫：不明。大造茫茫，总归无后：如果上天不明，让明朝灭亡了，那么即使自己有后，也会被杀，终归无后。　㉔ 中兴再造：指明朝恢复。庙食：指鬼神在祠庙里享受祭祀。麦饭豚蹄：指简单的祭品。馁鬼：挨饿的鬼。有一日中兴再造，则庙食千秋，岂止饭麦豚蹄，不为馁鬼而已哉：将来如果明朝恢复，自己为抗清而死，纵或无后，也将万古千秋地受人祭祀，何止像普通人那样只享受简单的祭品，不会做饿死鬼呢？

先文忠在冥冥诛殛顽嚚[①],决不肯舍!

兵戈天地,淳死后,乱且未有定期。双慈善保玉体,无以淳为念。二十年后,淳且与先文忠为北塞之举矣[②]!勿悲勿悲!相托之言,慎勿相负!武功甥将来大器[③],家事尽以委之。寒食盂兰[④],一杯清酒,一盏寒灯,不至作若敖之鬼[⑤],则吾愿毕矣!

新妇结褵二年[⑥],贤孝素著,武功甥好为我善待之,亦武功渭阳情也[⑦]。

语无伦次,将死言善,痛哉痛哉!人生孰无死?贵得死所耳!父得为忠臣,子得为孝子。含笑归太虚[⑧],了我分内事。大道本无生[⑨],视身若敝屣[⑩]。但为气所激[⑪],缘悟天人理[⑫]。恶梦十七年,报仇在来世。神游天地间,可以无愧矣!

阅读提示

夏完淳(1631—1647),别名复,字存古,号小隐、灵首(一作灵胥),明松江府华亭县(今上海市松江)人。父夏允彝为江南名士,与完淳师陈子龙创立几社,完淳与父、师并有声明。夏完淳受父亲影响,矢志忠义,崇尚名节。天资聪颖,早慧,5岁读经史。当时陈继儒曾写诗赞:“包身胆,过眼眉,谈精义,五岁儿。”7岁能诗文,9岁写出《代乳集》。14岁从父和陈子龙参加抗清活动。鲁王监国,遥授中书舍人。为人告发,被捕下狱,赋绝命诗,遗母与妻,临刑神色不变,年仅17岁。著有《夏内史集》《玉樊堂词》。

该文选自《夏完淳集》卷八。这是清顺治四年(1647),夏完淳因鲁王遥授为中书舍人之事而上表谢恩之事遭到逮捕,在南京狱中写给其生母和嫡母的绝笔信。作者在临刑前一面以琐碎家事谆谆嘱托,因“不得以身报母”而深感悲痛,为家中“八口”的生计问题而深感忧虑,流露出对家人的恋恋不舍之情;一面又将复国大志放在儿女私情之上,认为“为父为君,死亦何负于双慈”,是死得其所的。文中表达了作者以身赴义、视死如归的民族气节。文章所表述的“忠”“孝”等词句,在当时的背景下,是和民族气节紧密相关的。全文一唱三叹,慷慨悲壮,感人至深。

---

① 文忠:夏允彝死后,南明鲁王谥为文忠公。冥冥:阴间。诛殛(jí):诛杀。顽嚚(yín):愚顽而多言不正的人。 ② 二十年后,淳且与先文忠为北塞之举矣:如果死后再度为人,那么二十年后,还要与父亲在北方起兵反清。 ③ 武功甥:作者姐姐夏淑吉的儿子侯檠,字武功。大器:大材。 ④ 寒食:这里指清明节,是人们上坟祭祖的时节。盂兰:旧俗的农历七月十五日燃灯祭祀,“超度鬼魂”,称盂兰盆会。 ⑤ 若敖之鬼:没有后嗣按时祭祀的饿鬼。若敖:若敖氏,春秋时楚国公族名,这一族的后代令尹子文看到族人子越椒行为不正,估计他可能会给整个家庭带来灾难,临死前,对族人哭着说:“鬼犹求食,若敖氏之鬼,不其馁而。”后来,若敖氏终于因为越椒叛楚而被灭了全族。 ⑥ 结褵(lí):代指成婚。作者娶嘉善钱旃之女钱秦篆,时刚结婚两年。 ⑦ 渭阳情:指甥舅之间的情谊。《诗经·秦风·渭阳》有“我送舅氏,曰至渭阳”句。据说是写晋公子重耳出亡,秦穆公收容他做晋君。送他归国时,他的外甥康公送他到渭水之阳,作诗赠别。后世遂用渭阳比喻甥舅。 ⑧ 太虚:指天。 ⑨ 大道本无生:依照道家的说法,人本来是从无而生,死后又归于无。 ⑩ 敝屣:破草鞋。 ⑪ 气:正义之气。激:激发。 ⑫ 缘悟天人理:因为明白了天意与人事的关系。

五十七、报刘一丈书

宗　臣

数千里外，得长者时赐一书，以慰长想，即亦甚幸矣。何至更辱馈遗[①]，则不才益将何以报焉[②]？书中情意甚殷，即长者之不忘老父，知老父之念长者深也。

至以“上下相孚，才德称位”语不才[③]，则不才有深感焉。夫才德不称，固自知之矣。至于不孚之病，则尤不才为甚。

且今之所谓孚者，何哉？日夕策马，候权者之门[④]，门者故不入[⑤]，则甘言媚词，作妇人状[⑥]，袖金以私之[⑦]。即门者持刺入[⑧]，而主人又不即出见。立厩中仆马之间[⑨]，恶气袭衣袖，即饥寒毒热不可忍，不去也。抵暮，则前所受赠金者，出报客曰：“相公倦，谢客矣。客请明日来。”即明日，又不敢不来。夜披衣坐，闻鸡鸣，即起盥栉[⑩]，走马抵门。门者怒曰：“为谁？”则曰：“昨日之客来。”则又怒曰：“何客之勤也？岂有相公此时出见客乎？”客心耻之，强忍而与言曰：“亡奈何矣[⑪]，姑容我入！”门者又得所赠金，则起而入之，又立向所立厩中。幸主者出，南面召见[⑫]，则惊走匍匐阶下[⑬]。主者曰：“进。”则再拜，故迟不起。起则上所上寿金[⑭]。主者故不受，则固请；主者故固不受，则又固请。然后命吏纳之。则又再拜，又故迟不起，起则五六揖始出。出揖门者曰：“官人幸顾我[⑮]，他日来，幸无阻我也！”门者答揖，大喜，奔出。马上遇所交识，即扬鞭语曰：“适自相公家来，相公厚我，厚我！”且虚言状。即所交识，亦心畏相公厚之矣。相公又稍稍语人曰：“某也贤！某也贤！”闻者亦心许交赞之。此世所谓上下相孚也。长者谓仆能之乎？

前所谓权门者，自岁时伏腊一刺之外[⑯]，即经年不往也。间道经其门，则亦掩耳闭目，跃马疾走过之，若有所追逐。斯则仆之褊哉[⑰]，以此常不见悦于长吏，仆则愈益不顾也。每大言曰：“人生有命，吾惟守分而已[⑱]！”长者闻之，得无厌其为迂乎？

乡园多故[⑲]，不能不动客子之愁。至于长者之抱才而困，则又令我怆然有感。天之与先生者甚厚，亡论长者不欲轻弃之[⑳]，即天意亦不欲长者之轻弃之也，幸宁心哉[㉑]！

---

① 馈遗(kuì wèi)：赠送物品。　② 不才：不成才的人，自谦的称呼。报：报答。　③ 上下相孚：上下级之间相互信任。孚：信任，信服。　④ 策：马鞭，此用作动词，意为鞭打。　⑤ 故不入：故意不进去通报。　⑥ 甘言媚词：说些动听讨好的话。　⑦ 袖金以私之：把钱藏在袖子里偷偷送给他。　⑧ 刺：名帖。　⑨ 厩：马房。　⑩ 盥栉(guàn zhì)：洗脸梳头。　⑪ 亡：无。　⑫ 南面：面向南。古代以坐北朝南为尊位。　⑬ 匍匐(pú fú)：双手着地膝行。　⑭ 寿金：献给主者的礼金。以金帛奉献于人曰寿。　⑮ 官人：此处是对守门人的敬称。幸：希望。顾：照顾，看得起。此句意为“幸官人顾我”。　⑯ 岁时伏腊：泛指逢年过节。岁时：一年四季。伏腊：夏天伏日与冬天腊日，古时两个祭祀日。一刺：指拜谒一次。　⑰ 褊(biǎn)：气量狭窄；这里用作自谦之词，实则表示不愿巴结权贵。　⑱ 守分：守本分。　⑲ 故：变故。　⑳ 亡论：不要说。　㉑ 幸宁心哉：希望能心情平静。

阅读提示

宗臣(1525—1560),字子相,号方城山人,兴化(今江苏兴化)人。嘉靖二十九年(1550)进士,官至福建提学副使。少时对严嵩为相后卖官鬻爵、结党营私、敲诈勒索的腐败朝政深为不满,于嘉靖三十一年(1552)九月谢病返回兴化。嘉靖三十三年(1554)正月,宗臣赴京复职。面对朝政的日益腐败,奸党们的恣意横行,他不畏权势,针锋相对,是兴化在有明一代的重要人物。其文章节操,数百年来一直为后人所景仰。其诗文主张复古,与李攀龙、王世贞、谢榛、梁有誉、徐中行、吴国伦等齐名,称"后七子",著有《宗子相集》。

《报刘一丈书》选自《宗子相集》卷二十,是答复刘一丈的一封书信。刘一丈,名介,字国珍,号墀石。"一",表排行居长,即老大。"丈",是对男性长辈的尊称。刘一丈,即一个名叫刘介的长者,排行老大。刘介也是江苏兴化人,与宗臣家是世交,与宗臣父亲厚交 40 余年。因宗、刘两家有这样亲密的关系,所以在《报刘一丈书》中,宗臣推心置腹地谈了自己对世俗的看法。文中借由刘一丈书中对自己"上下相孚,才德称位"的评价发出议论,引出作者对官场上一般士大夫阿谀奉承、干谒者极尽谄媚贿赂之能事、权贵者极其贪婪而故作清廉的讽刺。如同漫画般描绘出官场丑态,同时也表明自己自恃高洁、不同流合污的决心。笔锋犀利,语言简洁流畅,在复古派散文中不可多得。

五十八、左忠毅公逸事

方　苞

先君子①尝言，乡先辈左忠毅公视学京畿②，一日，风雪严寒，从数骑出微行，入古寺，庑下一生伏案卧，文方成草；公阅毕，即解貂覆生，为掩户。叩之寺僧，则史公可法也③。及试，吏呼名至史公，公瞿然注视，呈卷，即面署第一。召入，使拜夫人，曰："吾诸儿碌碌，他日继吾志事，惟此生耳。"

及左公下厂狱④，史朝夕狱门外；逆阉防伺甚严，虽家仆不得近。久之，闻左公被炮烙，旦夕且死；持五十金，涕泣谋于禁卒，卒感焉。一日，使史更敝衣草屦，背筐，手长镵⑤，为除不洁者，引入，微指左公处。则席地倚墙而坐，面额焦烂不可辨，左膝以下，筋骨尽脱矣。史前跪，抱公膝而呜咽。公辨其声而目不可开，乃奋臂以指拨眥⑥，目光如炬，怒曰："庸奴！此何地也？而汝来前！国家之事，糜烂至此。老夫已矣，汝复轻身而昧大义，天下事谁可支柱者！不速去，无俟奸人构陷，吾今即扑杀汝！"因摸地上刑械，作投击势。史噤不敢发声，趋而出。后常流涕述其事以语人，曰："吾师肺肝，皆铁石所铸造也！"

崇祯末，流贼张献忠出没蕲、黄、潜、桐间⑦。史公以凤庐道奉檄守御⑧。每有警，辄数月不就寝，使将士更休，而自坐幄幕外。择健卒十人，令二人蹲踞而背倚之，漏鼓移，则番代。每寒夜起立，振衣裳，甲上冰霜迸落，铿然有声。或劝以少休，公曰："吾上恐负朝廷，下恐愧吾师也。"

史公治兵，往来桐城，必躬造左公第，候太公、太母起居，拜夫人于堂上。

余宗老涂山⑨，左公甥也，与先君子善，谓狱中语，乃亲得之于史公云。

阅读提示

方苞（1668—1749），字凤九，号灵皋，晚号望溪，亦号南山牧叟，桐城（今安徽省桐城县）人。清代散文家，桐城派散文创始人之一，与姚鼐、刘大櫆合称桐城三祖。著有《方望溪先生全集》。

---

① 先君子：作者自称其已去世的父亲方仲舒。　② 京畿：国都及其附近的地方。　③ 史可法：字宪之，祥符（今河南省开封市）人。崇祯进士，南明时任兵部尚书大学士，镇守扬州，公元一六四五年四月二十五日城破，殉难。　④ 厂狱：明代特务机关东厂所设的监狱。　⑤ 长镵（chǎn）：一种长柄的掘土工具。　⑥ 眥（zì）：眼眶。　⑦ 张献忠：字秉忠，明末农民军领袖。公元一六四四年在四川成都即帝位，建立大西政权。一六四六年在四川西充凤凰山战死。蕲、黄、潜、桐，指今湖北省的蕲春县、黄冈县，安徽省的潜山县、桐城县。
⑧ 以凤庐道：以凤阳、庐州道员身份。明清两代分一省为若干道，道的长官俗称道员。　⑨ 宗老：同一宗族的老前辈。涂山：方苞族祖父的号。

《左忠毅公逸事》选自《方望溪先生全集》卷九。逸事，指散失的没有流传的事迹。左忠毅公，名光斗，字遗直，号浮丘，明朝桐城人。明万历进士，曾任大理少卿、左佥都御史。天启四年(1624)，左光斗因弹劾阉党魏忠贤，被诬下狱，受酷刑死于狱中，后被追谥为“忠毅”。记“逸事”的文章，不是全面地记述人物一生的生平事迹，而是选取其中的一些典型事件，表现人物的思想和品格，刻画人物形象。文章围绕左光斗与史可法的关系，通过京畿视学、狱中斥史、史可法治兵等动人事迹，多侧面地表现了左光斗识才、选才、惜才的崇高品格，刻画了他以国家利益为重，刚毅正直、临危不惧、锄奸救国、大义凛然的英雄形象。

五十九、冬至之晨杀人记

林语堂

孔子曰：上士杀人用笔端，中士杀人用语言，下士杀人用石盘。可见杀人的方法很多。我刚会见一位客，因为他谈锋太健了，就用两句半话把他杀死。虽然死不死由他，但杀不杀却由我。总尽我中士之义务了。

事情是这样的。我虽不信耶稣，却守圣诞，即俗所谓外国冬至。几日来因为圣诞节到，加倍闹忙，多买不应买的什物，多与小孩打滚，而且在这节期中似乎觉得义应特别躲懒，所以《中国评论报·小评论》的稿始终未写，取稿的人却于二十分钟内要来了。本来我办事很有系统，此时却想给他不系统一下。我想，一人终年规规矩矩做事，到这节期撒一烂污①也没什么。就使②《中国评论报》不能按期出版，中国也不致就此灭亡罢？所以我正坐在一洋铁炉边，梦想有壁炉观火的快乐，暂把胸中挂虑，一齐付之梦中炉火，化归乌有，飞上青天。只因素来安分成性，所以虽然坐着做梦，却是时向那架打字机丢眼色。结果，我明晓大义，躲懒之心被克服了，我下决心，正在准备工作。

正在这赶稿之时，知道有文章要写，却不知如何下笔，忽然门外铃响。看了片子，是个陌生客。这倒叫我为难，因为如果是熟客，我可以恭祝他圣诞一下，再请他滚蛋。不过来客情形又似十分重要。所以我叫听差先告诉来人，我此刻甚忙，不过如有要事，不妨进来坐谈几分钟。他说事情非常紧要，由是进来了。

这位先生，穿的很整齐，举止也很风雅。其实看他聚珍版仿宋的名片，也就知道他是个学界中人。他的颡③额很高，很像一位文人学者，但是嘴巴尖小，而且眼睛渺细，看来不甚叫人喜欢。他手里拿着一个纸包。我已经对他不怀好意了。

于是我们开始寒暄。某君是久仰我的“大名”，而且也曾拜读过我的“大作”。

“浅薄的很。先生不要见笑。”我照例恭恭敬敬地回答。但是这句话刚出口，我登时就觉不妙。我得了一种感觉，我们还得互相回敬十五分钟，大绕大弯，才有言归正传的希望。到底不知他有什么公干。

老实说，我会客的经验十分丰富。大概来客越知书识礼，互相回敬的寒暄语及大绕大弯的话头越多。谁也知道，见生客是不好冒冒昧昧，像洋鬼子“此来为某事”直截了当开题，因为这样开题，便不风雅了。凡读书人初次相会，必有读书人的身份，把做八股的工夫，或是桐城④起承转伏的义法拿出来。这样谈话起来，叫作话里有文章，文章不但应有风格，而

① 撒一烂污：即撒烂污，比喻苟且马虎，不负责任。 ② 就使：即使，纵然。 ③ 颡（sǎng）：额，脑门儿。 ④ 桐城：即“桐城派”，我国清代文坛上最大的散文流派。它以其文统的源远流长，文论的博大精深，著述的丰厚清正而闻名。戴名世、方苞、刘大櫆、姚鼐被尊为桐城派“四祖”。

且应有结构。大概可分为四段。不过谈话并不像文章的做法，下笔便破题而承题，人题的话是留在最后的。这四段是这样的：(1)谈寒暄，评气候；(2)叙往事，追旧谊；(3)谈时事，发感慨；(4)所要奉托之“小事”。凡读书人，绝不肯从第四段讲起，必须运用章法，有伏，有承，气势既壮，然后陡然收笔，于实为德便之下，兀然而止。这四段若用图画分类法，亦可分为(一)气象学，(2)史学，(三)政治，(四)经济。第一段之作用在于“坐稳”，符于来则安之之义。“尊姓”“大名”“久仰”“夙违”及“今天天气哈哈哈”属于此段。位安而后情定。所谓定情，非定情之夕之谓，不过联络感情而已。所以第二段便是叙旧，也许有你的令侄与某君同过学，也许你住过南小街，而他住过无量大人胡同，由是感情便融洽了。如果，大家都是北大中人，认识志摩、适之，甚至辜鸿铭、林琴南……那便更加亲挚而话长了。感情既洽，声势斯壮，故接着便是谈时事，发感慨。这第三段范围甚广，包括有：……对于古月三王草将马二弓马诸政治领袖之品评，等等。连带的还有追随孙总理几年到几年之统计。比如，你光绪三十年听见过一次孙总理演讲，而今年是民国二十九年，合计应得三十三年，这便叫做追随总理三十三年。及感情既洽，声势又壮，陡然下笔之机已到，于是客饭茶起立，拿起帽子。兀而转入第四段：现在有一小事奉烦。先生不是认识××大学校长吗？可否请写一封介绍信。总结全文。

这冬至之晨，我神经聪敏，知道又要恭聆四段法的文章了。因为某先生谈吐十分风雅，举止十分雍容，所以我有点准备。心坎里却在猜想他纸包里不知有何宝贝，或是他要介绍我什么差事。话虽如此，我们仍旧从气象学谈起。

十二宫星宿已经算过，某先生偶然轻快的提起傅君来。傅君是北大的高材生。我明白，他在叙旧，已经在第二段。是的，这位先生确是雄才，胸中有光芒万丈，笔锋甚健。他完全同意，但是我的眼光总是回复射在打字机以及他的纸包上。然而不知怎样，我们的感情，果然融洽起来了。这位先生谈的句句有理，句句中肯。

自第二段至第三段之转入，是非常自然。

傅君，蜀人也。你瞧，四川不是正有叔侄大义灭亲的厮杀一场吗。某先生说四川很不幸。他说看见我编辑的《论语》半月刊(我听人家说看见《论语》半月刊，总是快活)，知道四川民国以来共有四百七十七次的内战。我自然无异辞，不过心里想：“中国人的时间实在太充裕了”，评论报佣人就要来取稿了。所以也不大再愿听他的议论，领略他的章法，而很愿意帮他结束第三段。我们已谈了半个多钟头。这时我觉得叫一切四川军阀都上吊，转入正题，也不致出岔。

“先生今日来访，不知有何要事？”

“不过一点小小的事。”他说着打开他的纸包，“听说先生与某杂志主编胡先生是戚属，可否烦先生将此稿转交胡先生。”

“我与胡先生并非戚属，而且某杂志之名，也没听见过。”我口不由心狂妄地回答，言下觉得颇有中士杀人之概。这时剧情非常紧张。因为这样猛然一来，不但出了我自己意料之外，连这位先生也愕然。我们俩都觉得啼笑皆非，因为我们深深惋惜，这样用半个钟点工夫做起承转伏的正要入题的好文章，因为我狂妄，弄得无法收场，我的罪过真不在魏延塌倒七星灯之下了。此时我们俩都觉得人生若梦！因为我知道我已白白地糟蹋我最宝贵的冬至之晨，而他也感觉白白地糟蹋了他气象、天文、史学、政治的学识。

阅读提示

林语堂(1895—1976)，福建龙溪人，原名和乐，后改玉堂，又改语堂，中国现代著名作家、学者、翻译家、语言学家。早年留学美国、德国，回国后在清华大学、北京大学、厦门大学任教，曾在 1940 年和 1950 年先后两度获得诺贝尔文学奖提名。创办的刊物有《论语》《人间世》《宇宙风》等，主要作品包括小说《京华烟云》《啼笑皆非》，散文集《人生的盛宴》《生活的艺术》等。林语堂是中国现代文学史上一位重要的散文作家，其作品贯通中西方文化，提倡幽默、闲适、性灵，主张散文创作“以自我为中心，以闲适为格调”。

林语堂先生的《冬至之晨杀人记》(本文有删减)，写得颇为幽默风趣。林先生文中所谓杀人，不是“红刀子进白刀子”出，鲜血淋漓一命呜呼的那种。那种肉体上的消灭，不是读书人所为。依照孔老爷子的说法，“上士杀人用笔端，中士杀人用语言，下士杀人用石盘”。林先生的所为，正是中士的做法，用话噎死你，在谈笑风生间。

文中精要的是会客寒暄的学问。林语堂先生指出，来客越知书识礼，互相回敬的寒暄语及大绕大弯的话头越多。凡读书人初次相会，必有读书人的身份，把做八股的工夫，或者是桐城起承转伏的义法拿出来。会客之道的话题中涵盖了气象学、历史学、政治学和经济学，可谓贯古今之大义，集人情之练达。

六十、哭小弟

宗　璞

我面前摆着一张名片，是小弟前年出国考察时用的。名片依旧，小弟却再也不能用它了。

小弟去了。小弟去的地方是千古哲人揣摩不透的地方，是各种宗教企图描绘的地方，也是每个人都会去，而且不能回来的地方。但是现在怎么轮得到小弟！他刚五十岁，正是精力充沛、积累了丰富的学识经验、大有作为的时候。有多少事等他去做啊！医院发现他的肿瘤已经相当大，需要立即做手术，他还想去参加一个技术讨论会，问能不能开完会再来。他在手术后休养期间，仍在看研究所里的科研论文，还做些小翻译。直到卧床不起，他手边还留着几份国际航空材料，总是"想再看看"。他也并不全想的是工作。已是滴水不进时，他忽然说想吃虾，要对虾。他想活，他想活下去啊！

可是他去了，过早地去了。这一年多，从他生病到逝世，真像是个梦，是个永远不能令人相信的梦。我总觉得他还会回来，从我们那冬夏一律显得十分荒凉的后院走到我窗下，叫一声"小姊——"。

可是他去了，过早地、永远地去了。

我长小弟三岁。从我有比较完整的记忆起，生活里便有我的弟弟，一个胖胖的、可爱的小弟弟，跟在我身后。他虽然小，可是在玩耍时，他常常当老师，照顾着小朋友，让大家坐好，他站着上课，那神色真是庄严。他虽然小，在昆明的冬天里，孩子们都生冻疮，都怕用冷水洗脸，他却一点不怕。他站在山泉边，捧着一个大盆的样子，至今还十分清晰地在我眼前。"小姊，你看，我先洗！"他高兴地叫道。

在泉水缓缓地流淌中，我们从小学、中学到大学，大部分时间都在一个学校。毕业后就各奔前程了。不知不觉间，听到人家称小弟为强度专家；不知不觉间，他担任了总工程师的职务。在那动荡不安的年月里，很难想象一个人的将来。这几年，父亲和我倒是常谈到，只要环境许可，小弟是会为国家做出点实际的事的。却不料，本是最年幼的他，竟先我们而离去了。

去年夏天，得知他患病后，因为无法得到更好的治疗，我于 8 月 20 日到西安。记得有一辆坐满了人的车来接我。我当时奇怪何以如此兴师动众，原来他们都是去看小弟的。到医院后，有人进病房握手，有人只在房门口默默地站一站，他们怕打扰病人，但他们一定得来看一眼。

手术时，有航空科学研究院、623 所、631 所的代表，弟妹、侄女和我在手术室外，还有一辆轿车在医院门口。车里有许多人等着，他们一定要等着，准备随时献血。小弟如果需要把全身的血都换过，他的同志们也会给他。但是一切都没有用。肿瘤取出来了，有一个半成人的拳头大，一面已经坏死。我忽然觉得一阵胸闷，几乎透不过气来——这是在穷乡僻壤为祖国贡献着才华、血汗和生命的人啊，怎么能让这致命的东西在他身体里长到这样大！

我知道在这黄土高原上生活的艰苦，也知道住在这黄土高原上的人工作之劳累，还可以想象每一点工作的进展都要经过十分恼人的迂回曲折。但我没有想到，小弟不但生活在这里，战斗在这里，而且把性命也交付在这里了。他手术后回京在家休养，不到半年，就复发了。

那一段焦急的悲痛的日子，我不忍写，也不能写。每一念及，便泪下如绠，纸上一片模糊。记得每次看病，候诊室里都像公共汽车上一样拥挤，等啊等啊，盼啊盼啊，我们知道病情不可逆转，只希望能延长时间，也许会有新的办法。航空界从莫文祥同志起，还有空军领导同志都极关心他，各个方面包括医务界的朋友们也曾热情相助，我还往海外求医。然而错过了治疗时机，药石[①]再难奏效。曾有个别的医生不耐烦地当面对小弟说，治不好了，要他"回陕西去"。小弟说起这话时仍然面带笑容，毫不介意。他始终没有失去信心，他始终没有丧失生的愿望，他还没有累够。

小弟生于北京，1952 年从清华大学航空系毕业。他填志愿到西南，后来分配在东北，以后又调到成都、调到陕西。虽然他的血没有流在祖国的土地上，但他的汗水洒遍全国，他的精力的一点一滴都献给祖国的航空事业了。个人的功绩总是有限的，也许燃尽了自己，也不能给人一点光亮，可总是为以后的绚烂的光辉做了一点积累吧。我不大明白各种工业的复杂性，但我明白，任何事业也不是只坐在北京就能够建树的。

我曾经非常希望小弟调回北京，分我侍奉老父的重担。他是儿子，三十年在外奔波，他不该尽些家庭的责任么？多年来，家里有什么事，大家都会这样说："等小弟回来"，"问小弟"。有时只要想到有他可问，也就安心了。现在还怎能得到这样的心安？风烛残年的父亲想儿子，尤其这几年母亲去世后，他的思念是深的，苦的，我知道，虽然他不说，现在他永远失去他的最宝贝的小儿子了。我还曾希望在我自己走到人生的尽头，跨过那一道痛苦的门槛时，身旁的亲人中能有我的弟弟，他素来的可倚可靠会给我安慰。哪里知道，却是他先迈过了那道门槛呵！

1982 年 10 月 28 日上午七时，他去了。

这一天本在意料之中，可是我怎能相信这是事实呢！他躺在那里，但他已经不是他了，已经不是我那正当盛年的弟弟，他再不会回答我们的呼唤，再不会劝阻我们的哭泣。你到哪里去了，小弟！自 1974 年沅君姑母逝世起，我家屡遭丧事，而这一次小弟的远去最是违反常规，令人难以接受！我还不得不把这消息告诉当时也在住院的老父，因为我无法回答他每天的第一句问话："今天小弟怎么样？"我必须告诉他，这是我的责任。再没有弟弟可以依靠了，再不能指望他来分担我的责任了。

父亲为他写了挽联："是好党员，是好干部，壮志未酬，洒泪岂只为家痛；能娴科技，能娴艺文，全才罕遇，招魂也难再归来！"我那唯一的弟弟，永远地离去了。

---

① 药石：药剂和砭石，泛指药物。

他是积劳成疾，也是积郁成疾。他一天三段紧张地工作，参加各式各样的会议。每有大型试验，他事先检查到每一个螺丝钉，每一块胶布。他是三机部科技委员会委员，他曾有远见地提出多种型号研究。有一项他任主任工程师的课题研制获国防工办和三机部科技一等奖。同时他也是623所党委委员，需要在会议桌上坦率而又让人能接受地说出自己对各种事情的意见。我常想，能够“双肩挑”，是我们五十年代到六十年代初期出来的知识分子的特点。我们是在“又红又专”的要求下长大的。当然，有的人永远也没有能达到要求，像我。大多数人则挑起过重的担子，在崎岖的、荆棘丛生的，有时是此路不通的山路上行走。那几年的批判斗争是有远期效果的。他们不只是生活艰苦，过于劳累，还要担惊受怕，心里塞满想不通的事，谁又能经得起呢！

小弟入医院前，正负责组织航空工业部系统的一个课题组，他任主任工程师。他的一个同志写信给我说，1981年夏天，西安一带出奇的热，几乎所有的人晚上都到室外乘凉，只有“我们的老冯”坚持伏案看资料，“有一天晚上，我去他家汇报工作，得知他经常胃痛，有时从睡眠中痛醒，工作中有时会痛得大汗淋漓，挺一会儿，又接着做了。天啊！谁又知道这是癌症！我只淡淡地说该上医院看看；回想起来，我心里很内疚，我对不起老冯，也对不起您！”

这位不相识的好同志的话使我痛哭失声！我也恨自己，恨自己没有早想到癌症对我们家族的威胁，即使没有任何症状，也该定期检查。云山阻隔，我一直以为小弟是健康的。其实他早感不适，已去过他该去的医疗单位。区一级的说他胃下垂，县一级的说是肾游走。以小弟之为人，当然不会大惊小怪，惊动大家，后来在弟妹的催促下，乘工作之便到西安检查，才做手术。如果早一年有正确的诊断和治疗，小弟还可以再为祖国工作二十年！

往者已矣，小弟一生，从没有“埋怨”过谁，也没有“埋怨”过自己，这是他的美德之一。他在病中写的诗中有两句：“回首悠悠无恨事，丹心一片向将来。”他没有恨事。他虽无可以彪炳史册的丰功伟绩，却有一个普通人的认真的、勤奋的一生。历史正是由这些人写成的。

小弟白面长身，美丰仪，喜文艺，娴诗词，且工书法篆刻。父亲在挽联中说他是“全才罕遇”，实非夸张。如果他有三次生命，他的多方面的才能和精力也是用不完的，可就这一辈子，也没有得以充分地发挥和施展。他病危弥留的时间很长，他那颗丹心，那颗让祖国飞起来的丹心，顽强地跳动，不肯停息。他不甘心！

这样壮志未酬的人，不只是他一个啊！

我哭小弟，哭他在剧痛中还拿着那本航空资料“想再看看”，哭他的“胃下垂”“肾游走”；我也哭蒋筑英抱病奔波，客殇成都；我也哭罗健夫不肯一个人坐一辆汽车！我还哭那些没有见诸报章的过早离去的我的同辈人，他们几经雪欺霜冻，好不容易奋斗着张开几片花瓣，尚未盛开，就骤然凋谢。我哭我们这迟开而早谢的一代人！

已经是迟开了，让这些迟开的花朵尽可能延长他们的光彩吧。

这些天，读到许多关于这方面的文章，也读到了《痛惜之余的愿望》，稍得安慰。我盼“愿望”能成为事实。我想需要“痛惜”的事应该是越来越少了。

小弟，我不哭！

阅读提示

宗璞，原名冯钟璞，女，1928年出生，当代作家，原籍河南省唐河县，生于北京，著名哲学家冯友兰之女。从事小说与散文创作。“文革”前作品主要有短篇小说《红豆》《不沉的湖》《后门》《知音》等，其中发表于1957年的《红豆》是其成名作，曾受到不应有的批判。“文革”后，有短篇小说《弦上的梦》、中篇小说《三生石》，获全国优秀中短篇小说奖。1981年出版《宗璞小说散文选》。后又抱病奋力创作反映中华民族知识分子命运的长篇小说《野葫芦引》，其第一部《南渡记》已于1987年问世，获得好评；其第二部《东藏记》获得第六届茅盾文学奖。

《哭小弟》是一篇感人肺腑、催人泪下的悼念性散文。文章成功地刻画出以小弟为代表的中年知识分子形象，透过小弟的早夭，为中年知识分子的早逝“痛惜”，呼吁应该关心中年知识分子。首先，结构巧妙是《哭小弟》一文的第一个特点。作者通过对小弟的一生事迹和病逝经过的回忆，边叙事边抒情边议论，自然而然地达到了悼念的目的。其次，感情深厚、催人泪下是其第二个特点。标题中一个“哭”字简单而直接地告诉读者，小弟的病逝给家人、朋友带来的痛苦已到了无法用言语表达的程度。文中所用的“哭”字虽寥寥无几，对往事的点滴回忆，却事事透露出“我”的丧弟之痛。记事真实，抒情真挚，真事与真情交融，字字句句浸透泪水，字里行间无处不“哭”。正所谓平凡出真情。最后，语言细腻是其第三个特点。例如，文中第二、三、四节开头第一句都表示同一个意思——小弟病逝了。但仔细分析“去了”“过早地去了”与“过早地、永远地去了”这三个短语的差别，便能体会到感情上是逐层深入的。细腻的语言有助于准确地表达人物内心世界，这是值得借鉴的。总之，一篇悼念性的散文，既能从中提出一个尖锐而迫切的社会问题，同时又能成功地塑造好人物形象，的确不易。

六十一、秦　腔

贾平凹

山川不同，便风俗区别；风俗区别，便戏剧存异。普天之下人不同貌，剧不同腔；京，豫，晋，越，黄梅，二簧，四川高腔，几十种品类。或问：历史最悠久者，文武最正经者，是非最汹汹者？曰：秦腔也。正如长处和短处一样突出便见其风格，对待秦腔，爱者便爱得要死，恶者便恶得要命。外地人——尤其是自夸于长江流域的纤秀之士——最害怕秦腔的震撼；评论说得婉转的是：唱得有劲；说得直率的是：大喊大叫。于是，便有柔弱女子，常在戏台下以绒堵耳，又或在平日教训某人：你要不怎么怎么样，今晚让你去看秦腔！秦腔成了惩罚的代名词。所以，别的剧种可以各省走动，唯秦腔则如秦人一样，死不离窝；严重的乡土观念，也使其离不了窝：可能还在西北几个地方变腔走调的有些市场，却绝对冲不出往东南而去的潼关呢。

但是，几百年来，秦腔却没有被淘汰，被沉沦，这使多少人在大惑而不得其解。其解是有的，就在陕西这块土地上。如果是一个南方人，坐车轰轰隆隆往北走，渡过黄河，进入西岸，八百里秦川大地，原来竟是：一扶黄褐的平原；辽阔的地平线上，一处一处用木椽①夹打成一尺多宽墙的土屋，粗笨而庄重；冲天而起的白杨，苦楝，紫槐，枝干粗壮如桶，叶却小似铜钱，迎风正反翻覆……你立即就会明白了：这里的地理构造竟与秦腔的旋律惟妙惟肖的一统！再去接触一下秦人吧，活脱脱的一群秦始皇兵马俑的复出：高个，浓眉，眼和眼间隔略远，手和脚一样粗大，上身又稍稍见长于下身。当他们背着沉重的三角形状的犁铧，赶着山包一样团块组合式的秦川公牛，端着脑袋般大小的耀州瓷碗，蹲在立的卧的石磙子碌碡②上吃着牛肉泡馍，你不禁又要改变起世界观了：啊，这是块多么空旷而实在的土地，在这块土地摸爬滚打的人群是多么“二愣”的民众！那晚霞烧起的黄昏里，落日在地平线上欲去不去的痛苦地妊娠，五里一村，十里一镇，高音喇叭里传播的秦腔互相交织、冲撞，这秦腔原来是秦川的天籁、地籁、人籁的共鸣啊！于此，你不渐渐感觉到了南方戏剧的秀而无骨吗？不深深地懂得秦腔为什么形成和存在而占却时间、空间的位置吗？

八百里秦川，以西安为界，咸阳，兴平，武功，周至，凤翔，长武，岐山，宝鸡，两个专区几十个县为西府；三原，泾阳，高陵，户县，合阳，大荔，韩城，白水，一个专区十几个县为东府。秦腔，就源于西府。在西府，民性敦厚，说话多用去声，一律咬字沉重，对话如吵架一样，哭丧又一呼三叹。呼喊远人更是特殊：前声拖十二分的长，末了方极快地道出内容。声韵的

---

① 木椽(chuán)：指架在房檩承托屋面板和瓦的长木条。　② 碌碡(liù zhou)：又称“碌轴”，一种石制的圆柱形农具，用来轧谷物、平场地。

发展，使会远道喊人的人都从此有了唱秦腔的天才。老一辈的能唱，小一辈的能唱，男的能唱，女的能唱；唱秦腔成了做人最体面的事，任何一个乡下男女，只有唱秦腔，才有出人头地的可能，大凡有出息的，是个人才的，哪一个何曾未登过台，起码不能吼一阵乱弹呢！

农民是世上最劳苦的人，尤其是在这块平原上，生时落草在黄土炕上，死了被埋在黄土堆下；秦腔是他们大苦中的大乐，当老牛木犁疙瘩绳，在田野已经累得筋疲力尽，立在犁沟里大喊大叫来一段秦腔，那心胸肺腑，关关节节的困乏便一尽儿涤荡净了。秦腔与他们，要和"西凤"白酒，长线辣子，大叶卷烟，牛肉泡馍一样成为生命的五大要素。若与那些年长的农民聊起来，他们想象的伟大的共产主义生活，首先便是这五大要素。他们有的是吃不完的粮食，他们缺的是高超的艺术享受，他们教育自己的子女，不会是那些文豪们讲的，幼年不是祖母讲着动人的迷丽的童话，而是一字一板传授着秦腔。他们大都不识字，但却出奇地能一本一本整套背诵出剧本，虽然那常常是之乎者也的字眼从那一圈胡子的嘴里吐出来十分别扭。有了秦腔，生活便有了乐趣，高兴了，唱"快板"，高兴得像被烈性炸药炸了一样，要把整个身心粉碎在天空！痛苦了，唱"慢板"，揪心裂肠的唱腔却表现了多么有情有味的美来，美给了别人享受，美也熨平了自己心中愁苦的皱纹。当他们在收获时节的土场上，在月在中天的庄院里大吼大叫唱起来的时候，那种难以想象的狂喜、激动、雄壮，与那些献身于诗歌的文人，与那些有吃有穿却总感空虚的都市人相比，常说的什么伟大的永恒的爱情是多么渺小、有限和虚弱啊！

我曾经在西府走动了两个秋冬，所到之处，村村都有戏班，人人都会清唱。在黎明或者黄昏的时分，一个人独独地到田野里去，远远看着天幕下一个一个山包一样隆起的十三个朝代帝王的陵墓，细细辨认着田埂土，荒草中那一截一截汉唐时期石碑上的残字，高高的土屋上的窗口里就飘出一阵冗长的二胡声，几声雄壮的秦腔叫板，我就痴呆了，猛然发现了自己心胸中一股强硬的气魄随同着胳膊上的肌肉疙瘩一起产生了。

每到农闲的夜里，村里就常听到几声锣响：戏班排演开始了。演员们都集合起来，到那古寺庙里去。吹，拉，弹，奏，翻，打，念，唱，提袍甩袖，吹胡瞪眼，古寺庙成了古今真乐府，天地大梨园。导演是老一辈演员，享有绝对权威，演员是一定几口，夫妻同台，父子同台，公公儿媳也同台。按秦川的风俗：父和子不能不有其序，爷和孙却可以无道，弟与哥嫂可以嬉闹无常，兄与弟媳则无正事不能多言。但是，一到台上，秦腔面前人人平等，兄可以拜弟媳为帅为将，子可以将老父绳绑索捆。寺庙里有窗无扇，屋梁上蛛丝结网，夏天蚊虫飞来，成团成团在头上旋转，薰蚊草就墙角燃起，一声唱腔一声咳嗽。冬天里四面透风，柳木疙瘩火当中架起，一出场一脸正经，一下场凑近火堆，热了前怀，凉了后背。排演到什么时候，什么时候都有观众，有抱着二尺长的烟袋的老者，有凳子高、桌子高趴满窗台的孩子。庙里一个跟头未翻起，窗外就哇地一声叫倒好，演员出来骂一声：谁说不好的滚蛋！他们抓住窗台死不滚去，倒要连声讨好：翻得好！翻得好！更有殷勤的，跑回来偷拿了红薯、土豆，在火堆里煨熟给演员作夜餐，赚得进屋里有一个安全位置。排演到三更鸡叫，月儿偏西，演员们散了，孩子们还围了火堆弯腰踢腿，学那一招一式。

一出戏排成了，一人传出，全村振奋，扳着指头盼那上演日期。一年十二个月，正月元宵日，二月龙抬头，三月三，四月四，五月五日过端午，六月六日晒丝绸，七月过半，八月中秋，九月初九，十月一日，再是那腊月五豆，腊八，二十三……月月有节，三月一会，那戏必是上演的。戏台是全村人的共同的事业，宁肯少吃少穿也要筹资集款，买上好的木石，请高强的工匠来修筑。村子富不富，就比这戏台阔不阔。一演出，半下午人就找凳子去占地位了，未等戏开，台下坐的、站的人头攒拥①，台两边阶上立的卧的是一群顽童。那锣鼓就叮叮咣咣地闹台，似乎整个世界要天翻地覆了。各类小吃趁机摆开，一个食摊上一盏马灯，花生，瓜子，糖果，烟卷，油茶，麻花，烧鸡，煎饼，长一声短一声叫卖不绝。锣鼓还在一声儿敲打，大幕只是不拉，演员偶尔从幕边往下望望，下边就喊：开演呀，场子都满了！幕布放下，只说就要出场了，却又叮叮咣咣不停。台下就乱了，后边的喊前边的坐下，前边的喊后边的为什么不说最前边的立着；场外的大声叫着亲朋子女名字，问有坐处没有，场内的锐声回应快进来；有要吃煎饼的喊熟人去买一个，熟人买了站在场外一扬手，“日”地一声隔人头甩去，不偏不倚目标正好；左边的喊右边的踩了他的脚，右边的叫左边的挤了他的腰，一个说：狗年快完了，你还叫啥哩？一个说：猪年还没到，你便拱开了！言语伤人，动了手脚；外边的趁机而入，一时四边向里挤，里边向外扛，人的旋涡涌起，如四月的麦田起风，根儿不动，头身一会儿倒西，一会儿倒东，喊声，骂声，哭声一片；有拼命挤将出来的，一出来方觉世界偌大，身体胖肿，但差不多光了脚，乱了头发。大幕又一挑，站出戏班头儿，大声叫喊要维持秩序；立即就跳出一个两个所谓“二干子”人物来。这类人物多是头脑简单，四肢发达，却十二分忠诚于秦腔，此时便拿了枝条儿，哪里人挤，哪里打去，如凶神恶煞一般。人人恨骂这些人，人人又都盼有这些人，叫他们是秦腔宪兵，宪兵者越发忠于职责，虽然彻夜不得看戏，但大家一夜满足了，他们也就满足了一夜。

终于台上锣鼓停了，大幕拉开，角色出场。但不管男的女的，出来偏不面对观众，一律背身掩面，女的就碎步后移，水上漂一样，台下就叫：瞧那腰身，那肩头，一身的戏哟！是男的就摇那帽翎，一会双摇，一会单摇，一边上下飞闪，一边纹丝不动，台下便叫：绝了，绝了！等到那角色儿猛一转身，头一高扬，一声高叫，声如炸雷豁啷啷直从人们头顶碾过，全场一个冷颤，从头到脚，每一个手指尖儿，每一根头发梢儿都麻酥酥的了。如果是演《救裴生》，那慧娘站在台中往下蹲，慢慢地，慢慢地，慧娘蹲下去了，全场人头也矮下去了半尺，等那慧娘往起站，慢慢地，慢慢地，慧娘站起来了，全场人的脖子也全拉长了起来。他们不喜欢看生戏，最欢迎看熟戏，那一腔一调都晓得，哪个演员唱得好，就摇头晃脑跟着唱，哪个演员走了调，台下就有人要纠正。说穿了，看秦腔不为求新鲜，他们只图过过瘾。

在这样的地方，这样的环境，这样的气氛，面对着这样的观众，秦腔是最逞能的，它的艺术的享受，是和拥挤而存在，是有力气而获得的。如果是冬天，那风在刮着，像刀子一样，如果是夏天，人窝里热得如蒸笼一般，但只要不是大雪、冰雹、暴雨，台下的人是不肯撤场的。最可贵的是那些老一辈的秦腔迷，他们没有力气挤在台下，也没有好眼力看清演员，却一溜一排地蹲在戏台两侧的墙根，吸着草烟，慢慢将唱腔品赏。一声叫板，便可以使他们坠入艺术之宫，“听了秦腔，肉酒不香”，他们是体会得最深的。那些大一点的，脾性野一点的孩子，却占领了戏场周围所有的高空，杨树上，柳树上，槐树上，一个枝杈一个人。他们常

---

① 攒(zǎn)拥：丛聚，簇拥。

常乐而忘了险境，双手鼓掌时竟从树杈上掉下来，掉下来自不会损伤，因为树下是无数的人头，只是招致一顿臭骂罢了。更有一些爬在了场边的麦秸积上，夏天四面来风，好不凉快，冬日就趴个草洞，将身子缩进去，露一个脑袋，也正是有闲阶级享受不了秦腔吧，他们常就瞌睡了，一觉醒来，月在西在，戏毕人散，只好苦笑一声悄然没声儿地溜下来回家敲门去了。

当然，一次秦腔演出，是一次演员亮相，也是一次演员受村人评论的考场。每每角色一出场，台下就一片嘁嘁喳喳：这是谁的儿子，谁的女子，谁家的媳妇，娘家何处？于是乎，谁有出息，谁没能耐，一下子就有了定论。有好多外村的人来提亲说媒，就是在这个时候进行。据说有一媒人将一女子引到台下，相亲台上一个男演员，事先夸口这男的如何俊样，如何能干，但戏演了过半，那男的还未出场，后来终于出来，是个国民党的伪兵，还持枪未走到中台，扮游击队长的演员挥枪一指，“叭”地一声，那伪兵就倒地而死，爬着钻进了后幕。那女子当下哼一声，闭了嘴，一场亲事自然了了。这是喜中之悲的一例。据说还有一例，一个老头在脖子上架了孙孙去看戏，孙孙吵着要回家，老头好说好劝只是不忍半场而去，便破费买了半斤花生，他眼盯着台上，手在下边剥花生，然后一颗一颗扬手喂到孙孙嘴里，但喂着喂着，竟将一颗塞进孙孙鼻孔，吐不出，咽不下，口鼻出血，连夜送到医院动手术，花去了七十元钱。但是，以秦腔引喜的事却不计其数。每个村里，总会有那么个老汉，夜里看戏，第二天必是头一个起床往戏台下跑。戏台下一片石头、砖头，一堆堆瓜子皮、糖果纸、烟屁股，他掀掀这块石头，踢踢那堆尘土，少不了要捡到一角两角甚至三元四元钱币来，或者一只鞋，或者一条手帕。这是村里钻刁人干的营生，而馋嘴的孩子们有的则夜里趁各家锁门之机，去地里摘那香瓜来吃，去谁家院里将桃杏装在背心兜里回来分红。自然少不了有那些青春妙龄的少男少女，则往往在台下混乱之中眼送秋波，或者就悄悄退出，相依相偎到黑黑的渠畔树林子里去了……

秦腔在这块土地上，有着神圣的不可动摇的基础。凡是到这些村庄去下乡，到这些人家去做客，他们最高级的接待是陪着看一场秦腔，实在不逢年过节，他们就会要合家唱一会乱弹，你只能点头称好，不能耻笑，甚至不能有一点不入神的表示。他们一生最崇敬的只有两种人：一是国家领导人，一是当地的秦腔名角。即是在任何地方，这些名角没有在场，只要发现了名角的父母，去商店买油是不必排队的，进饭馆吃饭是会有座位的，就是在半路上挡车，只要喊一声：我是某某的什么，司机也便要嘎地停车。但是，谁要侮辱一下秦腔，他们也会争死争活地和你论理，以至大打出手，永远使你记住教训。每每村里过红白丧喜之事，那必是要包一台秦腔的，生儿以秦腔迎接，送葬以秦腔致哀，似乎这人生的世界，就是秦腔的舞台，人只要在舞台上，生，旦，净，丑，才各显了真性，恶的夸张其丑，善的凸现其美，善的使他们获得美的教育，恶的也使丑里化作了美的艺术。

广漠旷远的八百里秦川，只有这秦腔，也只能有这秦腔，八百里秦川的劳作农民只有也只能有这秦腔使他们喜怒哀乐。秦人自古是大苦大乐之民众，他们的家乡交响乐除了大喊大叫的秦腔还能有别的吗？

阅读提示

贾平凹,1952 年出生,原名贾平娃,陕西省丹凤县人,中国当代著名作家,人称“鬼才”。1975 年毕业于西北大学中文系,同年开始发表作品。《满月儿》获 1978 年全国优秀短篇小说奖;《腊月 · 正月》获 1984 年中国作协第三届全国优秀中篇小说奖;之后长篇小说《商州》《州河》《浮躁》《废都》等相继出版;2008 年凭借《秦腔》获得第七届茅盾文学奖;2011 年凭借《古炉》,获得施耐庵文学奖。

贾平凹小说描写新时期的西北农村,特别是改革开放后的变革,视野开阔,具有丰富的当代中国社会文化心理内涵,富于地域风土特色,格调清新隽永。贾平凹在散文领域也颇有建树,早期的《月迹》《一棵桃树》,书写儿童眼睛中美丽单纯的世界,注重诗意境界的酝酿。在 80 年代中期,他转而写陕西的风土人情,展示当地的人文风景和生活情态。贾平凹的散文无论在思想意蕴、文化趣味还是语言表达上,都倾向吸取中国文学传统因素,崇尚简单古朴的风趣和静虚境界的营造。

这篇散文名为《秦腔》,但其用意并不在介绍秦腔的产生、沿革、行当、剧目等作为一个剧种的诸因素,它要写的是秦腔和养育了这一艺术样式的秦川百姓的血肉联系。秦腔来自草野,创造它的是“下里巴人”,能够真正欣赏它的也不会是“有闲阶级”,只能是大苦中求大乐的草根百姓。秦腔作为秦川农民五大生命要素之一,和西凤酒、长线辣子、大叶卷烟、羊肉泡馍比较起来,是唯一精神性的需求,是恶劣物质条件下的精神享受。作者通过对秦川大地上人们的喜怒哀乐等风土人情的描绘,展现了他们热情蓬勃的生命力。作者生于斯长于斯,对故土的热爱使得作者在描述中更多地凸现了黄土地人民的人情美,而滤掉了其中可能存在的愚昧与丑陋。本文的主要表达方式是叙述和描写,叙述简洁有序,许多与秦腔相关的轶事写来趣味盎然,描写细腻传神,开场前的“乱”,演出中观众的沉迷都绘声绘色,极富艺术感染力。

六十二、道 士 塔

余秋雨

一

莫高窟大门外，有一条河，过河有一溜空地，高高低低建着几座僧人圆寂塔。塔呈圆形，状近葫芦，外敷白色。从几座坍弛[①]的来看，塔心竖一木桩，四周以黄泥塑成，基座垒以青砖。历来住持莫高窟的僧侣都不富裕，从这里也可找见证明。夕阳西下，朔风凛冽，这个破落的塔群更显得悲凉。

有一座塔，由于修建年代较近，保存得较为完整。塔身有碑文，移步读去，猛然一惊，它的主人，竟然就是那个王圆箓[②]！

历史已有记载，他是敦煌石窟的罪人。

我见过他的照片，穿着土布棉衣，目光呆滞，畏畏缩缩，是那个时代到处可以遇见的一个中国平民。他原是湖北麻城的农民，逃荒到甘肃，做了道士。几经周折，不幸由他当了莫高窟的家，把持着中国古代最灿烂的文化。他从外国冒险家手里接过极少的钱财，让他们把难以计数的敦煌文物一箱箱运走。今天，敦煌研究院的专家们只得一次次屈辱地从外国博物馆买取敦煌文献的微缩胶卷，叹息一声，走到放大机前。

完全可以把愤怒的洪水向他倾泄。但是，他太卑微，太渺小，太愚昧，最大的倾泄也只是对牛弹琴，换得一个漠然的表情。让他这具无知的躯体全然肩起这笔文化重债，连我们也会觉得无聊。

这是一个巨大的民族悲剧。王道士只是这出悲剧中错步上前的小丑。一位年轻诗人写道，那天傍晚，当冒险家斯坦因[③]装满箱子的一队牛车正要启程，他回头看了一眼西天凄艳的晚霞。那里，一个古老民族的伤口在滴血。

二

真不知道一个堂堂佛教圣地，怎么会让一个道士来看管。中国的文官都到哪里去了，

① 坍弛（tān chí）：山坡、建筑物或堆积的东西倒下来。 ② 王圆箓（约 1850—1931）：祖籍湖北麻城县。因家乡连年灾荒，受生活所迫，出外谋生，流落于酒泉。在此期间入道修行，人们称他为王道士。 ③ 斯坦因（1862—1943）：原籍匈牙利，1904 年入英国籍。世界著名考古学家、艺术史家、语言学家、地理学家和探险家，国际敦煌学开山鼻祖之一。

他们滔滔的奏折怎么从不提一句敦煌的事由？

其时已是20世纪初年，欧美的艺术家正在酝酿着新世纪的突破。罗丹正在他的工作室里雕塑，雷诺阿、德加、塞尚已处于创作晚期，马奈早就展出过他的《草地上的午餐》。他们中有人已向东方艺术家投来羡慕的眼光，而敦煌艺术，正在王道士手上。

王道士每天起得很早，喜欢到洞窟里转转，就像一个老农，看看他的宅院。他对洞窟里的壁画有点不满，暗乎乎的，看着有点眼花。亮堂一点多好呢，他找了两个帮手，拎来一桶石灰。草扎的刷子装上一个长把，在石灰桶里蘸一蘸，开始他的粉刷。第一遍石灰刷得太薄，五颜六色还隐隐显现，农民做事就讲个认真，他再细细刷上第二遍。这儿空气干燥，一会儿石灰已经干透。什么也没有了，唐代的笑容，宋代的衣冠，洞中成了一片净白。道士擦了一把汗憨厚地一笑，顺便打听了一下石灰的市价。他算来算去，觉得暂时没有必要把更多的洞窟刷白，就刷这几个吧，他达观地放下了刷把。

当几面洞壁全都刷白，中座的雕塑就显得过分惹眼。在一个干干净净的农舍里，她们婀娜的体态过于招摇，她们柔柔的浅笑有点尴尬。道士想起了自己的身份，一个道士，何不在这里搞上几个天师、灵官菩萨？他吩咐帮手去借几个铁锤，让原先几座雕塑委曲一下。事情干得不赖，才几下，婀娜的体态变成碎片，柔美的浅笑变成了泥巴。听说邻村有几个泥匠，请了来，拌点泥，开始堆塑他的天师和灵官。泥匠说从没干过这种活计，道士安慰道，不妨，有那点意思就成。于是，像顽童堆造雪人，这里是鼻子，这里是手脚，总算也能稳稳坐住。行了，再拿石灰，把它们刷白。画一双眼，还有胡子，像模像样。道士吐了一口气，谢过几个泥匠，再作下一步筹划。

今天我走进这几个洞窟，对着惨白的墙壁、惨白的怪像，脑中也是一片惨白。我几乎不会言动，眼前直晃动着那些刷把和铁锤。“住手！”我在心底痛苦地呼喊，只见王道士转过脸来，满眼迷惑不解。是啊，他在整理他的宅院，闲人何必喧哗？我甚至想向他跪下，低声求他：“请等一等，等一等……”但是等什么呢？我脑中依然一片惨白。

三

1900年5月26日清晨，王道士依然早起，辛辛苦苦地清除着一个洞窟中的积沙。没想到墙壁一震，裂开一条缝，里边似乎还有一个隐藏的洞穴。王道士有点奇怪，急忙把洞穴打开，呵，满满实实一洞的古物！

王道士完全不能明白，这天早晨，他打开了一扇轰动世界的门户。一门永久性的学问，将靠着这个洞穴建立。无数才华横溢的学者，将为这个洞穴耗尽终生。中国的荣耀和耻辱，将由这个洞穴吞吐。

现在，他正衔着旱烟管，扒在洞窟里随手翻检。他当然看不懂这些东西，只是觉得事情有点蹊跷。为何正好我在这儿时墙壁裂缝了呢？或许是神对我的酬劳。趁下次到县城，捡了几个经卷给县长看看，顺便说说这桩奇事。

县长是个文官，稍稍掂出了事情的分量。不久甘肃学台叶炽昌也知道了，他是金石专家，懂得洞窟的价值，建议藩台把这些文物运到省城保管。但是东西很多，运费不低，官僚们又犹豫了。只有王道士一次次随手取一点出来的文物，在官场上送来送去。

中国是穷，但只要看看这些官僚豪华的生活排场，就知道绝不会穷到筹不出这笔运费。中国官员也不是没有学问，他们也已在窗明几净的书房里翻动出土经卷，推测着书写朝代了。但他们没有那副赤肠，下个决心，把祖国的遗产好好保护一下。他们文雅地摸着胡须，吩咐手下："什么时候，叫那个王道士再送几件来！"已得的几件，包装一下，算是送给哪位京官的生日礼品。

就在这时，欧美的学者、汉学家、考古家、冒险家，却不远万里、风餐露宿，朝敦煌赶来。他们愿意变卖自己的全部财产，充作偷运一两件文物回去的路费。他们愿意吃苦，愿意冒着葬身沙漠的危险，甚至作好了被打、被杀的准备，朝这个刚刚打开的洞窟赶来。他们在沙漠里燃起了股股炊烟，而中国官员的客厅里，也正茶香缕缕。

没有任何关卡，没有任何手续，外国人直接走到了那个洞窟跟前。洞窟砌了一道砖、上了一把锁，钥匙挂在了王道士的裤腰带上。外国人未免有点遗憾，他们万里冲刺的最后一站，没有遇到森严的文物保护官邸，没有碰见冷漠的博物馆馆长，甚至没有遇到看守和门卫，一切的一切，竟是这个肮脏的王道士。他们只得幽默地耸耸肩。

略略交谈几句，就知道了道士的品位。原先设想好的种种方案纯属多余，道士要的只是一笔最轻松的小买卖。就像用两枚针换一只鸡，一颗纽扣换一篮青菜。要详细地复述这笔交换账，也许我的笔会不太沉稳，我只能简略地说：1905 年 10 月，俄国人勃奥鲁切夫用一点点随身带着的俄国商品，换取了一大批文书经卷；1907 年 5 月，匈牙利人斯坦因用一叠银元换取了 24 大箱经卷、5 箱织绢和绘画；1908 年 7 月，法国人伯希和又用少量银元换去了 10 大车、6000 多卷写本和画卷；1911 年 10 月，日本人吉川小一郎和橘瑞超用难以想象的低价换取了 300 多卷写本和两尊唐塑；1914 年，斯坦因第二次又来，仍用一点银元换去 5 大箱、600 多卷经卷……

道士也有过犹豫，怕这样会得罪了神。解除这种犹豫十分简单，那个斯坦因就哄他说，自己十分崇拜唐僧，这次是倒溯着唐僧的脚印，从印度到中国取经来了。好，既然是洋唐僧，那就取走吧，王道士爽快地打开了门。这里不用任何外交辞令，只需要几句现编的童话。

一箱子，又一箱子。一大车，又一大车。都装好了，扎紧了，吁——，车队出发了。

没有走向省城，因为老爷早就说过，没有运费。好吧，那就运到伦敦，运到巴黎，运到彼得堡，运到东京。

王道士频频点头，深深鞠躬，还送出一程。他恭敬地称斯坦因为"司大人讳代诺"，称伯希和为"贝大人讳希和"。他的口袋里有了一些沉甸甸的银元，这是平常化缘很难得到的。他依依惜别，感谢司大人、贝大人的"布施"。车队已经驶远，他还站在路口。沙漠上，两道深深的车辙。

斯坦因他们回到国外，受到了热烈的欢迎。他们的学术报告和探险报告，时时激起如雷的掌声。他们在叙述中常常提到古怪的王道士，让外国听众感到，从这么一个蠢人手中抢救出这笔遗产，是多么重要。他们不断暗示，是他们的长途跋涉，使敦煌文献从黑暗走向光明。

他们是富有实干精神的学者，在学术上，我可以佩服他们。但是，他们的论述中遗忘了一些极基本的前提。出来辩驳为时已晚，我心头浮现出一个当代中国青年的几行诗句，那是他写给火烧圆明园的额尔金勋爵的：

我好恨
恨我没早生一个世纪
使我能与你对视着站立在
阴森幽暗的古堡
晨光微露的旷野
要么我拾起你扔下的白手套
要么你接住我甩过去的剑
要么你我各乘一匹战马
远远离开遮天的帅旗
离开如云的站阵
决胜负于城下

对于这批学者，这些诗句或许太硬。但我确实想用这种方式，拦住他们的车队。对视着，站立在沙漠里。他们会说，你们无力研究；那么好，先找一个地方，坐下来，比比学问高低。什么都成，就是不能这么悄悄地运走祖先给我们的遗赠。

我不禁又叹息了，要是车队果真被我拦下来了，然后怎么办呢？我只得送缴当时的京城，运费姑且不计。但当时，洞窟文献不是确也有一批送京的吗？其情景是，没装木箱，只用席子乱捆，沿途官员伸手进去就取走一把，在哪儿歇脚又得留下几捆，结果，到京城已零零落落，不成样子。

偌大的中国，竟存不下几卷经文！比之于被官员大量糟践的情景，我有时甚至想狠心说一句：宁肯存放于伦敦博物馆里！这句话终究说得不太舒心。被我拦住的车队，究竟应该驶向哪里？这里也难，那里也难，我只能让它停驻在沙漠里，然后大哭一场。

我好恨！

四

不止是我在恨。敦煌研究院的专家们，比我恨得还狠。他们不愿意抒发感情，只是铁板着脸，一钻几十年，研究敦煌文献。文献的胶卷可以从外国买来，越是屈辱越是加紧钻研。

我去时，一次敦煌学国际学术讨论会正在莫高窟举行。几天会罢，一位日本学者用沉重的声调作了一个说明："我想纠正一个过去的说法。这几年的成果已经表明，敦煌在中国，敦煌学也在中国！"

中国的专家没有太大的激动，他们默默地离开了会场，走过了王道士的圆寂塔前。

阅读提示

余秋雨，1946 年出生于浙江省余姚县，中国著名文化学者、理论家、文化史学家、作家、散文家。代表作品有《文化苦旅》《中国文脉》《君子之道》《何谓文化》《北大授课》《冰河》《千年一叹》等。曾任上海戏剧学院院长、教授，上海写作学会会长。被授予“国家级突出贡献专家”称号，入载多部世界名人录。

《道士塔》是余秋雨《文化苦旅》中的一篇散文。《文化苦旅》主要是以余秋雨先生在全国各地的文化之地的游览过程为线索，内容非常丰富，语言也极有震撼力，揭示了中国文化巨大的内涵，其中对人性的拷问也极为深刻。让绝大数中国人知道敦煌藏经洞的就是余秋雨的这篇带着幽怨的散文。莫高窟是我国最著名的佛教石窟，位于甘肃省敦煌市境内。1961 年，莫高窟被中华人民共和国国务院公布为第一批全国重点文物保护单位之一。历经一千多年的历史，是我国文化艺术的一大宝库。但一百多年来，由于多方面的原因，致使这一文化瑰宝大量外流。作者对于这些宝物的流失也深感痛心！通过对敦煌文献散失的描述，表达了对中国文化的沉重回顾，从中深省酿成那场不堪回首的民族文化悲剧的社会根源。

本文在表现手法上有自己的特色：一是对比手法的运用。把伟大的莫高窟与渺小的王道士作比，把王道士这个小人物与中国的大官员作比，把中国的大官员与外国学者作比，突出了对莫高窟文化的不重视而给中华民族带来了不可弥补的损失。二是反讽手法的运用。作者对中国文化的流失深表遗憾，对中国官员的腐败深恶痛绝，因此说出了“宁肯存放在伦敦博物馆里!”这样的气话，反讽了国人对中华民族文化的轻视。

六十三、乡　　村

[俄]屠格涅夫

六月里的最后一天。周围是俄罗斯广袤千里、幅员辽阔的疆土——我亲爱的家乡。

整个天空一片蔚蓝。天上只有一朵云彩，似乎是在飘动，又似乎是在消散。没有风，天气暖和……空气里仿佛弥漫着鲜牛奶似的味道！

云雀在鸣啭，大脖子鸽群咕咕叫着，燕子无声地飞翔，马儿打着响鼻嚼着草，狗儿没有吠叫，温驯地摇尾站着。

空气里蒸腾着一种烟味，还有草香，并且混杂着一点儿松焦油和皮革的气味。大麻已经长得很茂盛，散发出它那浓郁的、好闻的气味。

一条坡度和缓的深谷，山谷两侧各栽植数行柳树，它们的树冠连成一片，下面的树干已经皲裂。一条小溪在山谷中流淌，透过清澈的涟漪，溪底的碎石子仿佛在颤动。远处，天地相交的地方，依稀可见一条大河的碧波。

沿着山谷，一侧是整齐的小粮库和紧闭门户的小仓房；另一侧，散落着五六家薄板屋顶的松木农舍。家家屋顶上，竖着一根装上椋鸟①巢的长竿子；家家门檐上，饰着一匹铁铸的扬鬃奔马。粗糙不平的窗玻璃，辉映出彩虹的颜色。护窗板上，涂画着插有花束的陶罐。家家农舍前，端端正正摆着一条结实的长凳。猫儿警惕地竖起耳朵，在土台上蜷缩成一团。高高的门槛后面，清凉的前室里一片幽暗。

我把毛毯铺开，躺在山谷的边缘。周围是整堆整堆刚刚割下、清香醉人的干草。聪慧的屋主人把干草铺散在小木屋前：让干草再晒上一会儿，然后就送进草棚里贮藏起来。到时候，睡在干草上面那才舒坦呢！

孩子们长着卷发的小脑袋，从一堆堆干草后面钻出来。凤头鸡在草堆里寻找蚊蚋和小虫吃，白唇的小狗在乱草堆里打滚戏耍。

几个长着淡褐色卷发的小伙子，穿着干净的衬衫，衬衫的下摆低低地束在腰间，脚蹬沉重的镶边皮靴，胸口靠在卸掉了牲口的大车上，彼此兴致勃勃地谈天、逗笑。

一个圆脸的少妇从窗户里探出头来。不知是因为听了小伙子们的说笑，还是因为看到了干草堆里孩子们的嘻闹，她也笑了。

另一个少妇正伸出粗壮的胳膊，从井里吊起一只湿漉漉的大水桶……水桶在绳子上抖动着，晃荡着，滴下一滴滴闪光的水珠。

---

① 椋(liáng)鸟：羽毛蓝色，有光泽，带乳白色斑点，嘴小带黄色，眼靠近嘴根，性好温暖，常群居，吃植物的果实或种子。

年老的女主人站在我面前，她穿一件方格呢裙子，蹬一双新的厚皮靴。

在她黝黑、瘦小的脖子上，绕着三圈大空心珠穿成的项链；花白头发上系着一条带小红点儿的黄头巾，头巾低低地遮盖到那已失去神采的眼睛上面。

但老年人的眼睛却彬彬有礼地笑着，那张布满皱纹的脸上也堆满了微笑。看上去，老人家已有60多岁了……然而即使到现在也还看得出：当年是一位绝色美人！

她张开右手晒得黝黑的五指，提着一罐刚从地窖里取来的没有脱脂的冷牛奶，罐壁上布满了小玻璃珠似的水珠；左手掌心里，托着一大块还冒着热气的面包。她递给我说："随便吃吧，远方的客人！"

这时一只公鸡忽然啼叫起来，忙不迭地扑楞起翅膀；一头拴在圈里的小牛犊和它呼应着，不慌不忙地发出哞哞的叫声。

"瞧这片燕麦长得真好啊！"传来我马车夫的声音。

啊，俄罗斯自由之乡，多么惬意、安宁、富足！啊，多么宁静和美好！

于是我想道：皇城①里圣索菲亚教堂圆顶上的十字架，还有我们这些城里人所孜孜以求的一切，现在又算得了什么呢？

阅读提示

伊凡·谢尔盖耶维奇·屠格涅夫，是19世纪俄国批判现实主义作家、诗人和剧作家，世界著名"现实主义艺术大师"和"现实主义作家"。

《乡村》作于1878年，是屠格涅夫晚年的作品。这时，屠格涅夫由于思想苦闷，远离祖国，身患重病，陷入一种悲观的情绪当中。这时期，他的许多散文流露出前途渺茫、浮生若梦的消极情调，但仍有一些格调高昂、怀有爱国激情的篇章。《乡村》就是一篇充满对俄罗斯和农民的深沉的爱的散文。

---

① 皇城：指君士坦丁堡，即今土耳其的伊斯坦布尔。城内圣索菲亚大堂原为拜占庭帝国东正教的宫廷教堂。1453年土耳其人入主后改为伊斯兰教清真寺。

六十四、箭　　手

[法]罗曼·罗兰

生命是一张弓，那弓弦是梦想。箭手在何处呢？

我见过一些俊美的弓，用坚韧的木料制成，了无节痕，谐和秀逸如神之眉，但仍无用。

我见过一些行将震颤的弦线，在静寂中颤栗着，仿佛从动荡的内脏中抽出的肠线。它们绷紧着，即将奏鸣了……它们将射出银矢——那音符——在空气的湖面上拂起涟漪，可是它们在等待什么？终于松弛了。永远没有人听到乐声了。

> 震颤沉寂，箭枝纷散；
> 箭手何时来捻弓呢？

他很早就来把箭搭在我的梦想上。我几乎记不起何时我曾躲过他。只有神知道我怎样地梦想！我的一生是一个梦。我梦着我的爱，我的行动和我的思想。在晚上，当我无眠时；在白天，当我幻想时，我心灵中的谢海莱莎特[①]就解开了纺纱竿。她在急于讲故事时，把她梦想的线索搅乱了。我的弓跌到了纺纱竿一面。那箭手，我的主人，睡着了。但即使在睡眠中，他也不放松我。我挨近他躺着；我像那把弓，感到他的手放在我光滑的木杆上；那只丰美的手、那些修长而柔软的手指，它们用纤嫩的肌肤抚弄着在黑夜中奏鸣的一根弦线。我使自己的颤动融入他身体的颤动中，我颤栗着，等候苏醒的瞬间，那时神圣的箭手就会把我搂入他怀抱里。

所有我们这些有生命的人都在他掌中：灵智与肉体、人、兽、元素——水与火——气流与树脂——一切有生之物……

生存何足道！要生活，就必须行动。您在何处，Primns movens[②]？我在向您呼吁，箭手！生命之弓在您脚下横着。俯下身来，拣起我吧！把箭搭在我的弓弦上，射吧！

我的箭如飘忽的羽翼，嗖地飞去了。那箭手把手挪回来，搁在肩头，一面注视着向远方消失的飞矢。而渐渐的，已经射过的弓弦也由震颤而归于凝止。

神秘的发泄！谁能解释呢？一切生命的意义就在于此——在于创造的刺激。

万物都在期待着在这刺激的状态中生活着。我常观察我们那些小同胞，那些兽类与植物奇异的睡眠——那些禁锢在茎衣中的树木、做梦的反刍动物、梦游的马、终身懵懵懂懂的生物。而我在它们身上却感到一种不自觉的智慧，其中不无一些悒郁的微光，显出思想快

---

① 《天方夜谭》中的人物，边纺纱边讲故事而感化暴君的少女。 ② 拉丁文：原动力，第一推动者。

形成了：

“究竟什么时候才行动呢？”

微光隐没。它们又入睡了，疲倦而听天由命……

“还没到时候呐。”

我们必须等待。

我们一直等待着，我们这些人类。时候毕竟到了。

可是对于某些人，创造的使者只站在门口。对于另一些人，他却进去了。他用脚碰碰他们：

“醒来！前进！”

我们一跃而起。咱们走！

我创造，所以我生存。生命的第一个行动是创造的行动。一个新生的男孩刚从母亲子宫里冒出来时，就立刻洒下几滴精液。一切都是种籽。身体和心灵均如此。每一种健全的思想是一颗植物种籽的包壳，传播着输送生命的花粉。造物主不是个劳作了六天而在安息日上休憩的有组织的工人。安息日就是主日，那伟大的创造日。造物主不知道还有什么别的日子。如果他停止创造，即使是一刹那，他也会死去。因为“空虚”会张开两颚等着他……颚骨，吞下吧，别作声！巨大的播种者散布着种籽，仿佛流泻的阳光，而每一颗洒下来的渺小种籽就像另一个太阳。倾泻吧，未来的收获，无论肉体或精神的！精神或肉体，反正都是同样的生命之源泉。“我的不朽的女儿，刘克屈拉和曼蒂尼亚①……”我产生我的思想和行动，作为我身体的果实……永远把血肉赋予文字……这是我的葡萄汁，正如收获葡萄的人在大桶中用脚踩出的一样。

因此，我一直创造着……

（孙梁　译）

阅读提示

罗曼·罗兰(1866—1944)，法国著名作家，代表作为长篇小说《约翰·克利斯朵夫》，传记有《米开朗琪罗传》《贝多芬传》《托尔斯泰传》等，散文集有《战时日记》《内心旅程》等。1915年获诺贝尔文学奖。

《箭手》运用丰富的联想和形象的比喻，淋漓酣畅地叙述了生命的意义在于创造！要生存，就要创造，生命的第一行动是创造的行动。

作者把生命比喻成一张弓，而创造则是使用弓的箭手。接着写出两种生命之弓：一是“用坚韧的木料制成，谐和秀逸如神之眉”的弓，而这张无节痕的俊美的弓，却无用，失去它的社会价值；二是“一些行将震颤的弦线绷紧着，即将奏鸣了……”然而却终于松弛了的弓。为什么？因为没有箭手来引动它们走向奋斗、搏击的世界。论证了箭手对于弓之重要，也就是创造对于生命永恒之重要。

---

① 都是古希腊城市，先后被斯巴达大军攻破而遭蹂躏，后仍极极重建，始终不毁灭。

六十五、光荣的荆棘路

[丹麦]安徒生

人们可以在一个人身上看到上帝的仁慈，而这仁慈通过一个人普及到大众。

光荣的荆棘路看起来像环绕着地球的一条灿烂的光带。只有幸运的人才被送到这条带上行走，才被指定为建筑那座连接上帝与人间的桥梁的、没有薪水的总工程师。

从前有一个古老的故事："光荣的荆棘路：一个叫做布鲁德的猎人得到了无上的光荣和尊严，但是他却长时期遇到极大的困难和冒着生命的危险。"我们大多数的人在小时候已经听到过这个故事，可能后来还读到过它，并且也想起自己没有被人歌诵过的"荆棘路"和"极大的困难"。故事和真事没有什么很大的分界线。不过故事在我们这个世界里经常有一个愉快的结尾，而真事常常在今生没有结果，只好等到永恒的未来。

世界的历史像一个幻灯。它在现代的黑暗背景上，放映出明朗的片子，说明那些造福人类的善人和天才的殉道者在怎样走着荆棘路。

这些光耀的图片把各个时代，各个国家都反映给我们看。每张片子只映几秒钟，但是它却代表完整的一生——充满了斗争和胜利的一生。我们现在来看看这些殉道者行列中的人吧——除非这个世界本身遭到灭亡，这个行列是永远没有穷尽的。

我们现在来看看一个挤满了观众的圆形剧场吧。讽刺和幽默的语言像潮水一般地从阿里斯托芬①的"云"喷射出来。雅典最了不起的一个人物，在人身和精神方面，都受到了舞台上的嘲笑。他是保护人民反抗"三十僭主"②的战士。他名叫苏格拉底③，他在混战中救援了阿尔基比阿德斯和色诺芬，他的天才超过了古代的神仙。他本人就在场。他从观众的凳子上站起来，走到前面去，让那些正在哄堂大笑的人可以看看，他本人和戏台上嘲笑的那个对象究竟有什么相同之点。他站在他们面前，高高地站在他们面前。

你，多汁的，绿色的毒胡萝卜，雅典的阴影不是橄榄树而是你④！

七个城市国家⑤在彼此争辩，都说荷马是在自己城里出生的——这也就是说，在荷马死了以后！请看看他活着的时候吧！他在这些城市里流浪，靠朗诵自己的诗篇过日子。他一想起明天的生活，他的头发就变得灰白起来。他，这个伟大的先知者，是一个孤独的瞎子。

---

① 阿里斯托芬(约公元前446—前385)，古代希腊喜剧作家。他在剧本《云》里猛烈攻击苏格拉底。

② 僭主统治，指用武力夺取政权而建立的个人统治。公元前七至公元前六世纪，希腊各城邦形成时期，较广泛地出现过这种政权形式。公元前404年，斯巴达打败雅典，在雅典扶植了一个30人的委员会，后来被称为"三十僭主政府"。

③ 苏格拉底(公元前470—前399)，古希腊哲学家。他曾在一次战争中救过雅典政治家和军事家阿尔基比阿德斯(约公元前450—前404)的性命。在另一次战争中又救过他的学生，希腊的历史学家、军事家和政论家色诺芬(约公元前444—前354)的性命。

④ 雅典政府逼迫苏格拉底喝毒葡萄酒自杀。

⑤ 古希腊的每个城市是一个国家。

锐利的荆棘把这位诗中圣哲的衣服撕得稀烂。

但是他的歌仍然是活着的。通过这些歌，古代的英雄和神仙也获得了生命。

图画一幅接着一幅地从日出之国，从日落之国现出来。这些国家在空间和时间方面彼此的距离很远，然而它们却有着同样的光荣的荆棘路。生满了刺的蓟只有在它装饰着坟墓的时候，才开出第一朵花。

骆驼在棕榈树下面走过。它们满载着靛青和贵重的财宝。这些东西是这国家的君主送给一个人的礼物——这个人是人民的欢乐，是国家的光荣。嫉妒和诽谤逼得他不得不从这国家逃走，只有现在人们才发现他。这个骆驼队现在快要走到他避乱的那个小镇。人们抬出一具可怜的尸体走出城门，骆驼队停下来了。这个死人就正是他们所要寻找的那个人：费尔杜西①——光荣的荆棘路在这儿告一段落！

在葡萄牙的京城里，在王宫的大理石台阶上，坐着一个圆面孔、厚嘴唇、黑头发的非洲黑人，他在向人求乞。他是卡蒙斯②的忠实的奴隶。如果没有他和他求乞得到的许多铜板，他的主人——叙事诗《卢济塔尼亚人之歌》的作者——恐怕早就饿死了。

现在卡蒙斯的墓上立着一座贵重的纪念碑。

还有一幅图画！

铁栏杆后面站着一个人。他像死一样的惨白，长着一脸又长又乱的胡子。

“我发明了一件东西——一件许多世纪以来最伟大的发明，”他说，“但是人们却把我放在这里关了二十多年！”

“他是谁呢？”

“一个疯子！”疯人院的看守说，“这些疯子的怪想头才多呢！他相信人们可以用蒸汽推动东西！”

这人名叫萨洛蒙·得·高斯③，黎塞留④读不懂他的预言性的著作，因此他死在疯人院里。

现在哥伦布出现了。街上的野孩子常常跟在他后面讥笑他，因为他想发现一个新世界——而且他居然也发现了。欢乐的钟声迎接着他的胜利的归来，但嫉妒的钟敲得比这还要响亮。他，这个发现新大陆的人，这个把美洲黄金的土地从海里捞起来的人，这个把一切贡献给他的国王的人，所得到的酬报是一条铁链。他希望把这条链子放在他的棺材上，让世人可以看到他的时代给予他的评价⑤。

图画一幅接着一幅的出现，光荣的荆棘路真是没有尽头。

在黑暗中坐着一个人，他要量出月亮里山岳的高度。他探索星球与行星之间的太空。

---

① 波斯伟大诗人曼苏尔(940—1020?)的笔名，他是叙事诗《王书》的作者。这部诗有六万行，是波斯国王请他写的，并且答应给他每行一块金币。但是诗完成后，国王的大臣却给他每行一块银币。他在盛怒之下写了一首诗讽刺国王的恶劣。这首诗现在就成了《王书》的序言。待国王追捕他时，他已经逃出了国境。

② 卡蒙斯(1524?—1580)，葡萄牙最伟大的诗人。他的叙事诗《卢济塔尼亚人之歌》是葡萄牙最伟大的史诗。他生前曾多次被关进监狱。

③ 高斯(1576—1626)，法国科学家，他的著作有《动力与各种机器的关系》，说明了蒸汽的原理。

④ 黎塞留(1585—1642)，法国的首相，曾拥有国家最高的权力。

⑤ 1500年8月24日西班牙政府派人到美洲去把哥伦布逮捕起来，用铁链子把他套着，送回西班牙。

他这个巨人懂得大自然的规律。他能感觉到地球在他的脚下转动。这人就是伽利略①。老迈的他，又聋又瞎，坐在那儿，在尖锐的苦痛中和人间的轻视中挣扎。他几乎没有气力提起他的一双脚：当人们不相信真理的时候，他曾经在灵魂的极度痛苦中在地上跺着这双脚，高呼着："但是地球仍然在转动呀！"

这儿有一个女子，她有一颗孩子的心，但是这颗心充满了热情和信念。她在一个战斗的部队前面高举着旗帜，她为她的祖国带来胜利和解放。空中起了一片狂乐的声音，于是柴堆烧起来了：大家在烧死一个巫婆——贞德②。是的，在接着的一个世纪中人们唾弃这朵纯洁的百合花，但智慧的鬼才伏尔泰却歌颂"拉·比塞尔"③。

在城堡的宫殿里，丹麦的贵族烧毁了国王的法律。火焰升起来，把这个立法者和他的时代都照亮了，同时也向那个黑暗的囚楼送进一点彩霞。他的头发斑白，腰也弯了；他坐在那儿，用手指在石桌上刻出许多线条。他曾经统治过三个王国。他是一个民众爱戴的国王，他是市民和农民的朋友：克利斯仙二世④。他是一个莽撞时代的一个有性格的莽撞人。敌人写下他的历史。我们一方面不忘记他的血腥的罪过，一方面也要记住：他被囚禁了二十七年。

有一艘船从丹麦开出去了。船上有一个人倚着桅杆站着，向汶岛作最后的一瞥。他是杜却·布拉赫⑤。他把丹麦的名字提升到星球上去，但他所得到的报酬是讥笑和伤害。他跑到国外去。他说："处处都有天，我还要求什么别的东西呢？"他走了，我们这位最有声望的人在国外得到了尊荣和自由。

"啊，解脱！只愿我身体中不可忍受的痛苦能够得到解脱！"好几个世纪以来我们就听到这个声音。这是一张什么画片呢？这是格里芬菲尔德⑥——丹麦的普罗米修斯——被铁链锁在木克荷尔姆石岛上的一幅图画。

我们现在来到美洲，来到一条大河的旁边。有一大群人聚拢来，据说有一艘船可以在坏天气中逆风行驶，因为它身上具有抗拒风雨的力量。那个相信能够做到这件事的人名叫罗伯特·富尔敦⑦。他的船开始航行，但是它忽然停下来了。观众大笑起来，并且还"嘘"起来——连他自己的父亲也跟大家一起"嘘"起来："自高自大！糊涂透顶！他现在得到了报应！就该把这个疯子关起来才对！"

一根小钉子摇断了——刚才机器不能动就是因为它的缘故。轮子转动起来了，轮翼在水中向前推进，船在开行！蒸汽机的杠杆把世界各国间的距离从钟头缩短成分秒。

人类啊，当灵魂懂得了它的使命以后，你能体会到在这清醒的片刻中所感到的幸福吗？

---

① 伽利略(1564—1642)，意大利著名的天文学家。 ② 贞德(1412—1431)，一译冉·达克，是法国的女英雄，她在1429年带领6000人打退英国的侵略者。后来她被人出卖给英国人，因而当做巫婆被烧死。 ③ 伏尔泰(1694—1779)，法国著名的作家，《拉·比塞尔》是他写的一部关于贞德的史诗。 ④ 丹麦国王克利斯仙二世(1481—1559)，联合农民和市民反对贵族的专权，但最终被贵族推翻，囚禁起来。他曾经连年对外进行战争。
⑤ 布拉赫(1546—1601)，丹麦著名天文学家，丹麦在汶岛的天文台就是他建立的，"杜却星球"是他发现的。
⑥ 格里芬菲尔德(1635—1699)，丹麦的一个大政治家。他的政策是发展工商业以增加国家财富，但首要的条件是保持国际间的和平，特别是与丹麦的邻邦瑞典保持和平。1675年丹麦对瑞典宣战，1676年3月格里芬菲尔德被捕，被判处死刑，后改为终身囚禁。 ⑦ 富尔敦(1765—1815)，美国发明家，他设计和建造了美国的第一艘用蒸汽机推动的轮船。

在这片刻中，你在光荣的荆棘路上所得到的一切创伤——即使是你自己所造成的——也会痊愈，恢复健康、力量和愉快；嘈音变成谐声；人们可以在一个人身上看到上帝的仁慈，而这仁慈通过一个人普及到大众。

光荣的荆棘路看起来像环绕着地球的一条灿烂的光带。只有幸运的人才被送到这条带上行走，才被指定为建筑那座连接上帝与人间的桥梁的、没有薪水的总工程师。

历史拍着它强大的翅膀，飞过许多世纪，同时在光荣的荆棘路的这个黑暗背景上，映出许多明朗的图画，来鼓起我们的勇气，给予我们安慰，促进我们内心的平安。这条光荣的荆棘路，跟童话不同，并不在这个人世间走到一个辉煌和快乐的终点，但是它却超越时代，走向永恒。

阅读提示

安徒生，全名汉斯·克里斯蒂安·安徒生(1805—1875)，丹麦作家暨诗人，因其童话作品而闻名于世，其中最著名的童话故事包括《美人鱼》《冰雪女王》《拇指姑娘》《卖火柴的小女孩》《丑小鸭》和《国王的新衣》等。安徒生生前获得皇家致敬，被高度赞扬为给全欧洲的孩子带来了欢乐。他的作品被翻译为150多种语言，成千上万册童话书在全球陆续出版发行。他的童话故事还激发了大量电影、舞台剧、芭蕾舞剧以及电影动画的创作。

《光荣的荆棘路》选自《安徒生童话》，但它不是一篇童话。安徒生应是经历了极大的磨难的，他本人也是走在光荣荆棘路上的为数不多的一员。其实我们每个人都走在一条荆棘路上，然而获得光荣的没有几个人。不过是否获得光荣实在算不得什么，重要的是行走在荆棘丛生的道路上时不用害怕和气馁，因为还有着许多人在这条路上与我们做伴，诚如文中所说，他们“鼓起我们的勇气，给予我们安慰，促进我们内心的平安”。

六十六、卖艺老人

[法]波德莱尔

这是一个盛大的节日，到处是喜气洋洋的度假的人们。

在这样的日子里，我觉得人们把一切都忘记了，不论是工作还是苦恼。对于小孩们，这是休假日，是从那令人恐怖的学校里解放出来的二十四小时；对于大人们，这是和噩梦般的生活缔结的一次停火，也是无休无止的斗争中和整天的提心吊胆中的一次短暂停歇。

不管是在客观世界工作的人，还是致力于在精神世界工作的人，都很难摆脱这民间五十年节的狂欢的影响。他们也都在这无忧无虑的气氛里不自觉地扮演着自己的角色。我呢？作为一个真正的巴黎人，从来不错过机会到那些出现在这隆重节日里的神气活现的小店棚去观赏一番。

实际上，这些小店棚之间的竞争是非常激烈的，它们都尖叫着，大声唱着并拼命吼叫着。愚仆和小丑们由于风吹日晒雨淋而变得黑瘦干瘪的面孔都痉挛着，他们好像是对自己的演技充满信心的演员，开着像莫里哀一样戏谑的玩笑；大力士们庄严而神气活现地穿着事先洗好的运动衫，既没有前额也没有颅骨，像猩猩一样，却为自己胳膊上粗大的肌肉块而骄傲。

到处一片光芒、烟尘、叫喊、欢乐和嘈杂。

但是，在那一头，在这一排店棚的尽头，我看到一个可怜的卖艺人。就好像是自觉羞愧，他逃到了这华丽的一切之外，他弯着腰，似乎就要摔倒，老朽不堪，活像一具僵尸；他倚靠在他那小破棚子的一根支柱上，那是一间比世界上最不开化的野蛮人的破屋子还要可怜的破棚子，里边点着两块蜡头儿；蜡头流着油，冒着烟，更照出了破棚的丑陋和贫寒。

到处是欢乐、收益和大吃大喝，到处是充满生命力的狂热发泄，可这里却是绝对的苦难。尤其令人感叹的是，他穿着这样滑稽的褴褛衣衫，比化装更能形成强烈对照。

可怜鬼！他不笑，也不哭，不跳舞，也不做任何手势，不叫喊，也不唱任何歌子，不唱欢乐的，也不唱悲哀的，他也不乞求。他哑然静坐。他放弃了，他认命了，他的前途已成定局。

可是，他向人群和光芒所投去的眼光又是那么深邃，令人难忘啊！那人群和光芒的潮水般的骚动离这令人作呕的苦难只几步远。我觉得好像有一只歇斯底里的手掐住了我的脖子，眼里充满了泪水，这泪水滞留在我的眼眶内，使我感到眼前一阵昏花。

怎么办呢？又何必要去问这不幸的老人，在这恶臭的黑暗之中，想要引起什么奇迹呢？在他的已经戳破的幕帐之后，又会有什么奇迹呢？确实，我没敢去问。我这胆怯的理由会使您好笑吧……

我承认我当时害怕使他出丑。

最后，我决定在他那木板上顺手放上一点钱，希望他能明白我的用意。可这时，不知怎么一拥挤，一股人流潮水一样涌来，把我卷得离他远远的。

刚才那一幕，一直在我眼前浮现着。我又回转过来，力图剖析一下我刚才那突如其来的痛苦。我自言道："我刚才见了一个老朽文人的形象，他活过了一代人，并曾是这代人的出色的捉弄者；这又是一副老诗人的形象；没有朋友，没有家庭妻小，被穷困和忘恩负义的公众所贬黜。健忘的人们再也不愿迈进他的店棚。"

阅读提示

夏尔·皮埃尔·波德莱尔(1821—1867)，法国著名诗人，现代派诗歌的先驱，象征主义文学的鼻祖。主要作品有诗集《恶之花》、文学和美术评论集《美学管窥》《浪漫主义艺术》，散文诗集《人工天国》《巴黎的忧郁》。

波德莱尔通过《卖艺老人》这篇散文撕开一个繁华热闹世界的外衣，借一个"驼背、衰弱、老朽"的卖艺老人展现华丽背后的脓疮。这或许就是波德莱尔特别的"恶之花"——借狂欢气象，写绝对苦难，在苦难中展现人性恶的一面。

六十七、尼亚加拉大瀑布

[英]查尔斯·狄更斯

那一天的天气寒冷潮湿，着实苦人。凄雾浓重，几欲成滴，树木在这个北国里还都枝柯赤裸，完全冬意。不论多会儿，只要车一停下来，我就侧耳静听，看是否能听到瀑布的吼声，同时还不断地往我认为一定是瀑布所在那方面顽固地看。我所以知道瀑布就在那一方面，是因为我看见河水滚滚朝着那儿流去，每一分钟都盼望会有飞溅的浪花出现。恰恰在我们停车以前几分钟内，我看见了两片嵯峨的白云，从地心深处巍巍而出，冉冉而上。当时所见，仅止于此。后来我们到底下了车了，于是我才头一回听到洪流的砰訇，同时觉得大地都在我脚下颤动。

崖岸陡峭，又因为有刚刚下过的雨和化了一半的冰，地上滑溜溜的，所以我自己也不知道我是怎么下去的，不过我一会儿就站在山根那儿，同两个英国军官(他们也正走过那儿，现在和我到了一块)攀登到一片嶙峋的乱石上了。那时澎湃大作，震耳欲聋，玉花飞溅，蒙目如眯，我全身濡湿，衣履俱透。原来我们正站在美国瀑布的下面。我只能看见巨瀑滔天，劈空而下，但是对于这片巨瀑的形状和地位，却毫无概念，只渺渺茫茫，感到泉飞水立，浩瀚汪洋而已。

我们坐在小渡船上，从紧在这两个大瀑布前面那条汹涌奔腾的河里过的时候，我才开始感到是怎么回事；不过我却有些目眩心摇，因而领会不到这副光景到底有多博大。一直到我来到平顶岩上看去的时候——哎呀天哪，那样一片飞立倒悬的晶莹碧波！它的巍巍凛凛，浩潮峻伟，才在我眼前整个呈现。

于是我感到，我站的地方和造物者多么近，那时候，那幅宏伟的景象，一时之间所给我的印象，同时也就是永远无尽所给我的印象——一瞬的感觉，而又是永久的感觉——是一片和平之感，是心的宁静，是灵的恬适，是对于逝去的事物淡泊安详的回忆，是对于永久的安息和永久的幸福轮廓的展望，不掺杂一丁点暗淡之情，不掺杂一丁点恐怖之心。尼亚加拉一下就在我心里留下深刻的印象——留下了一副美丽的形象；这副形象，一直永世不尽留在我的心头，永远不改变，永远不磨灭。

我们在那个神工鬼斧、天魔帝力所创造出来的地方待了十天，在那永久令人不忘的十天里，日常生活中的龃龉和烦恼，如何离我而去，越去越远啊！巨瀑的砰訇对于我如何振聋发聩啊！绝迹于尘世之上而却出现于晶莹垂波之中的，是何等的面目啊！在变幻无常、横亘半空的灿烂虹霓四围上下，天使的泪如何玉圆珠明，异彩缤纭，纷飞乱洒，纵翻横出啊！在这种眼泪里，天心帝意，又如何透露而出啊！

我一起始，就跑到了加拿大那一边儿，在那十天里就一直在那儿没动。我从来没再过过河，因为我知道，河那边也有人，而在这种地方，当然不能和不相干的闲杂人掺和。整天往来徘徊，从一切角度，来看这个垂瀑。站在马蹄铁大瀑布的边缘上，看着奔腾的水，在快到崖头的时候，力充劲足，然而却又好像在驰下崖头、投入深渊之前，先停顿一下似的；从河面上往上看巨涛下涌；攀上邻岭，从树杪间瞭望，看激湍盘旋而前，翻下万丈悬崖；站在下游三英里的巨石森岩下面，看着河水，波涌涡漩，砰訇应答，表面上看不出来它所以这样的原因，实在在河水深处，却受到巨瀑奔腾的骚扰。永远有尼亚加拉当前，看它受日光的蒸腾，受月华的迤逗，夕阳西下中一片红，暮色苍茫中一片灰。白天整天眼里看它，夜里枕上醒来耳里听它，这样的福就够我享的了。

我现在每到平静之时都要想：那片潮瀚汹涌的水，仍旧尽日横冲直滚，飞悬倒洒，砰訇湔渤，雷鸣山崩。那些虹霓仍旧在它下面一百英尺的空中弯亘横跨。太阳照在它上面的时候，它仍旧像玉液金波，晶莹明澈。天色暗淡的时候，它仍旧像玉霰琼雪，纷纷飞洒；像轻屑细末，从白垩质的悬崖峭壁上阵阵剥落；像如絮如绵的浓烟，从山腹幽岫里蒸腾喷涌。但是这个滔天的巨瀑，在它要往下流去的时候，永远像要先死去一番似的；从它那深不可测、以水为国的坟里，永远有浪花和迷雾的鬼魂；其大无物可与伦比，其强永远不受降伏。在宇宙还是一片混沌、黑暗还复掩渊面的时候，在匝地的巨瀑——水——以前，另一个漫天的巨瀑——光——还没经上帝吩咐而一下弥漫宇宙的时候，就在这儿森然庄严地呈异显灵。

（张谷若　译）

阅读提示

查尔斯·狄更斯(1812—1870)，英国作家，主要代表作品有《大卫·科波菲尔》《艰难时世》《双城记》《远大前程》《匹克威克外传》等。作为19世纪的批判现实主义作家，冷色调是他作品的核心特质，这篇纯粹描写景物的文章也不例外。冷冷的尼亚加拉大瀑布似乎是从他的作品中奔涌而出，并不是存在于大自然中。

第四单元　戏剧

六十八、救风尘(节选)

关汉卿

(周舍同店小二上,诗云)万事分已定,浮生空自忙。无非花共酒,恼乱我心肠。店小二,我着你开着这个客店,我那里稀罕你那房钱养家?不问官妓私科子①,只等有好的来你客店里,你便来叫我。(小二云)我知道。只是你脚头乱②,一时间那里寻你去?(周舍云)你来粉房③里寻我。(小二云)粉房里没有呵?(周舍云)赌房里来寻。(小二云)赌房里没有呵?(周舍云)牢房里来寻。(下)(丑扮小闲④,挑笼上,诗云)钉靴雨伞为活计,偷寒送暖作营生。不是闲人闲不得,及至得了闲时又闲不成。自家张小闲的便是。平生做不的买卖,止是与歌者姐姐每叫些人,两头往来,传消寄信都是我。这里有个大姐赵盼儿,着我收拾两箱子衣服行李,往郑州去。都收拾停当了。请姐姐上马。(正旦上,云)小闲,我这等打扮,可冲动得那厮么⑤?(小闲做倒科)(正旦云)你做甚么哩?(小闲云)休道冲动那厮,这一会儿,连小闲也酥倒了。(正旦唱)

【正宫】【端正好】则为他满怀愁,心间闷,做的个进退无门。那婆娘家一涌性,无思忖⑥,我可也强打入迷魂阵。

【滚绣球】我这里微微的把气喷⑦,输个姓因⑧,怎不教那厮背槽抛粪⑨!更做道普天下无他这等郎君。想着容易情,忒献勤,几番家待要不问;第一来我则是可怜见无主娘亲,第二来是我"惯曾为旅偏怜客"⑩,第三来也是我"自己贪杯惜醉人"。到那里呵,也索费些精神。

(云)说话之间,早来到郑州地方了。小闲,接了马者,且在柳阴下歇一歇咱。(小闲云)我知道。(正旦云)小闲,咱闲口论闲话:这好人家好举止,恶人家恶家法。(小闲云)姐姐,你说我听。(正旦唱)

【倘秀才】县君的则是县君,妓人的则是妓人。怕不扭捏着身子驀入他门;怎禁他使数的到

---

① 私科子:私妓、暗娼,亦作私窠子、私窝子。　② 乱:到处乱跑,没有准去处。　③ 粉房:指妓女(脂粉)集聚之处,代指妓院。　④ 小闲:受人使唤的人、小厮,通常指妓女或浮浪子弟的跟班、使唤人。　⑤ 冲动得那厮么:能挑逗起那小子的欲望吗?是说宋引章凭一时冲动嫁给了周舍。　⑥ 那婆娘家一涌性,无思忖:是说宋引章凭一时冲动嫁给了周舍。婆娘:元曲中多用作妇女的贱称。家:助词,后缀,用于名词之后,表示属于某一类人。一涌性:一时冲动。思忖:揣度、思量。　⑦ 微微的把气喷:略施小计。喷:哄骗。　⑧ 输个姓因:假意给他一点风情的甜头。输:送或给之意。姓因:"情"字的促音。　⑨ 背槽抛粪:宋元俗语,意为忘恩负义。因牲畜在食槽中吃草料,有时转过身又向槽中拉屎。此指以色相引逗周舍,使周舍与宋引章反目为仇,以达到赚得休书的目的。　⑩ 惯曾为旅偏怜客:与下句"自己贪杯惜醉人",皆当时俗谚、熟语,喻同病相怜。

支分，背地里暗忍[①]。

【滚绣球】那好人家将粉扑儿[②]浅淡匀，那里像咱干茨腊手抢着粉[③]；好人家将那篦梳儿慢慢地铺鬓，那里像咱解了那襻胸带[④]，下颏上勒一道深痕；好人家知个远近，觑个向顺，衠一味良人家风韵[⑤]；那里像咱们，恰便似空房中锁定个猢狲。有那千般不实乔躯老[⑥]，有万种虚嚣歹议论，断不了风尘。

（小闲云）这里一个客店，姐姐好住下罢。（正旦云）叫店家来。（店小二见科）（正旦云）小二哥，你打扫一间干净房儿，放下行李。你与我请将周舍来，说我在这里久等多时也。（小二云）我知道。（做行叫科，云）小哥在那里？（周舍上，云）店小二，有甚么事？（小二云）店里有个好女子请你哩。（周舍云）咱和你就去来。（做见科，云）是好一个科子也。（正旦云）周舍，做来了也。（唱）

【幺篇】俺那妹子儿有见闻，可有福分，抬举的个丈夫俊上添俊，年纪儿恰正青春。（周舍云）我那里曾见你来？我在客伙里，你弹着一架筝，我不与了你个褐色绸缎儿？（正旦云）小的，你可见来？（小闲云）不曾见他有甚么褐色绸缎儿。（周舍云）哦，早起杭州客伙散了，赶到陕西客伙里吃酒，我不与了大姐一分饭来？（正旦云）小的每，你可见来？（小闲云）我不曾见。（正旦唱）你则是忒现新，忒忘昏[⑦]，更做道你眼钝。那唱词话的有两句留文[⑧]：咱也曾"武陵溪畔曾相识，今日佯推不认人。"我为你断梦劳魂。（周舍云）我想起来了，你敢是赵盼儿么？（正旦云）然也。（周舍云）你是赵盼儿，好，好！当初破亲也是你来！小二，关了店门，则打这小闲。（小闲云）你休要打我。俺姐姐将着锦绣衣服，一房一卧[⑨]来嫁你，你倒打我？（正旦云）周舍，你坐下，你听我说。你在南京[⑩]时，人说你周舍名字，说的我耳满鼻满的，则是不曾见你。后得见你呵，害的我不茶不饭，只是思想着你。听的你娶了宋引章，教我如何不恼？周舍，我待嫁你，你却着我保亲！（唱）

【倘秀才】我当初倚大呵妆儇[⑪]主婚？怎知我嫉妒呵特故里破亲？你这厮外相儿通疏就里村[⑫]！你今日结婚姻，咱就肯罢论。

（云）我好意将着车辆、鞍马、奁房来寻你，你刬地[⑬]将我打骂。小闲，拦回车儿，咱家去来！（周舍云）早知姐姐来嫁我，我怎肯打舅舅？（正旦云）你真个不知道？你既不知，你休出店

---

① 怕不扭捏着身子蓦入他门；怎禁他使数的到支分，背地里暗忍：意即尽管你胆战心惊嫁到富人家，可他家的奴仆也来指手画脚指使你，背地里还暗自嘲笑你的出身微贱。"怕不扭捏着身子蓦入他门"言宋引章小心翼翼嫁到周舍家。以下三句极言下等人嫁到富人家的尴尬处境。蓦：跨。使数的：指奴婢或仆役。到支分：反倒指使，吩咐。到：同"倒"。 ② 粉扑儿：涂粉用具，用质地柔软的材料制成，又作"粉铺儿"。 ③ 干茨腊手抢着粉：以手涂粉。干茨腊：亦作干支刺，茨腊、支刺都是语气词，无义。抢：有勉强涂上去的意思。 ④ 襻胸带：一说为兜肚上方的带子，它要绕过脖子。襻(pàn)：古代妇女梳头时，从头顶勒到下颏的带子。 ⑤ 衠一味：纯粹、一派，整个就是。衠(zhūn)：纯粹，完全。 ⑥ 乔躯老：贱身子。乔：本义是做假、装腔作势，这里引申为轻贱。躯老：指身体。老：语尾助词，常用于表示人或人体某一部分时缀于询尾，是元曲中一种特殊的构词方式。亦作躯劳、区老。 ⑦ 忒现新，忒忘昏：太喜新厌旧，太健忘。 ⑧ 留文：传统通俗文艺中一种常见于不同文本，韵文互现，重复迭出的语言现象，是古人为了抵抗传统语言消失、便于记忆、利于唤起受众情感共鸣的语言使用方式。词话中说唱刘晨、阮肇天台山采药遇仙女故事。此留文将晋陶潜《桃花源记》中的武陵源(溪)与刘、阮天台山遇仙事混用。元曲中常出现这种混用现象。 ⑨ 一房一卧：本指一房妆奁、一床被褥，此处引申指嫁妆。
⑩ 南京：金主完颜亮曾改汴梁为南京，即今河南省开封市。 ⑪ 妆儇：装乖弄巧。儇(xuān)：慧，乖巧。
⑫ 外相儿通疏就里村：外表聪明，内心里愚蠢。通疏：通达、灵巧。村：义同"蠢"。 ⑬ 刬(chǎn)地：反而，却。

门，只守着我坐下。（周舍云）休说一两日，就是一两年，您儿也坐的将去。（外旦上，云）周舍两三日不家去，我寻到这店门首。我试看咱，原来是赵盼儿和周舍坐哩！兀那老弟子[①]不识羞，直赶到这里来！周舍，你再不要来家，等你来时，我拿一把刀子，你拿一把刀子，和你一递一刀子戳哩。（下）（周舍取棍科，云）我和你抢生吃[②]哩！不是奶奶在这里，我打杀你！（正旦唱）

【脱布衫】我更是的不待饶人，我为甚不敢明闻；肋底下插柴自忍[③]，怎见你便打他一顿？

【小梁州】可不道一夜夫妻百夜恩！你可便息怒停嗔。你村时节背地里使些村，对着我合思忖：那一个双同叔打杀俏红裙[④]？

【幺篇】则见他恶哏哏[⑤]，摸按着无情棍，便有火性的不似你个郎君。（云）你拿着偌粗的棍棒，倘或打杀他呵，可怎了？（周舍云）丈夫打杀老婆，不该偿命。（正旦云）这等说，谁敢嫁你？（背唱）我假意儿瞒，虚科儿喷[⑥]，着这厮有家难奔。妹子也。你试看咱风月救风尘。（云）周舍，你好道儿！你这里坐着，点的你媳妇来骂我这一场。小闲，拦回车儿，咱回去来！（周舍云）好奶奶，请坐！我不知道他来；我若知道他来，我就该死。（正旦云）你真个不曾使他来？这妮子不贤惠，打一棒快球子。你舍的宋引章，我一发嫁你。（周舍云）我到家里就休了他。（背云）且慢着，那个妇人是我平日间打怕的，若与了一纸休书，那妇人就一道烟去了。这婆娘他若是不嫁我呵，可不弄的尖担两头脱？休的造次，把这婆娘摇撼的实着。（向旦云）奶奶，您孩儿肚肠是驴马的见识，我今家去把媳妇休了呵，奶奶，你把肉吊窗儿放下来[⑦]，可不嫁我，做的个尖担两头脱。奶奶，你说下个誓着。（正旦云）周舍，你真个要我赌咒？你若休了媳妇，我不嫁你呵，我着塘子里马踏杀，灯草打折臁儿骨[⑧]。你逼的我赌这般重咒哩！（周舍云）小二，将酒来。（正旦云）休买酒，我车儿上有十瓶酒哩。（周舍云）还要买羊。（正旦云）休买羊，我车上有个熟羊哩。（周舍云）好、好、好，待我买红去。（正旦云）休买红，我箱子里有一对大红罗。周舍，你争甚么那！你的便是我的，我的就是你的。（唱）

【二煞】则这紧的到头终是紧，亲的原来只是亲。凭着我花朵儿身躯、笋条儿年纪，为这锦片儿前程，倒赔了几锭儿花银。拚着个十米九糠[⑨]，问甚么两妇三妻，受了些万苦千辛。我着人头上气忍，不枉了一世做郎君。

【黄钟尾】你穷杀呵，甘心守分捱贫困；你富呵，休笑我饱暖生淫惹议论。您心中觑个意顺[⑩]。但休了你这门内人，不要你钱财使半文。早是我走将来自上门。家业家私待你六亲，肥马轻裘待你一身，倒贴了奁房和你为眷姻。（云）我若还嫁了你，我不比那宋引章，针指油面，刺绣铺房，大裁小剪，都不晓得一些儿的。（唱）我将你写了的休书正了本[⑪]。（同下）

---

① 老弟子：当时詈语，也指老婊子。 ② 抢生吃：性子急，也指不同你急，不和你一般见识。 ③ 肋底下插柴自忍：宋元市井间歇后语，意为虽痛苦难耐也只能忍着。忍：或作"隐"。 ④ 双同叔打杀俏红裙：双同叔指双渐，为宋代元丰间进士，他与妓女苏小卿相爱，当时勾栏间流传着双渐赶苏卿的故事。 ⑤ 恶哏哏：凶狠的样子。哏（hěn）：这里同"狠"。 ⑥ 虚科儿喷：用虚假的行为哄骗、捉弄对方。与上句"假意儿瞒"对举。 ⑦ 把肉吊窗儿放下来：将眼睛闭上不理不睬。肉吊窗儿：指眼皮。 ⑧ 着塘子里马踏杀，灯草打折臁儿骨：都是不可能发生的事，此用作谐语，是骗周舍的誓语。臁（qiǎn）：同"肷"。 ⑨ 十米九糠：饭食中多糠，形容穷苦。 ⑩ 意顺：一说为拿定主意，一说为顺心遂意，从上下文看前者较为切合。 ⑪ 正了本：即够本，不赔本。

阅读提示

《救风尘》是关汉卿喜剧的代表作。关汉卿，号已斋叟，大都(今北京市)人，是我国古代伟大的戏剧家，元杂剧的奠基人。约生于13世纪初，卒于13世纪末。在元蒙贵族的暴力统治下，关汉卿不乐仕进，长期接触社会底层，对人民的疾苦有深切的了解与同情。故其杂剧多能深刻反映民族矛盾与阶级矛盾，揭露当时政治的黑暗，表现人民的苦难与斗争，对妇女的社会地位和命运尤为关怀。关氏是元代剧坛前期的领袖，贾仲明吊词中称他为"驱梨园领袖，总编修帅首，捻杂剧班头"，"至躬践排场，面傅粉墨，以为我家生活，偶倡优而不辞"(《元曲选》序)。其所作杂剧多达六十余种，为诸家之冠。现存确系关作杂剧十四种中，以《窦娥冤》《救风尘》《单刀会》为最著名。关剧曲词自然、质朴、精练，情节生动而富于剧场性，人物形象鲜明。关汉卿善于在强烈的戏剧冲突中揭示人物的性格特征；关目处理、结构布局、场面安排紧凑、集中且富有典型性，语言本色当行。王国维称赞关汉卿为："一空倚傍，自铸伟词，而其言曲尽人情，字字本色，故当为元人第一。"

《救风尘》的题目正名为：安秀才花柳成花烛，赵盼儿风月救风尘。剧写汴京妓女赵盼儿与宋引章为结义姊妹，引章为浮浪子弟周舍的花言巧语所蒙骗，欲嫁与他以脱风尘苦海。赵盼儿深知周舍之流不可靠，劝说引章不要上当。引章执意要嫁，随周舍到了郑州。不出赵盼儿所料，周舍百般凌辱、虐待引章，在忍无可忍的情况下，引章写信求助于赵盼儿，请她来郑州解救自己。赵盼儿准备好花红羊酒，赶到郑州，用计智骗周舍，并成全了引章与老实的秀才安秀实结为眷属。此剧意在歌颂被压迫者的反抗和互助，斥责剥削阶级对妇女的凌辱与摧残，体现了剧作家对下层妇女的深切同情。同时，作品构思奇巧，不乏夸张笔调，结构上严谨精练，曲辞本色当行，可以说是思想性、艺术性结合得相当完美的杰作。

所选部分为第三折，是喜剧性最强烈的一折，是戏剧冲突的高潮，也是戏剧家精心设计打造的重要关目。关汉卿没有仅仅停留在对下层妇女的同情与怜悯的层面上，而是通过舞台形象为她们指出一条通过斗争，自己解救自己的出路。同时，赋予她们智慧与勇气，寄寓了卑贱者战胜高贵者的理想。赵盼儿把拯救被压迫者看成义不容辞的事，"你做个见死不救，可不羞杀桃园中杀白马宰乌牛！"赵盼儿所采取的方式是以假对假，以毒攻毒，以其人之道还治其人之身。周舍原以为鱼儿自动来吞钩，却不料自己反而跌进了赵盼儿设下的陷阱。真可谓"骑马一世，驴背上失了一脚"，落了个"尖担两头脱"。关汉卿通过这个剧本，客观上为人们揭示了一个极为严肃的真理：恶人利用某种手段谋害别人，其他人也可以采用同样的手段去回敬他。关汉卿通过压迫者和被压迫者形象的对立和斗争，批判了元代社会及其统治阶级，赞扬了人民群众的反抗精神。

六十九、汉宫秋(节选)

马致远

(番使拥旦上,奏胡乐科,旦云)妾身王昭君,自从选取入宫中,被毛延寿将美人图点破,送入冷宫,甫能得蒙恩幸,又被他献与番王形象。今拥兵来索,待不去,又怕江山有失,没奈何将妾身出塞和番。这一去,胡地风霜,怎生消受也!自古道:“红颜胜人多薄命,莫怨春风当自嗟。”①(驾②引文武内官上,云)今日灞桥饯送明妃,却早来到也。(唱)

【双调】【新水令】锦貂裘生改尽汉宫妆,我则索看昭君画图模样。旧恩金勒短,新恨玉鞭长。本是对金殿鸳鸯,分飞离,怎承望!

(云)您文武百官计议,怎生退了番兵,免明妃和番者。(唱)

【驻马听】宰相每商量,大国使还朝多赐赏。早是俺夫妻悒悒,小家儿出外也摇装③。尚兀自渭城衰柳④助凄凉,共那灞桥流水添惆怅。偏您不断肠,想娘娘那一天愁都撮在琵琶上⑤。

(做下马科)(与旦打悲科)(驾云)左右慢慢唱着,我与明妃饯一杯酒。(唱)

【步步娇】您将那一曲阳关⑥休轻放,俺咫尺如天样,慢慢的捧下觞。朕本意待尊前捱些时光,且休问劣了宫商,您则与我半句儿俄延着唱。

(番使云)请娘娘早行,天色晚了也。(驾唱)

【落梅风】可怜俺别离重,你好是归去的忙。寡人心先到他李陵台上?回头儿却才魂梦里想,便休题贵人多忘。

(旦云)妾这一去,再何时得见陛下?把我汉家衣服都留下者。(诗云)正是:今日汉宫人,明朝胡地妾;忍着主衣裳,为人作春色⑦!(留衣服科)(驾唱)

【殿前欢】则甚么留下舞衣裳,被西风吹散旧时香⑧。我委实怕宫车再过青苔巷,猛到椒房⑨,那一会想菱花镜里妆,风流泪,兜的⑩又横心上。看今日昭君出塞,几时似苏武还乡?

(番使云)请娘娘行罢,臣等来多时了也。(驾云)罢罢罢!明妃,你这一去,休怨朕躬也。

---

① 红颜胜人多薄命莫怨春风当自嗟:这是欧阳修《明妃曲》中的成句。 ② 驾:汉代皇帝出行,有大驾、法驾、小驾;唐制,以帝出行称“驾”;此代指汉元帝。元杂剧中扮演天子的角色称“驾”,亦称“驾头”,有所谓“驾头杂剧”之称。 ③ 摇装:或作“遥装”。古代风俗,远行者择吉日出门,亲友送至江边,被送者上船稍行即返,另日再正式出发,称为摇装。 ④ 渭城衰柳:用王维《送元二使安西》中“渭城朝雨浥轻尘,客舍青青柳色新”二句意。渭城在今陕西咸阳东。 ⑤ 都撮在琵琶上:都凝聚在琵琶乐曲之中。撮(cuō):集中、聚合,撮又指演奏古乐器的一种指法。 ⑥ 一曲阳关:因王维《送元二使安西》诗中有句云:“劝君更尽一杯酒,西出阳关无故人。”后人遂谱作送别时唱的《阳关三叠》曲。 ⑦ 今日汉宫人,明朝胡地妾;忍着主衣裳,为人作春色:前二句出自李白《王昭君》诗,后二句出自陈师道《妾薄命》诗。 ⑧ 西风吹散旧时香:元诗人元淮《昭君出塞》诗中有句:“西风吹散旧时香,收起宫妆换北妆。”题下自注:“马智远词。”马智远即马致远,显然元淮是看过《汉宫秋》后,感而题咏的。
⑨ 椒房:汉代后妃居所用花椒子和泥涂壁,取其温暖而有香气,兼取椒多子之意。班固《西都赋》:“后宫则有掖庭椒房后妃之室。” ⑩ 兜的:陡的、突然。

[做别科,驾云]我那里是大汉皇帝!(唱)

【雁儿落】我做了别虞姬霸王,全不见守玉关征西将①。那里取保亲的李左车,送女客的萧丞相!

(尚书云)陛下不必挂念。(驾唱)

【得胜令】那里也架海紫金梁②?枉养着那边庭上铁衣郎。您也要左右人扶侍,俺可甚糟糠妻下堂!您但提起刀枪,却早小鹿儿心头撞。今日央及煞娘娘,怎做的男儿当自强!

(尚书云)陛下,咱回朝去罢。(驾唱)

【川拨棹】怕不待放丝缰,咱可甚鞭敲金镫响③。你管燮理阴阳,掌握朝纲,治国安邦,展土开疆;假若俺高皇,差你个梅香,背井离乡,卧雪眠霜,若是他不恋恁春风画堂,我便官封你一字王④。

(尚书云)陛下,不必苦死留他,着他去了罢。(驾唱)

【七弟兄】说甚么大王、不当、恋王嫱⑤,兀良⑥!怎禁他临去也回头望。那甚这散风雪旌节影悠扬,动关山鼓角声悲壮。

【梅花酒】呀!俺向着这迥野悲凉。草已添黄,兔早迎霜。犬褪得毛苍,人搠起缨枪,马负着行装,车运着糇粮⑦,打猎起围场。他、他、他,伤心辞汉主;我、我、我,携手上河梁⑧。他部从入穷荒;我銮舆返咸阳。返咸阳,过宫墙;过宫墙,绕回廊;绕回廊,近椒房;近椒房,月昏黄;月昏黄,夜生凉;夜生凉,泣寒螀⑨;泣寒螀,绿纱窗;绿纱窗,不思量!

【收江南】呀!不思量,除是铁心肠;铁心肠,也愁泪滴千行。美人图今夜挂昭阳,我那里供养,便是我高烧银烛照红妆⑩。

(尚书云)陛下,回銮罢,娘娘去远了也。(驾唱)

【鸳鸯煞】我索大臣说一个推辞谎,又则怕笔尖儿那伙编修讲。不见他花朵儿精神,怎趁那草地里风光?唱道伫立多时,徘徊半晌,猛听的塞雁南翔,呀呀的声嘹亮,却原来满目牛羊,是兀那载离恨的毡车半坡里响。(下)

(番王引部落拥昭君上,云)今日汉朝不弃旧盟,将王昭君与俺番家和亲。我将昭君封为宁胡阏氏⑪,坐我正宫。两国息兵,多少是好。众将士,传下号令,大众起行,望北而去。(做行科)(旦问云)这里甚地面了?(番使云)这是黑江,番汉交界去处。南边属汉家,北边属我番国。(旦云)大王,借一杯酒望南浇奠,辞了汉字,长行去罢。(做奠酒科,云)汉朝皇帝,妾身

---

① 征西将:指西汉将领破奴。破奴曾从卫青征讨匈奴,封为从骠侯。《史记·大宛列传》:"于是天子以故遣从骠侯破奴将属国骑及郡兵数茧……虏楼兰王,遂破姑师。" ② 那里也架海紫金梁:栋梁之材在哪里?意思是无处去寻得力的将相。元杂剧常以"擎天白玉柱,架海紫金梁"比喻国家的栋梁之材。 ③ 鞭敲金镫响:元杂剧每以"鞭敲金钟响,人唱凯歌回"的套语形容胜利归来。 ④ 一字王:意为王号以一字为封。辽代封王用一个字的,地位最尊,如赵王、魏王。金、元仅亲王得封。两个字的则为次一等的郡王,如兰陵郡王。见清袁枚《随园随笔·官职》。汉代并无此制,这里只是借用。 ⑤ 大王、不当、恋王嫱:此便是所谓的"六字三韵语",与《西厢记》中的"忽听、一声、猛惊"一样,被视为"六字三韵语"的典型用例。见《中原音韵》。 ⑥ 兀良:衬词,无义。 ⑦ 糇(hóu)粮:干粮。 ⑧ 携手上河梁:《文选·李少卿与苏武诗》有句:"携手上河梁,游子暮何之。"表示惜别之思。 ⑨ 寒螀:寒蝉。萨都剌《满江红·金陵怀古》有句:"玉树歌残秋露冷,胭脂井坏寒螀泣。"螀:似蝉而小,青赤色。 ⑩ 高烧银烛照红妆:苏轼《海棠》有句:"只恐夜深花睡去,故烧高烛照红妆。"戏曲中多以此句喻洞房花烛之夜。 ⑪ 阏氏:汉代匈奴单于、诸王妻的统称。《汉书·元帝纪》"赐单于待诏掖庭王樯为阏氏。"引苏林曰:"阏氏音焉支,如汉皇后也。"

今生已矣，尚待来生也。（做跳江科）（番王惊救不及，叹科，云）嗨！可惜，可惜！昭君不肯入番，投江而死。罢罢罢！就葬在此江边，号为青冢者。我想来，人也死了，枉与汉朝结下这般仇隙，都是毛延寿那厮搬弄出来的。把都儿①，将毛延寿拿下，解送汉朝处治，我依旧与汉朝结和，永为甥舅，却不是好？（诗云）则为他丹青画误了昭君，背汉主暗地私奔；将美人图又来哄我，要索取出塞和亲。岂知道投江而死，空落的一见消魂。似这等奸邪逆贼，留着他终是祸根；不如送他去汉朝哈喇②，依还的甥舅礼，两国长存。（下）

阅读提示

《汉宫秋》是马致远的代表作。马致远（1250？—1321?），号东篱，大都（今北京市）人，是元代剧坛前期与关汉卿、白朴并称的重要作家。青年时追求功名，对“龙楼凤阁”抱有幻想；中年时期，一度出任江浙行省务官；晚年寄寓西湖，隐居乐道。马致远在元代梨园声名很大，是元贞书会的中坚人物，有“曲状元”之称。他既是当时名士，又从事杂剧、散曲创作，亦雅亦俗，备受四方人士钦羡。曾与艺人花李郎等合撰杂剧《黄粱梦》。所作杂剧今知有15种，仅存7种，其中《破幽梦孤雁汉宫秋》最为杰出。其他作品，多写神仙道化，价值不高。

《汉宫秋》题目正名为：沉黑江明妃青冢，破幽梦孤雁汉宫秋。它既是一部优秀的历史剧，又是一部具有浓厚悲剧色彩的悲剧。剧写汉元帝令毛延寿在全国搜选宫女，王昭君被选中。因她不肯贿赂毛延寿，遂被毛将她的画像“点破”，打入冷宫。幽禁中的王昭君用琵琶来寄托自己的孤独、哀怨之情。元帝循琵琶声发现了美丽的昭君，封其为贵妃，并下令捉拿毛延寿问罪。毛潜逃至匈奴单于呼韩邪那里，献上昭君画像。呼韩邪索昭君和亲，否则不日南侵，使汉元帝陷于矛盾与痛苦之中。昭君情愿和亲以息兵刃，汉元帝只得忍痛送昭君出塞。昭君在番汉交界处投水自沉，以表明自己的气节。汉元帝思念昭君，梦见她从匈奴回到汉宫，忽又惊醒，但闻大殿上空雁鸣悲凄。全剧在浓重的感伤气氛中结束。《汉宫秋》写汉代昭君和番的故事，但剧作者对史实作了不少改动。这显然是为了突出故国之思和报国之志，以强调民族气节。同时，还着重渲染了汉元帝与昭君的爱情，突出了昭君对故国的依恋，并把这二者交织在一起，以便把帝王后妃生离死别的悲剧放在民族矛盾的背景下展开，进而把批判的矛头指向那些昏庸无能的文武百官，痛斥他们在强敌压境的时候畏缩怯弱，指责他们“太平时卖你宰相功劳，有事处把俺佳人递流”，从而烘托出王昭君热爱祖国、热爱家乡、坚持民族气节的崇高品质。

作品突破前人在处理昭君出塞故事这一题材时嗟叹“红颜薄命”或哀其“远适荒漠”的窠臼，假汉元帝与王昭君的生离死别，歌颂了真挚的爱情，同时突出地表现了王昭君的民族气节与对祖国、家乡的深刻怀念。作者虽然写到君臣、民族之间的矛盾，但着重抒写的却是家国衰败之痛，以及在乱世中失去美好生活而生发的那种困惑、悲凉的人生感受。同时必须看到，作品美化了汉元帝的感情，夸大了毛延寿个人的作用，表现了作者思想的局限性。

---

① 把都儿：蒙古语勇士、武士的音译，或作“把都”“拔都”“拔突”“霸都”“巴图鲁”“把河秃儿”等。　② 哈喇：蒙古语音译，杀头、杀掉的意思，又作“阿阑”。

《汉宫秋》在艺术上的成就也很高,臧懋循《元曲选》把它作为压卷之作,放在第一篇。焦循《剧说》称之为“绝调”。作者把它处理成悲剧,极为高明。而且,整个剧本就像是一首诗,充满浓郁的抒情气氛。

所选部分为第三折,写汉元帝万般无奈送昭君至灞桥之上,内心无限痛楚。王昭君在番汉交界处,留下“汉家衣服”,举酒望南浇奠后纵身投江。作者首先描写了汉元帝内心的惆怅情绪,然后刻画了王昭君的故国情怀,这样使主题最明朗化。曲词文情并茂,哀婉动人。【七弟兄】以下三曲,作者利用原曲调短促的节拍,以表达汉元帝难舍难分、如醉如痴的心理状态。急迫的音节、回环往复的旋律,把压抑着的悲哀愈转愈深。随着汉元帝的想像,把读者也带入了那个凄清孤寂的境界,经过一段感情被凝固的历程,感情才又突然迸发,仿佛决堤的洪水奔流直泻。文字情调和音乐节奏配合得非常和谐。三段曲子写得动人心弦,一向为人们所击节叹赏,颇能代表马致远曲的艺术风格。

七十、拷　红

王实甫

(夫人引俫[1]上，云)这几日窃见莺莺语言恍惚，神思加倍，腰肢体态，比向日不同，莫不做下来了么？(俫云)前日晚夕，奶奶睡了，我见姐姐和红娘烧香，半晌不回来，我家去睡了。(夫人云)这桩事都在红娘身上，唤红娘来！(俫唤红科。红云)哥哥唤我怎么？(俫云)奶奶知道你和姐姐去花园里去，如今要打你哩。(红云)呀！小姐，你带累我也！小哥哥，你先去，我便来也。(红唤旦科。红云)姐姐，事发了也，老夫人唤我哩，却怎了？(旦云)好姐姐，遮盖咱！(红云)娘呵，你做的隐秀[2]者，我道你做下来也。(旦念)月圆便有阴云蔽，花发须教急雨催。(红唱)

【越调】【斗鹌鹑】则着你夜去明来，倒有个天长地久；不争你握雨携云，常使我提心在口。你则合带月披星，谁着你停眠整宿？老夫人心数多，情性㑇[3]；使不着我巧语花言，将没做有。

【紫花儿序】老夫人猜那穷酸做了新婿，小姐做了娇妻，这小贱人做了牵头[4]。俺小姐这些时春山[5]低翠，秋水凝眸，别样的都休，试把你裙带儿拴，纽门儿扣，比着你旧时肥瘦，出落得精神，别样的风流。

(旦云)红娘，你到那里小心回话者！(红云)我到夫人处，必问："这小贱人——

【金蕉叶】我着你但去处行监坐守，谁着你迤逗[6]的胡行乱走？"若问着此一节呵如何诉休？你便索与他个知情的犯由。

姐姐，你受责理当，我图甚么来？

【调笑令】你绣帏里效绸缪[7]，倒凤颠鸾百事有。我在窗儿外几曾轻咳嗽，立苍苔将绣鞋儿冰透。今日个嫩皮肤倒将粗棍抽，姐姐呵，俺这通殷勤的着甚来由？

姐姐在这里等着，我过去。说过呵，休欢喜；说不过，休烦恼。(红见夫人科。夫人云)小贱人，为甚么不跪下！你知罪么？(红跪云)红娘不知罪。(夫人云)你故自口强哩。若实说呵，饶你；若不实说呵，我直打死你这个贱人！谁着你和小姐花园里去来？(红云)不曾去，谁见来？(夫人云)欢郎见你去来，尚故自推哩。(打科。红云)夫人休闪了手，且息怒停嗔，听红娘说。

【鬼三台】夜坐时停了针绣，共姐姐闲穷究，说张生哥哥病久。咱两个背着夫人，向书房问候。(夫人云)问候呵，他说甚么？(红云)他说来，道"老夫人事已休，将恩变为仇，着小生半途喜变做忧"。他道："红娘你且先行，教小姐权时落后。"

---

① 俫(lái)：元杂剧中扮演小孩的角色，亦作"俫儿"。　② 隐秀：隐秘。　③ 㑇(zhòu)：凶狠，厉害。　④ 牵头：不正当男女关系的牵线人。　⑤ 春山：春日山色黛青，喻指妇人姣好的眉毛。　⑥ 迤逗(yǐ dòu)：挑逗、引诱。　⑦ 绸缪：指男女合欢。语出《诗经·绸缪》。

［夫人云］他是个女孩儿家，着他落后怎么！（红唱）

【秃厮儿】我只道神针法灸，谁承望燕侣莺俦。他两个经今月余只是一处宿，何须你一一问缘由？

【圣药王】他每不识忧，不识愁，一双心意两下投。夫人得好休，便好休，这其间何必苦追求？常言道"女大不中留"。

（夫人云）这端事都是你个贱人。（红云）非是张生小姐红娘之罪，乃夫人之过也。（夫人云）这贱人倒指下我来，怎么是我之过？（红云）信者人之根本，"人而无信，不知其可也。大车无輗，小车无軏，其何以行之哉？"①当日军围普救，夫人所许退军者，以女妻之。张生非慕小姐颜色，岂肯区区②建退军之策？兵退身安，夫人悔却前言，岂得不为失信乎？既然不肯成就其事，只合酬之以金帛，令张生舍此而去。却不当留请张生于书院，使怨女旷夫，各相早晚窥视，所以夫人有此一端。目下老夫人若不息其事，一来辱没相国家谱；二来张生日后名重天下，施恩于人，忍令反受其辱哉？使至官司，老夫人亦得治家不严之罪。官司若推其详，亦知老夫人背义而忘恩，岂得为贤哉？红娘不敢自专，乞望夫人台鉴：莫若恕其小过，成就大事，撋③之以去其污，岂不为长便乎？

【麻郎儿】秀才是文章魁首，姐姐是仕女班头；一个通彻三教九流，一个晓尽描鸾刺绣。

【幺篇】世有、便休、罢手④，大恩人怎做敌头？起白马将军故友，斩飞虎叛贼草寇。

【络丝娘】不争和张解元参辰卯酉⑤，便是与崔相国出乖弄丑。到底干连着自己骨肉，夫人索穷究。

（夫人云）这小贱人也道得是。我不合养了这个不肖之女。待经官呵，玷辱家门。罢罢！俺家无犯法之男，再婚之女，与了这厮罢。红娘唤那贱人来！（红见旦云）且喜姐姐，那棍子则是滴溜溜在我身上，吃我直说过了。我也怕不得许多，夫人如今唤你来，待成合亲事。（旦云）羞人答答的，怎么见夫人？（红云）娘跟前有甚么羞？

【小桃红】当日个月明才上柳梢头，却早人约黄昏后。羞得我脑背后将牙儿衬着衫儿袖。猛凝眸，看时节则见鞋底尖儿瘦。一个恣情的不休，一个哑声儿厮耨。呸！那其间可怎生不害半星儿羞？

（旦见夫人科。夫人云）莺莺，我怎生抬举你来，今日做这等的勾当；则是我的孽障，待怨谁的是！我待经官来，辱没了你父亲，这等不是俺相国人家的勾当。罢罢罢！谁似俺养女的不长进！红娘，书房里唤将那禽兽来！（红唤末科。末云）小娘子唤小生做甚么？（红云）你的事发了也，如今夫人唤你来，将小姐配与你哩。小姐先招了也，你过去。（末云）小生徨恐⑥，如何见老夫人？当初谁在老夫人行说来？（红云）休佯小心，过去便了。

【幺篇】既然泄漏怎干休？是我相投首。俺家里陪酒陪茶倒撋就。你休愁，何须约定通媒媾？我弃了部署不收，你原来"苗而不秀"。呸！你是个银样镴枪头。⑦

---

① 人而无信，不知其可也。大车无輗，小车无軏，其何以行之哉：语见《论语·为政》。輗，车辖。軏，车键。
② 区区：殷勤之意。 ③ 撋（ruán）：拭去，此言不要追究崔张私情之事。 ④ 世有、便休、罢手：为元杂剧中常见的"六字三韵语"，详见《汉宫秋》相关注释。 ⑤ 参辰卯酉：比喻对头，敌头。因十二时辰中卯酉相对，参、辰二星也正相对。 ⑥ 徨恐：惊恐，害怕。 ⑦ 银样镴枪头：样子像银子而实际是焊锡做的枪头，比喻外表很好看而实际不中用。

(末见夫人科。夫人云)好秀才呵,岂不闻“非先王之德行不敢行”。我待送你去官司里去来,恐辱没了俺家谱。我如今将莺莺与你为妻,只是俺三辈儿不招白衣女婿,你明日便上朝取应去。我与你养着媳妇,得官呵,来见我;驳落呵,休来见我。[红云]张生早则喜也。

【东原乐】相思事,一笔勾,早则展放从前眉儿皱。美爱幽欢恰动头。既能够,张生,你觑兀的般可喜娘庞儿也要人消受。

(夫人云)明日收拾行装,安排果酒,请长老一同送张生到十里长亭去。[旦念]寄语西河堤畔柳,安排青眼送行人。(同夫人下。红唱)

【收尾】来时节画堂箫鼓鸣春昼,列着一对儿鸾交凤友。那其间才受你说媒红,方吃你谢亲酒。(并下)

阅读提示

王实甫,名德信,字实甫,大都(今北京市)人。王氏虽较关汉卿为晚出,但也是元代剧坛最有才华的杰出作家之一。其生卒年不详,主要活动时期约在元贞、大德间(1295—1307)。据贾仲明吊词《凌波仙》的介绍,王实甫在当时就享有盛名,又尝混迹青楼,多与演员、歌妓往来。所作杂剧十四种,仅存《西厢记》《丽春堂》《破窑记》三种,以及《芙蓉亭》《贩茶船》各一折。其代表作为中外驰名的《西厢记》。

《西厢记》是元代爱情剧中的杰作。故事虽本元稹《莺莺传》,实际上却是从董解元《西厢记诸宫调》脱胎而来的。剧情写书生张珙与相国小姐崔莺莺在普救寺一见钟情,却因礼教的阻隔无从亲近。恰值叛将孙飞虎率兵围寺,索取莺莺;张生在老夫人亲口许婚后,依靠友人白马将军杜确的帮助,解除了危难。不料老夫人却食言赖婚,致使张生相思成病。在红娘的热情帮助下,莺莺经历了艰苦的思想斗争,终于冲破了礼教的约束,与张生自由结合。可是顽固的老夫人却以门第为由,强迫张生上京应试,而张生卒中状元,实现了与莺莺团聚的夙愿。作品在批判封建礼教与婚姻制度的同时,通过莺莺与张生等反抗礼教的典型形象的塑造,热情讴歌了青年一代追求个性解放与美好理想的战斗精神,从而把崔、张的爱情故事提到了一个新的高度。《西厢记》的艺术成就也很卓越。人物形象生动,个性鲜明,尤以崔莺莺最为成功。作者写她内心错综复杂的矛盾,“对人前巧语花言,没人处便想张生,背地里愁眉泪眼”;深刻地反映了那个时代青年一代与礼教的激烈冲突,表现了灵魂觉醒的真实过程。作品体制宏伟,长达五本二十折。文词华美生动,极具诗情画意,诸如“碧云天,黄花地,西风紧,北雁南飞。晓来谁染霜林醉,总是离人泪”等名句,数百年来,众口交誉。

《拷红》为《西厢记》第四本第二折。写崔、张私情被老夫人觉察后,两人惊慌失措。红娘却挺身而出,从容镇定。她知道瞒不过去,索性和盘托出,使审问者瞠目结舌,难于穷究。然后反守为攻,层层剖析,责以大义,晓以利害,并以子之矛,攻子之盾,搬出崔相国家谱,打中了老夫人的要害,使得气势汹汹、大兴问罪之师的老夫人,不得不陷入被审判的地位,以致在无可奈何的情况下,接受红娘的建议,答应这门亲事。老夫人的屈服标志着封建礼教的失败,红娘成了斗争成败的关键人物,成了作品中对封建家长制最有冲击力量的重要形象。莺莺酬简，标志内部矛盾的解决。从这一折起，戏剧冲突表现为两种势力的对抗，夫人拷红、长亭送别，成为全剧的高潮。红娘拟夫人责己语，逼真入化，由招承到排解，进而指责，过接自然。老夫人本来要拿红娘治罪，却陷入了被审判的境地，不得不让红娘牵着鼻子走。这样的结局大有喜剧意味。剧情发展一开一合，一纵一收，极尽曲折回环之致。全曲成语叠用，相互对称，切合红娘伶牙俐齿的特点。【斗鹌鹑】四曲，写红娘见老夫人前的思想活动，细致入微，近情近理。她对局势的估计，对老夫人家法的担心，增强了场上的紧张气氛，同时说明她对这场冲突有清醒的认识，考虑了对策，为她舌战老夫人作了铺垫。红娘是个婢女，她身上体现了劳动人民善良、勇敢、机智、率直的品格，更可贵的是她有着属于自己阶级的鲜明的是非标准和正义感。她不仅敢于正面与老夫人的专横和背信弃义的行为展开斗争，而且一再对张生和莺莺自身的软弱进行善意的嘲笑，以便使他们坚强起来。这个人物最感人之处还是她那种不辞劳苦、助人为乐、为他人幸福挺身而出的正义感。本折写得波澜起伏，红娘正直、勇敢、机智的性格得到了充分的表现。

七十一、寻　　梦

汤显祖

【夜游宫】(贴上)腻脸朝云罢盥，倒犀簪斜插双鬟。侍香闺起早，睡意阑珊[①]：衣桁[②]前，妆阁畔，画屏间。

伏侍千金小姐，丫鬟一位春香。请过猫儿师父，不许老鼠放光。侥幸《毛诗》感动，小姐吉日时良。拖带春香遣闷，后花园里游芳。谁知小姐瞌睡，恰遇着夫人问当[③]。絮了小姐一会，要与春香一场。春香无言知罪，以后劝止娘行。夫人还是不放，少不得发咒禁当。(内介)春香姐，发个甚咒来？〔贴〕敢再跟娘胡撞，教春香即世里不见儿郎。虽然一时抵对，乌鸦管的凤凰？一夜小姐焦躁，起来促水朝妆。由他自言自语，日高花影纱窗。

(内介)快请小姐早膳。〔贴〕"报道官厨饭熟，且去传递茶汤。"(下)

【月儿高】(旦上)几曲屏山展，残眉黛深浅。为甚衾儿里不住的柔肠转？这憔悴非关爱月眠迟倦，可为惜花，朝起庭院？

"忽忽花间起梦情，女儿心性未分明。无眠一夜灯明灭，分[④]煞梅香唤不醒。"昨日偶尔春游，何人见梦。绸缪顾盼，如遇平生。独坐思量，情殊怅恍。真个可怜人也。(闷介)(贴捧茶食上)"香饭盛来鹦鹉粒，清茶擎出鹧鸪斑[⑤]。"小姐早膳哩。(旦)咱有甚心情也！

【前腔】梳洗了才匀面，照台儿未收展。睡起无滋味，茶饭怎生咽？(贴)夫人分付，早饭要早。(旦)你猛说夫人，则待把饥人劝。你说为人在世，怎生叫做吃饭？(贴)一日三餐。(旦)咳，甚瓯儿气力与擎拳！生生的了前件[⑥]。你自拿去吃便了。(贴)"受用余杯冷炙，胜如剩粉残膏。"(下)(旦)春香已去。天呵，昨日所梦，池亭俨然。只图旧梦重来，其奈新愁一段。寻思展转，竟夜无眠。咱待乘此空闲，背却春香，悄向花园寻看。(悲介)哎也，似咱这般，正是："梦无彩凤双飞翼，心有灵犀一点通。[⑦]"(行介)一迳行来，喜的园门洞开，守花的都不在。则这残红满地呵！

【懒画眉】最撩人春色是今年。少什么低就高来粉画垣，元来春心无处不飞悬。(绊介)哎，睡荼蘼抓住裙衩线，恰便是花似人心好处牵。这一湾流水呵！

---

① 阑珊：衰残，这里是未消的意思。　② 衣桁：衣架。桁(hàng)：《康熙字典》有言：《集韵》《正韵》下浪切《韵会》合浪切，航去声。《古乐府·东门行》有句："还视桁上无悬衣。"　③ 问当：问。当：语助词。　④ 分：忿。　⑤ 鹧鸪斑：形容盏中茶影。黄庭坚《满庭芳·咏茶》有句："冰磁莹玉，金缕鹧鸪斑。"　⑥ 甚瓯儿气力与擎拳！生生的了前件：哪能有气力捧碗吃饭！勉强算吃过了。擎拳：一举手之力。《孤本元明杂剧·太平仙记》一折有言："焦休忻诛龙是举手，李存孝打虎是擎拳。"前件：指吃饭。　⑦ 梦无彩凤双飞翼，心有灵犀一点通：唐李商隐《无题》中两句，见《全唐诗》卷二十。原词"梦"作"身"，意思说人虽不相见，心却可以相通。灵犀，通灵的犀角。

【前腔】为甚呵，玉真重溯武陵源①？也则为水点花飞在眼前。是天公不费买花钱，则咱人心上有啼红怨。咳，辜负了春三二月天。（贴上）吃饭去，不见了小姐，则得一迳寻来。呀，小姐，你在这里！

【不是路】何意婵娟，小立在垂垂花树②边。才朝膳，个人无伴怎游园？（旦）画廊前，深深蓦见衔泥燕，随步名园是偶然。（贴）娘回转，幽闺窣③地教人见，"那些儿闲串④？那些儿闲串？"

【前腔】（旦作恼介）哇，偶尔来前，道的咱偷闲学少年。（贴）咳，不偷闲，偷淡。（旦）欺奴善，把护春台都猜做谎桃源。（贴）敢胡言，这是夫人命，道春多刺绣宜添线，润逼炉香好腻笺。（旦）还说甚来？（贴）这荒园堑，怕花妖木客寻常见。去小庭深院，去小庭深院！（旦）知道了。你好生答应夫人去，俺随后便来。（贴）"闲花傍砌如依主，娇鸟嫌笼会骂人。⑤"（下）（旦）丫头去了，正好寻梦。

【忒忒令】那一答可是湖山石边，这一答似牡丹亭畔。嵌雕阑芍药芽儿浅，一丝丝垂杨线，一丢丢榆荚钱。线儿春甚金钱吊转！呀，昨日那书生将柳枝要我题咏，强我欢会之时。好不话长！

【嘉庆子】是谁家少俊来近远，敢迤逗这香闺去沁园⑥？话到其间腼腆。他捏这眼，奈烦也天；咱啷这口，待酬言。

【尹令】那书生可意呵，咱不是前生爱眷，又素乏平生半面。则道来生出现，乍便今生梦见。生就个书生，恰恰生生抱咱去眠。那些好不动人春意也。

【品令】他倚太湖石，立着咱玉婵娟。待把俺玉山⑦推倒，便日暖玉生烟。捱过雕阑，转过秋千，掯着裙花展。敢席着地，怕天瞧见。好一会分明，美满幽香不可言。梦到正好时节，甚花片儿吊下来也！

【豆叶黄】他兴心儿紧咽咽，鸣着咱香肩。俺可也慢掂掂做意儿周旋。等闲间把一个照人儿昏善⑧，那般形现，那般软绵。忑一片撒花心的红影儿吊将来半天。敢是咱梦魂儿厮缠？咳，寻来寻去，都不见了。牡丹亭，芍药阑，怎生这般凄凉冷落，杳无人迹？好不伤心也！

【玉交枝】（泪介）是这等荒凉地面，没多半亭台靠边，好是咱眯暖色眼寻难见。明放着白日青天，猛教人抓不到魂梦前。霎时间有如活现，打方旋再得俄延，呀，是这答儿压黄金钏匾。要再见那书生呵，

【月上海棠】怎赚骗，依稀想像人儿见。那来时荏苒，去也迁延。非远，那雨迹云踪才一转，

---

① 玉真重溯武陵源：比喻自己到花园里来寻梦。玉真：仙人，原指刘辰、阮肇，他们在天台山桃源洞遇见仙女以后，又回到人间，后来重新到天台山去找寻仙女。武陵源：晋陶潜《桃花源记》所提到的通向桃花源的溪水名。后来把这篇文章提到的桃花源和刘、阮故事混在一起，武陵源、桃源都被用作恋爱的典故。 ② 垂垂花树：指梅花。杜甫《和裴迪登蜀州东亭送客，逢早梅相忆见寄》有"江边一树垂垂发"句。垂垂：形容花朵下垂。 ③ 窣：同"猝"。 ④ 那些儿闲串：哪儿乱跑？学杜丽娘的母亲可能责问她的口气。 ⑤ 娇鸟嫌笼会骂人：《全唐诗》卷二十四李山甫《公子家》有"鹦鹉嫌笼解骂人"句。 ⑥ 迤逗这香闺去沁园：逗引我到花园里去。沁园：原为东汉明帝沁水公主的园林，借作花园的代称。香闺女：这里指闺中小姐。 ⑦ 玉山：指身体。三国魏嵇康酒醉，"若玉山之将崩"，见《世说新语・容止》。 ⑧ 等闲间把一个照人儿昏善句：轻易地把一个明白的人弄得这般昏迷软善，到了那般活现、软绵的地步。照人儿：本指镜中人，此处有明朗、明白的意思，杜丽娘用来指自己。昏字从照字引起。

敢依花傍柳还重现。昨日今朝，眼下心前，阳台一座登时变。再消停一番。（望介）呀，无人之处，忽然大梅树一株，梅子磊磊可爱。

【二犯幺令】偏则他暗香清远，伞儿般盖的周全。他趁这，他趁这春三月红绽雨肥天①，叶儿青。偏迸着苦仁儿里撒圆。爱杀这昼阴便，再得到罗浮梦边②。罢了，这梅树依依可人，我杜丽娘若死后，得葬于此，幸矣。

【江儿水】偶然间心似缱，梅树边。这般花花草草由人恋，生生死死随人愿，便酸酸楚楚无人怨。待并香魂一片，阴雨梅天，守的个梅根相见。（倦坐介）（贴上）"佳人拾翠③春亭远，侍女添香午院清。"咳，小姐走乏了，梅树下盹。

【川拨棹】你游花院，怎靠着梅树偃？（旦）一时间望，一时间望眼连天，忽忽地伤心自怜。（泣介。合）知怎生情怅然，知怎生泪暗悬？（贴）小姐甚意儿？

【前腔】〔旦〕春归人面，整相看无一言，我待要折，我待要折的那柳枝儿问天，我如今悔，我如今悔不与题笺。（贴）这一句猜头儿④是怎言？（合前。贴）去罢。（旦作行又住介）

【前腔】为我慢归休，缓留连。（内鸟啼介）听，听这不如归春暮天，难道我再，难道我再到这亭园，则挣的个长眠和短眠！（合前）（贴）到了，和小姐瞧奶奶去。（旦）罢了。

【意不尽】软咍咍刚扶到画阑偏，报堂上夫人稳便。咱杜丽娘呵，少不得楼上花枝也则是照独眠。

（旦）武陵何处访仙郎？（贴）只怪游人思易忘。

（旦）从此时时春梦里，（贴）一生遗恨系心肠。

阅读提示

《牡丹亭》是明代著名思想家、戏剧家、诗人汤显祖的代表作。汤显祖（1550—1616），字义仍，号海若，又号若士，别署清远道人，临川（今江西临川县）人。明隆庆四年（1570）举于乡，文名震天下。以多次拒绝时相张居正、罗致为子及第作陪衬而屡赴会试不第。直到张居正逝后次年，即万历十一年（1583）才中进士。然而又因拒绝时相申时行、张四维结纳，除南京太常寺博士。后历任南京詹事府主簿，南京礼部祠祭司主事。万历十九年（1591）上《论辅臣科臣疏》，抨击朝政，贬广东徐闻县典史。万历二十一年（1593）升浙江遂昌县知县，颇有政绩。万历二十六年（1598）赴京述职，旋告长假归里。万历二十九年（1601）正式免职。家居十余年，以诗酒为乐。哲学上，汤显祖受王学左派和李贽的影响，反对程朱理学；文艺理论上，他反对前后七子的复古倾向，与"公安三袁"同调，倡导"独抒性灵，不拘格套"，认为戏剧创作要以"意趣神色为主"，不应该过分受韵律、宫调的束缚，当时与之后的部分戏曲作家拥护其主张，并形成近似的创作风格，被称为"临川派"或"玉茗堂派"。其诗文有洗

---

① 红绽雨肥天：梅子成熟的时候。杜甫《陪郑广文游何将军山林十首》有"红绽雨肥梅"句。 ② 再得到罗浮梦边：意指能和柳梦梅再在梦里相会。罗浮梦边：化用隋代赵师雄的神州故事：赵师雄在罗浮山遇见了美人，一起饮酒。他喝醉就睡着了。天亮醒来，才发现自己是在一棵大梅花树下。见《柳河东集·龙城录》卷上《赵师雄醉憩梅花下》。 ③ 拾翠：拾取翠鸟的羽毛，这里指游园。曹植《洛神赋》有"或采明珠，或拾翠羽"之句。杜甫《秋兴》有"佳人拾翠春相问"句。 ④ 猜头儿：谜。

刷排荡之风，迥迈时流；传奇陶写胸臆，淋漓尽致。传世著作有《玉茗堂集》等数种，主要成就是戏剧创作。作传奇《紫箫记》《紫钗记》《牡丹亭》（一名《还魂记》）《南柯记》《邯郸记》，后四种合称“临川四梦”或“玉茗堂四种”，在明代传奇中占有重要位置。

《牡丹亭》全剧五十五出。剧情梗概：南安太守杜宝，有女丽娘，聪明美丽。杜丽娘不满封建礼教的束缚，私出游园，由大好春光而萌动情思，在梦中与秀才柳梦梅幽会。事后，竟以思念过甚而亡。杜宝升迁淮扬，将杜丽娘所葬地南安府后花园改作梅花观，由专人看护。柳梦梅赴京赶考，途经南安，卧病梅花观，拾得杜丽娘自画像，遂与其幽灵欢会。在丽娘之灵指点下，柳梦梅启墓开棺，杜丽娘起死回生，两人结为夫妻，往临安定居。柳梦梅应试，因边战骤起，未能及时发榜。受杜丽娘之托，柳梦梅去淮扬探望岳父，却被杜宝诬为盗坟人，受尽侮辱拷打。敌兵退后，柳梦梅得中状元。杜宝奉旨承认柳梦梅与女儿的婚事，阖家团圆。作品通过杜丽娘为情而死、因情而生的奇幻经历，强烈抨击了封建礼教对年轻人的戕害，热情赞美了青年女子为挣脱封建教条束缚、争取甜蜜爱情和幸福生活而执着追求的精神，充分体现了作者的“至情”观。《牡丹亭》以其特立瑰奇的构思、绚丽多彩的语言、性格鲜明的形象以及弥漫全剧的浪漫主义色彩，成为明传奇中最优秀的作品。

《寻梦》是《牡丹亭》第十二出。杜丽娘游园之后，青春觉醒，她期待爱情，梦中勇于献身于自己的情人。为寻旧梦，杜丽娘又来游园。不过，原来梦境中所展示的那线光明并不是来自现实社会，而只是来自杜丽娘的感情世界，所以她徒然寻遍了整个花园，还是找不着失去的梦境。她由咀嚼前日梦境中的喜悦突然转到眼前的可悲现实，无处发泄的满腔热情在压抑中积聚了莫大的力量，以致不得不对着那颗梅树——她的爱人的象征发出了生则恋、死则葬的内心倾诉。她毕竟懂得了在现实世界中理想的爱情是不存在的。但她并不回头，不肯将萦绕在心头的情丝割断，更不能重新回到陈最良的“闺塾”中去。她只好让火一样的对爱情的渴望耗尽了她的心力，终于怀抱着爱情的理想，在“凄凉冷落的现实中悒怏而死”。“寻梦”表达了她对理想生活的执着和对爱情的热烈追求。

七十二、骂　贼

洪　昇

(外扮雷海青抱琵琶上)武将文官总旧僚,恨他反面事新朝。纲常留在梨园内,那惜伶工命一条。自家雷海青是也。蒙天宝皇帝隆恩,在梨园部内做一个供奉。不料禄山作乱,破了长安,皇帝驾幸西川去了。那满朝文武,平日里高官厚禄,荫子封妻。享荣华,受富贵。那一件不是朝廷恩典!如今却一个个贪生怕死,背义忘恩,争去投降不迭。只图安乐一时,那顾骂名千古。唉,岂不可羞,岂不可恨!我雷海青虽是一个乐工,那些没廉耻的勾当,委实做不出来。今日禄山与这一班逆党,大宴凝碧池头,传集梨园奏乐。俺不免乘此,到那厮跟前,痛骂一场,出了这口愤气。便粉骨碎身,也说不得了。且抱着琵琶,去走一遭也啊!

【仙吕】【村里迓鼓】虽则俺乐工卑滥①,硁硁②愚暗,也不曾读书献策,登科及第,向鹓班③高站。只这血性中,胸脯内,倒有些忠肝义胆。今日个睹了丧亡,遭了危难,值了变惨,不由忍痛切齿,声吞恨衔。

【元和令】恨仔恨泼腥膻莽将龙座渰④,癞虾蟆妄想天鹅啖,生克擦⑤直逼的个官家下殿走天南。你道恁胡行堪不堪?纵将他寝皮食肉也恨难劖⑥。谁想那一班儿没掂三⑦,歹心肠,贼狗男。

【上马娇】平日价张着口将忠孝谈,到临危翻着脸把富贵贪。早一齐儿摇尾受新衔,把一个君亲仇敌当作恩人感。咱,只问你蒙面可羞惭?

【胜葫芦】眼见的去做忠臣没个敢。雷海青啊,若不把一肩担,可不枉了戴发含牙人是俺。但得纲常无缺,须眉无愧,便九死也心甘。(下)

【中吕引子】【绕红楼】(净引二军士上)抢占山河号大燕,袍染赭,冠戴冲天⑧。凝碧清秋,梨园小部,歌舞列琼筵。

孤家安禄山,自从范阳起兵,所向无敌,长驱西入,直抵长安。唐家皇帝,逃入蜀中去了,锦绣江山,归吾掌握。(笑介)好不快活。今日聚集百官,在凝碧池上做个太平筵宴,洒乐一回。内侍每,众官可曾齐到?(杂)都在外殿伺候。

(净)宣过来。(军)领旨。(宣介)主上宣百官进见。(四伪官上)"今日新天子,当时旧宰臣。

---

① 卑滥:言乐工社会地位低下。　② 硁(kēng)硁:识浅而固执的样子。《论语·子路》有"硁硁然小人哉"句。　③ 鹓班:鹓系凤的一种,飞行时行列整齐,此处用以比喻官员们上朝时排列的行次。　④ 恨仔恨泼腥膻莽将龙座渰:此句系责斥叛将安禄山窃据天子的宝座。泼腥膻,指安禄山,因安禄山系胡人,这里带有讥刺的意思。膻,羊肉的气味。莽,横蛮无理的意思。龙座,即皇帝的宝座。渰,通"淹"。　⑤ 生克擦:活生生。官家:即皇帝,唐宋时人对皇帝的一种称呼。北宋释文莹《湘山野録》有"三王官天下,五帝家天下,故称官家"句。⑥ 劖(chán):割断。　⑦ 没掂三:没轻重,没头脑。《西厢记》有"我从来斩钉截铁常居一,不似恁惹草拈花没掂三"句。　⑧ 袍染赭,冠戴冲天:指帝王服饰。古之帝王,着黄袍,戴冲天冠。

同为识时者，不是负恩人。”（见介）臣等朝见。愿主上万岁，万万岁！（净）众卿平身。孤家今日政务稍闲，特设宴在凝碧池上，与卿等共乐太平。（四伪官）万岁。（军）筵宴完备，请主上升宴。（内奏乐，四伪官跪送酒介）（净）

【中吕过曲】【尾犯序】龙戏碧池边，正五色云开，秋气澄鲜。紫殿逍遥，暂停吾玉鞭。开宴，走绯衣，鸾刀细割；揎锦袖，犀盘满献。（四伪官献酒再拜介）瑶池下，熊罴鹓鹭①，拜送酒如泉。

（净）内侍每，传旨唤梨园子弟奏乐。（军）领旨。（向内介）主上有旨，着梨园子弟奏乐。（内应奏乐介）（军送净酒介）（合）

【前腔】【换头】当筵，众乐奏钧天。旧日霓裳，重按歌遍。半入云中，半吹落风前。稀见，除却了清虚洞府②，只有那沉香亭院。今日个仙音法曲，不数大唐年。

（净）奏得好。（四伪官）臣想天宝皇帝，不知费了多少心力，教成此曲。今日却留与主上受用，真乃齐天之福也。（净笑介）众卿言之有理，再上酒来。（军送酒介）（外在内泣唱介）

【前腔】【换头】幽州鼙鼓喧，万户蓬蒿，四野烽烟。叶堕空宫，忽惊闻歌弦奇变，真个是天翻地覆，真个是人愁鬼怨。（大哭介）我那天宝皇帝呵，金銮上百官拜舞，何日再朝天？

（净）呀，什么人啼哭？好奇怪！（军）是乐工雷海青。（净）拿上来。（军拉外上见介）（净）雷海青，孤家在此饮太平筵宴，你敢擅自啼哭，好生可恶！（外骂介）唉，安禄山，你本是失机边将，罪应斩首。幸蒙圣恩不杀，拜将封王。你不思报效朝廷，反敢称兵作乱，秽污神京，逼迁圣驾。这罪恶贯盈，指日天兵到来诛戮，还说什么太平筵宴！（净大怒介）唉，有这等事。孤家入登大位，臣下无不顺从。量你这一个乐工，怎敢如此无礼！军士看刀伺候。（二军作应，拔刀介）（外一面指净骂介）

【扑灯蛾】怪伊忒负恩，兽心假人面，怒发上冲冠。我虽是伶工微贱也，不似他朝臣腼腆③。安禄山，你窃神器，上逆皇天，少不得顷刻间尸横血溅。（将琵琶掷净介）我掷琵琶，将贼臣碎首报开元。

（军夺琵琶介）（净）快把这厮拿去砍了。（军应拿外砍下）（净）好恼，好恼！（四伪官）主上息怒。无知乐工，何足介意。（净）孤家心上不快，众卿且退。（四伪官）领旨。臣等恭送主上回宫。（跪送介）（净）酒逢知己千钟少，话不投机半句多。（怒下）（四伪官起介）杀得好，杀得好。一个乐工，思量做起忠臣来。难道我每吃太平宴的，倒差了不成！

【尾声】大家都是花花面，一个忠臣值甚钱？（笑介）雷海青，雷海青，毕竟你未戴乌纱识见浅！

三秦流血已成川，为虏为王事偶然。
世上何人怜苦节，直须行乐不言旋。

---

① 熊罴鹓鹭：喻武将文臣。熊罴：猛兽，此处用比武将。鹓鹭：鸟名，用喻文臣。 ② 清虚洞府：神仙所居之处。 ③ 腼腆(miǎn tiǎn)：本意为害羞而举止不自然。《容斋四笔》有“中心有愧见诸颜面者，谓之‘缅腼’”句。戏曲中多作“腼觍”，如《西厢记》：“未语人前先腼觍。”此处雷海青谓自己内心无愧，不比降顺诸臣卖国求荣，亦不比禄山僭位称帝。

阅读提示

《长生殿》是洪昇的代表作。洪昇(1645—1704),字昉思,号稗畦,钱塘(今浙江省杭州市)人。出身没落士大夫家庭,流寓北京,在文学上曾得毛先舒、陆繁弨、王士禛等名家指点,与赵执信等交往颇密切;在政治上却很不得意,做国子监生二十余年;加之其父“被诬遣戍”,因而对现实、对满族统治集团越来越不满。康熙二十七年(1688),传奇《长生殿》脱稿,曾轰动一时;次年因在佟皇后丧期演唱,为御史弹劾,革去监生,乃回乡过着郁郁寡欢的生活。康熙四十三年(1704)在浙江吴兴(今湖州市)因醉酒落水而死。所作除《长生殿》外,有杂剧《四婵娟》,诗集《稗畦集》等。

《长生殿》本自白居易《长恨歌》及陈鸿《长恨歌传》,参以白朴的杂剧《梧桐雨》和有关传说,经十余年苦心磨琢,三易其稿,始告完成。作品写唐明皇与杨贵妃的爱情悲剧,情节与《长恨歌》等大体相近。叙明皇宠幸贵妃,政事日益荒怠,而蕃将安禄山遂乘机率部直逼京师长安。唐明皇仓皇幸蜀,将士愤恨丞相杨国忠等给国家人民造成的危难,逼迫统治者授权杀死杨国忠,并赐贵妃自缢。后半部写唐明皇于乱事平定后回京,思念贵妃不止,并虚构“至诚感天”的情景,终得于天上重新聚首。作品从多方面反映了当时的社会矛盾,在一定程度上揭露了封建政治的腐败。作者把宫廷的豪奢与下层人民的贫困生活作了尖锐的对比,又通过对艺人雷海青崇高民族气节的歌颂,批判了权贵们屈辱求荣的无耻行径,因而具有积极的社会意义。但在另一方面,作者受时代与阶级的局限,对悲剧产生的社会根源认识不足,因而在唐明皇与杨贵妃身上寄托了过多的同情,削弱了作品的价值。《长生殿》共五十出,前半部着重写实,后半部多用想象,浪漫主义色彩浓郁。但是前半部的豪华热闹,又烘托了后半部的冷落凄凉,使悲剧的气氛更为突出。全剧人物性格鲜明,音律和谐,关目与角色的处理适合舞台演出的要求。

《骂贼》一出,写唐明皇入蜀后,安禄山入据长安,朝臣多降迎以求富贵,独艺人雷海青激于义愤,厉声痛斥,终为所害。作者歌颂了下层人民的崇高气节,并以之为对照,鞭挞了朝臣们贪生怕死的变节行为。雷海青鲜明的个性是在强烈的对比中完成的。剧中说他“虽是一个乐工,那些没廉耻的勾当,委实做不出来”而“满朝文武,平日价高官厚禄”,却在叛贼攻破长安后,“一个个贪生怕死,争去投降不迭”。当此之时,位卑身微的雷海青挺身而出,他对安贼报以正气磅礴、大义凛然的怒骂,并以乐器击贼,不惜以身殉国。他一骂安禄山兴不义之师、颠覆社稷:“癞虾蟆妄想天鹅啖,生克擦直逼的个官家下殿走天南。”二骂满朝文武变节趋奉、认贼作父:“平日价张着口将忠孝谈,到临危翻着脸把富贵贪。早一齐儿摇尾受新衔,把一个君亲仇敌当作恩人感。咱,只问你蒙面可羞惭?”作者没有在此停笔,而在雷海青被杀后,将笔锋一转,通过四个伪官的说唱,把那些叛降者心灵深处“无价值的东西撕破给人看”:“一个乐工,思量做起忠臣来。难道我每吃太平宴的,倒差了不成?”“大家都是花花面,一个忠臣值甚钱?雷海青,雷海青,毕竟你未戴乌纱识见浅!”这里展现的是两类人格、两种灵魂的内在冲突:一边以卑微之身全报国之志,舍生取义,视死如归;一边以小人之心度君子之腹,寡廉鲜耻,粪土不如。剧作者用对比手法,使一个有正义感、有爱国心的“小人物”形象跃然纸上。

七十三、却奁

孔尚任

(杂扮保儿搬马桶上)龟尿龟尿,撒出小龟;鳖血鳖血,变成小鳖。龟尿鳖血,看不分别;鳖血龟尿,说不清白。看不分别,混了亲爹;说不清白,混了亲伯。(笑介)胡闹,胡闹!昨日香姐上头,乱了半夜;今日早起,又要刷马桶,倒溺壶,忙个不了。那些孤老、表子,还不知搂到几时哩。(刷马桶介)

【夜行船】(末)人宿平康深柳巷①,惊好梦门外花郎②。绣户未开,帘钩才响,春阻十层纱帐。下官杨文骢,早来与侯兄道喜。你看院门深闭,侍婢无声,想是高眠未起。(唤介)保儿,你到新人窗外,说我早来道喜。(杂)昨夜睡迟了,今日未必起来哩。老爷请回,明日再来罢。(末笑介)胡说!快快去问。(小旦③内问介)保儿!来的是那一个?(杂)是杨老爷道喜来了。(小旦忙上)倚枕春宵短,敲门好事多。〔见介〕多谢老爷,成了孩儿一世姻缘。(末)好说。(问介)新人起来不曾?(小旦)昨晚睡迟,都还未起哩。(让坐介)老爷请坐,待我去催他。(末)不必,不必。(小旦下)

【步步娇】(末)儿女浓情如花酿,美满无他想,黑甜共一乡④。可也亏了俺帮衬,珠翠辉煌,罗绮飘荡,件件助新妆,悬出风流榜。

(小旦上)好笑,好笑!两个在那里交扣丁香,并照菱花,梳洗才完,穿戴未毕。请老爷同到洞房,唤他出来,好饮扶头⑤卯酒。〔末〕惊却好梦,得罪不浅。(同下)(生、旦艳妆上)

【沈醉东风】(生、旦)这云情接着雨况,刚搔了心窝奇痒,谁搅起睡鸳鸯。被翻红浪,喜匆匆满怀欢畅。枕上余香,帕上余香,消魂滋味,才从梦里尝。

(末、小旦上。末)果然起来了,恭喜,恭喜!(一揖,坐介。末)昨晚催妆拙句,可还说的入情么。(生揖介)多谢!(笑介)妙是妙极了,只有一件。(末)那一件?(生)香君虽小,还该藏之金屋。(看袖介)小生衫袖,如何着得下?(俱笑介。末)夜来定情,必有佳作。(生)草草塞责,不敢请教。(末)诗在那里?(旦)诗在扇头。(旦向袖中取出扇介。末接看介)是一柄白纱宫扇。(嗅介)香的有趣。(吟诗介)妙,妙!只有香君不愧此诗。(付旦介)还收好了。(旦收扇介)

【园林好】(末)正芬芳桃香李香,都题在宫纱扇上;怕遇着狂风吹荡,须紧紧袖中藏,须紧紧袖中藏。(末看旦介)你看香君上头⑥之后,更觉艳丽了。(向生介)世兄有福,消此尤物。

---

① 平康:唐代长安里名,妓女聚居之处,新科进士往往游乐其中,后多泛指妓院。 ② 花郎:此处指卖花人。 ③ 小旦:传奇脚色名,本剧中系李香君之假母李贞丽。 ④ 黑甜共一乡:熟睡,俗以熟睡为黑甜乡。 ⑤ 扶头:一作清醒头脑,振奋精神解;一作酒名。此处取第一种解释。 ⑥ 上头:女子婚后发饰须作成人装束。

(生)香君天姿国色，今日插了几朵珠翠，穿了一套绮罗，十分花貌，又添二分，果然可爱。(小旦)这都亏了杨老爷帮衬哩。

【江儿水】送到缠头锦，百宝箱，珠围翠绕流苏帐①，银烛笼纱通宵亮，金杯劝酒合席唱。今日又早早来看，恰似亲生自养，陪了妆奁，又早敲门来望。

(旦)俺看杨老爷，虽是马督抚②至亲，却也拮据作客，为何轻掷金钱，来填烟花之窟？在奴家受之有愧，在老爷施之无名；今日问个明白，以便图报。(生)香君问得有理，小弟与杨兄萍水相交，昨日承情太厚，也觉不安。(末)既蒙问及，小弟只得实告了。这些妆奁酒席，约费二百余金，皆出怀宁③之手。(生)那个怀宁？(末)曾做过光禄的阮圆海。(生)是那皖人阮大铖么？(末)正是。(生)他为何这样周旋？(末)不过欲纳交足下之意。

【五供养】(末)羡你风流雅望，东洛才名④，西汉文章。逢迎随处有，争看坐车郎⑤。秦淮妙处，暂寻个佳人相傍，也要些鸳鸯被、芙蓉妆；你道是谁的，是那南邻大阮，嫁衣全忙。

(生)阮圆老原是敝年伯，小弟鄙其为人，绝之已久。他今日无故用情，令人不解。(末)圆老有一段苦衷，欲见白于足下。(生)请教。(末)圆老当日曾游赵梦白⑥之门，原是吾辈。后来结交魏党，只为救护东林，不料魏党一败，东林反与之水火。近日复社诸生，倡论攻击，大肆殴辱，岂非操同室之戈乎？圆老故交虽多，因其形迹可疑，亦无人代为分辩。每日向天大哭，说道："同类相残，伤心惨目，非河南侯君，不能救我。"所以今日谆谆纳交。(生)原来如此，俺看圆海情辞迫切，亦觉可怜。就便真是魏党，悔过来归，亦不可绝之太甚，况罪有可原乎。定生、次尾⑦，皆我至交，明日相见，即为分解。(末)果然如此，吾党之幸也。(旦怒介)官人是何说话，阮大铖趋附权奸，廉耻丧尽；妇人女子，无不唾骂。他人攻之，官人救之，官人自处于何等也？

【川拨棹】不思想，把话儿轻易讲。要与他消释灾殃，要与他消释灾殃，也提防旁人短长。官人之意，不过因他助俺妆奁，便要徇私废公；那知道这几件钗钏衣裙，原放不到我香君眼里。〔拔簪脱衣介〕脱裙衫，穷不妨；布荆人，名自香。

(末)阿呀！香君气性，忒也刚烈。(小旦)把好好东西，都丢一地，可惜，可惜！(拾介。生)好，好，好！这等见识，我倒不如，真乃侯生畏友⑧也。(向末介)老兄休怪，弟非不领教，但恐为女子所笑耳。

【前腔】〔生〕平康巷，他能将名节讲；偏是咱学校朝堂，偏是咱学校朝堂，混贤奸不问青黄⑨。那些社友平日重俺侯生者，也只为这点义气；我若依附奸邪，那时群起来攻，自救不暇，焉能救人乎。节和名，非泛常；重和轻，须审详。

---

① 流苏帐：以流苏为垂饰的帐子。流苏：彩色丝线或羽毛所作垂饰。 ② 马督抚：即马士英，时任凤阳总督，弘光朝总揽朝政，以贪邪称。 ③ 怀宁：指马党另一主要人物安徽怀宁人阮大铖。 ④ 东洛才名：晋左思磨琢十年，写成《三都赋》，当时人竞传抄，洛阳于是纸贵，其名遂显。此处借表侯方域文学才名。 ⑤ 争看坐车郎：化用晋潘安故事。传说潘安才高貌美，每坐车出游，妇女竞相争看，投以果饵。 ⑥ 赵梦白：即赵南星，明末高邑(今河北省高邑县)人。熹宗时官吏部尚书，为魏忠贤所忌，矫旨削籍，贬戍代州(今山西省代县)而死。 ⑦ 定生：陈贞慧字，江苏省宜兴县人，明亡隐居不仕。次尾：吴应箕字，安徽省贵池县人，明亡后曾在家乡率众抗清，兵败被执，不屈而死。二人均复社后期著名人物。 ⑧ 畏友：刚直的朋友，多能严于律己，正言规劝于人，不阿谀取容，令人畏敬。 ⑨ 不问青黄：即不管是非黑白。

(末)圆老一段好意,也还不可激烈。(生)我虽至愚,亦不肯从井救人①。(末)既然如此,小弟告辞了。(生)这些箱笼,原是阮家之物,香君不用,留之无益,还求取去罢。(末)正是"多情反被无情恼,乘兴而来兴尽还。"②(下)(旦恼介。生看旦介)俺看香君天资国色,摘了几朵珠翠,脱去一套绮罗,十分容貌,又添十分,更觉可爱。(小旦)虽如此说,舍了许多东西,到底可惜。

【尾声】金珠到手轻轻放,惯成了娇痴模样,辜负俺辛勤做老娘。

(生)些须东西,何足挂念,小生照样赔来。(小旦)这等才好。

(小旦)花钱粉钞费商量,(旦)裙布钗荆也不妨,

(生)只有湘君能解佩,(旦)风标不学世时妆。

阅读提示

《桃花扇》作者孔尚任(1648—1718),字聘之,一字季重,号东塘,又号岸堂,尝自称云亭山人,曲阜(今山东省曲阜县)人,孔子六十四代孙。少时读书石门山中,康熙二十三年(1684)因御前讲经而蒙受康熙赏识,"特简为园子监博士"。康熙二十五年(1686)被派随工部侍郎孙在丰往淮扬治河,得以了解官场的黑暗与人民生活的贫困。与此同时,孔尚任结识了一批故老遗民,并凭吊了若干南明遗迹,民族意识有所增强。康熙三十八年(1699)经营十载、三易其稿的传奇《桃花扇》脱稿,旋即罢职,晚年益加贫困。《桃花扇》的成功,使孔氏誉满文坛,时人以之与《长生殿》作者洪昇并论,称"南洪北孔"。所作除《桃花扇》外,尚有传奇《小忽雷》(与顾彩合撰)及《湖海集》等。

《桃花扇》是清代传奇的代表作品。剧本"借离合之情,写兴亡之感",以复社文人侯方域与秦淮歌妓李香君悲欢离合的爱情故事为线索,描写了南明亡国的历史悲剧,展示了明清之际广阔的社会生活。作品歌颂了坚持民族气节的主战派史可法和下层人民,对马士英、阮大铖一伙祸国殃民的败类,作了无情的揭露和鞭挞,具有明显的进步倾向。但是,由于作者未能摆脱地主阶级立场的局限,剧本对清朝统治者有一定程度的美化,对李自成领导的农民起义,采取了敌视的错误态度,这是应该批判的。

《却奁》一出,写秦淮名妓李香君,坚决拒绝权奸阮大铖为收买侯方域而送给她的妆奁。作者极写李香君深明大义、坚定正直,虽然社会地位低下,却具有不向权贵低头、不受金钱引诱的高尚情操与气节,适与软弱、动摇的侯方域构成鲜明对比。

---

① 从井救人:无济于人而有损于己,此处指不顾自己的名节去救助别人。 ② 多情反被无情恼:苏轼《蝶恋花》词句子。乘兴而来兴尽还:东晋王子猷语,王于雪夜乘舟访戴安道,中途折返。人问其故,答曰:"乘兴而来,兴尽而返,何必见戴。"

七十四、原野（节选）

曹　禺

第三幕　第四景

〔在黑林子里——夜四时半。

〔林内小破庙旁。四面围起黑压压的林丛，由当中望进去，深邃可怖，一条蜿蜒的草径从那黑洞似的树林里引到眼前。眼前是一片高低不平的草地，在那短短的野草下藏匿着秋虫纵情地低唱。沿着那草径筑起粗细不匀的电线杆，靠外面的还清楚，里面的很像那黑洞口里的长牙。靠右偏后立起一座颓落的半人高的小土厢，里面曾经供祀①个神祇②，如今完全荒废。小庙前面一尺高的小土台原为插放香火，多少年风吹雨打，逐渐夷平。小庙的土顶已经歪斜，远看，像个座椅，前面的土台仿佛是个小桌，有几块石头在旁边树立着。靠左偏前是一棵直挺挺的白杨，树叶在上面萧瑟作响。树前横放一块平整的长石，上面长满青苔，不知哪年香火盛时，虔诚的香客派来石工凿成平面，为人休息的。满林树叶甚密，只正中留一线天空，而天空又为黑云遮满，不见月色，于是这里黑漆漆的，幽森可畏。偶尔风吹过来，树叶和电线的响声同时齐作，仿佛有野生的动物在林中穿过。

〔仇虎扶着花氏由当中深邃的草径一步一步地拖过来，两人都是一身水泥。仇虎只剩下一条短短沿边撕成犬齿的布裤，花氏的鞋也在水里失去，衣裙滴下水，裤子卷得更高。包袱是在手里。仇虎一手举着手枪和弹袋，一手扶着花氏，眼里忽然烧起反抗的怒火，浑身水淋淋的。他回头呆望着更深的黑暗，打了一个寒战。忙匆匆地走进。

仇　虎　哦！好黑，（不觉又怕起来）怎么又走进来这么个黑地方。金子，（觉得花氏向下溜）金子！金子！

焦花氏　（抬头，把眼前的头发掠过去）我——我真走不动了。

仇　虎　（指着眼前一块石头）那么，你坐下。（扶着她坐下）

焦花氏　（打了个寒战）好冷！（希望地）赶过了这道水也许快出林子了吧。

仇　虎　（坐下）也许吧，赶过了河，路好像平整了点似的。

焦花氏　（回头望）我们走的像是一条大路。

---

① 祀（sì）：祭、祭祀的意思。　② 祇（qí）：指古时候对地神的称呼。

仇　虎　（叹一口气）反正鼓是听不见了。

焦花氏　嗯，鼓没有了，（振作地）我们就要出林子。

仇　虎　（忽然兴奋地立起）嗯，出林子，出林子！出林子赶上火车也许——也许天还没亮。（忽然仰望天空）怪，天上又不见月亮了。

焦花氏　（不自主地也望上去）嗯，刚才好好的，怎么一会儿连个星星也没有？

仇　虎　（忽而惊吓失声）金子！

焦花氏　怎么？

仇　虎　真的，一个星星也没有。

焦花氏　我们不还有一盒洋火①。

仇　虎　洋火只剩下两——两根了。

焦花氏　那么我们怎么走？怎么走？

仇　虎　嗯，（失望地）怎么走？（坐在石头上）黑，黑，黑得连颗星星的亮都没有。怎么走？怎么走？

焦花氏　（喃喃地）怎么走？（忽然走到白杨树下，跪下）哦，天啊，可怜可怜我们吧，再露一会儿月亮吧，再施舍给我们一点点儿的亮吧！（哀恳地）哦，就一会儿，一小会儿，天，可怜可怜我们这一对走投无路——

仇　虎　（暴声）金子，你求什么？你求什么？天，天，天，什么天？（暴躁地乱动着两手）没有，没有，没有！我恨这个天，我恨这个天。你别求它，叫你别求它！

焦花氏　（觉得身上有洒下来的雨点）虎子！

仇　虎　什么？

焦花氏　（慢慢地）天下了雨了。

仇　虎　你说你身上洒下来了雨点？

焦花氏　嗯，我脸上也有。

仇　虎　那是我的血，我胳膊上的血甩出来的。

焦花氏　（惊愕地）你又流了血了。

仇　虎　嗯！（暗郁地）这就是天！你求它做什么。

焦花氏　（摇头）可怜，虎子，（坐在杨树前的长石上）今天一夜把你都逼疯了。

仇　虎　（愤恨）疯？哼，我得个疯。今天一天我过了一辈子，我仇虎生来是个明白人，死也做个明白鬼。要我今天死了，我死了见了五殿阎罗，我也得问个清楚：我仇虎为什么生下来就得叫人欺负冤枉，打到阎罗宝殿，我也得跟焦家一门大小算个明白。

焦花氏　（怕他又说胡话）虎子，你听草里头！

〔草里秋虫低吟。

仇　虎　什么？

焦花氏　蛐蛐！

仇　虎　嗯。

---

① 洋火：火柴。

〔处远传来“布谷”的鸣声。

焦花氏　(忽然愉快地)“咕姑，咕姑。”“咕姑，咕姑。”

仇　虎　(听了一刻，忽然，叹一口气)完了！没有了！

焦花氏　(明白他的意思所指，然而——)为什么？

〔不等问毕，一阵风吹来，电线呜响起来，白杨树叶“哗哗”地乱嚷，风飕飕的。

焦花氏　(打寒战)哦，虎子！

仇　虎　你别怕。

焦花氏　(掩饰，打个寒战)不，好冷。(指着右面的荒址上)那——那是什么？

仇　虎　破庙。

焦花氏　虎子，我们走吧。

〔风吹过去，忽由远处幽长地呼出惨厉的声音，由远而近，又由近而远。

〔那声音：(因为辽远而有些含糊，凄厉地)回来呀，我的黑子！快回来吧！我的小黑子。

仇　虎　(突然变了声音，喑哑地)你听，你听，这是什么！这是什么？

〔那声音：(更凄寂地，渐近)回来，我的孙孙！快回来吧，我的小孙孙。

焦花氏　(惊恐)她！——她！——她！

仇　虎　她又跟上我们了。

〔那声音：(怪厉。不似人声，渐远)魂快回来，我的黑子！你魂快回来，我的心肝孙孙。

焦花氏　(忽然抱住仇虎)哦，天！

仇　虎　(颤抖)我们快——快走吧。

焦花氏　嗯。(刚走了两步，一脚踏在软而有刺的东西上，大叫起来)啊！虎子，我的脚！

仇　虎　什么？

焦花氏　脚底下，软几几的，刺！刺！乱动！

仇　虎　(由弹袋里取出洋火划燃，二人往下看)哪儿？

焦花氏　这儿！这儿！

仇　虎　(二人围着那个东西，一只火照着他们恐怖的脸)刺猬！

焦花氏　(放下心)刺猬。

〔这时由当中远处怪异地唱起一句“初一十五庙门开”。仇虎蓦回头。

仇　虎　这是准？

焦花氏　像——像狗蛋！

〔顿时四处和唱着一群低沉幽森的声音：“初一十五庙门开。”如同有多少被压迫冤屈的幽灵。

仇　虎　金子，你听，这是哪一堆人唱。

焦花氏　现在？

仇　虎　嗯！

焦花氏　(摇头)没有，——没有人唱。

〔接着，当中远处又在森厉可怖地唱："牛头马面两边排。"

仇　虎　谁——谁又在唱？

焦花氏　（谛听）是——是狗蛋。

〔跟随，四面又唱起多少低沉的声音，哀悼地重复着："牛头马面两边排！"这时仇虎忽而看见在右边破庙前黑暗里冉冉立起牛头和马面，如同一对泥傀儡，相对而立。

仇　虎　（惊愕，低声）这——是——什——么？

焦花氏　（不明白）什么？

仇　虎　（更低声）你没看见？

〔当中远处又唱："殿前的判官哟，掌着生死的簿。"

仇　虎　你听见了没有？

焦花氏　嗯，听见，这一定是狗蛋学的你。

〔紧接，四外阴沉沉地合唱"殿前的判官哟掌着生死的簿"。仇虎的眼里又在庙前边土台旁幻出一个披戴青纱，乌冠插着黑翅的判官，像个泥胎，悄悄地立在那里。

仇　虎　（倒呼出一口气）怎——么——回——事？

焦花氏　虎子！

仇　虎　妈呀！

〔不间断地当中远处又唱："青面的小鬼拿着拘魂的牌。"

焦花氏　（拉着仇虎）走吧！虎子。（仇虎不动）

〔立时，四边和起："青面的小鬼拿着拘魂的牌。"仇虎望见黑地里冉冉[①]冒出一个手执拘牌的青脸的小鬼，立在土台之旁，恰如泥像。

仇　虎　哦！（揩揩头上的汗）

〔当中远处又唱，但是此次威森森地："阎王老爷哟当中坐。"

〔立刻仿佛四面八方和起那沉重而森严的句子，如若地下多少声音一齐苦痛而畏惧地低吼出来："阎王老爷哟当中坐。"似乎都等待着那最后的审判。仇虎望见一片昏黑的惨阴阴的雾里渐渐显出一个头顶平天冠，两手捧着玉笏[②]的黑脸的阎罗（地藏王），端坐小土庙之上，前面的土台成了判桌。阎罗正如庙里所见，一丝不动，塑好的泥胎。

仇　虎　（目瞪口张）哦，妈！

焦花氏　（更低的声音，为仇虎的森严态度慑吸）虎子，你——看——见——什么！

仇　虎　说，说不得。

〔当中远处幽远而悲悼地唱："一阵阴风哟吹了个女鬼来！"

〔立刻，仿佛四面簌落簌落风声阴沉沉地吹起，四处幽长而哀伤地和唱，此次大半是女子的低声："一阵阴风哟吹了个女鬼来！"随着四面的风声怨声，一个瘦小，穿着一身月白纺绸衣衫姑娘，轻悄悄由黑暗里露出来。这姑娘的相貌和第二景的所见的毫无二致，只是更为怯弱苍白，鬓角贴上两张薄荷膏，手里拿着一根麻绳。她

---

① 冉(rǎn)：慢慢地。　② 笏(hù)：古代大臣上朝拿着的手板，用玉、象牙或竹片制成。

轻飘飘地移过去，像是一阵风，不沾尘埃，到了判桌前面跪下。

仇　虎　（惊愕）哦，我的屈死的妹妹。（花氏一声不响，看着仇虎，惊恐万分，不知怎样对他好）

〔于是阎罗开始审问，他的动作非常像个傀儡，判官在一旁查看手执的案卷。四方仿佛有多少无告的幽灵在呜咽哀嚎，后面有许多幽昧不明的人形移动，那绸衣的姑娘似乎哀痛地诉说自己生前的悲惨的遭遇，眼泪汪汪，告诉怎样父亲死，哥哥下了狱，自己也被卖到妓院，怎样被窑主客人一天一天地逼得吊死。说完深深叩头，哀请阎罗做主。

仇　虎　（含着眼泪听她申诉，不自主地流下泪水，他揩了又揩，很低）哦，妹妹！我的可怜的妹妹，你死得好惨！好委屈呀！

〔阎罗似乎对判官略略商议，便命传仇荣过审。桌前的青面小鬼将拘魂牌向里面一举，嘴里仿佛在喊些什么，立时四面八方多少幽灵哀悼地低声应和，于是由黑暗里走出另一个青面獠牙的小鬼带着白发龙钟的老农人，踱到桌前。那老头手铐脚镣，看见女儿，二人抱头大哭——无声。——判官似乎大吼一声，两人同时跪下，那老者叩头如捣蒜，哀哀凄凄地把自己如何被阎王逼死的情形申诉个完全，说完又叩头无数。

仇　虎　（愤恨）哦，爹爹，我的苦命的爹爹！今天我们仇家人再得不到公道，那么世上就没有天理了。

〔这时忽然阎罗拍下惊堂木，对着仇虎叫了一声，仇虎抬头。所有判官、小鬼、牛头、马面、阎罗……都一齐恶森森地注视他。他几乎吓得不敢动转。四面的声音阴沉沉喊起，那青面的小鬼把拘魂牌对仇虎一举，仇虎不由自主地向他们走去。

焦花氏　虎子，虎子！你上哪儿去！（拉不住他，由他走去）

〔仇虎看见父妹，忍下眼泪，点点头便跪在案前。阎罗开始审询，四周喊喊喳喳有多少低低的议论。

仇　虎　（低头，声音诡异）小人仇虎身有两代似海的冤仇，前在阳世，上有老父年迈，下有弱妹幼小，都为那杂种狼心的焦连长所害，死于非命。我的老父弱妹两口，现已拘在阴曹地府，方才他们所供句句是真，无一是假。我在阳间，又被那杂种狼心的焦连长勾结那贪官污吏，陷害小人，把小人屈打成招，下狱八年，害成残废。杀了小人的老父，害死小人的弱妹，打断小人的大腿，强占小人的田产，都是那狼心狗肺的焦连长。小人仇虎此番供禀句句是真，无一是假，如若有半句瞎话，小人情愿上刀山，下油锅，单凭判官大人明断，小人决不埋怨。可是小人两代似海的仇冤，千万请阎王老爷做主，阎王老爷做主。（深深叩头）

〔阎罗突然传叫焦连长。小鬼一呼，堂下幽灵齐声怒吼。这时焦连长由黑暗中走出，神色非常骄悍。他依然穿着连长的制服，挂军刀，穿马靴，很威武地走到阎罗案前，并不跪下。

〔仇虎见着焦连长，想站起动手，为判官喝住又跪下。

〔阎罗仿佛以仇虎的话询问焦连长，焦连长句句否认，加以驳斥。

仇　虎　（叩头）启禀阎王老爷，他的话是狡辩，一面之词。

〔焦连长又要申说。

仇　虎　（立刻叩头）小人仇虎没有说错。

〔焦连长又要辩白。

仇　虎　（又叩头）请阎王老爷把他立刻判罪，不要再听他的。

〔阎罗拍惊堂木令他不要说话。焦连长走上前去，又发议论，阎罗频频点头，表示赞可。

仇　虎　（窥见连喊）阎王老爷不要信他的，你不要信他的，你不要信他的，他在阳间自己就是阎王。

〔阎罗勃然变色，令判官对仇虎的父亲、妹妹宣判。判后二人大哭，为小鬼们拖去。

仇　虎　（大愤）什么，我的爹还要上刀山，我的妹妹还要下地狱。你们这简直是——（被牛头一叉刺背，伏地不语）

〔阎罗又令判官宣判。焦连长得意洋洋，仇虎气得浑身发抖。

仇　虎　（跳起）啊，你们还要拔我的舌头，永世再下阴间的地狱。叫他（指焦阎王），叫他上天堂。他上天堂（暴躁地乱喊）你们这是什么法律？这是什么法律？

〔忽然马面一叉把他刺倒地下。这时焦连长大声——听得见的——怪笑起来，每个"鬼"以至于阎罗都狞恶地得意地狂笑，声震天地。仇虎慢慢由地上抬起头来看牛头，牛头止笑，牛头的脸变成焦阎王狞恶的脸；转头看马面，马面止笑，马面也换为焦阎王狞恶的脸；转视小鬼，小鬼止笑，小鬼也化为焦阎王狞恶的脸；回转身望见判官，判官止笑，判官也改为焦阎王狞恶的脸；正面注视阎罗，阎罗止笑，阎罗就是焦阎王狞恶的自己。全场无声，仇虎环顾四面焦阎王的脸，向后退。

仇　虎　（咬牙切齿，低声）好，好，阎王！阎王！原来就是你！就是你们！我们活着受尽了你们的苦，死了，你们还想出个这么个地方来骗我们，（对着那穿军服的阎王，恶狠地）想出这么个地方来骗我们！

〔突然，四面的焦阎王们又得意地大声狞笑起来，声响如滚雷。

仇　虎　（忽而抽出手枪，对准他们，连发三枪）你们这群骗子！强盗！你们笑！你们笑！你们笑！

〔一切景物又埋入黑暗里。

焦花氏　（苦痛地）虎子，你这是闹些什么哟？快走吧？

仇　虎　我！我！（摸着自己的头）

〔远处鸡鸣一声。

焦花氏　（惊吓）天快亮了！

仇　虎　快亮——

〔忽而由右面射来一枪，流弹鸣地飞过。

焦花氏　枪！

〔继而由中间向他们身旁射一枪。

仇　虎　（谛听）糟了？侦缉大概又找着我们了。

〔忽而由右中枪声乱发。

焦花氏　哦，（抓住虎子）他们要围上我们。

仇　虎　（拉着花氏）冲上去！管他妈！跟他们拚！——（向前放一枪，四周枪声更密）

〔二人由左面跑下。

阅读提示

曹禺（1910—1996），中国杰出的现代话剧剧作家，原名万家宝，字小石，小名添甲，汉族，祖籍湖北潜江，出生在天津的封建官僚家庭里。曹禺是中国现代戏剧的泰斗，戏剧教育家，其代表作品有《雷雨》《日出》《原野》《北京人》。

《原野》写于1936年，发表于1937年，由序幕和一二三幕构成。剧本写了一个复仇的故事。青年农民仇虎从狱中逃出回到家乡，要向害了他一家的地主焦阎王复仇，但焦阎王却已死了（序幕）。仇虎遂先和焦阎王的儿媳妇花金子产生一系列的爱恨情仇纠葛（第一幕），继而依照父债子还的观念，杀死焦阎王的儿子焦大星（第二幕），但焦大星却是个善良懦弱的人，仇虎因而产生愧疚，在逃跑穿过黑林子时出现幻觉而迷路，终未逃脱追捕而自杀（第三幕）。全剧气氛神秘诡异而恐怖，仇虎是一个充满原始气息的原野人，第三幕模仿了奥尼尔《琼斯皇》中的表现主义手法。

第三幕中仇虎和金子只是一景一景（共有五景：黑林子岔路口、林内洼地、林内水塘边、林内小破庙旁、原野铁道旁）地奔逃。仇虎掉进了心狱，这个心狱的出现，那些幻觉的发生，的确是因他有着封建迷信观念，又有善良的本性才造成的。但从他至死不悔看，他的迷路，是一个现实人的精神逐渐崩溃，回归原初无意识的过程。这样，迷路过程就成了精神分析，成了对文明社会毒害人的过程的揭露。而仇虎和花金子却是真人，他们的迷路过程是挣扎着坚持本性的过程，在这一过程中，他们的美好心灵充分展示出来。曹禺在第三幕开始时，是这样描写仇虎和花金子的出场的："时而，恐怖抓牢他的心灵；忽而也如他的祖先那样像原始的猿人，对着夜半的森野震颤着。在黑夜的原野里，我们寻不出他一丝的丑，反之逐渐发现他是美的。使人感到高贵的与值得人们同情的，是他代表一种重重压迫的真人，在林中重演他所遭受的不公，而在序幕中所体现的那种狡恶、讥诈的本质逐渐消失。"

作品渲染仇虎内心的恐惧与内心的谴责时，带有浓厚的神秘色彩。如他逃进森林时，产生的种种幻觉和内心的恐惧。全剧弥漫着诡异而奇谲的气氛，抽象化的环境设置和扭曲变形的人物形象正来自曹禺对表现主义戏剧的借鉴与化用，借助独白、衬白和梦景来描述人物复杂的心理和情绪，则进一步加重了恐怖紧张的戏剧氛围。

七十五、压　　迫

——纪念刘叔和

丁西林

叔和：

这篇短剧是供献给你的。这剧里主人的一种可爱的特性，是否受了你的暗示，我不敢说，但是这剧的情节，是由你发生的。去年的冬天——大约你还记得罢——你想离开我们自己找房另住，有一天晚上，我们坐在火炉的旁边烤火，讲起这件事来，我们和你开玩笑，说你如果不结婚，你一定找不到房子。因为北京租房，要满足两个条件：一是有铺保，一是有家眷。那时我觉得这个题目很有趣味，对你说，我要替你写一个短剧。这事已隔了一年多了。在这一年之内，多少次我想把这剧本写出，都没有成功。现在这篇剧本可算勉强脱稿，但是你已经死了！以前我写的那几篇试验的作品，都曾经先由你看过，然后发表。这一篇特别为你写的东西，反而得不着你的批评，这是很令人感伤的一件事。

这篇短剧不过是一种幻想。没有"问题"，也没有"教训"。然而因为你的死，它倒有了特别的意义。你是怎样死的，你知道么？你的病，是瘟热病。你的死，是苍蝇咬死的。苍蝇不会咬人，但是你住在医院的时候，你的朋友每次去看你，都要在你的床上，你的身上，你的牛奶杯上替你打死好多的苍蝇。你处在那种无人看护的情境，说你是苍蝇咬死的，总不算太不理智吧。因此我想到，你真的找房的时候，如果能和这剧里的主人一样，遇到那样的一个富有同情的人，和你"联合起来"，去抵抗——不但"有产阶级的压迫"——社会上一切的压迫与欺负，我相信，你是一定不会死的。

你是一个很有 humor 的人，一定不会怪我写一篇喜剧来纪念一个已死的朋友。我的生性是不悲观的，然而你可以相信，我写完了这篇剧本，思念到你，我感觉到的只有无限的凄凉与悲哀。

西林　十四，十二，七

剧中人物

男客人

女客人

房东太太

老妈子

巡警

布　景

［一间中国旧式的房子。后面一门通院子，左右壁各一门通耳房。房的中间偏右

方，一张方桌，四围几张小椅。桌上铺了白布，中间放着一架煤油灯和茶具。偏左方，一张茶几，两张椅子，靠壁放着。一张椅子背上担着一件雨衣，旁边放着一个手提的皮包。后面的左边靠墙放着一张类似洗脸架带有镜子的小桌，上面放着一个时钟及花瓶。屋内尚有其他的陈设，壁上还有一些字画，但都很简单而俭朴。

［开幕时，一个着粗呢洋服、长筒皮靴的男人坐在茶几旁边的一张椅上抽烟斗，一个老妈子立在门外，将手伸到屋檐的外边去试验有无雨点。

老妈　（走进屋来）雨倒不下了，怎么还不回来？（从桌上拿了茶壶，走到茶几边代客人倒茶）

男客　（不耐烦，站起）唉，你先弄一点东西来吃，好不好？

老妈　东西倒有在那里，不过这也得等太太回来。

男客　吃东西也得等太太回来？

老妈　（叹了一口气）是的，吃东西得等太太回来，房子的事情，也得等太太回来。

男客　好吧，等太太回来吧。横竖是那么一回事，太太回来也是那样，太太不回来也是那样。（复坐下）

老妈　（摇头）看那样子，太太不像肯答应把这房子租给你。

男客　不把这房子租给我？谁教她收我的定钱？

老妈　是的，那只怪小姐不好。其实——唉——太太的脾气也太古怪了。像你先生这样的人，有什么要紧？深更半夜，屋里有一个男人，还可以有个照应。

男客　这房子以前有人租过没有？

老妈　这房子已经空了有一年多了，也没有租出去。

男客　这房子并不坏，为什么没有人来要？

老妈　没有人要？谁看了都说这房子好，都愿意租。这房子又干净，又显亮，前面还有那样的一个花园。

男客　这样说为什么一年多没有租出去呢？

老妈　你先生也不是外人，告诉你也没有什么要紧，你知道，我们的太太爱的就是打牌，一天到晚在外边。家里就只有我和小姐两个人。有人来看房，都是小姐去招呼。有家眷的人，一提到太太、小孩，小姐就把他回了。没有家眷的人，小姐才答应，等到太太回来，一打听，说是没有家眷，太太就把他回了。这样不要说是一年，就是十年，我看这房子也租不出去。

男客　怎么，像这一回的事，以前已经有过么？

老妈　也不知有过多少次。每回租房，小姐都要和太太吵一次。不过平常小姐不敢做主，这一次她做主受了你先生的定钱，所以才生出这样的事来。

男客　她如果早做主，这房子老早就租了出去。

老妈　是的，不过平常租房的人，听说房子不能租给他们，他们也就没有话说，不像你先生这样的……

男客　古怪，是不是？是的，你们太太的脾气太古怪了，我的脾气也太古怪了，这一回两个古怪碰在一块儿，所以这事就不好办了。不过我也觉得这房子不坏，尤其是前面的那个小花园。

老妈　看你先生的样子，一定也是爱清静的。这里一天到晚听不到一点嘈杂的声音，离你先生办事的地方又近，所以……我曾在那里替你先生想……

男客　你替我想怎么？

老妈　……就说你先生是有家眷的，家眷要过几天才来，这样一说，太太一定可以答应把这房子租给你。

男客　好了，如果过几天没有家眷来，怎样？

老妈　住了些时，太太看了你先生什么都好，她也就不管了。

男客　不行不行，一个人没有结婚，并没有犯罪，为什么连房子都租不得？

老妈　喔，我不过觉得你先生这样的爱这房子，如果租不成功，心里一定不舒服，所以那么瞎想罢了，我原是不懂事的。——啊，这大概是太太回来了。（走到门口，高声）是太太么？（外边答应）是的，在这儿。（走出，客人也站了起来。少停，房东太太由后门走进，老妈跟在她的后面。）

房东　对不住，劳你等了。

男客　我对你不住，打搅了你。我叫你们的老妈子不要去惊动你，她没有听我的话。

房东　那没有什么。（从一个皮夹子里拿出一张票子）啊，这是你先生留下的定钱，请你收起来。

男客　啊，对不住，我今天是到这边来住宿的，不是来讨定钱的。

房东　怎么？昨天我不是对你说明白了么，说这房子不能租给你？

男客　啊，是的，你说的很明白。

房东　那么今天你还叫人把行李送到这儿来是什么意思？

男客　（高兴得很）因为叫我不要来是你说的，不是我说的，我并没有答应你说不来，我答应了没有？

房东　（渐渐地感到不快）你这话我真不大明白，你的意思，好像是说这房子的租不租要由你答应，是不是？

男客　喔，不是，这房子的租不租，自然是要由你答应。不过，既把房子租了给我，这房子的退不退，就得由我答应。你知道，现在这房子不是租不租的问题，是退不退的问题。

房东　（渐渐生起气来）我这房子是几时租给你的？

男客　你既受了我的定钱，这房子就算租了给我。

房东　真是碰到鬼！我几时受你的定钱？那是我的女儿，她不懂事。

男客　不懂事？她又不是一个小孩子。

房东　喔，现在这些废话都不必讲，我这房子并不是不租，我是要租一个有家眷的人，如果你先生有家眷来同住，我这房子租你，我没有话说。

男客　你这话说的毫无道理。你租房的时候，说明了要家眷没有？我骗了你没有？

房东　（改用和平的方法）租房的时候没有说，可是我昨天已经对你先生说过，我们家里没有一个男人……

男客　(停止她)唉，唉，我问你，你租房的时候，你家里有男人没有？为什么现在才想到？

房东　你这人一点道理不讲，我没有这许多工夫来和你争论。

老妈　(想做和事佬)喔，太太，今天时候也不早了，天又下雨，现在要这位先生另外找房子，也不大方便，可不可以让这位先生暂时在这儿住一宵，明天再想旁的法子。

男客　(固执)不行！这话不是这样讲，如果我不租这房子，我即刻就走，既是受了我的定钱，这房子就非租给我不可！

房东　那么我告诉你，你今晚非走不可！

男客　(冷笑了一声)哼！(坐了下来)

房东　(站到他的面前)你走不走？

男客　不走！

房东　王妈，去把巡警叫来。

老妈　喔，太太！

房东　你去叫巡警来。

男客　巡警来了又怎样？巡警也得讲理呀。

老妈　太太，我想……

房东　我叫你去叫巡警去，你听见了没有？——你去不去？

老妈　好吧。(由后门走出)

房东　要他即刻就来！(由后门走出，用力将门一关)

男客　(没有了办法。袋里摸出烟包和烟斗，包里的烟又完了，从皮包里取出一个烟罐，开了一罐新烟，先把烟包装满了，然后装了烟斗。正想抽烟的时候，忽然来了敲门的声音。厉声的)进来！(仍然背了门立着)

女客　(推开门，轻轻走进。身上着了一件雨衣，一手提了一只小皮包，一手拿了一把雨伞。一进门就开了口，一开了口就有不能停止之势)啊，对不起，请你原谅。(男客人急转过身来，这时他才看见进来的是这样的一个人)这是很无礼的，我知道，但是我没有办法，你们的大门没有关，我一连敲了好几下，都没有人答应，所以只好一直走进来。

男客　(气还未平，但没有忘记把衔在嘴里的烟斗拿下来放在桌上)你有什么事？

女客　我？我是到这边大成公司做事来的。今天刚从北京来，下午三点的车子，直到六点钟才到，九十里路，走了两个半钟头，你看！现在我要找一个住宿的地方，在火车站上，我打听了好几个地址，一连走了三四家，都没有找到一间合用的房子。有人告诉我，说这边还有几间空房……

男客　(遇到了对头)啊，你是来租房的！

女客　是的。不知道这边的房子租出去了没有？

男客　(狠心地回答)你的运气不好，这房子刚刚租出去。

女客　啊，你说我运气不好，我的运气可真不好。碰到这样的天气，这乡下的路又不好走，你看，我一身的衣服都打湿了。两只脚走得发酸。(叹了一口气)唉，我可以借你们的凳子坐了歇一回么？

男客　对不起，请坐。(气全没有了)

女客　(放下皮包、雨伞)谢谢你。(坐在茶几里边的一张椅上,向四边观察房里的一切)

男客　(引起了趣味,坐在方桌旁的一张小椅上)刚才你说你是到大成公司来做事的,不知道在那边担任的什么事?——啊,也许我不应该问。

女客　不应该问?那有什么?这又不是不可以告诉人的事。前两个星期,他们在报上登了一个广告,要聘请一位书记。那个广告,什么报上都有,我想你一定看到的。

男客　(点了一点头)

女客　上星期五,他们又在报上登了一个启事,说"敝公司拟聘书记一席,现已聘定,所有亲友寄来荐书,恕不一一作复,特此声明。"这个启事,你看见了没有?

男客　(又点了一点头)

女客　那位聘定的书记就是我。你没有想到吧?——你没有想到是一个女人吧?

男客　这倒没有想到。

女客　(得意得很)不过现在怎么办呢?你替我想想,后天就要到公司里去接事,现在连住的地方还没有找到!从六点半钟一直走到现在,就没有停脚。不瞒你说,我连饭还没有吃呢。(起身整理了一回衣,走到镜子的前面照脸)

男客　(好像很同情的样子)饭还没有吃?那怎么行?这一层说不定我或许可以帮助你。(起身倒了一杯茶)

女客　谢谢你,我不过是告诉你。我不是来骗饭吃的。

男客　喔,对不起!——好,请先喝一杯茶吧。

女客　谢谢。(复坐原处)

男客　(袋里摸出纸烟盒)你不抽烟吧?

女客　我不抽烟,不过我并不反对旁人抽烟。(喝了一口茶)

男客　谢谢你。(放回烟盒,收了烟斗,背转了身,燃火抽烟)

女客　(摸自己的脚)喔,天呀!你看我的这双脚,还像是人的脚么?……

男客　(急转过身来)怎么样?

女客　不仅是水,连泥都走进去了!

男客　(殷勤起来)那真糟。要不要换袜子?如果要换袜子,我可以走到外边去。

女客　谢谢你,我不要换袜子。就是换袜子,也用不着把你赶到外边去。

男客　不要紧,如果袜子没有带,我还可以借你一双。

女客　谢谢你,你的好意我很感激,不过换它有什么用处?反正是要到水里走去的。

男客　要到水里走去?——干什么要到水里走去?

女客　不到水里走去有什么办法?这样漆黑的天,一到街上,你还分得出哪里是水哪里是路来么?

男客　(若有所思)

女客　(又喝了一口茶,叹了一口气,起身告辞)啊,打搅了你,对不住得很。(拿了皮包、雨伞,预备走出)

男客　(阻止她)不用忙,再歇一回儿。——刚才你说,你是要租房的,是不是?

女客　(面向了他)怎么!我说了半天,你还没有听懂么?

男客　听是听懂了。不过……唉，你看这三间房子怎么样？

女客　怎么，你不是说已经租出去了么？（放下皮包）

男客　租是租出去了，不过也许可以让给你。

女客　（高兴起来）可以让给我？真的么？（放下雨伞）

男客　自然是真的。（又替她倒好了一杯茶）

女客　（坐下，接了茶）谢谢。不过为什么可以让给我？是不是这房子如果我愿租，你就可以不租给那个人？

男客　（摇头）

女客　不然，你刚才说的是句谎话，这房子就没有租出去？

男客　不，我说的是实话。这房子是已经租出去了。现在也不是不租给那个人。我说可以让给你，是说已经租好了房子的那个人，自己愿意让给你。

女客　那我可不明白。为什么那个人愿意把房子让给我？他连见都没有见过我，为什么要把房子让给我？

男客　那你不用管。

女客　这房子闹鬼不闹鬼？

男客　怎么，难道你怕鬼么？

女客　喔，我是不怕鬼的，我说也许那个人怕鬼。

男客　喔，那个人也是不怕鬼的。——不管有鬼没有鬼，让我们来看看房子，好不好？（从桌上拿了灯引她看房）这是一间睡房。（开了右壁的门，让她走进）芦苇的顶篷，洋灰地，洋式床，现成的铺盖。窗子外面是一个小小的花园。一清早就可以听到鸟的声音。白天撩开窗帘，满屋里都是太阳。（女客人走出。又把她引到右边的耳房）这边也是一个睡房。铺盖家具也都是现成。房间的大小，和那边一样。就是光线差一点。一个人住的时候，这里可以做睡房，那边可以做书房。（女客人走出）中间可以吃饭会客。（放下灯）这屋子又干净，又显亮，一天到晚，听不到一点嘈杂的声音。这里离你办事的地方又近。我看这房子是于你再合适没有了。

女客　这三间房子租多少钱？（坐下）

男客　喔，便宜得很。这样的三间房子，只租五块钱一月。

女客　房子倒不错，房价也不贵。（想了一想）这房子真的可以让给我吗？

男客　自然是真的，为什么要骗你？

女客　不过今晚就来住，总不行吧？

男客　行，行。（好像忽然想起一件事来）不过——你结了婚没有？

女客　（跳了起来，挺了胸脯，竖起眉毛）什么？！

男客　（还要补一句）你结了婚没有？

女客　（怒了）你这话问得太无道理！

男客　太无道理？

女客　简直是一种侮辱！

男客　（高兴起来）“侮辱”，对了，一点都不错，我也是这样说。但是现在有房出租的人，似乎最重要的是先要知道你结婚没有。

女客　我结婚没有，干你什么事？

男客　是的，一点都不错，我结婚没有干她们什么事？可是她们一定要问，你说奇怪不奇怪？

女客　我完全不懂你的意思。

男客　谁说你懂？你自然不懂我的意思。不过你不要性急，让我告诉你，你就会懂。——刚才你说，你是到这边大成公司来做事的，是不是？……

女客　你这人的记忆力真坏，怎么刚说过了的话，即刻就忘了。

男客　不要生气。我不过是告诉你，我也是到这边大成公司来做事的。

女客　你也是到大成来做事的？

男客　是的。你没有想到吧？

女客　你在大成做什么事？

男客　我在这边当工程师。

女客　这样说，你并不是这里的房东？

男客　谁说我是这里的房东？我说了我是这里的房东没有？你看我的样子，像一个房东么？

女客　（抢着说）啊我知道了！你是这里的房客！这三间房子是你租的，现在你觉得不合适，想把它退了。

男客　想把它退了！谁说我想把它退了？

女客　刚才你不是说这房子可以让给我的么？

男客　是的，我是说可以让，没有说要退。

女客　那我更加不明白了，你既不想退，为什么要让呢？

男客　你真的不明白么？

女客　真的不明白。（坐下）

男客　因为——我看了你……喔，不是，因为房东不肯租给我。

女客　为什么房东不肯租给你？

男客　啊，就是这婚姻的问题。现在我们讲到题目上来了。一星期以前，我到这里来看房子，碰到了房东小姐。一见了我，她就盘问我，问我有没有老太太，有没有小孩子，有没有兄弟姊妹，直等到我明明白白地告诉了她我是没有结过婚，她才满了意。连房价也没有多讲，她就答应了把房子租给我。

女客　懂么？她一定知道了你是一个工程师，她想嫁给你！

男客　真的么？这我倒没有想到。——昨天下午，我到这里来的时候，她们老太太告诉我，说如果我没有家眷来同住，她这房子不能租给我。她明明知道我没有家眷，她把这话来要挟我，你说可恶不可恶？

女客　为什么没有家眷来同住，这房子就不能租给你？

男客　我不知道啊。她说她们家里没有男人。

女客　笑话。

男客　这简直是一种侮辱，是不是？

女客　是的。——后来怎么样？

男客　后来我把她教训了一顿。

女客　她明白了这个道理没有？

男客　明白了这个道理？一个人一过了四十岁，他脑子里就已经装满了旧的道理，再也没有地方装新的道理，我告诉你。

女客　现在怎么样？

男客　现在？现在我不走！

女客　她呢？

男客　她？她去叫巡警。

女客　叫巡警？叫巡警来干什么？

男客　叫巡警来撵我！

女客　真的么！

男客　为什么要骗你？你如果不相信，等一会儿巡警就要来，你自己看好了。

女客　这倒是怪有趣的事。不过巡警如果真的要撵你，你怎么样？

男客　你没有来以前，我不知道怎样。现在我有了主意。

女客　你预备怎样？

男客　我把巡警痛打一顿，让他把我带到巡警局里去，叫房东把房子租给你。这样一来，我们两个人就都有了住宿①的地方。

女客　那不行。（若有所思）

男客　那为什么不行。

女客　你还是没有出那口气。——唉，我倒有个主意。

男客　你有什么主意？

女客　（少顿）让我来做你的太太，好不好？

男客　什么?!

女客　喔，你不用吓得那么样，我不是向你求婚。

男客　喔，你误会了我的意思，——我……我……因为我实在没有想到这个方法。

女客　这是最妙的一个方法。她说你没有家眷同住，这房子就不能租给你。现在你说你有了家眷，看她还有什么话说？

男客　她一定没有话说。不过——你愿意么？

女客　我为什么不愿意？这于我有什么损害？——又不是真的做你的太太。

男客　喔，谢谢你！

女客　你不要把我意思弄错。我不是说做了你的太太，我就有什么损害，那完全是另外一个问题。

男客　是的，那完全是另外一个问题。不过你帮我把租房的问题解决了，我总应该向你

---

① 宿（sù）：多音字，住，过夜，夜里睡觉。

道谢。

女客　嗤！道谢，无产阶级的人，受了有产阶级的压迫，应当联合起来抵抗他们。（侧耳静听）

男客　不错，不错。

女客　我听见有人说话。

男客　那一定是巡警！（急促地）唉，不过我已经说过我是没有家眷的，现在怎样对她们讲？

女客　就说我们吵了嘴，你是逃出来的，不愿意给人知道……

男客　（巡警已经走到门外，急忙地点了一点头，叫她不要再讲话）嘘！

〔男客人坐在方桌边，装作生气的样子。女客人坐在茶几旁边。后门由外推开，走进一个巡警，手里提了一个风灯，后面跟了老妈和房东太太。她们看见房里来了一个女人，非常的惊讶。房里来的这个女人，见她们来了，起了一回身，向她们行了一个很谦和的礼。巡警将风灯放在桌上，与那位生气的先生行了一个礼。

巡警　您贵姓？

男客　（不客气的）我姓吴。

巡警　（把头点了一点）喔。——府上是？

男客　府上？我没有府上。

女客　（起始做起受了委屈的太太来）啊，你是拿定主意不要家了，是不是？

巡警　（注意到插嘴的人，向男客人）这位……贵姓是？

男客　（答不出，看了女客人一眼，女客也正在代他为难，他只好起始做起依旧赌气的丈夫来）我不知道。你问她自己好了。

巡警　（真地问她自己）您贵姓？

女客　（很高兴地）我？我……也姓吴。

巡警　喔，您也姓吴。

女客　是的。

巡警　（再也想不出别的话）府上是？

女客　我？我住在北京西四牌楼太平胡同关帝庙对面，门牌三百七十五号，电话西局四千六百九十二。——啊，你把它写下来吧，等一会儿你一定要忘记。

巡警　（真地摸出一本小薄子来）北京……（写字）

女客　西四牌楼太平胡同，（让巡警写）关帝庙对面。

巡警　门牌多少？

女客　三百七十五号。电话西局——四千——六百——九十二。

巡警　（写完了）谢谢您。（藏好了薄子，又转到男客）您是来这边租房的，是不是？

男客　不是！我是来这边住宿的，这房子我老早就租好了。

巡警　（难住了。没有了办法，又转到女客）您是来这边？……

女客　我？我是来这边找人的。

房东　（不能再耐了）你到这边找什么人？

女客　（很客气地向她点了一点头）我到这边来找我的男人。

房东　找你的男人？谁是你的男人？

女客　我想你应该知道吧？——你既把房子都租了给他。

房东　怎么！这位先生是你的男人么？

女客　我不知道。你问他好了，看他承认不承认？

老妈　（也不能再耐了）太太，你看怎么样！我老早就对您说过，这位先生一定是有太太的，您不信。

巡警　（糊涂了）怎么？刚才你们不是说这位先生没有家眷，怎么现在他又有了家眷？

老妈　不要糊涂吧，刚才这位太太还没来，我们怎么会知道？如果这位太太早来这里，还可以省了我在雨地里走一趟呢。

女客　对你不住。这实在不能怪我，五点钟的车子，六点半钟才到这里。

老妈　请您不要多心。我不过是说给他太不懂事。

巡警　这话可得要说明白了。太太要我到这边来，是说这位先生租了这三间房子，要一个人在这边住。这屋里住的都是堂客，他先生一个人在这边住，很不方便，是那么个意思。现在这位先生的太太既是来了，这事就好办。如果太太是和先生在这边同住，那就没有我的事，如果太太不在这边住，这件事还得……

老妈　不要瞎说吧。太太自然是在这边住。——一看还不知道——先生和太太不过是为了一点小事，闹了一点意见，你不来劝解劝解，还来说那样的话。太太不在这边住，到哪里住去？——好了，现在没有你的事了，你赶紧回去打你的牌去吧。（把风灯送到他手里）走！走！

巡警　这样说，那就没有我的事了。好了，再见，再见。

女客　再见。你放心好了，哪一天我不在这里住的时候，我通知你就是了。

巡警　对不起，打搅，打搅。（巡警走出。老妈兴高采烈地拿了茶壶走出。房东太太承认了失败，看了她的客人一眼，也只好板了面孔走出）

男客　（关上门，想起了一个老早就应该问而还没有问的问题，忽然转过头来）啊，你姓什么？

女客　我……啊……我……

——幕下

阅读提示

丁西林（1893—1974），中国剧作家、物理学家、社会活动家。原名丁燮林，字巽甫，1893年9月生于江苏省泰兴县。1913年毕业于上海交通部工业专门学校（上海交通大学前身）；1914年入英国伯明翰大学攻读物理学和数学；1920年归国，历任北京大学物理系教授、国立中央研究院物理研究所所长。丁西林的代表作有剧作《一只马蜂》《压迫》《三块钱国币》和《等太太归来》等。

《压迫》是丁西林为纪念他的亡友刘叔和而作，取材来源于刘叔和生前发生的一件有趣的小事：20世纪20年代的中国，封建思想仍然禁锢着人们，同时受外来文化的影响，造成新事物与旧社会两者之间不可调和的矛盾，新事物的顽强抵抗与旧社会的压迫形成了巨大的冲突。在房东太太的眼里，没有家眷的男人容易出一些不好的事情，同时家里也没有男人，孤儿寡母与租房的单身汉同在一个屋檐下，易被世俗之人议论纷纷，甚至自己女儿还会受到损害。然而封建思想根深蒂固的母亲却被受进步思想影响的女儿钻了空子。在面对男客人的询问时，她显得十分无力，而萍水相逢的男女坦诚之下意见一致，灵活善变，打破了封建思想束缚，最终租到了房子。

该剧以别具一格的喜剧风格、精巧的戏剧结构与机智幽默的戏剧对白，给当时的戏剧界带来了一股新鲜的空气。相比较而言，在丁西林的早期独幕剧中，该剧更具有鲜明的社会意义。

丁西林曾说过："独幕剧在结构上贵乎精巧，它常常只表现生活中某个片段，有时，独幕剧的艺术生命，甚至只是为了突出地描写某种气氛、某种情调，或者抓住一两个人物的个性，表现出来些生动的生活情趣和感受。"《压迫》是对于一个生活片断的描写，人物不多（"二元三人"模式），剧情简单，但是行文曲折委婉、富有变化。突出冲突，冲突是最重要的戏剧艺术，没有冲突就没有戏剧。《压迫》的冲突主要集中在男客和房东太太之间，但该剧并没有从冲突的第一幕写起，而是引进"老妈"这个角色，剧中她虽不是冲突的主角，但通过男客和老妈的对话，在观众的心目中造成了一个悬念：一个不肯租，一个要租，矛盾的两个人碰到一起后，情形会怎样呢？从而引发了观众观看的欲望，造成一种紧张的期待心理。剧作一开始就以极其简练的手法，把补叙幕前的情节和展开戏剧冲突有机地结合起来，使过去的戏作为眼前的戏的有机组成部分开展，形成了一个和谐的整体。

七十六、十五贯（节选）

朱素臣　原作

浙江省《十五贯》整理小组　整理

陈　思　执笔

第七场　访鼠

[二幕前。惠山脚下，东岳庙附近。门子改扮货郎模样与秦古心同上。

秦古心　经我东打听，西打听，打听了十多天，直到如今方才打听到娄阿鼠就住在那间茅屋里面。（指与门子看）

门　子　老伯！那娄阿鼠是什么模样？

秦古心　（不回答，注视着前方）咦！前面那人，好像就是娄阿鼠！是的！正是他。不要被他看见，待我躲在一旁。（下）

[娄阿鼠上，与门子相遇。门子敲货郎鼓，娄阿鼠惊吓。门子下。

娄阿鼠　是谁？……哪个？……唉！为人不做亏心事，半夜敲门心不惊。自从那个短命的况钟来到无锡，害得我心惊肉跳，坐卧不安。十多天来躲在乡下，实在气闷。前面东岳庙里的老道，与我相识，他时常到城里购买香烛，不免再去向他打听城里风声如何。顺便求个签，问问吉凶祸福。（念“干板”）

乡下躲藏，

气闷难当；

况钟入相，

我再出将！（下）

[秦古心与门子上。

秦古心　就是他。我先回去了。（下）

门　子　辛苦你了！（看着娄阿鼠走向庙内）我家太爷每日乔装改扮，东查西访，正为限期将满，心中焦急；如今有了娄阿鼠的下落，他定然欢喜。

皂隶甲　（改装上）事情怎样了？

门　子　娄阿鼠现在东岳庙内，你快去禀报爷爷！

皂隶甲　待我进得庙去将他拿住！

门　子　爷爷吩咐，娄阿鼠虽然嫌疑重大，尚难断定就是凶手，不可鲁莽行事。我在这里守望，你到船上禀报爷爷，再做道理。（下）

皂隶甲下。

［二幕启：东岳庙大殿内。

娄阿鼠　（自内出）老道进城购买香烛，还不曾回来，待我求上一档签，等他一等。啊呀，东岳大帝啊！若是无事呢，赏个上上。（求签。）

况　钟　（扮做测字先生上）喂！老兄！

娄阿鼠　吓了我一跳，什么事？

况　钟　可要起数[①]么？

娄阿鼠　我在这里求签。起数？不要，不要！

况　钟　求签不如起数的好。

娄阿鼠　求签不如起数的好？

况　钟　是啊，你心中有什么疑难不决，问流年吉凶祸福，只要起个数，便能知道得清清楚楚，明明白白。若是想逢凶化吉，遇难呈祥，找人能逢，谋事能成，赌钱能赢，起个数，便知分晓，万分灵验！

娄阿鼠　啊，起数好？（放下签筒）请教这是什么数？

况　钟　请看！（唱"好姐姐"）

观枚测字，

声名遍四方。

娄阿鼠　测字么，就是测字，怎么又叫观枚？

况　钟　老兄！你若有什么心事，只要随手写一个字来，便可判断吉凶。

娄阿鼠　测不成，测不成！

况　钟　为何测不成？

娄阿鼠　我，一字不认得，一字不会写，可是测不成？

况　钟　随口说一个字也好。

娄阿鼠　啊，随口说一个字也好？

况　钟　是啊！

娄阿鼠　先生，小弟贱名叫娄阿鼠，这个老鼠的鼠字，你可测得出？

况　钟　测得出，测得出！

娄阿鼠　待我拿只凳子你坐！

况　钟　（接唱）借测字，

慢慢探真象，

但愿今朝定短长。

娄阿鼠　先生请坐！

况　钟　你测这个字，想问什么事呢？

娄阿鼠　（左右回顾，轻声地）官司。

况　钟　呋[②]！官司？

---

① 起数（qǐ shù）：此处为起课、卜课的意思。　② 呋（ào）：答应声。

［娄阿鼠堵着况钟口，暗示况钟不要大声。

况　钟　（测字）鼠乃一十四划，数目成双，乃属阴爻①；这鼠，又属阴类，阴中之阴，乃幽晦之象。若占官司，急切不能明白。

娄阿鼠　明白是不曾明白。不知日后可会有什么是非连累？

况　钟　请问这字是你自己测的，还是代别人测的？

娄阿鼠　啊，啊，代别人测的，代测，代测。

况　钟　依字上看来，只怕不是代测！

［娄阿鼠吃惊。

况　钟　（故做吃惊状）啊！鼠是为祸之首呢！

娄阿鼠　什么叫“淮河之水”？

况　钟　不是淮河之水，乃是罪魁祸首！

［娄阿鼠大惊。

况　钟　鼠乃十二生肖之首，岂不是个造祸之端么？依字理而断，一定是偷了人家的东西，造成这桩祸事来的。老兄可是么？

娄阿鼠　先生！你码头跑跑，我赌场混混，自家人，这一套江湖诀可用不着。江湖诀不要用，江湖诀不要用啊！人家偷东西，你怎能测得出呢？

况　钟　鼠，善于偷窃，所以才有这样断法。还有一说，那家人家，可是姓尤？

［娄阿鼠惊，跌倒在地。

况　钟　啊唷，请当心！

娄阿鼠　（起来）哎，叫你不要用江湖诀，你江湖诀又来了。我不相信你把别人的姓也测得出。别人的姓怎么能测得出呢？

况　钟　有个道理在内。

娄阿鼠　什么道理？

况　钟　那老鼠不是最喜偷油么？

娄阿鼠　对！有道是：（做偷油状）老鼠偷油，偷油老鼠！先生！不要管他油也罢，盐也罢，你看我往后可有是非口舌连累得着？

况　钟　怎说连累不着，目下就要败露了。

娄阿鼠　怎么说？

况　钟　喏，你问的鼠字，目下正交子月②，乃当令之时，只怕这官司就要明白了。

娄阿鼠　（独白）啊呀！明白是明白不得的呀！（惊慌失措。）

况　钟　老兄，你要对我实讲！你究竟是自己测的呢？还是代别人测的？你要说得清，我才指引得明。

娄阿鼠　先生！你等一等。（走到一旁，思考，四面望，唱“鬼曲”）

他那里呀，我这里呀！……

先生，我是代……

---

① 阴爻（yīn yáo）：六十四卦的基本符号之一，写作“--”。　② 子月（zǐ yuè）：农历十一月。

况　钟　唔！老兄，四海之内皆朋友也。你有什么危难之事，说出来，我或许可以替你分忧。

娄阿鼠　不瞒你说，我是自测！

况　钟　啊，自测？

娄阿鼠　（止住况钟，暗示他不可高声）先生！你看这灾星，我可躲得过么？

况　钟　嗯，你若是自测，本身就不落空了。

娄阿鼠　怎么讲？

况　钟　喏！空字头，加一鼠字，岂不是个窜字？

娄阿鼠　什么穿？

况　钟　逃窜的窜字。

娄阿鼠　先生！可能窜得出？

况　钟　要窜是一定能窜得出的。只是老鼠生性多疑，若是东猜西想，疑神疑鬼，只怕弄得上下无路，进退两难，到那时就窜不出了。

娄阿鼠　（佩服地）先生的神数，真是灵验，我一向喜欢疑神疑鬼的。要依先生的神断，你看我几时动身最好？

况　钟　若是走，今日就要动身。到了明日，就走不掉了。

娄阿鼠　为什么？

况　钟　鼠字头是个臼字，原是两个半日，合为一日之意。若到明日，就算两日，就走不掉了。

娄阿鼠　啊呀！现在天色已晚，叫我怎样走呢？

况　钟　哎，鼠乃昼伏夜行之物，连夜逃去，那是最妙的了。

娄阿鼠　先生费心看看，往哪一方走，才得太平无事？

况　钟　待我算算看：鼠属巽①，巽属东，东南方去的好。

娄阿鼠　东南方？先生再费心看看，还是水路太平，还是陆路无事？

况　钟　待我再算算看：鼠属子，子属水，水路去的好。

娄阿鼠　东南方，水路去，无锡、望亭、关上、苏州……（吃惊。）

况　钟　嘉兴、杭州，杭州可是个好地方！

娄阿鼠　唉！要是有只便船，往东南方去，我扑通一跳，它即刻就开，那有多好！

况　钟　老汉倒有只便船，正好今晚开船，往苏杭一带，赶趁新年生意。只是……

娄阿鼠　求先生行个方便，带我同去可好？我一定多付船钱。

况　钟　说哪里话来！钱财似粪土，仁义值千金。只是船行太慢，老兄若不嫌弃，与老汉同舟就是。

娄阿鼠　啊呀，你不是测字先生！

况　钟　怎么？

娄阿鼠　你真是我娄阿鼠的救命王菩萨了。我的这条性命就交给你了！

---

① 巽（xùn）：又称巽卦，八卦中的一卦，画作“☴”，代表风。

况　钟　你放心就是，保你一路平安！

娄阿鼠　（唱“姐姐入拨棹”）

我好比鱼儿漏网，

急匆匆逃入海洋。

况　钟　（接唱）愿只愿遇难呈祥，

从今后稳步康庄。

娄阿鼠　（接唱）向天涯，高飞远翔！

先生，你的船在哪里？

况　钟　（拉娄阿鼠出门）就在前面河下。

娄阿鼠　我就住在对河那间茅屋里面。这是起数钱，这是乘船钱，请你收下。让我去拿些衣服银钱，即刻就来。

况　钟　速去速来，我在船上等你。

［娄阿鼠下。皂隶甲及门子上。

况　钟　（向皂隶甲）快快跟上前去！

［皂隶甲下。

况　钟　（向门子）你快回到城里带领差役，邀集街坊，速到娄阿鼠家中查抄。若有可疑物件，连夜带回苏州，不得有误！

［门子下。况钟下。

——幕闭

阅读提示

昆曲《十五贯》是根据清初朱皡（素臣）的《十五贯传奇》（又名《双熊梦》）改编而成，由浙江省昆苏剧团《十五贯》整理小组黄源、郑伯永、陈思、周传瑛、王传淞、朱国梁、周传铮、龚祥甫、张娴、包传铎①、张凤云、李永圻②、项金根、俞金荣等集体整理，陈思③执笔。昆曲《十五贯》1956年在北京演出后震动了首都剧坛。

《十五贯》讲述了这样一个故事：尤葫芦从姐姐处借来十五贯钱恢复肉店营业。他戏言是卖女儿所得之钱，苏戌娟信以为真，连夜出逃。而后，娄阿鼠见财起意，杀死尤葫芦，过后反诬告苏戌娟谋财杀父。苏戌娟与客商熊友兰偶然同行，而熊身上正巧带钱十五贯，二人被街坊怀疑为凶手。

无锡县知事过于执听信诬告，便判苏戌娟与熊友兰死刑。苏州知府况钟奉命处决苏戌娟与熊友兰，二人申诉冤情，经调查审问后，冤案被证实。在禀见都堂周忱请求查明真相时，遭遇多方刁难。最后况钟据理力争，获得半月期限查明此案。

《访鼠》这一场主要描写况钟经过详细调查，发现娄阿鼠破绽，继而乔装算命先生，一步

---

① 铎（duó）：大铃，形如铙、钲而有舌，古代宣布政教法令用的，亦为古代乐器，此处用于人名。　② 圻（qí）：地的边长，此处用于人名。　③ 陈思：笔名，原名陈静。

一步套出娄阿鼠杀人的口供，最后将娄阿鼠带回县衙的过程。况钟在测字时准确掌握住娄阿鼠的内心想法，步步紧逼，同时又能适时结合民间的测字规律，随机应变；而做贼心虚、惧怕官司的娄阿鼠一步步落入“圈套”，将事实真相逐步“流露”。整个过程扣人心弦，其中娄阿鼠贪婪、害怕与慌不择路的状态与况钟的沉着、机智形成鲜明对比，凸显出况钟从容镇定、有勇有谋的英勇形象。

况钟与娄阿鼠，两个人物的立场是对立且不可调和的，一个是肩负重任、意在捉拿真凶的官员，另一个则是偷盗行窃的“鼠辈”。在况钟“微服私访”的过程中，故事的冲突始终显现于无形之中，又通过两人之间巧妙的对话来展现并深入主题，整个过程步步逼近，环环相连，扣人心弦。

同时，整个故事的情节通过一系列的巧合交织而成，所有的故事情节都源自日常生活，生活气息浓厚，而在故事发展的过程中又显露着民间智慧的力量，颇具趣味，无怪乎能够赢得百姓们的喜爱。

七十七、蔡文姬（节选）

郭沫若

人　　物

蔡文姬——名琰，左中郎将蔡邕之女，没入南匈奴十二年，为左贤王妃。建安十三年（公元208年）由曹操遣使赎回，初归汉时估计年三十一岁。

胡　儿——蔡文姬之子，初出场时估计年八岁，后归汉时年十六岁。回汉是出于我的安排。史籍中未著其名，剧中以伊屠知牙师名之。伊屠知牙师乃王昭君之子，曾为左贤王。左贤王在匈奴中位置仅次于单于，单于死即由左贤王继承，以伊屠知牙师名胡儿足以显示蔡文姬对王昭君之思慕。

胡　女——年半岁，尚在襁褓中，文姬呼之为昭姬；后亦归汉，时年九岁。

赵四娘——文姬之姨母。此人出于假托。文姬之母相传为赵五娘，此作为赵四娘之姐，与文姬同时没于匈奴，相依为命。文姬归汉，其子女即由她留胡照料。有此足以促成文姬归汉的决心。此人作为死于匈奴中，在胡儿、胡女归汉时已去世。

左贤王——假定年四十岁左右。剧中把他作为匈奴的民族主义者，故以汉初最杰出的匈奴单于冒顿之名名之。冒顿单于曾打败汉高祖刘邦，并侮谩吕后。此左贤王名以冒顿，以表示其强项。

南匈奴单于呼厨泉——假定年五十岁左右。此人于建安二十一年朝汉，被曹操留置于邺，遣右贤王去卑回匈奴，分其众为五部，各立其贵人为帅，选汉人为司马以监督之。故在曹操手中，南匈奴等于归化。北匈奴早已西迁，其旧地为鲜卑族所占据。

右贤王去卑——假定年三十岁以往。此人乃亲汉派，为曹操所信任，匈奴统治者地位以单于、左贤王、左谷蠡王、右贤王、右谷蠡王等为次，故右贤王位在第四。

董　祀——曾为屯田都尉，与文姬同为陈留人，文姬归汉后重嫁于他。为处理方便，剧中此人为曹操派赴匈奴的正使，后升任长安典农中郎将。初使匈奴时假定年三十一岁，与文姬同年，但月份较小，并假定他曾师事蔡邕，是蔡文姬的表弟，其母为赵三娘。

周　近——假定年四十岁左右。史有此人。曹丕《蔡伯喈女赋》已失传，其序的残文云“家公与蔡伯喈有管鲍之好，乃命使者周近持金璧于匈奴赎其女还，以嫁屯田都尉董祀”云云。为方便计，以此人作为派遣匈奴的副使，并任屯田司马，为董祀下属；但在意识上颇与董祀对立，几至陷害董祀。

曹　操——赎回蔡文姬时年五十四岁，其年为建安十三年（公元208年）。当年七月始为丞相，但剧中为方便计已称之为丞相。建安二十一年(216)时六十二岁，晋封魏王。

卞　后——小曹操四岁，为曹丕、曹彰、曹植之生母。本出娼家，史称其节俭勤谨，宽厚待人，菜食粟饭，不用鱼肉。曹操甚爱之，称其"怒不变容，喜不失节"。

曹　丕——建安十三年(208)时年二十二岁，其时官职不明，建安十六年(211)为五官中郎将，副丞相。剧中为方便起见，初出场即称为五官中郎将。

侍琴、侍书——曹丞相的家婢，被派遣随董祀入南匈奴，以便归途服侍蔡文姬。

胡兵、胡婢、胡乐队、胡舞队等各若干人。

(曹丞相府侍者、铜雀台歌妓等各若干人。)

年代

汉献帝建安十三年至二十一年(208—216)

地点

第一、二幕在南匈奴；

第三幕在长安郊外；

第四、五幕在邺下。

第一幕

左贤王的穹庐，仲春的早晨。

穹庐设在舞台一侧，门外张彩棚，下敷地毯，设各种必要用具。四周有障屏竖立，间隔成一区域，当偶处每有缺口，与外通。背景可适当布置胡中景物。时闻马嘶声。

蔡文姬，胡装，其装束如维吾尔族。独自一人在彩棚下徘徊，形容憔悴。一时又高兴，一时又有愁思不决之状。屡屡叹气，时时又自言自语："怎么办呢？到底是回去，还是不回去？"(这样的话，在一定间歇中反复)

忽然又站立着，凝视着远方，似乎在酝酿诗意。事实上她已三天三夜不睡觉。在失眠中她的《胡笳十八拍》已经做到第十二拍了。

后台合唱。音乐伴奏。(《胡笳诗》中的"兮"字古本读呵音，故一律改为呵字)

东风应律呵暖气多，
知是汉家天子呵布阳和。
羌胡蹈舞呵共讴歌，
两国交欢呵罢兵戈。
忽逢汉使呵称近诏，
遣千金呵赎妾身。
喜得生还呵逢圣君，
嗟别二子呵会无因。
十有二拍呵哀乐均，
去住两情呵难具陈。

〔胡儿伊屠知牙师，佩弓，腰悬箭囊，自穹庐对侧跑出。

胡　儿　妈！（向文姬跑去）

文　姬　（停步）呵，伊屠知牙师，你一早到什么地方去来？

胡　儿　我去打兔子来，我听见好些人在说，妈，你今天就要回汉朝去了，是真的吗？

文　姬　（迟疑，叹气，掩泪）……

胡　儿　（抱拥其母）妈，你在哭吗？你为什么要哭呢？回汉朝去不是好事吗？你不是经常在说，要带我们回去吗？我是很高兴的啦！

文　姬　（索性哭出声来了）伊屠知牙师！我的儿！（抚抱胡儿，泣不成声。有一会，才哽咽着说）娘这几天一直没有告诉你。汉朝的曹丞相派遣了专使来，要把娘接回去，送来了很多的黄金玉器、锦缎绫罗。单于呼厨泉已经答应了。我已经考虑了三天，今天已经是第四天了，我须得做最后的决定。

胡　儿　妈，你还没有决定吗？你决定了吧，带我们一道回去，把爹爹，把四姨婆也一道带回去！

文　姬　娘是很想回去的。我告诉过你"狐死首丘"的故事，一个人到死都是怀念自己的乡土的。你外公外婆的坟墓在长安，我只是十二年前，在来匈奴的途中，去扫过一次。我也很想回去扫墓。特别是你外公有不少的著作，经过战乱，遗失了，回去我想也总可以收集得一些。娘十二年来都在这样想，可是总得不到回去的机会。现在机会来了，娘当然是喜出望外的。

胡　儿　那么，你为什么不赶快作出决定，把我们一道带回去呢？我多么想去看看万里长城，看看黄河，看看长江，看看东岳泰山呵！

文　姬　（悲抑）儿呀，你不知道。娘为这事已经三天三夜没有睡觉了。

胡　儿　哦，难怪你这两天瘦了，我看你饭也不想吃。妈，你是生了病吗？妈？

文　姬　（摇头）我呵，我比生病还要难过。（徐缓地）能够回去，我是很高兴的。十二年来，我认为无望的希望竟公然达到了。但是，儿呵，你不知道为娘的苦痛。娘要回去，……（欲言又止，终于决绝地说出）却又不得不丢掉你们！

胡　儿　（惊愕）怎么？妈，你说什么？

文　姬　（悲痛）娘要回去，就不能不留你们在这儿，留下你和你半岁的妹妹。

胡　儿　那怎么行呢？妈，你不要我们了吗？

文　姬　不，不是！是你父亲不放你们走，他甚至于不想让我走。

胡　儿　那怎么行呢？我要和爹爹闹。

文　姬　我已经和你爹爹谈了三天了。我说，儿女让我带回去，没有母亲的儿女很可怜。他说，不行，你是汉人，我可以让步，让你走；儿女是匈奴人，我不能让步，你不能带走。我说，一人分一个吧，把你或者你的妹子带去，他也不肯。儿呵，你想，把你们丢下，让娘一个人回去，这不是割下了娘的心头肉吗？

胡　儿　（愤愤然，又含着眼泪地）爹爹这样不讲道理吗？匈奴人和汉人不是一家人？

文　姬　儿呵，你还小。你爹爹是爱你们的，他不放你们走，你也不能怪他。

胡　儿　哼！我是妈妈的儿，那我要跟妈妈一道走！我要跟妈妈一道去！……

［赵四娘抱着胡女由穹庐中走出。

胡　儿　（回头向赵四娘纠缠）四姨婆，你知道吗？妈妈要回汉朝去了，爹爹不让我们一道去！

赵四娘　你也知道了吗？你妈和我这几天正为这件事伤心啦。

胡　儿　四姨婆是不是也要回去呢？

赵四娘　我吗，我是想回去的。伊屠知牙师呀，你长大了就会知道。一个人谁也要思念自己的故土。……但是，我已经想了三天，在昨天晚上我同你妈妈讲明白了，我要留下来。我留下来照顾你们兄妹俩，让你们的妈妈安心地回去。

［胡儿放声大哭。文姬、赵四娘也眼泪涔涔[①]。

文　姬　四姨娘，我，我，我不想回去了。我们一同留在这儿。

赵四娘　（苦笑）哼哼，那你就未免太溺爱了！文姬！你应该安心回去，你的儿女，由我在这儿抚养，我包管把他们抚养成人，并且要教他们学好。我可以代替你。有我在这儿，你安心，就和你自己在这儿是一样。

胡　儿　我要跟着妈回去，四姨婆也回去！（啰唣）

赵四娘　没办法的，左贤王执意不肯让你们走。他甚至于还这样说，如果要把你们带走，连你妈妈他也要让她活不下去！

胡　儿　什么，他要杀妈妈？

赵四娘　他是那样说的。他说，你妈妈是汉人，一定要走，没有办法；你们是匈奴人，断然不能带走。如果要带走，他就要通通杀掉！

胡　儿　（愤恨）哼！我要去和他闹！（作势欲下）

文　姬　（一手挽着他）伊屠知牙师，你不能那样，你怎能和你爹爹闹呢？他不肯放你们走，也是由于爱你们……

胡　儿　我不稀罕他的爱！

文　姬　他虽然那样说，但他对我还是好心好意的。

胡　儿　那么，他为什么不让我们回去呢？

文　姬　你爹也上年纪了。他说过，如果让你们也走，他会活不下去。

胡　儿　我们劝他一道走嘛！

文　姬　（不禁苦笑）不行的，那是办不到的。

赵四娘　（插话）伊屠知牙师，你要知道，就跟你妈妈想回汉朝的一样，你爹爹是不想离开匈奴。这是一样的道理。

胡　儿　那么，四姨婆，你为什么不回去？

赵四娘　我不是说了吗？我是爱你们，也是爱你们的妈妈。我要让你们妈妈把我爱故乡的情感承担回去，我要让我自己把你们妈妈爱儿女的情感承担下来。我是孤孤单单的一个人，年纪已经老了，我如果能够把你们抚养成人，由你们的一代来代替你们父亲的一代，使匈奴和汉人真正成为一家，在我就心满意足了。

---

① 涔（cén）：泪落很多的样子。

文　姬　四姨妈，我是不想回去了，我怎么能够丢下你们呢？我怎么能够丢下你呢？二十年来我们形影不相离，你比我亲生的母亲还要疼我，我怎么能够再把母亲的担子加在你的身上？唉！我回去又能够做些什么呢？

赵四娘　（含谴责意）你总爱那样说！以你的才华，能做的事情多着呢！你难道还不相信我吗？我告诉你，我虽然已经六十岁，但我至少还想再活十五年，我一定要把你的儿女抚养成人，一定要看到匈奴和汉朝真正成为一家。

［左贤王带胡兵二人匆匆上。

左贤王　（愤愤然）你们在胡闹些什么？胆大包天！什么叫匈奴和汉朝成为一家？哼！

赵四娘　哎，你们这一家人不就是这样的吗？

左贤王　哼，你说得好听！你难道没有看见吗？我这一家人看看就要四分五裂了。（回向文姬）文姬，孩子们的妈！今天是第四天了。呼厨泉单于在为汉朝来的人饯行，要你也过去，今天就动身！

文　姬　什么？今天就走吗？

左贤王　是呵，汉朝来的人说，他们受了曹丞相的命令，要在五月以前赶回。在路上还要走两个月呢。

文　姬　汉朝派来的人到底姓甚名谁，我问了你好几次，你都没有弄明白。

左贤王　他们的姓名谁弄得清呵，简单得太不成话！我只记得一个是什么"东师"都尉（董祀①），一个是什么"将军"司马（周近）。这些官名我倒知道，看来他们都是带兵官。那位"东师"都尉倒还和气，那位"将军"司马，却是盛气凌人，全不把人看在眼里。他刚才还私下对我说："你要不把蔡文姬送回汉朝，曹丞相的大兵一到，立地把你匈奴扫荡！"他这气焰我可受不了。我想，他们一定还有大兵在后，先来试探我们。我不是对你说过，这是他们惯用的手法？这就叫作"先礼后兵"。如果我不让你回去，那就会大兵压境，使得我们南匈奴，就要弄得和北匈奴、三郡乌桓②一样了！孩子们的妈，我是不想让你走的，你叫我怎么办呢？呵，我恨不得把我自己剖成两半！

文　姬　你不要那样着急吧！我告诉你，我也不想离开你。我把儿女丢下，你叫我怎么能够忍心呢？如果你能让我带走一个……

左贤王　不行！半个也不行！我这几天都快要发狂了。你要走，我不敢阻拦你。赵四娘你也可以带走。除此之外谁也不准带走！不然，我要杀人！我要把我全家杀尽！

赵四娘　请你息怒吧，左贤王！我已经下了决心：我愿意留下来替文姬抚养儿女，让她一个人回去。

［胡儿抱母身，放声痛哭。

胡　儿　我要和妈妈一道走，我要和妈妈一道走……

左贤王　（暴怒）你这个小东西！不准哭！（指挥胡兵）给我把他拉下去！

---

① 董祀（sì）：三国时曹操的一个屯田都蔚，蔡文姬的丈夫。　② 乌桓：亦作乌丸，原与鲜卑同为东胡部落之一，公元297年曹操率兵于辽西击败乌桓。

［胡兵二人向前扭取胡儿，胡儿号啕痛哭，死死不放。左贤王暴跳如雷，几次手按佩刀，欲有动作，赵四娘从旁挽劝。

文　姬　（毅然地，叱咤①胡兵）你们不准乱动！

［胡兵迟疑。

文　姬　我还在考虑，我并不一定要走，你们离开得远些！

［胡兵回视左贤王，左贤王勉强示意，胡兵离开文姬，远远侍立。

文　姬　四姨娘，请你把昭姬抱下去吧。

赵四娘　好，伊屠知牙师，我引你一道去玩玩。你妈妈不走的。

胡　儿　不，我要跟妈妈在一道！我要跟妈妈在一道！

文　姬　（俯抚胡儿）伊屠知牙师，我的儿，你是听娘的话的。你也跟着四姨婆下去，好好同妹妹一道玩吧。你要听四姨婆的话。等你们长大了，你同妹妹都回汉朝去。你下去吧。

赵四娘　好，我带你们一道到草原上去看跑马。

［胡儿已知世相，默默无言，勉强听从；两眼含泪，怒目视左贤王和胡兵；愤然抛弃弓矢，随赵四娘下。

文　姬　（向左贤王）孩子的爹，你不要生气吧。我也知道你的痛苦。我如果走了，希望你尊重赵姨娘，让她把孩子们抚养成人。说本心话，我很想回去，但又不愿意离开你们。我已经踌躇了三天三夜，就到目前我也依然在踌躇。你知道，我是愿意匈奴和汉朝长远和好的。曹丞相派遣使臣来迎接我，如果还有大兵随后，那就是不义之师。我要向汉朝的使者问个明白；如果真是那样，我要当面告诉他：我决不回去，死，也要死在匈奴！因此，我要向你请求一件事。

左贤王　（转和缓）你总不会让要归顺汉朝吧！

文　姬　不是那样使你为难的事。……

［一胡兵上场，向左贤王报告。

胡　兵　启禀左贤王，单于请你和王妃快些驾临王宫。

左贤王　知道了。下去！

［胡兵下。

左贤王　你快说，是怎样？

文　姬　我希望你请汉朝的使者——请那位你认为比较和气的“东师”都尉吧，请他到我们这里来。我要当面问他：他们到底有没有大兵在后。你可以掩伏在近旁，听我们说些什么话，但不许有人露面。如果有人露面，那汉朝的使者就不会说出真话来了。就是这样一个请求，你能同意吗？

左贤王　（略略考虑一会，点头）这倒可以同意。好吧，我过去同他们说清楚，立地把使者引来。

［左贤王引胡兵二人下场。

---

① 叱咤(chì zhà)：发怒吆喝。

蔡文姬一人在场上盘旋，她这时又在酝酿着《胡笳诗》第十三拍了。

后台合唱，音乐伴奏。——

不谓残生呵却得旋归，
抚抱胡儿呵泣下沾衣。
汉使迎我呵四牡騑騑，
胡儿号呵谁得知？
与我生死呵逢此时！
愁为子呵日无光辉。
焉得羽翼呵将汝归？

[左贤王偕胡兵二人，引汉使董祀上，汉婢二人，一人捧汉衣冠，一人抱琴，随上。文姬见董祀，现出惊疑之态。

左贤王　妃子，我把汉朝的使者引来了，这位就是"东师"都尉啦。

董　祀　（向文姬行礼）文姬夫人，你好！我是陈留董祀，我们有十几年不见面了！

文　姬　（还礼）呵，公胤，原来是你呵！（回向左贤王）孩子的爹，谢谢你。这位汉朝来的使者，他姓董名祀字公胤①，是我父亲的学生，也是我的一位表弟。他的母亲是我的母亲和赵四姨娘的亲姐姐。他从小就失掉母亲，是我母亲把他养大的！

左贤王　哦，那就好了。你们在这里谈谈心，我去陪单于和副使。失陪了！

董　祀　大王请便。

[左贤王与胡兵二人由原路下，掩伏在屏围后。

董　祀　（向文姬）文姬夫人……

文　姬　你怎么这样称呼我？照你幼时的习惯，称我为大姐吧。

董　祀　呵，大姐，我真没有想到能够再和你见面。

文　姬　我也没有想到呵。

董　祀　听说你已经有侄儿侄女了。

蔡文姬　是呵，四姨娘也在这儿。

董　祀　呵，四姨娘也在这儿吗？

蔡文姬　我们是兴平二年一同流落到这儿来的，在这里同住了十二年了。

董　祀　唉！真是没有想到，这些年天下的变化是多么大呵！

蔡文姬　公胤，我倒要问你，你们这一次带来了多少人马？

董　祀　大姐，我们一行就只有三十五个人。我是正使，另一位副使周近，是清河崔琰的学生。此外就是侍从和管车马的人。

文　姬　呵哈，周近？不是说什么"将军"吗？

董　祀　那是把音搞错了。我是陈留的屯田都尉，周近是我下边的一个屯田营的司马。

文　姬　听说你们还有大兵随后，你们只是先行呵？

董　祀　（诧异）谁这样说？完全是造谣！

---

① 胤(yìn)：后代，此处用于人名。

文　姬　哼,你说造谣吗?是你们的副使周近亲自对左贤王说的。他说如果不让我回去,你们的大兵一到,就要荡平匈奴!

董　祀　(惊诧)呵,他说过这样的话!周近他居然这样口不择言,他怎么能这样说!我们是在正月初旬离开邺[①]下的,曹丞相亲自召见了我们,要我们带来了好些礼品,献给呼厨泉单于和左贤王,专诚来迎接你回去。丞相还派了两个自己府里的侍婢来陪伴你。(指抱琴者)这一位叫侍琴。

[侍琴曲半膝敬礼。

董　祀　(指抱衣者)这一位叫侍书。

[侍书同样敬礼。

董　祀　还给你送来了几套衣服,一具焦尾琴[②]。(指示二汉婢手中所捧抱者)你是知道的,曹丞相是会弹琴的。这焦尾琴是他亲自监制的,是仿照姨父伯喈[③]先生的焦尾琴制造的。丞相还亲手试过音,他说,你一定会喜欢。

文　姬　(故意文不对题地)可我知道曹丞相很会用兵,"兵不厌诈"。他不是惯会使用诈术吗?我听说,去年打平了三郡乌桓,曹丞相就是全靠诈术。他没有从正面去进攻,是从侧面去偷袭的。可不是吗?

董　祀　大姐,你是只知其一不知其二。曹丞相爱兵如命,视民如伤。他会用兵,但他与士卒同甘苦,他是不轻易用兵的。他在国内虽然年年打仗,但都是迫不得已。他锄豪强,抑兼并,济贫弱,兴屯田,使流离失所的农民又从新安定下来,使纷纷扰攘的天下又重新呈现出太平的景象。现在的中原,大姐,和你十二年前离开的时候是完全两样了。丞相去年远征三郡乌桓,正是证明"王者之师,天下无敌"。三郡乌桓近年来骤然强盛了起来,不仅经常侵犯北边,也经常侵犯匈奴。它把汉人俘虏了十多万户去作奴隶,使北部的边疆连年受到侵害。所以曹丞相才不能坐视,出师亲征,行军千里,把三郡乌桓荡平了。这不仅救了汉人,也救了匈奴人。十多万户被奴役的汉人被他救回来了,不少的匈奴人也被他解救了。他还使乌桓的侯王大人们受了他的感化,听从指挥,而今三郡乌桓的骑兵在曹丞相的麾下已经成为天下的劲旅。这假使不是仁义之师,是怎么也不能办到的。大姐,你离开故乡太久,你怕不明白真相吧?曹丞相的主张是"天地间,人为贵"。他曾经说过:"圣贤之用兵也,戢而时动,不得已而用之。"……

文　姬　公胤,我还要问你。曹丞相打发你们来接我,究竟要我回去做些甚么?是不是因为我在匈奴住了十二年,熟悉匈奴的情形,要我回去在军事上有用我之处吗?

董　祀　大姐,你怎么谈到军事上来!我们来的时候,曹丞相告诉了我们:现在汉朝和匈奴已经和好,外患也基本上消除了,朝廷正在广罗人才,力修文治。他说到你的父亲伯喈先生,他是天下名儒,可惜受冤屈而死。他也说到你是伯喈先生的孤女,你是

---

① 邺(yè):故址在今河北临漳,建安十八年(213年),曹操定都于此。　② 焦尾琴:用一端有焦痕之桐木所制的琴,详见《后汉书·蔡邕(yōng)传》。　③ 喈(jiē):声音和谐,此处指人名,伯喈是蔡文姬父亲蔡邕的字。

博学多才的人。他说你的才情不亚于班昭；班昭能够继承她父亲班彪的遗业，帮助她的哥哥班固撰成了《前汉书》，你也尽可以继承伯喈先生的遗业，参与《续汉书》的撰述。这些都是他亲自对我们说的。曹丞相是要在文治上做一番大事业，他是看中了你的文才，才来接你回去的。

文　姬　多谢你的指点。公胤，十二年来我无日无夜都在思念我的乡土，我也没有忘记要收集我父亲的遗书。但我在这里已经有一儿一女，你是知道的，曹丞相难道不知道吗？

董　祀　曹丞相也是知道的。他原想让你的子女也一道回去。我们也作了很大的努力，但是左贤王执意不肯。他说，大姐走，他可以同意，要带走儿女就万万不行。这层在大姐是一件憾事，在我们也是一件憾事。但我想左贤王不忍放走他的儿女，这也是人之常情。假使我处在左贤王的地位，恐怕也是不会放手的。（停一会）但是，如今汉朝和匈奴已如一家。大姐，你的子女留在这里也同带回去的一样。待他们长大成人了，将来是有机会回去的。（再停一会）大姐，请你务必以国家大事为重，把天下人的儿女作为你自己的儿女吧！

文　姬　（深受感动）呵，公胤呵，你说得我无言对答了。左贤王呵，孩子的爹，你叫我怎么办呢？（捶胸而泣）

［此时左贤王和胡兵二人从掩伏处出现。

董祀出乎意外，以手按佩剑。二婢女亦惊惶，奔赴文姬侧。

左贤王　（急忙向董祀行半跪礼，诚恳地）董祀都尉，我感谢你。

［董祀亦答礼，两人相扶，起立。

左贤王　你的话把我的疑团消除了。（回向文姬）文姬，你安心回去吧。你回去，遵照曹丞相的意愿，继承岳父伯喈先生的遗业，撰修《续汉书》，比你在匈奴更有意义。你将来还可以回匈奴来，我一有机会也可以到汉朝去。你回去了，我一定照着你的吩咐，让赵四娘抚养你的儿女。（解下所佩轻吕刀①，再行半跪礼捧呈董祀）董祀都尉，请你接受我这把轻吕刀吧！这把刀我佩带了十年，不知道作了多少次战，也不知道杀过多少次人，我把这把刀献给你！我要对你发誓：从今以后我决心与汉朝和好！

董　祀　（深受感动，同样行半跪礼受其刀）谢谢你，左贤王！（相扶起立，将刀佩上，随手将所佩玉具剑解下，捧呈左贤王）左贤王，我这把玉具剑是曹丞相赏赐给我的，这比我的生命还要宝贵，我也把它转赠给你。请你收下吧！

［左贤王受剑，佩之。两人拱手为礼。胡兵、汉婢均屈半膝，文姬亦合掌垂泪含笑。

——幕徐徐掩闭

---

① 古剑名。

阅读提示

郭沫若(1892—1978),原名郭开贞,字鼎堂,号尚武,乳名文豹,笔名沫若、麦克昂、郭鼎堂、石沱、高汝鸿、羊易之等,出生于四川乐山,现代文学家、历史学家、新诗奠基人之一,中国科学院首任院长、中国科学技术大学首任校长、苏联科学院外籍院士。曾任中国科学院哲学社会科学部主任、历史研究所第一所所长、中国人民保卫世界和平委员会主席、中日友好协会名誉会长、中国文联主席等要职,当选中国共产党第九、十、十一届中央委员,第二、三、五届全国政协副主席。代表作有诗集《女神》《星空》等,剧本《屈原》《王昭君》《孔雀胆》《蔡文姬》等,著有《郭沫若全集》《甲骨文字研究》《中国史稿》等。

20 世纪 50 年代末,在停止作剧十多年后,郭沫若写下了气势磅礴的诗剧《蔡文姬》。这是一出交响乐般的诗剧。郭沫若在现实主义的基础上,运用浪漫主义手法,发挥艺术想象力,以文姬归汉撰修《续汉书》为主旋律,奏出了崇高的爱国主义的最强音。这出戏展现的是东汉末年两个民族、两种文化的代表人物从对抗、冲突到理解、融合的波浪壮阔的画卷。可以说,无论思想内涵和艺术创造都很有自己的特点。《蔡文姬》第一幕讲述了蔡文姬是东汉著名学者蔡邕的女儿,她博学多才,妙于音律,精工书法,是一位颇有才华的女诗人。汉兴平年间,天下大乱,蔡文姬没入匈奴为左贤王王妃,在胡 12 年之久并生有一子一女。建安八年,曹操遣使赎蔡文姬归汉。

《蔡文姬》是一个诗人写的剧本。它虽是历史剧,但从它的写作手法来看我们可以把它当做抒情诗或散文诗来阅读和欣赏。这大概就是《蔡文姬》的艺术魅力之所在吧。

七十八、玩偶之家

[挪威]易卜生

人物

托伐·海尔茂	银行经理
娜拉	海尔茂之妻
阮克医生	爱娜拉,常去海尔茂家
尼尔·柯洛克斯泰	银行职员
林丹太太	娜拉的朋友,柯洛克斯泰的情人
安娜	孩子们的保姆
爱伦	女佣人

地点

剧情发生在海尔茂的家中

[还是那间屋子。桌子摆在当中,四面围着椅子。桌上点着灯。通门厅的门敞着。楼上有跳舞音乐的声音。

[林丹太太坐在桌子旁边,用手翻弄一本书。她想看书,可是没心情。她时时朝着通门厅的门望一眼,仔细听听有没有动静。

林丹太太　(看表)还没来,时候快过去了。只怕是他没有——(再听)喔,他来了。(走进门厅,轻轻开大门。门外楼梯上有轻微的脚步声。她低声说)进来,这儿没别人。

柯洛克斯泰　(在门洞里)我回家的时候看见你留下的字条儿。这是怎么回事?

林丹太太　我一定得跟你谈一谈。

柯洛克斯泰　当真?一定得在这儿谈?

林丹太太　我不能让你到我公寓去。公寓只有一个门,出入不方便。你进来,这儿只有咱们两个人。女佣人已经睡觉了,海尔茂夫妻在楼上开跳舞会。

柯洛克斯泰　(走进屋子来)啊?海尔茂夫妻今天晚上还跳舞?

林丹太太　为什么不可以?

柯洛克斯泰　问得对。为什么不可以?

林丹太太　尼尔,现在咱俩谈一谈。

柯洛克斯泰　咱们还有什么可谈的?

林丹太太　要谈的话多得很。

柯洛克斯泰　我可没想到。

林丹太太　那是因为你从来没有真正了解我。

柯洛克斯泰　有什么可以了解的？这是世界上最平常的事——一个没良心的女人有了更好的机会就把原来的情人扔掉了。

林丹太太　你真把我当作那么没良心的人？你以为那时候我丢下你心里好受吗？

柯洛克斯泰　有什么不好受？

林丹太太　尼尔，你当真这么想？

柯洛克斯泰　要是你心里不好受，你为什么写给我那么一封信？

林丹太太　那是没办法。既然那时候我不能不跟你分手，我觉得应该写信让你死了心。

柯洛克斯泰　（捏紧双手）原来是这么回事。总之一句话——一切都是为了钱！

林丹太太　你别忘了那时候我有个无依无靠的母亲，还有两个小弟弟。尼尔，看你当时的光景，我们一家子实在没法子等下去。

柯洛克斯泰　也许是吧，可是你也不应该为了别人就把我扔下，不管那别人是谁。

林丹太太　我自己也不明白。我时常问自己当初到底该不该把你扔下。

柯洛克斯泰　（和缓了一点）自从你把我扔下之后，我好像脚底下落了空。你看我现在的光景，好像是个翻了船、死抓住一块破船板的人。

林丹太太　救星也许快来了。

柯洛克斯泰　前两天救星已经到了我跟前，可是偏偏你又出来妨碍我。

林丹太太　我完全不知道，尼尔。今天我才知道我到银行里就是顶你的缺。

柯洛克斯泰　你既然这么说，我就信你的话吧。可是现在你已经知道了，你是不是打算把位置让给我？

林丹太太　不，我把位置让给你对于你一点益处都没有。

柯洛克斯泰　喔，益处，益处！不管有益处没益处，我要是你，我一定会把位置让出来。

林丹太太　我学会了做事要谨慎。这是阅历和艰苦给我的教训。

柯洛克斯泰　阅历教给我不要相信人家的甜言蜜语。

林丹太太　那么，阅历倒是给了你一个好教训。可是你应该相信事实吧？

柯洛克斯泰　这话怎么讲？

林丹太太　你说你像翻了船、死抓住一块破船板的人。

柯洛克斯泰　我这话没说错。

林丹太太　我也是翻了船、死抓住一块破船板的人。没有人需要我记念，没有人需要我照应。

柯洛克斯泰　那是你自愿。

林丹太太　那时候我只有一条路。

柯洛克斯泰　现在呢？

林丹太太　尼尔，现在咱们两个翻了船的人凑在一块儿，你看怎么样？

柯洛克斯泰　你说什么？

林丹太太　两个人坐在筏子上总比各自抱着一块破板子希望大一点。

柯洛克斯泰　克立斯替纳！

林丹太太　你知道我进城干什么？

柯洛克斯泰　难道你还想着我？

林丹太太　我一定得工作，不然活着没意思。现在我回想我一生从来没闲过。工作是我一生最大的快乐。现在我一个人过日子，空空洞洞，孤孤单单，一点儿乐趣都没有。一个人为自己工作没有乐趣。尼尔，给我一个人，给我一件事，让我的工作有个目的。

柯洛克斯泰　我不信你这一套话。这不过是女人一股自我牺牲的浪漫热情。

林丹太太　你什么时候看见过我有那种浪漫思想？

柯洛克斯泰　难道你真愿意——？你知道不知道我的全部历史？

林丹太太　我知道。

柯洛克斯泰　你知道不知道人家对我的看法？

林丹太太　你刚才不是说，当初要是有了我，你不会弄到这步田地吗？

柯洛克斯泰　那是一定的。

林丹太太　现在是不是太晚了？

柯洛克斯泰　克立斯替纳，你明白自己说的什么话吗？我想你明白，从你脸上我可以看得出。这么说，难道你真有胆量——

林丹太太　我想弄个孩子来照顾，恰好你的孩子需要人照顾。你缺少一个我，我也缺少一个你。尼尔，我相信你的良心。有了你，我什么都不怕。

柯洛克斯泰　（抓紧她两只手）谢谢你，谢谢你，克立斯替纳！现在我要努力做好人，让人家看我也像你看我一样。哦，我忘了——

林丹太太　（细听楼上的音乐）嘘！这是特兰特拉土风舞！快走，快走！

柯洛克斯泰　为什么？这是怎么回事？

林丹太太　你没听见楼上的音乐吗？这是最后一个节目，这个一完事他们就要下来了。

柯洛克斯泰　是，是，我就走。可是走也没有用。你当然不知道我对付海尔茂夫妻的手段。

林丹太太　我都知道，尼尔。

柯洛克斯泰　知道了你还有胆量——

林丹太太　我知道一个人在走投无路的时候什么手段都会使出来。

柯洛克斯泰　喂，我恨不能取消这件事。

林丹太太　现在还来得及。你的信还在信箱里。

柯洛克斯泰　真的吗？

林丹太太　真的。可是——

柯洛克斯泰　（仔细瞧她）难道你的目的就在这上头？你一心想救你的朋友。老实告诉我，是不是这么回事？

林丹太太　尼尔，一个女人为了别人把自己出卖过一次，不会出卖第二次。

柯洛克斯泰　我要把那封信要回来。

林丹太太　不行，不行。

柯洛克斯泰　我一定得把信要回来。我要在这儿等海尔茂回家，叫他把信还给我，我只说信里说的是辞退我的事，现在我不要他看那封信。

林丹太太　尼尔，你千万别把信要回来。

柯洛克斯泰　老实告诉我，你把我弄到这儿来是不是就为这件事？

林丹太太　起头我很慌张，心里确实有这个打算。可是现在一天已经过去了，在这一天里头，我在这儿看到了许多想不到的事。海尔茂应该知道这件事。这件害人的秘密事应该全部揭出来。他们夫妻应该彻底了解，不许再那么闪闪躲躲，鬼鬼祟祟。

柯洛克斯泰　好吧，要是你愿意冒险，你就这么办吧。可是有件事我可以帮忙，我马上就去办。

林丹太太　（细听）快走！快走！舞会散了，咱们再待下去就不行了。

柯洛克斯泰　我在街上等你。

林丹太太　好，你一定得送我回家。

柯洛克斯泰　我从来没像今天这么快活！

［柯洛克斯泰走大门出去。屋子与门厅之间的门还是开着。

林丹太太　（整理屋子，把自己的衣帽归置在一块儿）多大的变化！多大的变化！现在我的工作有了目标，我的生活有了意义？我要为一个家庭谋幸福！万一做不成，绝不是我的错。我盼望他们快回来。（细听）喔，他们回来了！让我先穿上衣服。

［她拿起帽子和大衣。外面传来海尔茂和娜拉的说话声音。门上锁一转，娜拉几乎硬被海尔茂拉进来。娜拉穿着意大利服装，外面裹着一块黑的大披肩。海尔茂穿着大礼服，外面罩着一件附带假面具的黑舞衣，敞着没扣好。

娜　拉　（在门洞里跟海尔茂挣扎）不，不，不，我不进去？我还要上楼去跳舞。我不愿意这么早回家。

海尔茂　亲爱的娜拉，可是——

娜　拉　亲爱的托伐，我求你，咱俩再跳一点钟。

海尔茂　一分钟都不行。好娜拉，你知道这是咱们事先说好的。快进来，在这儿你要着凉了。（尽管娜拉挣扎，还是被他轻轻一把拉进来。）

林丹太太　你们好！

娜　拉　克立斯替纳！

海尔茂　什么！林丹太太！这么晚你还上这儿来？

林丹太太　是，请你别见怪。我一心想看看娜拉怎么打扮。

娜　拉　你一直在这儿等我们？

林丹太太　是，我来迟了一步，你俩已经上楼了，我不看见你，舍不得回去。

海尔茂　（把娜拉的披肩揭下来）你仔细赏鉴吧！她实在值得看。林丹太太，你说她漂亮不漂亮？

林丹太太　真漂亮。

海尔茂　她真美极了。谁都这么说。可是这小宝贝脾气真倔强。我不知该把她怎么办。你想，我差不多是硬把她拉回来的。

娜　　拉　喔，托伐，今天你不让我在楼上多待一会儿——哪怕是多待半点钟——将来你一定会后悔。

海 尔 茂　你听她说什么，林丹太太？她跳完了特兰特拉土风舞，大家热烈鼓掌。难怪大家都鼓掌，她实在跳得好，不过就是表情有点儿过火，严格说起来，超过了艺术标准。不过那是小事情，主要的是，她跳得很成功，大家全都称赞她。难道说，大家鼓完掌我还能让她待下去，减少艺术的效果？那可使不得。所以我就一把挽着我的意大利姑娘——我的任性的意大利姑娘——一阵风儿似的越了个圈儿，四面道过谢，像小说里描写的，一转眼漂亮的妖精就不见了？林丹太太，下场时候应该讲效果，可惜娜拉不懂这道理。嘿，这屋子真热？（把舞衣脱下来扔在椅子上，打开自己书房的门）什么？里头这么黑？哦，是了。林丹太大，失陪了。（进去点蜡烛。）

娜　　拉　（提心吊胆地急忙低声问）事情怎么样？

林丹太太　（低声回答）我跟他说过了。

娜　　拉　他——

林丹太大　娜拉，你应该把这件事全部告诉你丈夫。

娜　　拉　（平板的声调）我早就知道。

林丹太大　你不用怕柯洛克斯泰。可是你一定得对你丈夫说实话。

娜　　拉　我不说实话怎么样？

林丹太大　那么，那封信会说实话。

娜　　拉　谢谢你，克立斯替纳。现在我知道怎么办了。嘘！

海 尔 茂　（从书房出来）怎么样，林丹太大，你把她仔细赏鉴过没有？

林丹太太　赏鉴过了。现在我要走了。明天见。

海 尔 茂　什么？就要走？这块编织的活计是你的吗？

林丹太太　（把编织活计接过来）是，谢谢，我差点儿忘了。

海 尔 茂　你也编织东西？

林丹太太　是。

海 尔 茂　你不该编织东西，你应该刺绣。

林丹太太　是吗？为什么？

海 尔 茂　因为刺绣的时候姿态好看得多。我做个样儿给你瞧瞧！左手拿着活计，右手拿着针，胳臂轻轻地伸出去，弯弯地拐回来，姿态多美。你看对不对？

林丹太太　大概是吧。

海 尔 茂　可是编织东西的姿势没那么好看。你瞧，胳臂贴紧了，针儿一上一下的——有点中国味儿。刚才他们的香槟酒真好喝！

林丹太太　明天见，娜拉，别再固执了。

海 尔 茂　说得好，林丹太大！

林丹太太　海尔茂先生，明天见。

海　尔　茂　(送她到门口)明天见,明天见,一路平安。我本来该送你回去,可是好在路很近。再见,再见。(林丹太太走出去,海尔茂关上大门回到屋子里)好了,好容易才把她打发走。这个女人真啰嗦!

娜　　　拉　你累了吧,托伐?

海　尔　茂　一点儿都不累。

娜　　　拉　也不想睡觉?

海　尔　茂　一点儿都不想。精神觉得特别好。你呢?你好像又累又想睡。

娜　　　拉　是,我很累。我就要去睡觉。

海　尔　茂　你看!我不让你再跳舞不算错吧?

娜　　　拉　喔,你做的事都不错。

海　尔　茂　(亲她的前额)我的小鸟儿这回说话懂道理。

你看见没有,今儿晚上阮克真高兴!

娜　　　拉　是吗?他居然很高兴?我没跟他说过话。

海　尔　茂　我也只跟他说了一两句。可是我好久没看见他兴致这么好了。(对她看了会儿,把身子凑过去)回到自己家里,静悄悄的只有咱们两个人,滋味多么好!喔,迷人的小东西!

娜　　　拉　别那么瞧我。

海　尔　茂　难道我不该瞧我的好宝贝——我一个人儿的亲宝贝?

娜　　　拉　(走到桌子那边去)今天晚上你别跟我说这些话。

海　尔　茂　(跟过来)你血管里还在跳特兰特拉——所以你今天晚上格外惹人爱。你听,楼上的客人要走了。(声音放低些)娜拉,再过一会儿这所房子里就静悄悄地没有声音了。

娜　　　拉　我想是吧。

海　尔　茂　是啊,我的娜拉。咱们出去做客的时候我不大跟你说话,我故意避开你,偶然偷看你一眼,你知道为什么?因为我心里好像觉得咱们偷偷地在恋爱,偷偷地结了婚,谁也不知道咱们的关系。

娜　　　拉　是,是,是,我知道你的心都在我身上。

海　尔　茂　到了要回家的时候,我把披肩搭上你的滑溜的肩膀,围着你的娇嫩的脖子,我心里好像觉得你是我的新娘子,咱们刚结婚,我头一次把你带回家——头一次跟你待在一块儿,头一次陪着你这娇滴滴的小宝贝!今天晚上我什么都没想,只是想你一个人。刚才跳舞的时候我看见你那些轻巧活泼的身段,我的心也跳得按捺不住了,所以那么早我就把你拉下楼。

娜　　　拉　走开,托伐!撒手,我不爱听这些话。

海　尔　茂　什么?你成心逗我吗,娜拉?你不爱听!难道我不是你丈夫?(有人敲大门。)

娜　　　拉　(吃惊)你听见没有?

海　尔　茂　(走到门厅里)谁?

阮　　克　(在外面)是我。我能不能进来坐会儿？

海尔茂　(低声嘀咕)讨厌！这时候他还来干什么？(高声)等一等！(开门)请进，谢谢你从来不肯过门不入。

阮　　克　我走过这儿好像听见你说话的声音，因此就忍不住想进来坐一坐。(四面望望)啊，这个亲热的老地方！你们俩在这儿真快活，真舒服！

海尔茂　刚才你在楼上好像也觉得很受用。

阮　　克　很受用。为什么不受用？一个人活在世界上能享受为什么不享受？能享受多少就算多少，能享受多久就算多久。今晚的酒可真好。

海尔茂　香槟酒特别好。

阮　　克　你也觉得好？我喝了那么多，说起来别人也不信。

娜　　拉　托伐喝的香槟酒也不少。

阮　　克　是吗？

娜　　拉　真的，他喝了酒兴致总是这么好。

阮　　克　辛苦了一天，晚上喝点儿酒没什么不应该。

海尔茂　辛苦了一天！这句话我可不配说。

阮　　克　(在海尔茂肩膀上拍一下)我倒可以说这句话。

娜　　拉　阮克大夫，你是不是刚做完科学研究？

阮　　克　一点儿都不错。

海尔茂　你听！小娜拉也谈起科学研究来了！

娜　　拉　结果怎么样，是不是可以给你道喜？

阮　　克　可以。

娜　　拉　这么说，结果很好？

阮　　克　好极了，对大夫也好，对病人也好，结果是确实无疑的。

娜　　拉　(追问)确实无疑？

阮　　克　绝对地确实无疑。知道了这样的结果，你说难道我还不应该痛快一晚上？

娜　　拉　不错，很应该，阮克大夫。

海尔茂　我也这么说，只要你明天不还账。

阮　　克　在这世界上没有白拿的东西，什么全都得还账。

娜　　拉　阮克大夫，我知道你很喜欢化装舞会。

阮　　克　是，只要有新奇打扮，我就喜欢。

娜　　拉　我问你，下次化装舞会咱们俩应该打扮成什么？

海尔茂　不懂事的孩子！已经想到下次舞会了！

阮　　克　你问咱们俩打扮什么？我告诉你，你打扮成个仙女。

海尔茂　好，可是仙女该怎么打扮？

阮　　克　仙女不用打扮，只穿家常衣服就行。

海尔茂　你真会说！你自己打扮什么角色呢？

阮　　克　喔，我的好朋友，我早打定主意了。

海尔茂　什么主意？

阮　克　下次开化装舞会的时候，我要扮隐身人。

海尔茂　这话真逗人。

阮　克　我要戴一顶大黑帽子——你们没听见过眼睛瞧不见的帽子吗？帽子一套在头上，人家就看不见你了。

海尔茂　（忍住笑）是，是。

阮　克　哦，我忘了进来干什么了。海尔茂，给我一支雪茄烟——要那种黑的哈瓦那。

海尔茂　请。（把雪茄烟盒递过去。）

阮　克　（拿了一支烟，把烟头切掉）谢谢。

娜　拉　（给他划火柴）我给你点烟。

阮　克　谢谢，谢谢！（娜拉拿着火柴，阮克就着火点烟）现在我要跟你们告别了！

海尔茂　再见，再见！老朋友！

娜　拉　阮克大夫，祝你安眠。

阮　克　谢谢你。

娜　拉　你也应该照样祝我。

阮　克　祝你？好吧，既然你要我说，我就说。祝你安眠。谢谢你给我点烟。（阮克向他们点点头，走出去。）

海尔茂　（低声）他喝得太多了。

娜　拉　（心不在焉）大概是吧。（海尔茂从衣服里掏出一串钥匙来，走进门厅）托伐，你出去干什么？

海尔茂　我把信箱倒一倒，里头东西都满了，明天早上报纸装不下了。

娜　拉　今晚你工作不工作？

海尔茂　你不是知道我今晚不工作吗？唔，这是怎么回事？有人弄过锁。

娜　拉　弄过锁？

海尔茂　一定是。这是怎么回事？我想佣人不会——？这儿有只拗折的头发夹子。娜拉，这是你常用的。

娜　拉　（急忙接嘴）一定是孩子们——

海尔茂　你得管教他们别这么胡闹。好！好容易开开了。（把信箱里的信件拿出来，朝着厨房喊道）爱伦，爱伦，把门厅的灯吹灭了。（拿着信件回到屋里，关上门）你瞧，攒了这么一大堆。（把整叠信件翻过来）哦，这是什么？

娜　拉　（在窗口）那封信！哦，托伐，别看！

海尔茂　有两张名片，是阮大夫的。

娜　拉　阮克大夫的。

海尔茂　（瞧名片）阮克大夫。这两张名片在上头，一定是他刚扔进去的。

娜　拉　名片上写着什么没有？

海尔茂　他的名字上头有个黑十字。你瞧，多么不吉利！好像他给自己报死信。

娜　拉　他是这意思。

海　尔　茂　什么？你知道这件事？他跟你说过什么没有？

娜　　　拉　他说了。他说给咱俩这两张名片的意思就是跟咱们告别。他以后就在家里关着门等死。

海　尔　茂　真可怜！我早知道他活不长，可是没想到这么快！像一只受伤的野兽爬到窝里藏起来！

娜　　　拉　一个人到了非死不可的时候最好还是静悄悄地死。托伐，你说对不对？

海　尔　茂　（走来走去）这些年他跟咱们的生活已经结合成一片，我不能想象他会离开咱们。他的痛苦和寂寞比起咱俩的幸福好像乌云衬托着太阳，苦乐格外分明。这样也许倒好——至少对他很好。（站住）娜拉，对于咱们也未必不好。现在只剩下咱们俩，靠得更紧了。（搂着她）亲爱的宝贝！我总是觉得把你搂得不够紧。娜拉，你知道不知道，我常常盼望有桩危险事情威胁你，好让我拼着命，牺牲一切去救你。

娜　　　拉　（从他怀里挣出来，斩钉截铁的口气）托伐，现在你可以看信了。

海　尔　茂　不，不，今晚我不看信。今晚我要陪着你，我的好宝贝。

娜　　　拉　想着快死的朋友你还有心肠陪我？

海　尔　茂　你说的不错。想起这件事咱们心里都很难受。丑恶的事情把咱俩分开了，想起死人真扫兴。咱们得想法子撇开这些念头。咱们暂且各自回到屋里去吧。

娜　　　拉　（搂着他脖子）托伐！明天见。明天见。

海　尔　茂　（亲她的前额）明天见，我的小鸟儿。好好儿睡觉，娜拉！我去看信了。

（他拿了那些信走进自己的书房，随手关上门。）

娜　　　拉　（瞪着眼瞎摸，抓起海尔茂的舞衣披在自己身上，急急忙忙，断断续续，哑着嗓子，低声自言自语）从今以后再也见不着他了！永远见不着了，永远见不着了。（把披肩蒙在头上）也见不着孩子们了！永远见不着了！喔，漆黑冰凉的水！没底的海！快点完事多好啊！现在他已经拿着信了，正在看！喔，还没看。再见，托伐！再见，孩子们！

（她正朝着门厅跑出去，海尔茂猛然推开门，手里拿着一封拆开的信，站在门口。）

海　尔　茂　娜拉！

娜　　　拉　（叫起来）啊！

海　尔　茂　这是谁的信？你知道信里说的什么事？

娜　　　拉　我知道。快让我走！让我出去！

海　尔　茂　（拉住她）你上哪儿去？

娜　　　拉　（竭力想脱身）别拉着我，托伐。

海　尔　茂　（惊慌倒退）真有这件事？他信里的话难道是真的？不会，不会，不会是真的。

娜　　　拉　全是真的。我只知道爱你，别的什么都不管。

海　尔　茂　哼，别这么花言巧语的！

娜　　　拉　（走近他一步）托伐！

海　尔　茂　你这坏东西——干的好事情！

娜　　　拉　让我走——你别拦着我！我做的坏事不用你担当！

海　尔　茂　不用装腔作势给我看。（把出去的门锁上）我要你老老实实把事情招出来，不许走。你知道不知道自己干的什么事？快说！你知道吗？

娜　　　拉　（眼睛盯着他，态度越来越冷静）嗯，现在我才完全明白了。

海　尔　茂　（走来走去）嘿！好象做了一场噩梦醒过来！这八年工夫——我最得意、最喜欢的女人——没想到是个伪君子，是个撒谎的人——比这还坏——是个犯罪的人。真是可恶极了！哼！哼！（娜拉不作声，只用眼睛盯着他）其实我早就该知道。我早该料到这一步。你父亲的坏德性——（娜拉正要说话）少说话！你父亲的坏德性你全都沾上了——不信宗教，不讲道德，没有责任心。当初我给他遮盖，如今遭了这么个报应！我帮你父亲都是为了你，没想到现在你这么报答我！

娜　　　拉　不错，这么报答你。

海　尔　茂　你把我的一生幸福全都葬送了。我的前途也让你断送了。喔，想起来真可怕！现在我让一个坏蛋抓在手心里。他要我怎么样我就得怎么样，他要我干什么我就得干什么。他可以随便摆布我，我不能不依他。我这场大祸都是一个下贱女人惹出来的！

娜　　　拉　我死了你就没事了。

海　尔　茂　哼，少说骗人的话。你父亲从前也老有那么一大套。照你说，就是你死了，我有什么好处？一点儿好处都没有。他还是可以把事情宣扬出去，人家甚至还会怀疑我是跟你串通一气的，怀疑是我出主意撺掇你干的。这些事情我都得谢谢你——结婚以来我疼了你这些年，想不到你这么报答我。现在你明白你给我惹的是什么祸吗？

娜　　　拉　（冷静安详）我明白。

海　尔　茂　这件事真是想不到，我简直摸不着头脑。可是咱们好歹得商量个办法。把披肩摘下来。摘下来，听见没有！我先得想个办法稳住他，这件事无论如何不能让人家知道。咱们俩，表面上照样过日子——不要改样子，你明白不明白我的话？当然你还得在这儿住下去。可是孩子不能再交在你手里。我不敢再把他们交给你——唉，我对你说这么一句话，心里真难受，因为你是我一向最心爱并且现在还——！可是现在情形已经改变了。从今以后再说不上什么幸福不幸福，只有想法子怎么挽救、怎么遮盖、怎么维持这个残破的局面——（门铃响起来，海尔茂吓了一跳）什么事？三更半夜的！难道事情发作了？难道他——娜拉，你快藏起来，只推托有病。（娜拉站着不动。海尔茂走过去开门。）

爱　　　伦　（披着衣服在门厅里）太太，您有封信。

海　尔　茂　给我。（把信抢过来，关上门）果然是他的。你别看。我念给你听。

娜　　　拉　快念！

海　尔　茂　（凑着灯光）我几乎不敢看这封信。说不定咱们俩都会完蛋。也罢，反正总得看。（慌忙拆信，看了几行之后发现信里夹着一张纸，马上快活得叫起来）娜拉！（娜拉莫名其妙地瞧着他。）

海　尔　茂　娜拉！喔，别忙！让我再看一遍！不错，不错！我没事了！娜拉，我没事了！

娜　　　拉　我呢？

海　尔　茂　当然你也没事了，咱们俩都没事了。你看，他把借据还你了。他在信里说，这件事非常抱歉，要请你原谅，他又说他现在交了运——喔，管他还写些什么。娜拉，咱们没事了！现在没人能害你了。喔，娜拉，娜拉——咱们先把这害人的东西消灭了再说。让我再看看——（朝着借据瞟了一眼）喔，我不想再看它，只当是做了一场梦。（把借据和柯洛克斯泰的两封信一齐都撕掉，扔在火炉里，看它们烧）好！烧掉了！他说自从二十四号起——喔，娜拉，这三天你一定很难过。

娜　　　拉　这三天我真不好过。

海　尔　茂　你心里难过，想不出好办法，只能——喔，现在别再想那可怕的事情了。我们只应该高高兴兴多说几遍"现在没事了，现在没事了！"听见没有，娜拉！你好像不明白。我告诉你，现在没事了。你为什么绷着脸不说话？喔，我的可怜的娜拉，我明白了，你以为我还没饶恕你。娜拉，我赌咒，我已经饶恕你了。我知道你干那件事都是因为爱我。

娜　　　拉　这倒是实活。

海　尔　茂　你正像做老婆的应该爱丈夫那样地爱我。只是你没有经验，用错了方法。可是难道因为你自己没主意，我就不爱你吗？我决不会。你只要一心一意依赖我，我会指点你，教导你。正因为你自己没办法，所以我格外爱你，要不然我还算什么男子汉大丈夫？刚才我觉得好像天要塌下来，心里一害怕，就说了几句不好听的活，你千万别放在心上。娜拉，我已经饶恕你了。我赌咒不再埋怨你。

娜　　　拉　谢谢你饶恕我。（从右边走出去。）

海　尔　茂　别走！（向门洞里张望）你要干什么？

娜　　　拉　（在里屋）我去脱掉跳舞的服装。

海　尔　茂　（在门洞里）好，去吧。受惊的小鸟儿，别害怕，定定神，把心静下来。你放心，一切事情都有我。我的翅膀宽，可以保护你。（在门口走来走去）喔，娜拉，咱们的家多可爱，多舒服！你在这儿很安全，我可以保护你，像保护一只从鹰爪子底下救出来的小鸽子一样。我不久就能让你那颗扑扑跳的心定下来，娜拉，你放心。到了明天，事情就不一样了，一切都会恢复老样子。我不用再说我已经饶恕你，你心里自然会明白我不是说假话。难道我舍得把你撵出去？别说撵出去，就说是责备，难道我舍得责备你？娜拉，你不懂得男子汉的好心肠。要是男人饶恕了他老婆——真正饶恕了她，从心坎儿里饶恕了她——他心里会有一股没法子形容的好滋味。从此以后他老婆越发是他私有的财产。

做老婆的就像重新投了胎，不但是她丈夫的老婆，还是她丈夫的孩子。从今以后，你就是我的孩子，我的吓坏了的可怜的小宝贝。别着急，娜拉，只要你老老实实对待我，你的事情都有我作主，都有我指点。（娜拉换了家常衣服走进来）怎么，你还不睡觉？又换衣服干什么？

娜　　拉　不错，我把衣服换掉了。

海 尔 茂　这么晚还换衣服干什么？

娜　　拉　今晚我不睡觉。

海 尔 茂　可是，娜拉——

娜　　拉　（看自己的表）时候还不算晚。托伐，坐下，咱们有好些话要谈一谈。（她在桌子一头坐下。）

海 尔 茂　娜拉，这是什么意思？你的脸色冰冷铁板似的——

娜　　拉　坐下。一下子说不完。我有好些话跟你谈。

海 尔 茂　（在桌子那一头坐下）娜拉，你把我吓了一大跳。我不了解你。

娜　　拉　这话说得对，你不了解我，我也到今天晚上才了解你。别打岔。听我说下去。托伐，咱们必须把总账算一算。

海 尔 茂　这话怎么讲？

娜　　拉　（顿了一顿）现在咱俩面对面坐着，你心里有什么感想？

海 尔 茂　我有什么感想？

娜　　拉　咱们结婚已经八年了。你觉得不觉得，这是头一次咱们夫妻正正经经谈谈话。

海 尔 茂　正正经经！这四个字怎么讲？

娜　　拉　这整整的八年——要是从咱俩认识的时候算起，其实还不止八年——咱们从来没在正经事情上头谈过一句正经话。

海 尔 茂　难道要我经常把你不能帮我解决的事情麻烦你？

娜　　拉　我不是指你的业务。我说的是，咱俩从来没坐下来正正经经细谈过一件事。

海 尔 茂　我的好娜拉，正经事跟你有什么相干？

娜　　拉　咱们的问题就在这儿！你从来就没了解过我。我受尽了委屈，先在我父亲手里，后来又在你手里。

海 尔 茂　这是什么话！你父亲和我这么爱你，你还就受了我们的委屈！

娜　　拉　（摇头）你们何尝真爱过我，你们爱我只是拿我当消遣。

海 尔 茂　娜拉，这是什么话！

娜　　拉　托伐，这是老实话。我在家跟父亲过日子的时候，他把他的意见告诉我，我就跟着他的意见走。要是我的意见跟他不一样，我也不让他知道，因为他知道了会不高兴。他叫我“泥娃娃孩子”，把我当作一件玩意儿，就像我小时候玩儿我的泥娃娃一样。后来我到你家来住着——

海 尔 茂　用这种字眼形容咱们的夫妻生活简直不像话！

娜　　拉　（满不在乎）我是说，我从父亲手里转移到了你手里。跟你在一块儿，事情都归你安排。你爱什么我也爱什么，或者假装爱什么——我不知道是真还是假——也许有时候真，有时候假。现在我回头想一想，这些年我在这儿简直像个要饭的叫花子，要一口，吃一口。托伐，我靠着给你要把戏过日子。可是你喜欢我这么做。你和我父亲把我害苦了。我现在这么没出息都要怪你们。

海　尔　茂　娜拉，你真不讲理，真不知好歹！你在这儿过的日子难道不快活？

娜　　　拉　不快活。过去我以为快活，其实不快活。

海　尔　茂　什么！不快活！

娜　　　拉　说不上快活，不过说说笑笑凑个热闹罢了。你一向待我很好。可是咱们的家只是一个玩儿的地方，从来不谈正经事。在这儿我是你的"泥娃娃老婆"，正像我在家里是我父亲的"泥娃娃女儿"一样。我的孩子又是我的泥娃娃。你逗着我玩儿，我觉得有意思，正像我逗孩子们，孩子们也觉得有意思。托伐，这就是咱们的夫妻生活。

海　尔　茂　你这段话虽然说得太过火，倒也有点儿道理。可是以后的情形就不一样了。玩儿的时候过去了，现在是受教育的时候了。

娜　　　拉　谁的教育？我的教育还是孩子们的教育？

海　尔　茂　两方面的，我的好娜拉。

娜　　　拉　托伐，你不配教育我怎样做个好老婆。

海　尔　茂　你怎么就这句话？

娜　　　拉　我配教育我的孩子吗？

海　尔　茂　娜拉！

娜　　　拉　刚才你不是说不敢再把孩子交给我吗？

海　尔　茂　那是气头儿上的活，你老提它干什么？

娜　　　拉　其实你的话没说错。我不配教育孩子。要想教育孩子，先得教育我自己。你没资格帮我的忙。我一定得自己干。所以现在我要离开你。

海　尔　茂　（跳起来）你说什么？

娜　　　拉　要想了解我自己和我的环境，我得一个人过日子，所以我不能再跟你待下去。

海　尔　茂　娜拉！娜拉！

娜　　　拉　我马上就走。克立斯替纳一定会留我过夜。

海　尔　茂　你疯了！我不让你走！你不许走！

娜　　　拉　你不许我走也没用。我只带自己的东西。你的东西我一件都不要，现在不要，以后也不要。

海　尔　茂　你怎么疯到这步田地！

娜　　　拉　明天我要回家去——回到从前的老家去。在那儿找点事情做也许不太难。

海　尔　茂　喔，像你这么没经验——

娜　　　拉　我会努力去争取。

海　尔　茂　丢了你的家，丢了你的丈夫，丢了你的儿女！也不怕人家说什么话！

娜　　　拉　人家说什么不在我心上。我只知道我应该这么做。

海尔茂　这话真荒唐！你就这么把你最神圣的责任扔下不管了？

娜　拉　你说什么是我最神圣的责任？

海尔茂　那还用我说？你最神圣的责任是你对丈夫和儿女的责任。

娜　拉　我还有别的同样神圣的责任。

海尔茂　没有的事！你说的是什么责任？

娜　拉　我说的是我对自己的责任。

海尔茂　别的不用说，首先你是一个老婆，一个母亲。

娜　拉　这些话现在我都不信了。现在我只信，我首先是一个人，跟你一样的一个人——至少我要学做一个人。托伐，我知道大多数人赞成你的话，并且书本儿里也是这么说。可是从今以后我不能一味相信大多数人说的话，也不能一味相信书本里说的话。什么事情我都要用自己的脑子想一想，把事情的道理弄明白。

海尔茂　难道你不明白你在自己家庭的地位？难道这些问题上没有颠扑不破的道理指导你？难道你不信仰宗教？

娜　拉　托伐，不瞒你说，我真不知道宗教是什么。

海尔茂　你这话怎么讲？

娜　拉　除了行坚信礼的时候牧师对我说的那套话，我什么都不知道。牧师告诉过我，宗教是这个，宗教是那个。等我离开这儿一个人过日子的时候我也要把宗教问题仔细想一想。我要仔细想一想牧师告诉我的话究竟对不对，对我合用不合用？

海尔茂　喔，从来没听说过这种话！并且还是从这么个年轻女人嘴里说出来的！要是宗教不能带你走正路，让我唤醒你的良心来帮助你——你大概还有点道德观念吧？要是没有，你就干脆说没有。

娜　拉　托伐，这个问题不容易回答。我实在不明白。这些事情我摸不清。我只知道我的想法跟你的想法完全不一样。我也听说，国家的法律跟我心里想的不一样，可是我不信那些法律是正确的。父亲病得快死了，法律不许女儿给他省烦恼。丈夫病得快死了，法律不许老婆想法子救他的性命！我不信世界上有这种不讲理的法律。

海尔茂　你说这些话像个小孩子。你不了解咱们的社会。

娜　拉　我真不了解。现在我要去学习。我一定要弄清楚，究竟是社会正确，还是我正确。

海尔茂　娜拉，你病了，你在发烧说胡话。我看你像精神错乱了。

娜　拉　我的脑子从来没像今天晚上这么清醒，这么有把握。

海尔茂　你清醒得有把握得要丢掉丈夫和儿女？

娜　拉　一点不错。

海尔茂　这么说，只有一句话讲得通。

娜　拉　什么话？

海　尔　茂　那就是你不爱我了。

娜　　　边　不错，我不爱你了。

海　尔　茂　娜拉！你忍心说这话！

娜　　　拉　托伐，我说这话心里也难受，因为你一向待我很不错。可是我不能不说这句话。现在我不爱你了。

海　尔　茂　（勉强管住自己）这也是你清醒得有把握的话？

娜　　　拉　一点不错。所以我不能再在这儿待下去。

海　尔　茂　你能不能说明白我究竟做了什么事使你不爱我？

娜　　　拉　能。就因为今天晚上奇迹没出现，我才知道你不是我理想中的那个人。

海　尔　茂　这话我不懂，你再说清楚点。

娜　　　拉　我耐着性子整整等了八年，我当然知道奇迹不会天天有。后来大祸临头的时候，我曾经满怀信心地跟自己说："奇迹来了！"柯洛克斯泰把信扔在信箱里以后，我决没想到你会接受他的条件。我满心以为你一定会对他说："尽管宣布吧。"而且你说了这句话之后，还一定会——

海　尔　茂　一定会怎么样？叫我自己的老婆出丑丢脸，让人家笑骂？

娜　　　拉　我满心以为你说了那句话之后，还一定会挺身出来，把全部责任担在自己肩膀上，对大家说："事情都是我干的。"

海　尔　茂　娜拉——

娜　　　拉　你以为我会让你替我担当罪名吗？不，当然不会。可是我的话怎么比得上你的话那么容易叫人家信？这正是我盼望它发生又怕它发生的奇迹。为了不让奇迹发生，我已经准备自杀。

海　尔　茂　娜拉，我愿意为你日夜工作，我愿意为你受穷受苦。可是男人不能为他爱的女人牺牲自己的名誉。

娜　　　拉　千千万万的女人都为男人牺牲过名誉。

海　尔　茂　喔，你心里想的嘴里说的都像个傻孩子。

娜　　　拉　也许是吧。可是你想的和说的也不像我可以跟他过日子的男人。后来危险过去了——你不是怕我有危险，是怕你自己有危险——不用害怕了，你又装作没事人儿了。你又叫我跟从前一样乖乖地做你的小鸟儿，做你的泥娃娃，说什么以后要格外小心保护我，因为我那么脆弱不中用。（站起来）托伐，就在那当口，我好像忽然从梦里醒过来，我简直跟一个生人同居了八年，给他生了三个孩子。喔，想起来真难受！我恨透了自己没出息！

海　尔　茂　（伤心）我明白了，我明白了，在咱们中间出现了一道深沟。可是，娜拉，难道咱们不能把它填平吗？

娜　　　拉　照我现在这样子，我不能跟你做夫妻。

海　尔　茂　我有勇气重新再做人。

娜　　　拉　在你的泥娃娃离开你之后——也许有。

海　尔　茂　要我跟你分手！不，娜拉，不行！这是不能设想的事情。

娜　　拉　(走进右边屋子)要是你不能设想,咱们更应该分开。(拿着外套、帽子和旅行小提包又走出来,把东西抛在桌子旁边的椅子上。)

海尔茂　娜拉,娜拉,现在别走。明天再走。

娜　　拉　(穿外套)我不能在生人家里过夜。

海尔茂　难道咱们不能像哥哥妹妹那么过日子?

娜　　拉　(戴帽子)你知道那种日子长不了。(围披肩)托伐,再见。我不去看孩子了。我知道现在照管他俩的人比我强得多。照我现在这样子,我对他俩,一点儿用处都没有。

海尔茂　可是,娜拉,将来总有一天——

娜　　拉　那就难说了。我不知道我以后会怎么样。

海尔茂　无论怎么样,你还是我的老婆。

娜　　拉　托伐,我告诉你。我听人说,要是一个女人像我这样从她丈夫家里走出去,按法律说,她就解除了丈夫对她的一切义务。不管法律是不是这样,我现在把你对我的义务全部解除。你不受我拘束,我也不受你拘束。双方都有绝对的自由。拿去,这是你的戒指,把我的也还我。

海尔茂　连戒指都要还?

娜　　拉　要还。

海尔茂　拿去。

娜　　拉　好。现在事情完了。我把钥匙都搁在这儿。家里的事佣人都知道——她俩比我更熟悉。明天我动身之后,克立斯替纳会来给我收拾我从家里带来的东西。我会叫她把东西寄给我。

海尔茂　完了!完了!娜拉,你永远不会再想我了吧?

娜　　拉　喔,我会时常想到你,想到孩子们,想到这个家。

海尔茂　我可以给你写信吗?

娜　　拉　不,千万别写信。

梅尔茂　可是我总得给你寄点儿——

娜　　拉　什么都不用寄。

梅尔茂　你手头不方便的时候我得帮点忙。

娜　　拉　不必,我不接受生人的帮助。

海尔茂　娜拉,难道我永远只是个生人?

娜　　拉　(拿起手提包)托伐,那就要等奇迹中的奇迹发生了。

海尔茂　什么叫奇迹中的奇迹?

娜　　拉　那就是说,咱们俩都得改变到——喔,托伐,我现在不信世界上有奇迹了。

海尔茂　可是我信。你说下去!咱们俩都得改变到什么样子——?

娜　　拉　改变到咱俩在一块儿过日子真正像夫妻。再见。(她从门厅走出去。)

海尔茂　(倒在家门的一张椅子里,双手捂着脸)娜拉!娜拉!(四面望望,站起身来)屋子空了。她走了。(心里闪出一个新希望)啊!奇迹中的奇迹——

[楼下砰的一响传来关大门的声音。

阅读提示

亨利克·约翰·易卜生(1828—1906),挪威伟大的剧作家,享有“现代戏剧之父”的美誉。《玩偶之家》是易卜生的代表作,是一部以家庭问题为内容的现实主义戏剧,包含的社会内容非常丰富,在西方舞台引起了巨大的反响,引发了一场戏剧的革命。

《玩偶之家》以娜拉和丈夫海尔茂由于一次借贷而引起的矛盾为线索展开了剧情。在冲突发生之前,丈夫非常喜爱娜拉,对她也很好,但是却无情地剥夺了娜拉的独立人格;在冲突发生之后,丈夫怕影响自己的名誉地位,怒斥妻子下贱无耻,将自己虚伪、自私、冷酷的一面完全暴露了出来。当债主在娜拉的女友感化下主动退回借据时,海尔茂又对妻子装出一副笑脸。娜拉看透了丈夫的自私和夫妻间的不平等,不甘心做丈夫的玩偶,愤然出走。娜拉为追求人格、独立、尊严而迈出了勇敢的一步,反映出女性自我意识的觉醒。

在艺术特色方面,《玩偶之家》最鲜明的特点就是其剧情发展完整且严密,剧中矛盾的发展有条不紊、合情合理。一方面,作者将剧情安排在圣诞节前后三天之内,这样可以将家庭悲剧置于节日的欢乐气氛中,形成鲜明的对比。另一方面,在剧情的进展中,以柯洛克斯泰面临被裁员而利用借据来要挟娜拉这一事件作为主线,将各种矛盾铺陈开来,并以女主人公娜拉的情感变化为暗线,展现了她从平静到混乱再到自我觉醒的过程,从而使整个戏剧的内涵显得丰富且深刻,舞台效果也非常强烈。

七十九、等待戈多(节选)

萨缪尔·贝克特

[乡间一条路。一棵树。

[黄昏。

[爱斯特拉冈坐在一个低低的土墩上,想脱掉靴子。他用两手使劲拉着,喘气。他停止拉靴子,显出精疲力竭的样子,歇了会儿,又开始拉靴子。

[如前。

[弗拉季米尔上。

爱斯特拉冈　(又一次泄了气)毫无办法。

弗拉季米尔　(叉开两脚,迈着僵硬的、小小的步子前进)我开始拿定主意。我这一辈子老是拿不定主意,老是说,弗拉季米尔,要理智些,你还不曾什么都试过哩。于是我又继续奋斗。(他沉思起来,咀嚼着"奋斗"两字。向爱斯特拉冈)哦,你又来啦。

爱斯特拉冈　是吗?

弗拉季米尔　看见你回来我很高兴,我还以为你一去再也不回来啦。

爱斯特拉冈　我也一样。

弗拉季米尔　终于又在一块儿啦!我们应该好好庆祝一番。可是怎样庆祝呢?(他思索着)起来,让我拥抱你一下。

爱斯特拉冈　(没好气地)不,这会儿不成。

弗拉季米尔　(伤了自尊心,冷冷地)允不允许我问一下,大人阁下昨天晚上在哪儿过夜的?

爱斯特拉冈　在一条沟里。

弗拉季米尔　(羡慕地)一条沟里!哪儿?

爱斯特拉冈　(未作手势)那边。

弗拉季米尔　他们没揍你?

爱斯特拉冈　揍我?他们当然揍了我。

弗拉季米尔　还是同一帮人?

爱斯特拉冈　同一帮人?我不知道。

弗拉季米尔　我只要一想起……这么些年来……要不是有我照顾……你会在什么地方……?(果断地)这会儿,你早就成一堆枯骨啦,毫无疑问。

爱斯特拉冈　那又怎么样呢?

弗拉季米尔　光一个人,是怎么也受不了的。(略停。兴高采烈地)另一方面,这会儿泄气也不管用了，这是我要说的。我们早想到这一点就好了，在世界还年轻的时候，在九十年代。

爱斯特拉冈　啊，别啰唆啦，帮我把这混账玩意儿脱了吧。

弗拉季米尔　手拉着从巴黎塔顶上跳下来，这是首先该做的。那时候我们还很体面。现在已经太晚啦。他们甚至不会放我们上去哩。（爱斯特拉冈使劲拉着靴子）你在干吗？

爱斯特拉冈　脱靴子。你难道从来没脱过靴子？

弗拉季米尔　靴子每天都要脱，难道还要我来告诉你？你干吗不好好听我说话？

爱斯特拉冈　（无力地）帮帮我！

弗拉季米尔　你脚疼？

爱斯特拉冈　脚疼！他还要知道我是不是脚疼！

弗拉季米尔　（忿怒地）好像只有你一个人受痛苦。我不是人。我倒想听听你要是受了我那样的痛苦，将会说些什么。

爱斯特拉冈　你也脚疼？

弗拉季米尔　脚疼！他还要知道我是不是脚疼！（弯腰）从来不忽略生活中的小事。

爱斯特拉冈　你期望什么？你总是等到最后一分钟的。

弗拉季米尔　（若有所思地）最后一分钟……（他沉吟片刻）希望迟迟不来，苦死了等的人。这句话是谁说的？

爱斯特拉冈　你干吗不帮帮我？

弗拉季米尔　有时候，我照样会心血来潮。跟着我浑身就会有异样的感觉。（他脱下帽子，向帽内窥视，在帽内摸索，抖了抖帽子，重新把帽子戴上）我怎么说好呢？又是宽心，又是……（他搜索枯肠找词儿）寒心。（加重语气）寒——心。（他又脱下帽子，向帽内窥视）奇怪。（他敲了敲帽顶，像是要敲掉沾在帽上的什么东西似的，再一次向帽内窥视）毫无办法。（爱斯特拉冈使尽平生之力，终于把一只靴子脱下。他往靴内瞧了瞧，手伸进去摸了摸，把靴子口朝下倒了倒，往地上望了望，看看有没有什么东西从靴里掉出来，但什么也没看见，又往靴内摸了摸，两眼出神地朝前面瞪着。）呃？

爱斯特拉冈　什么也没有。

弗拉季米尔　给我看。

爱斯特拉冈　没什么可给你看的。

弗拉季米尔　再穿上去试试。

爱斯特拉冈　（把他的脚察看一番）我要让它通通风。

弗拉季米尔　你就是这样一个人，脚出了毛病，反倒责怪靴子。（他又脱下帽子，往帽内瞧了瞧，手伸进去摸了摸，在帽顶上敲了敲，往帽里吹了吹，重新把帽子戴上）这件事越来越叫人寒心。（沉默。弗拉季米尔在沉思，爱斯特拉冈在揉脚趾）两个贼有一个得了救。（略停）是个合理的比率。（略停）戈戈。

爱斯特拉冈　什么事？

弗拉季米尔　我们要是忏悔一下呢？

爱斯特拉冈　忏悔什么？

弗拉季米尔　哦……（他想了想）咱们用不着细说。

爱斯特拉冈　忏悔我们的出世？

［弗拉季米尔纵声大笑，突然止住笑，用一只手按住肚子，脸都变了样儿。

弗拉季米尔　连笑都不敢笑了。

爱斯特拉冈　真是极大的痛苦。

弗拉季米尔　只能微笑。（他突然咧开嘴嬉笑起来，不断地嬉笑，又突然停止）不是一码子事。毫无办法。（略停）戈戈。

爱斯特拉冈　（没好气地）怎么啦？

弗拉季米尔　你读过《圣经》没有？

爱斯特拉冈　《圣经》……（他想了想）我想必看过一两眼。

弗拉季米尔　你还记得《福音书》吗？

爱斯特拉冈　我只记得圣地的地图。都是彩色图。非常好看。死海是青灰色的。我一看到那图，心里就直痒痒。这是咱们俩该去的地方，我老这么说，这是咱们该去度蜜月的地方。咱们可以游泳。咱们可以得到幸福。

弗拉季米尔　你真该当诗人的。

爱斯特拉冈　我当过诗人。（指了指身上的破衣服）这还不明显？（沉默）

弗拉季米尔　刚才我说到哪儿……你的脚怎样了？

爱斯特拉冈　看得出有点儿肿。

弗拉季米尔　对了，那两个贼。你还记得那故事吗？

爱斯特拉冈　不记得了。

弗拉季米尔　要我讲给你听吗？

爱斯特拉冈　不要。

弗拉季米尔　可以消磨时间。（略停）故事讲的是两个贼，跟我们的救世主同时被钉死在十字架上。有一个贼——

爱斯特拉冈　我们的什么？

弗拉季米尔　我们的救世主。两个贼。有一个贼据说得救了，另外一个……（他搜索枯肠，寻找与“得救”相反的词汇）……万劫不复。

爱斯特拉冈　得救，从什么地方救出来？

弗拉季米尔　地狱。

爱斯特拉冈　我走啦。（他没有动）

弗拉季米尔　然而……（略停）怎么——我希望我的话并不叫你腻烦——怎么在四个写福音的使徒里面只有一个谈到有个贼得救呢？四个使徒都在场——或者说在附近，可是只有一个使徒谈到有个贼得了救。（略停）喂，戈戈，你能不能回答我一声，哪怕是偶尔一次？

爱斯特拉冈　（过分地热情）我觉得你讲的故事真是有趣极了。

弗拉季米尔　四个里面只有一个。其他三个里面,有两个压根儿没提起什么贼,第三个却说那两个贼都骂了他。

爱斯特拉冈　谁?

弗拉季米尔　什么?

爱斯特拉冈　你讲的都是些什么?(略停)骂了谁?

弗拉季米尔　救世主。

爱斯特拉冈　为什么?

弗拉季米尔　因为他不肯救他们。

爱斯特拉冈　救他们出地狱?

弗拉季米尔　傻瓜!救他们的命。

爱斯特拉冈　我还以为你刚才说的是救他们出地狱哩。

弗拉季米尔　救他们的命,救他们的命。

爱斯特拉冈　嗯,后来呢?

弗拉季米尔　后来,这两个贼准是永堕地狱、万劫不复啦。

爱斯特拉冈　那还用说?

弗拉季米尔　可是另外的一个使徒说有一个得了救。

爱斯特拉冈　嗯?他们的意见并不一致,这就是问题的症结所在。

弗拉季米尔　可是四个使徒全在场。可是只有一个谈到有个贼得了救。为什么要相信他的话,而不相信其他三个?

爱斯特拉冈　谁相信他的话?

弗拉季米尔　每一个人。他们就知道这一本《圣经》。

爱斯特拉冈　人们都是没知识的混蛋,像猴儿一样见什么学什么。

[他痛苦地站起身来,一瘸一拐地走向台的极左边,停住脚步,把一只手遮在眼睛上朝远处眺望,随后转身走向台的极右边,朝远处眺望。弗拉季米尔瞅着他的一举一动,随后过去捡起靴子,朝靴内窥视,急急地把靴子扔在地上。

弗拉季米尔　呸!(他吐了口唾沫)

[爱斯特拉冈走到台中,停住脚步,背朝观众。

爱斯特拉冈　美丽的地方。(他转身走到台前方,停住脚步,脸朝观众)妙极了的景色。(他转向弗拉季米尔)咱们走吧。

弗拉季米尔　咱们不能。

爱斯特拉冈　咱们在等待戈多。

爱斯特拉冈　啊!(略停)你肯定是这儿吗?

弗拉季米尔　什么?

爱斯特拉冈　我们等的地方。

弗拉季米尔　他说在树旁边。(他们望着树)你还看见别的树吗?

爱斯特拉冈　这是什么树?

弗拉季米尔　我不知道。一棵柳树。

爱斯特拉冈　树叶呢？
弗拉季米尔　准是棵枯树。
爱斯特拉冈　看不见垂枝。
弗拉季米尔　或许还不到季节。
爱斯特拉冈　看上去简直像灌木。
弗拉季米尔　像丛林。
爱斯特拉冈　像灌木。
弗拉季米尔　像——你这话是什么意思？暗示咱们走错地方了？
爱斯特拉冈　他应该到这儿啦。
弗拉季米尔　他并没说定他准来。
爱斯特拉冈　万一他不来呢？
弗拉季米尔　咱们明天再来。
爱斯特拉冈　然后，后天再来。
弗拉季米尔　可能。
爱斯特拉冈　老这样下去。
弗拉季米尔　问题是——
爱斯特拉冈　直等到他来为止。
弗拉季米尔　你说话真是不留情。
爱斯特拉冈　咱们昨天也来过了。
弗拉季米尔　不，你弄错了。
爱斯特拉冈　咱们昨天干什么啦？
弗拉季米尔　咱们昨天干什么啦？
爱斯特拉冈　对了。
弗拉季米尔　怎么……（忿怒地）只要有你在场，就什么也肯定不了。
爱斯特拉冈　照我看来，咱们昨天来过这儿。
弗拉季米尔　（举目四望）你认得出这地方？
爱斯特拉冈　我并没这么说。
弗拉季米尔　嗯？
爱斯特拉冈　认不认得出没什么关系。
弗拉季米尔　完全一样……那树……（转向观众）那沼地。
爱斯特拉冈　你肯定是在今天晚上？
弗拉季米尔　什么？
爱斯特拉冈　是在今天晚上等他？
弗拉季米尔　他说是星期六。（略停）我想。
爱斯特拉冈　你想。
弗拉季米尔　我准记下了笔记。

[他在自己的衣袋里摸索着，拿出各色各样的废物。

爱斯特拉冈　(十分凶狠地)可是哪一个星期六？还有，今天是不是星期六？今天难道不可能是星期天！(略停)或者星期一？(略停)或者星期五？

弗拉季米尔　(拼命往四周围张望，仿佛景色上写有日期似的)那决不可能。

爱斯特拉冈　或者星期四？

弗拉季米尔　咱们怎么办呢？

爱斯特拉冈　要是他昨天来了，没在这儿找到咱们，那么你可以肯定他今天决不会再来了。

弗拉季米尔　可是你说我们昨天来过这儿。

爱斯特拉冈　我也许弄错了。(略停)咱们暂别说话，成不成？

弗拉季米尔　(无力地)好吧。(爱斯特拉冈坐到土墩上。弗拉季米尔激动地来去踱着，不时煞住脚步往远处眺望。爱斯特拉冈睡着了。弗拉季米尔在爱斯特拉冈面前停住脚步)戈戈！……戈戈！……戈戈！

[爱斯特拉冈一下子惊醒过来。

爱斯特拉冈　(惊恐地意识到自己的处境)我睡着啦！(责备地)你为什么老是不肯让我睡一会儿？

弗拉季米尔　我觉得孤独。

爱斯特拉冈　我做了个梦。

弗拉季米尔　别告诉我！

爱斯特拉冈　我梦见——

弗拉季米尔　别告诉我！

爱斯特拉冈　(向宇宙做了个手势)有了这一个，你就感到满足了？(沉默)你太不够朋友了，狄狄。我个人的噩梦如果不能告诉你，叫我告诉谁去？

弗拉季米尔　让它们作为你个人的东西保留着吧。你知道我听了受不了。

爱斯特拉冈　(冷冷地)有时候我心里想，咱们是不是还是分手比较好。

弗拉季米尔　你走不远的。

爱斯特拉冈　那太糟糕啦，实在太糟糕啦！(略停)你说呢，狄狄，是不是实在太糟糕啦？(略停)当你想到路上的景色是多么美丽。(略停)还有路上的行人是多么善良。(略停。甜言蜜语地哄)你说是不说，狄狄？

弗拉季米尔　你要冷静些。

爱斯特拉冈　(淫荡地)冷静……冷静……所有的上等人都说要镇静。(略停)你知道英国人在妓院里的故事吗？

弗拉季米尔　知道。

爱斯特拉冈　讲给我听。

弗拉季米尔　啊，别说啦！

爱斯特拉冈　有个英国人多喝了点儿酒，走进一家妓院。鸨母问他要漂亮的、黑皮肤的还是红头发的。你说下去吧。

弗拉季米尔　别说啦！

[弗拉季米尔急下。爱斯特拉冈站起来跟着他走到舞台尽头。爱斯特拉冈做

着手势，仿佛作为观众在给一个拳击家打气似的。弗拉季米尔上，他从爱斯特拉冈旁边擦身而过，低着头穿过舞台。爱斯特拉冈朝他迈了一步，煞住脚步。

爱斯特拉冈　（温柔地）你是要跟我说话吗？（沉默。爱斯特拉冈往前迈了一步）你有话要跟我说吗？（沉默。他又往前迈了一步）狄狄……

弗拉季米尔　（并不转身）我没有什么话要跟你说。

爱斯特拉冈　（迈了一步）你生气了？（沉默。迈了一步）原谅我。（沉默。迈了一步。爱斯特拉冈把他的一只手搭在弗拉季米尔的肩上）来吧，狄狄。（沉默）把你的手给我。（弗拉季米尔转过身来）拥抱我！（弗拉季米尔软下心来。他们俩拥抱。爱斯特拉冈缩回身去）你一股大蒜臭！

弗拉季米尔　它对腰子有好处。（沉默。爱斯特拉冈注视着那棵树）咱们这会儿干什么呢？

爱斯特拉冈　咱们等着。

弗拉季米尔　不错，可是咱们等着的时候干什么呢？

爱斯特拉冈　咱们上吊试试怎么样？

［弗拉季米尔向爱斯特拉冈耳语。爱斯特拉冈大为兴奋。

弗拉季米尔　跟着就有那么多好处。掉下来以后，底下还会长曼陀罗花。这就是你拔花的时候听到吱吱声音的原因。你难道不知道？

爱斯特拉冈　咱们马上就上吊吧。

弗拉季米尔　在树枝上？（他们向那棵树走去）我信不过它。

爱斯特拉冈　咱们试试总是可以的。

弗拉季米尔　你就试吧。

爱斯特拉冈　你先来。

弗拉季米尔　不，不，你先来。

爱斯特拉冈　干吗要我先来？

弗拉季米尔　你比我轻。

爱斯特拉冈　正因为如此！

弗拉季米尔　我不明白。

爱斯特拉冈　用你的脑子，成不成？

［弗拉季米尔用脑子。

弗拉季米尔　（最后）我想不出来。

爱斯特拉冈　是这么回事。（他想了想）树枝……树枝……（忿怒地）用你的头脑，成不成？

弗拉季米尔　你是我的唯一希望了。

爱斯特拉冈　（吃力地）戈戈轻——树枝不断——戈戈死了。狄狄重——树枝断了——狄狄孤单单的一个人。可是——

弗拉季米尔　我没想到这一点。

爱斯特拉冈　要是它吊得死你，也就吊得死我。

弗拉季米尔　可是我真的比你重吗？

爱斯特拉冈　是你亲口告诉我的。我不知道。反正机会均等,或者差不多均等。

弗拉季米尔　嗯!咱们干什么呢?

爱斯特拉冈　咱们什么也别干。这样比较安全。

弗拉季米尔　咱们先等一下,看看他说些什么。

爱斯特拉冈　谁?

弗拉季米尔　戈多。

爱斯特拉冈　好主意。

弗拉季米尔　咱们先等一下,让咱们完全清楚咱们的处境后再说。

爱斯特拉冈　要不然,最好还是趁热打铁。

弗拉季米尔　我真想听听他会提供些什么。我们听了以后,可以答应或者拒绝。

爱斯特拉冈　咱们到底要求他给咱们做些什么?

弗拉季米尔　你当时难道没在场?

爱斯特拉冈　我大概没好好听。

弗拉季米尔　哦……没提出什么明确的要求。

爱斯特拉冈　可以说是一种祈祷。

弗拉季米尔　一点不错。

爱斯特拉冈　一种泛泛的乞求。

弗拉季米尔　完全正确。

爱斯特拉冈　他怎么回答的呢?

弗拉季米尔　说他瞧着办。

爱斯特拉冈　说他不能事先答应。

弗拉季米尔　说他得考虑一下。

爱斯特拉冈　在他家中安静的环境里。

弗拉季米尔　跟他家里的人商量一下。

爱斯特拉冈　他的朋友们。

弗拉季米尔　他的代理人们。

爱斯特拉冈　他的通讯员们。

弗拉季米尔　他的书。

爱斯特拉冈　他的银行存折。

弗拉季米尔　然后才能打定主意。

爱斯特拉冈　这是很自然的事。

弗拉季米尔　是吗?

爱斯特拉冈　我想是的。

弗拉季米尔　我也这么想。(沉默)

爱斯特拉冈　(焦急地)可是咱们呢?

弗拉季米尔　你说的什么?

爱斯特拉冈　我说,可是咱们呢?

弗拉季米尔　我不懂。

爱斯特拉冈　咱们的立场呢？

弗拉季米尔　立场？

爱斯特拉冈　别忙。

弗拉季米尔　立场？咱们趴在地上。

爱斯特拉冈　到了这么糟糕的地步？

弗拉季米尔　大人阁下想要知道有什么特权？

爱斯特拉冈　难道咱们什么权利也没有了？

［弗拉季米尔大笑，像先前一样突然抑制住，改为咧着嘴嬉笑。

弗拉季米尔　你真叫我忍不住笑，要是笑不算违法的话。

爱斯特拉冈　咱们已经失去了咱们的权利？

弗拉季米尔　咱们已经放弃啦。

［沉默。他们一动不动地站在那里，胳膊耷拉着，脑袋低垂着，两只膝盖在往下沉。

爱斯特拉冈　（无力地）难道咱们没给系住？（略停）难道咱们没——

弗拉季米尔　（举起一只手）听！

［他们倾听，显出可笑的紧张样子。

爱斯特拉冈　我什么也没听见。

弗拉季米尔　嘘！（他们倾听着。爱斯特拉冈身体失去平衡，险些儿摔倒在地上。他攥住弗拉季米尔的一只胳膊，弗拉季米尔摇晃了两下，他们挤在一起静听着）我也没听见。

［如释重负的叹气声。他们松弛下来，彼此分开。

爱斯特拉冈　你吓了我一跳。

弗拉季米尔　我还以为是他哩。

爱斯特拉冈　谁？

弗拉季米尔　戈多。

爱斯特拉冈　呸！是风吹芦苇响。

弗拉季米尔　我简直可以发誓说我听到了吆喝声。

爱斯特拉冈　他干吗要吆喝呢？

弗拉季米尔　吆喝他的马。（沉默）

爱斯特拉冈　我饿啦。

弗拉季米尔　你要吃一个胡萝卜吗？

爱斯特拉冈　就只有胡萝卜吗？

弗拉季米尔　我也许还有几个萝卜。

爱斯特拉冈　给我一个胡萝卜。（弗拉季米尔在他的衣袋里摸了半天，掏出一个萝卜递给爱斯特拉冈，爱斯特拉冈咬了一口，忿忿地）这是萝卜！

弗拉季米尔　哦，请原谅！我简直可以发誓说我给你的是胡萝卜。（他又在衣袋里摸索，只找到萝卜)全都是萝卜。(他摸衣袋)你准是已把最后一个胡萝卜吃掉了。(他摸索衣袋)等一等,我找着了。(他掏出一个胡萝卜递给爱斯特拉冈)拿去,亲爱的朋友。(爱斯特拉冈用衣袖擦了擦胡萝卜,吃起来)把最后一个吃了吧,这样就把它们全部消灭掉啦。

爱斯特拉冈　(咀嚼着)我刚才问了你一个问题。

弗拉季米尔　啊!

爱斯特拉冈　你回答了没有?

弗拉季米尔　胡萝卜的滋味怎样?

爱斯特拉冈　就是胡萝卜的滋味。

弗拉季米尔　好得很,好得很。(略停)你刚才问的是什么问题?

爱斯特拉冈　我已经忘了。(咀嚼着)就是这事伤我脑筋。(他欣赏地瞅着胡萝卜,用拇指和食指拎着它摆动)我决不会忘掉这一个胡萝卜。(他若有所思地吮吸着胡萝卜的根)啊,对了,我这会儿想起来啦。

弗拉季米尔　嗯?

爱斯特拉冈　(嘴里塞得满满的,出神地)难道我们没给系住?

弗拉季米尔　你说的话我一个字也没听出来。

爱斯特拉冈　(咀嚼着,咽了一下)我问你难道我们没给系住?

弗拉季米尔　系住?

爱斯特拉冈　系——住。

弗拉季米尔　你说"系住"是什么意思?

爱斯特拉冈　拴住。

弗拉季米尔　拴在谁身上?被谁拴住?

爱斯特拉冈　拴在你等的那个人身上。

弗拉季米尔　戈多?拴在戈多身上?多妙的主意!一点不错。(略停)在这会儿。

爱斯特拉冈　他的名字是叫戈多吗?

弗拉季米尔　我想是的。

爱斯特拉冈　瞧这个。(他拎着叶子根部把吃剩的胡萝卜举起,在眼前旋转)奇怪,越吃越没滋味。

弗拉季米尔　对我来说正好相反。

爱斯特拉冈　换句话说?

弗拉季米尔　我会慢慢地习惯。

爱斯特拉冈　(沉思了半晌)这是相反?

弗拉季米尔　是修养问题。

爱斯特拉冈　是性格问题。

弗拉季米尔　是没有办法的事。

爱斯特拉冈　奋斗没有用。

弗拉季米尔　天生的脾性。

爱斯特拉冈　挣扎没有用。

弗拉季米尔　本性难移。

爱斯特拉冈　毫无办法。(他把吃剩的胡萝卜递给弗拉季米尔)还有这点儿吃不吃?

阅读提示

萨缪尔·贝克特(1906—1989),爱尔兰作家,20世纪荒诞派戏剧的重要代表人物。出生于爱尔兰首都都柏林的一个犹太家庭,青年时期担任过著名作家詹姆斯·乔伊斯的助手。1953年,凭借《等待戈多》声震文坛。1969年,他因“以一种新的小说与戏剧的形式,以崇高的艺术表现人类的苦恼”而获得诺贝尔文学奖。

《等待戈多》讲的是一个什么事情也没有发生的故事:黄昏,乡间小路,一棵光秃的树,两个身份不明的流浪汉戈戈(爱斯特拉冈)和狄狄(弗拉季米尔)在树下等待着一个名叫戈多的人,可他们既不知道戈多是谁,也不知道戈多会不会来,但他们仍然苦苦地等待着。他们反复地做些机械、无意义的动作。一个脱帽,拍帽,再戴上;一个脱鞋,倒鞋,再穿上。为了解除等待的烦恼,他俩没话找话,前言不搭后语,胡乱地交谈。当一个声称是戈多派来的小孩说“戈多很忙不能来”,他们唯一能做的事就是——明天再来等待。剧作无论从剧情内容还是表演形式,都体现了与传统戏剧截然不同的荒诞性。

“对了,那两个贼,你还记得那故事吗”“不记得了”,这是两个流浪汉之间的对话,两人刚刚说的话马上就不记得了,或者说是拒绝记忆。“咱们昨天干什么啦?”“照我看来,咱们昨天来过这儿”“你认得出这地方?”作品中有着诸多的不确定的话语,呈示了由记忆的断裂所带来的荒诞与记忆空间层面的碎裂,表现出人的处境单调、刻板,以及人生所承受的没有尽头的煎熬。爱斯特拉冈与弗拉季米尔之间“我言左你言右”的交谈,表现了人与人之间遥不可及的距离与无法解除的陌生感。《等待戈多》展示了记忆的断裂、交流的断裂以及思维的断裂,演奏了一首人性断裂的时代之曲。

附录　扩展阅读书目

一、古典文学扩展阅读书目

一）诗词散曲

1.《诗经》:《蒹葭》《桃夭》《鹿鸣》《黍离》《采薇》

2.《楚辞》:《离骚》《涉江》《哀郢》《山鬼》《国殇》《橘颂》

3.《古诗十九首》:《行行重行行》《西北有高楼》《涉江采芙蓉》《迢迢牵牛星》

4. 曹操:《短歌行》《观沧海》《龟虽寿》

5. 陶渊明:《九日闲居》《归园田居》(少无适俗韵)《饮酒》(结庐在人境)

6. 王维:《山居秋暝》《观猎》《过香积寺》《汉江临泛》《终南山》

7. 孟浩然:《过故人庄》《宿建德江》

8. 王昌龄:《芙蓉楼送辛渐》《长信秋词》(奉帚平明金殿开)《闺怨》

9. 李白:《长干行》《月下独酌》(花间一壶酒)《宣州谢朓楼饯别校书叔云》《关山月》《将进酒》

10. 杜甫:《望岳》(岱宗夫如何)《佳人》《秋兴》(玉露凋伤枫树林)《登高》《丹青引赠曹将军霸》《无家别》

11. 高适:《燕歌行》

12. 岑参:《白雪歌送武判官归京》

13. 李颀:《古从军行》

14. 韦应物:《寄李儋元锡》《赋得暮雨送李胄》《滁州西涧》

15. 韩愈:《山石》《听颖师弹琴》《早春》

16. 白居易:《观刈麦》《大林寺桃花》《问刘十九》

17. 刘禹锡:《石头城》《台城》《乌衣巷》《西塞山怀古》《酬乐天扬州初逢席上见赠》

18. 柳宗元:《南涧中题》《登柳州城楼寄漳汀封连四州刺史》

19. 李贺:《金铜仙人辞汉歌》《雁门太守行》《梦天》《南园》(花枝草蔓眼中开)

20. 李商隐:《马嵬》(海外徒闻更九州)《安定城楼》《宿骆氏亭寄怀崔雍崔衮》《无题》(相见时难别亦难)《无题》(昨夜星辰昨夜风)《无题》(飒飒东风细雨来)

21. 杜牧:《泊秦淮》《赠别》(多情却似总无情)《赤壁》

22. 林逋:《山园小梅》

23. 王安石：《泊船瓜洲》《明妃曲》

24. 苏轼：《游金山寺》《和子由渑池怀旧》《海棠》《赠刘景文》

25. 陆游：《游山西村》《书愤》《临安春雨初霁》《关山月》《沈园二首》《剑门道中遇微雨》

26. 李煜：《虞美人》(春花秋月何时了)《相见欢》(林花谢了春红)

27. 范仲淹：《渔家傲·秋思》

28. 晏殊：《浣溪沙》(一曲新词酒一杯)

29. 晏几道：《鹧鸪天》(彩袖殷勤捧玉钟)

30. 柳永：《定风波》(自春来惨绿愁红)《八声甘州》(对潇潇暮雨洒江天)《望海潮》(东南形胜)

31. 苏轼：《定风波》(莫听穿林打叶声)《水龙吟·次韵章质夫杨花词》《江城子·乙卯正月二十日夜记梦》

32. 秦观：《踏莎行·郴州旅舍》《浣溪沙》(漠漠轻寒上小楼)

33. 贺铸：《青玉案》(凌波不过横塘路)

34. 周邦彦：《兰陵王·柳》《花犯·咏梅》《苏幕遮》(燎沉香)

35. 李清照：《永遇乐》(落日熔金)、《声声慢》(寻寻觅觅)

36. 辛弃疾：《摸鱼儿》(更能消几番风雨)《清平乐·村居》《青玉案·元夕》《西江月·夜行黄沙道中》

37. 姜夔：《扬州慢》《暗香》《踏莎行·自沔东来丁未元日至金陵江上感梦而作》

38. 元好问：《摸鱼儿·雁丘词》

39. 纳兰性德：《木兰花·拟古决绝词柬友》《蝶恋花·辛苦最怜天上月》

40. 关汉卿：《一枝花·不伏老》

41. 马致远：《天净沙·秋思》《耍孩儿·借马》

42. 张养浩：《山坡羊·潼关怀古》

43. 睢景臣：《哨遍·高祖还乡》

44. 张可久：《人月圆·山中书事》

二）散文骈文辞赋

1.《左传》：《秦晋崤之战》《烛之武退秦师》

2.《论语》：《子路曾皙冉有公西华侍坐》

3.《孟子》：《生于忧患死于安乐》《天时不如地利》《齐人有一妻一妾》

4.《庄子》：《逍遥游》《养生主》《秋水》《天下》

5. 荀子：《劝学》《天论》

6. 韩非：《五蠹》

7. 贾谊：《过秦论》(上)

8. 东方朔：《答客难》

9. 司马迁：《报任少卿书》《项羽本纪》《淮阴侯列传》《魏其武安侯列传》《魏公子列传》《刺客列传》《货殖列传》

10. 扬雄：《解嘲》

11. 王粲：《登楼赋》

12. 曹丕：《典论·论文》

13. 陆机：《文赋》

14. 王羲之：《兰亭集序》

15. 陶渊明：《归去来兮辞》《五柳先生传》

16. 孔稚圭：《北山移文》

17. 吴均：《与宋元思书》

18. 庾信：《小园赋》《哀江南赋》

19. 王勃：《滕王阁序》

20. 韩愈：《张中丞传后叙》《答李翊书》《柳子厚墓志铭》《进学解》

21. 白居易：《庐山草堂记》

22. 柳宗元：《始得西山宴游记》《小石潭记》《童区寄传》《三戒》

23. 杜牧：《阿房宫赋》

24. 罗隐：《英雄之言》

25. 王禹偁：《黄州新建小竹楼记》

26. 范仲淹：《严先生祠堂记》

27. 周敦颐：《爱莲说》

28. 欧阳修：《五代史伶官传序》《醉翁亭记》

29. 苏洵：《六国论》

30. 曾巩：《墨池记》

31. 王安石：《游褒禅山记》《答司马谏议书》《读孟尝君传》《祭欧阳文忠公文》

32. 苏轼：《前赤壁赋》《留侯论》《贾谊论》《记承天寺夜游》《与谢民师推官书》《潮州韩文公庙碑》《方山子传》《文与可画筼筜谷偃竹记》

33. 苏辙：《武昌九曲亭记》

34. 宋濂：《送东阳马生序》《王冕传》

35. 归有光：《项脊轩志》《寒花葬志》

36. 袁宏道：《徐文长传》《叙小修诗》《虎丘》《满井游记》

37. 张岱：《西湖七月半》《湖心亭看雪》

38. 李渔：《芙蕖》

39. 袁枚：《祭妹文》《书鲁亮侪》

40. 龚自珍：《尊隐》《乙丙之际箸议第九》《古史钩沉论一》《病梅馆记》

41. 曾国藩：《原才》

三）戏曲小说

1. 关汉卿：《窦娥冤》《救风尘》

2. 纪君祥：《赵氏孤儿》

3. 王实甫：《西厢记》
4. 汤显祖：《牡丹亭》《邯郸记》
5. 孔尚任：《桃花扇》
6. 沈既济：《枕中记》《任氏传》
7. 白行简：《李娃传》
8. 蒋防：《霍小玉传》
9. 施耐庵：《水浒传》
10. 蒲松龄：《小翠》《促织》《聂小倩》《阿宝》
11. 吴敬梓：《儒林外史》
12. 曹雪芹：《红楼梦》

二、现当代文学扩展阅读书目

一）小说戏剧散文

1. 鲁迅：《狂人日记》《阿Q正传》《祝福》《野草》
2. 周作人：《雨天的书》《自己的园地》
3. 郁达夫：《沉沦》《春风沉醉的晚上》《故都的秋》
4. 林语堂：《生活的艺术》《吾国吾民》
5. 茅盾：《林家铺子》《春蚕》
6. 老舍：《月牙儿》《骆驼祥子》《茶馆》
7. 巴金：《家》《寒夜》
8. 丁玲：《莎菲女士的日记》
9. 沈从文：《边城》《三三》《萧萧》《从文自传》
10. 梁实秋：《雅舍小品》
11. 曹禺：《雷雨》《日出》
12. 张爱玲：《金锁记》《红玫瑰与白玫瑰》《倾城之恋》《封锁》
13. 赵树理：《小二黑结婚》
14. 贾平凹：《丑石》《月迹》《鸡窝洼的人家》
15. 路遥：《平凡的世界》
16. 阿城：《棋王》
17. 韩少功：《爸爸爸》《归去来》《山南水北》
18. 陈忠实：《白鹿原》
19. 莫言：《红高粱》《透明的红萝卜》
20. 王安忆：《长恨歌》
21. 余华：《十八岁出门远行》《活着》《许三观卖血记》
22. 苏童：《河岸》《妻妾成群》

23. 严歌苓：《少女小渔》《女房东》

24. 迟子建：《额尔古纳河右岸》

二）诗歌

1. 徐志摩：《再别康桥》《生活》《最后的那一天》
2. 闻一多：《死水》
3. 冯至：《我们准备着深深地领受》《我们站立在高高的山巅》
4. 穆旦：《赞美》《诗八章》
5. 戴望舒：《雨巷》《我用残损的手掌》
6. 北岛：《日子》《回答》
7. 昌耀：《爱与死》《大街的看守》
8. 海子：《祖国，或以梦为马》《重建家园》

三、外国文学扩展阅读书目

一）希腊北欧文学

A. 小说戏剧

1. 埃斯库罗斯：《阿伽门农》《被缚的普罗米修斯》

1. 索福克勒斯：《俄狄浦斯王》《安提戈涅》

2. 欧里庇得斯：《美狄亚》

3. 易卜生：《人民公敌》《社会支柱》

4. 斯特林堡：《红房子》《朱丽小姐》

B. 诗歌

1. 荷马：《伊利亚特》《奥德赛》

二）法意西与拉美文学

A. 小说戏剧

1. 塞万提斯：《堂吉诃德》
2. 莫里哀：《伪君子》《悭吝人》
3. 拉辛：《昂朵马格》
4. 高乃依：《熙德》
5. 司汤达：《红与黑》
6. 梅里美：《卡门》《费德里哥》
7. 福楼拜：《包法利夫人》
8. 雨果：《悲惨世界》
9. 巴尔扎克：《高老头》
10. 莫泊桑：《我的叔叔于勒》《羊脂球》
11. 普鲁斯特：《追忆逝水年华》

12. 罗曼·罗兰：《约翰克里斯多夫》

13. 博尔赫斯：《南方》《第三者》《小径分叉的花园》

14. 马尔克斯：《礼拜二午睡时刻》《巨翅老人》《疯狂时期的大海》《百年孤独》

15. 皮兰德娄：《亨利四世》

16. 卡尔维诺：《分成两半的子爵》《看不见的城市》

B. 诗歌

1. 但丁：《神曲》

2. 彼特拉克：《此刻万籁俱寂》《我过去曾经爱过一个生命》

3. 波德莱尔：《从前的生活》《黄昏的和谐》《月亮的哀愁》

4. 兰波：《黄昏》《醉舟》

5. 瓦雷里：《石榴》《海滨墓园》

6. 蒙塔莱：《幸福》《境遇》

7. 希梅内斯：《我不再归去》

8. 聂鲁达：《海洋》《我喜欢你沉静》

三）英美文学

A. 小说戏剧

1. 莎士比亚：《哈姆雷特》《麦克白》《李尔王》《奥赛罗》《温莎的风流娘儿们》《仲夏夜之梦》

2. 简·奥斯汀：《傲慢与偏见》《曼斯菲尔德庄园》

3. 乔治·艾略特：《米德尔马契》

4. 艾米莉·勃朗特：《呼啸山庄》

5. 伍尔夫：《墙上的斑点》《存在的瞬间》《到灯塔去》《达洛维夫人》

6. 毛姆：《人性的枷锁》《月亮和六便士》《刀锋》

7. 乔治·奥威尔：《动物庄园》

8. 霍桑：《威克菲尔德》《教长的黑面纱》《红字》

9. 马克·吐温：《竞选州长》《百万英镑》《哈克贝利·费恩历险记》

10. 麦尔维尔：《白鲸》

11. 玛格丽特·米切尔：《飘》

12. 福克纳：《纪念爱米莉的一朵玫瑰》《公道》《喧嚣与骚动》《押沙龙，押沙龙！》

13. 海明威：《白象似的群山》《老人与海》

14. 菲茨杰拉德：《返老还童》《骆驼的后背》《了不起的盖茨比》

15. 欧·亨利：《麦琪的礼物》

16. 杰克·伦敦：《马丁伊登》

17. 约瑟夫·海勒：《第二十二条军规》

18. 大卫·塞林格：《麦田里的守望者》

19. 尤金·奥尼尔：《毛猿》《天边外》

B. 诗歌

1. 莎士比亚:《十四行诗》

2. 弥尔顿:《失乐园》

3. 华兹华斯:《致杜鹃》《我孤独地漫游,像一朵云》(又名《水仙花》《咏水仙》)

4. 拜伦:《她走在美的光彩中》《雅典的女郎》

5. 雪莱:《致云雀》

6. 济慈:《夜莺颂》《秋颂》

7. 叶芝:《箭》

8. 艾米莉·狄金森:《如果记住就是忘却》《夏之逃逸》《某个阳光斜射的时刻》《但愿我是,你的夏季》

9. 艾略特:《序曲》《眼睛,我曾在最后一刻的泪光中看见你》

10. 庞德:《使者》《咏叹调》

四）德奥文学

A. 小说

1. 歌德:《少年维特之烦恼》

2. 卡夫卡:《在流放地》《乡村医生》《饥饿艺术家》《审判》《变形记》

3. 茨威格:《一个陌生女人的来信》《象棋的故事》

4. 托马斯·曼:《魔山》《布登勃洛克一家》

5. 君特·格拉斯:《铁皮鼓》

6. 赫尔曼·黑塞:《荒原狼》

B. 诗歌

1. 歌德:《致东风》《幸福的渴望》

2. 席勒:《理想》

3. 海涅:《我在梦中哭泣》《你就像一朵鲜花》《北方有一棵松树》

4. 里尔克:《秋日》《音乐》《爱的歌曲》《孤寂》

五）俄苏文学

A. 小说

1. 果戈理:《死魂灵》

2. 屠格涅夫:《木木》《阿霞》《白净草原》《贵族之家》《罗亭》

3. 陀思妥耶夫斯基:《脆弱的心》《诚实的小偷》《圣诞晚会与婚礼》《卡拉马佐夫兄弟》《罪与罚》

4. 列夫·托尔斯泰:《伊万·伊利奇之死》《克莱采奏鸣曲》《安娜·卡列尼娜》

5. 契诃夫:《万卡》《苦恼》

6. 肖洛霍夫:《一个人的遭遇》《静静的顿河》

7. 布尔加科夫:《大师和玛格丽特》

8. 帕斯捷尔纳克:《日瓦戈医生》

9. 索尔仁尼琴：《癌症楼》

B. 诗歌

1. 普希金：《致凯恩》《月亮》

2. 莱蒙托夫：《云》《题伦勃朗画》

3. 曼德尔施塔姆：《岁月》《沉默》

4. 勃洛克：《快乐的女友》《黄昏啊，春天的黄昏》

5. 阿赫玛托娃：《我再也不需要自己的双足》《我来到这里……》

六）日印文学

A. 小说

1. 紫式部：《源氏物语》

2. 芥川龙之介：《罗生门》《地狱变》

3. 川端康成：《伊豆的舞女》《水月》《雪国》

B. 诗歌

1. 泰戈尔：《吉檀迦利》《飞鸟集》

后 记

此次修订，对选文定了两条原则，一是力选经典文学作品；二是在关注入选作品思想性、艺术性的同时，注重入选作品的趣味性。选文目录，由中国古代文学、中国现当代文学、外国文学等专业教师分别提供篇目，再经反复讨论最终确定。既保留了前版《大学语文》中的部分优秀选文，又新增了不少古今中外的文学作品。在此感谢参与讨论的任美衡院长、杨旭明副院长、左其福博士、彭曙蓉博士。

选文总计七十九篇，可以根据教与学的需要，根据课时的要求，选定其中若干文本教学，其他篇目可用于学生课外阅读。文学是心灵的窗户，在这浮躁的空气中，作为教育者应让学生多读书，读好书，多了解社会人生，与作品中的人物进行心灵交流，运用批判性思维进行鉴赏，养成健全的人格，提升人生的境界。

选文按传统的四分法，组成四个单元，每个单元里包含中国古代文学作品、中国现当代文学作品、外国文学作品。编排体例以体裁为纬，时代、地域为经。使学生尽可能多地了解不同时代、地域的文学风貌，以及古今中外的文化。本书旨在探究有关社会、人生、人性的主要问题。为方便学生阅读，每一个文本作了必要的注释和阅读提示。

选文后，扩展阅读书目，以便于对文学有兴趣的同学查找课外文学读物，通过大量阅读增强对社会、人生、人性、情感、心理的了解，并在不知不觉中提高语言文字的表达能力。

本书第一个单元由倪美玲副教授、文玲博士、欧卫军副教授编写；第二单元由阳建雄教授、雷振华副教授、陈国质副教授编写；第三单元由陈扬博士、雷艳平博士、徐小凤副教授、欧卫军副教授编写；第四单元由伍光辉博士、谭洪刚副教授、李娟老师编写；附录由吴戬博士撰写。全书由雷振华负责统稿。

由于能力和水平的限制，思考必有疏漏之处，敬请各位专家及读者不吝赐教，以便再版时订正。

编者

2017.7

版权声明